女友明年叁拾贰岁

男明锦年叁拾柒岁

男思柱年叁拾贰

男明奉年叁拾贰

敦煌社會歷史文獻釋録第一編

主編：郝春文、副主編：游自勇

英藏敦煌社會歷史文獻釋録

第二十卷

郝春文、游自勇、王義康、么振華、武紹衛、宋雪春 編著
聶志軍、劉夏欣、李 博、寇博辰 助編

SSAP
社會科學文獻出版社
SOCIAL SCIENCES ACADEMIC PRESS (CHINA)

本書第二十卷　係
國家社會科學基金重大項目（10&ZD080）
國家古籍整理出版专項經費資助項目

敦煌社會歷史文獻釋録

凡例

一　本書係大型文獻圖集《英藏敦煌文獻》的文字釋録本。其收録範圍、選擇内容均與上書相同。但增收該書漏收的部分佛教典籍以外文獻；對於該書未收的佛經題記，因其具有世俗文書性質，亦予增收；對於該書所收的部分佛經，本書則予以剔除。凡屬增收、剔除之文書，均作説明。

二　本書的編排順序係依收藏單位的館藏編號順序排列。每號文書按正背次序排列，背面以『背』（V）表示。文書正背之區分均依文書原編號。發現原來正背標錯的情況，亦不改動，但在『説明』中加以提示。

三　凡一號中有多件文書者，即依次以件爲單位進行録校。在每件文書標題前標明其出處和原編號碼。

四　每件文書均包括標題、釋文兩項基本内容；如有必要和可能，在釋文後加説明、校記和有關研究文獻等内容。

五　文書的擬題以向讀者提供儘量多的學術信息爲原則，凡原題和前人的擬題符合以上原則者，即行採用；不符者則重新擬題。

六　凡確知爲同一文書而斷裂爲兩件以上者，在『説明』中加以提示；若能直接綴合，釋文部分將逕録綴合後的釋文。

七　本書之敦煌文獻釋文一律使用通行繁體字釋録。釋文的格式採用兩種辦法，對有必要保存原格式的文書，以忠實原件、反映文書的原貌爲原則，按原件格式釋録；没有必要保存原格式的文獻，則採用自然行釋録。原件中之逆書（自左向右書寫），亦不改動；一件文書寫於另一件文書行間者，分别釋録，但加以説明。保存原格式的文書，原文一行排不下時，移行時比文書原格式低二格，以示區别。

八　釋文的文字均以原件爲據，適當吸收前人的研究成果。如已發表的釋文有誤，則逕行改正，並酌情出校。

九　同一文書有兩種以上寫本者，釋録到哪一號，即以該號中之文書爲底本，以其他寫本爲參校本；有傳世本者，則以寫本爲底本，以傳世本爲參校本。

一〇　底本與參校本内容有出入，凡底本中之文字文義可通者，均以底本爲準，而將參校本中之異文附於校記，以備參考。若底本有誤，則保留原文，在錯誤文字下用（　）注出正字；如底本有脱文，可據他本和上下文義補足，但需將所補之字置於〔　〕内；改、補理由均見校記。

一一　原件殘缺，依殘缺位置用（前缺）、（中缺）、（後缺）表示。因殘缺造成缺字者，用□表示，不能確知缺幾個字的，上缺用□表示，中缺用□表示，下缺用□表示，一般佔三格，但有時爲了保持原文格式，可適當延長，視具體情況而定。

一二　凡缺字可據别本或上下文義補足時，將所補之字置於□內，並在校記中説明理由；原文殘損，但據殘筆劃和上下文可推知爲某字者，逕補；無法擬補者，從缺字例；字跡清晰，但不識者照描，在該字下注以『（？）』，以示存疑；字跡模糊，無法辨識者，亦用□表示。

一三　原書寫者未書完或未書全者，用『（以下原缺文）』表示。

一四　原件中的俗體、異體字，凡可確定者，一律改爲通行繁體字；有些因特殊情況需要保留者，用（　）將正字注於該字之下。

一五　原件中的筆誤和筆劃增減，逕行改正；出入較大的保留，用（　）在該字之下注出正字，並在校記中説明理由。

一六　原件中的同音假借字照録，必要時用（　）在該字之下注出本字，或出校説明。

一七　原件有倒字符號者，逕改；有廢字符號者，不録；有重疊符號者，直接補足重疊文字；均不出校。有塗改、修改符號者，只録修改後的文字；不能確定哪幾個字是修改後應保留的，兩存之。有塗抹符號者，能確定確爲作廢者，不録；不能確定已塗抹的文字，則照録。原寫於行外的補字，逕行補入行内；不能確定補於何處者，仍照原樣録於夾行中。

一八　原件中的衍文，均保留原狀，但在校記中注明某字或某字至某字衍，並説明理由。

一九　文書中的朱書和印跡，均在説明中注明。

二〇　本書收録與涉及的敦煌文獻，在標明其出處時，使用學界通用的略寫中文詞和縮寫英文詞，即：

『斯』：倫敦英國國家圖書館藏敦煌文獻斯坦因（Stein）編號

『北敦』（BD）：北京中國國家圖書館藏敦煌文獻編號

『Ch BM』：倫敦英國國家博物館藏敦煌絹紙畫編號

『Ch IOL』：倫敦英國印度事務部圖書館藏敦煌文獻編號

『S. P』：倫敦英國國家圖書館藏敦煌文獻木刻本斯坦因（Stein）編號

『伯』：巴黎法國國家圖書館藏敦煌文獻伯希和（Pelliot）編號

『Дх. 』：聖彼得堡俄羅斯聯邦科學院東方文獻研究所藏敦煌文獻編號

『Φ. 』：聖彼得堡俄羅斯聯邦科學院東方文獻研究所藏敦煌文獻弗魯格（Флуг）編號

目録

斯四五〇二背

斯四五〇四背

斯四四三八背　一　十恩德

釋文

十恩德　第一懷躭守護恩〔一〕，説著氣不蘇。慈親身重力全無，起坐大（待）人扶〔二〕。如佯病〔三〕，喘息麤，紅顔漸覺燋枯。報恩十月莫相辜。

説明

此卷之内容抄寫於《大智度論疏》卷背，抄有兩通『十恩德』，第一通只抄寫了起首部分，兩通間留有多行空白。第二通首尾完整，中間上下沿有殘缺。兩通筆跡相近，似一人所抄。第二通行間有另筆大字書寫『之寺』二字，從『十恩德』文字避開『之寺』二字來看，此二字應該是先寫的。

此件起『十恩德』，訖『報恩十月莫相辜』。因其抄寫内容較少，其文字完全包括在第二通中，錯别字兩件亦相同，故此件僅用斯二八九校改錯誤，與諸校本之異文留待下件校勘。

校記

〔一〕『第』，底本作『弟』，按寫本時代，『第』『弟』形近易混，故據文義逕釋作『第』。

〔二〕『大』，當作『待』，據斯二八九改，『大』爲『待』之借字。

〔三〕『佯』，《敦煌歌辭總編》校改作『恙』，按『佯』有弱義，不改亦可通。

參考文獻

《敦煌寶藏》三六册，臺北：新文豐出版公司，一九八二年，一四一頁（圖）；《英藏敦煌文獻》六卷，成都：四川人民出版社，一九九二年，七四頁（圖）。

斯四四三八背　二　十恩德

釋文

十恩德〔一〕　第一懷躭守護恩〔二〕，説著氣不蘇〔三〕。慈親身重力全無，起坐大（待）人扶〔四〕。如佯病〔五〕，喘息麤〔六〕，紅顔漸覺燋枯〔七〕。報恩十月莫相辜〔八〕，佛且勸門徒〔九〕。

第一（二）臨産受苦恩〔一〇〕，今日説向君。苦哉母腹似刀分，楚痛不忍聞。如屠割〔一一〕，血成盆〔一二〕，姓命只恐難存〔一三〕。勸君問取釋迦尊〔一四〕，慈母報無門〔一五〕。

第三生子忘憂恩〔一六〕，説著鼻頭痠〔一七〕。阿孃腹肚似刀捥〔一八〕，寸寸斷腸肝〔一九〕。聞音樂〔二〇〕，無心歡〔二一〕，住（任）他羅綺千般〔二二〕。乞求母子面相看〔二三〕，只願早平安〔二四〕。

第四咽苦吐甘恩〔二五〕，□□□□□。可憐慈母自家飢〔二六〕，貪餧阿孩兒〔二七〕。爲男女，母飢羸〔二八〕，縱食酒肉不肥〔二九〕。大須孝順寄將歸〔三〇〕，甘止（旨）莫交虧〔三一〕。

第五乳飽養育恩〔三二〕，臺（擡）舉近三年〔三三〕。血成白乳与兒餐〔三四〕，猶怕更飢寒〔三五〕。聞啼哭〔三六〕，坐不安〔三七〕，□□□□□。任他生（笙）歌百千般〔三八〕，偷走（眼）且（豈）須看〔三九〕。

第六迴乾就濕恩〔四〇〕，乾處与兒眠。不嫌穢惡及腥膻〔四一〕，慈母卧濕氈。專須（繫）縛〔四二〕，怕磨研〔四三〕，不離孩兒傍邊〔四四〕。記知父母苦憂憐〔四五〕，恩德過於天〔四六〕。

第七洗濯不淨恩〔四七〕，除母更交誰〔四八〕。三冬十月洗孩兒〔四九〕，十指被風吹〔五〇〕。慈烏鳥〔五一〕，繞林飛〔五二〕，銜食報母來歸〔五三〕。枝頭大有百般飛〔五四〕，不孝也應希〔五五〕。

第八爲造惡業恩，爲男爲女作姻（親）〔五六〕。煞他豬羊屈閑人〔五七〕，酒肉會諸親。倍果報〔五八〕，下精神〔五九〕，耶孃不爲己身〔六〇〕。榮他自造罪難陳〔六一〕，爲男爲女受沉輪〔六二〕。

第九遠行憶念恩〔六三〕，此事實難宣〔六四〕，既爲父母宿因緣〔六五〕，腹肚塞鈎牽〔六六〕，防秋去〔六七〕，住征邊〔六八〕，耶孃魂魄依（於）先〔六九〕。兒身未出到門前〔七〇〕，母憶過關山〔七一〕。

第十究竟憐愍恩〔七二〕，流淚百千行〔七三〕。愛別離苦繫心腸〔七四〕，憶念是尋常〔七五〕。十恩德，説一場〔七六〕，人聞爭不悲傷〔七七〕。善男善女審思量〔七八〕，誓莫辜負阿耶孃〔七九〕。

說明

此件首尾完整，起『十恩德』，訖『誓莫辜負阿耶孃』。

『十恩德』，全稱『報慈母十恩德』，又稱『十恩德讚』『十恩讚』，是以歌辭形式讚頌慈母的十種恩德。此歌辭一度在敦煌流行較廣，現知敦煌遺書中保存了二十四件。本書第一卷在對斯二八九『十恩德』進行整理時，曾用斯五五六四、斯五五九一、斯五六〇一、斯五六八七、伯二八四三、伯三四一一、斯六二七四、BD九三六六和此件參校。以上釋文以斯四四三八背爲底本，用以往未及參校的BD一四七五一背（新九五一背）（首尾完整，自左向右逆寫，起『十恩德』，訖『誓願莫負阿耶孃』）（稱其爲甲本）、Ф.二六三+Ф.三二六（首尾完整，起『十恩德讚一本』，訖『誓願莫辜阿耶孃』）（稱其爲乙本）、斯六九八一背（倒書，首全尾缺，起『第一懷躭守護恩』，訖『第九遠行億（憶）念恩』）（稱其爲丙本）、BD二九一八背（六）（陽一八背）（首全尾缺，起『十恩德』，訖『不離孩兒傍邊』）（稱其爲丁本）、BD九三五五（周七六）（首全尾缺，起『十恩德讚一本』，訖『可憐慈母自家飢，貪』）（稱其爲戊本）、伯三八四〇（首尾完整，原未抄完，起『十恩德』，訖『楚痛不忍聞，如害』）（稱其爲己本）、羽七四一R（首尾均缺，起『十月報恩詞第二』，迄『慈母報無門』）（稱其爲庚本）、Дх.一二七七（首尾均缺，起『鼻頭酸』，訖『兒身未出到門前』）（稱其爲辛本）參校。

此外，伯二六六八、斯六二七〇、斯五六三八、Дх.六二五八背、斯五五七三、斯一一五六八和伯四七〇〇也都保存了『十恩德』，但這幾件或是殘片，或是雜寫，或僅抄寫了起首部分，校勘價值不大，故未列爲校本。

校記

〔一〕『十恩德』，甲、乙、己本同，丁、戊本作『十恩德讚一本』，丙本無。

〔二〕『第』，乙本作『一』，底本作『弟』，甲、丙、丁、戊、己本作『第』，按寫本時代，『第』『弟』形近易混，故據文義逕釋作『第』，以下底本和乙、丙、辛本均有類似現象，不另出校；『一』，甲、丙、丁、戊、己本同，乙本作『第』，誤；『躭』，甲、丙、丁、戊、己本同，乙本作『擔』，均可通。

〔三〕『説』，甲、丙、丁、戊本同，乙本作『設』，誤；『氣』，甲、乙、丁、己本同，丙、戊本作『起』，『起』爲『氣』之借字。

〔四〕『起』，甲、乙本同，丙、丁、戊、己本作『去』，『去』爲『起』之借字；『坐』，甲、乙、丙、丁本同，戊、己本作『座』，『座』通『坐』；『大』，甲、乙、丙、戊本同，丁、己本作『代』，當作『待』，據斯二八九改，『大』『代』均爲『待』之借字。

〔五〕『佯』，甲、丁、己本作『陽』，乙本作『楊』，丙本作『羊』，『陽』『楊』『羊』均爲『佯』之借字，戊本作『痒』，亦可通。

〔六〕『喘』，甲、乙、丁、戊、己本同，丙本作『釧』，『釧』爲『喘』之借字。

〔七〕『紅』，甲、乙、丁、戊、己本同，丙本作『弘』，『弘』爲『紅』之借字；『覺』，甲、乙、丙、戊本同，己本作『竟』，亦可通，丁本作『賓』，誤；『枯』，甲、乙、丁、戊、己本同，丙本作『姑』，『姑』爲『枯』之借字。

〔八〕『十』，甲、丙、丁、戊本同，乙本作『什』，均可通；『辜』，甲、乙、丁、戊、己本同，丙本作『呼』，『呼』爲『辜』之借字。

〔九〕『且』，甲、乙、丙本同，戊本作『具』，誤，丁、己本作『且是』，據文義『是』字衍，當删；『勸』，甲、乙、丙、戊、己本同，丁本作『歡』，誤。

〔一〇〕『一』，當作『二』，據甲、乙、丙、丁、戊、己、庚本改。庚本始於此句，且此句作『十月報恩詞第二』。

〔一一〕『屠』，甲、乙、丙、丁、戊、庚本同，己本作『害』，誤。己本止於此句。

〔一二〕『成』，甲、乙、丙、丁、戊本同，庚本作『濺』。

〔一三〕『姓』，丙本同，甲、乙、丁、戊、庚本作『性』，『姓』通『性』；『恐』，甲、乙、丙、丁、戊本同，庚本作『恐也』。

〔一四〕『勸』，乙、丙、丁、戊、庚本同，甲本作『萑』，誤；『問』，乙、丁本同，甲、丙、戊本作『聞』，庚本作『聽』，『聞』通『問』；『取』，乙、丙、丁、戊、庚本同，甲本作『趣』，『趣』爲『取』之借字；『釋』，甲、乙、丙、丁、戊本同，己本作『老』；『迦』，甲、乙、丁、戊本同，丙本作『伽』，己本作『師』；『尊』，甲、乙、丙、戊、庚本同，丁本作『恩尊』，據文義『恩』字衍，當刪。

〔一五〕庚本止於此句。

〔一六〕『忘』，甲、丁、戊本同，乙本作『妄』，丙本作『罔』，『妄』『罔』均疑爲『忘』之借字。

〔一七〕『瘦』，丙本同，甲、丁、戊、辛本作『酸』，均可通，乙本作『腹』，誤。辛本始於此句。

〔一八〕『阿』，甲、乙、丙、戊、辛本同，丁本作『耶』，誤；『腹』，甲、丙本同，乙、丁、戊、辛本作『腸』；『肚』，乙、丙、丁、戊、辛本同，甲本脱；『捥』，乙、丙本同，甲、丁本作『剜』，『捥』可用同『剜』，戊本作『割』，辛本作『分』，誤。

〔一九〕『斷』，丁本同，甲、乙、丙、戊、辛本作『割』；『腸』，乙、丁、戊本同，甲、丙本作『腹』，辛本作『長』，『長』爲『腸』之借字。

〔二〇〕『聞』，據殘筆劃及甲、乙、丙、丁、戊、辛本補；『音樂』，據甲、乙、丙、丁、戊、辛本補。

〔二一〕『無心』，據殘筆劃及甲、乙、丙、丁、戊、辛本補。

〔二二〕『住』，辛本同，當作『任』，據甲、乙、丙、丁、戊本改；『綺』，甲、乙、丁、戊本同，丙本作『去』，辛本作『羅』，『去』爲『綺』之借字；『羅』，甲、乙、丙、丁本同，戊、辛本作『繡』。

〔二三〕『乞求』，甲、乙、丙、丁、辛本同，戊本此二字寫於『阿孃腸肚』與『似刀割』之間，旁有一符號，當係標示這兩字應移於此處；『母』，丙本同，甲、辛本作『子』，乙、戊本作『慈』，丁本作『煞慈』，據文義『煞』字衍，當刪；『子』，丙本同，甲、乙、丁、戊、辛本作『母』；『面相看』，據甲、乙、丙、丁、戊、辛本補。

〔二四〕『只願早』，據甲、乙、丙、丁、戊、辛本補；『安』，甲、丙、丁、戊本同，乙本作『支』，辛本作『女』，均誤。

〔二五〕『咽』，乙、丙、戊、辛本同，甲本作『煙』，『煙』爲『咽』之借字，丁本作『嚥』，亦可通；『吐』，乙、丙、丁、戊、辛本同，甲本作『土』，『土』爲『吐』之借字；『甘』，甲、乙、丙、丁、戊本同，辛本作『咁』，係涉上文『吐』而成之類化俗字；『恩』，據殘筆劃及甲、乙、丙、丁、戊、辛本補。

〔二六〕『憐』，甲、丁、辛本同，丙本作『連』，戊本作『鄰』，『連』『鄰』均爲『憐』之借字，乙本作『憐卻』，據文義『卻』字衍，當刪；『家』，據殘筆劃及甲、乙、丙、丁、戊、辛本補；『飢』，據甲、乙、丙、丁、戊、辛本補。

〔二七〕『貪』，乙、丁、戊、辛本同，甲、丙本作『飡』，誤；『餧』，甲、丁、辛本同，乙、丙本作『餵』；『阿』，乙本同，甲、丙、丁、辛本作『一』；『兒』，甲、乙、丁、辛本同，丙本作『如』，『如』爲『兒』之借字。戊本止於此句。

〔二八〕『羸』，據甲、乙、丙、丁本補，辛本作『贏』，誤。

〔二九〕『縱』，據甲、乙、丙、丁本補，辛本作『蹤』，誤；『食』，據甲、乙、丙、丁、辛本補；『酒』，據甲、乙、丙、丁本補，辛本作『須』，誤；『肉』，據甲、乙、丙、丁本補，辛本作『内』誤；『不』，據甲、乙、丙、丁、辛本補。

〔三〇〕『寄』，甲、乙、丙本同，丁、辛本作『己』。

〔三一〕『甘』，甲、乙、丙本同，丁本作『敢』，辛本作『男』，『敢』『男』均爲『甘』之借字；『止』，甲、丙本同，乙、丁本作『上』，辛本作『女』，當作『旨』，《敦煌歌辭總編》據文義校改，『止』爲『旨』之借字；『交虧』，據甲、乙、丙、丁、辛本補。

〔三二〕『第』，據甲、乙、丙、丁、辛本補；『五』，據甲、乙、丁、辛本補，丙本作『伍』；『乳』，據甲、乙、丙、丁、辛本補；『飽』，據甲、丁本補，乙、辛本作『胞』，誤，丙本作『抱』；『育』，甲、乙、丁本同，丙本作『欲』，『欲』爲『育』之借字，辛本脱。

〔三三〕『臺』，甲、乙、丙、丁、辛本同，當作『擡』，據斯五五九一改；『舉』，甲、乙、丙、丁本同，辛本作『記』，『記』爲『舉』之借字；『近』，據殘筆劃及甲、乙、丙、丁、辛本補。

〔三四〕『成』，據甲、乙、丙、丁本補，辛本作『誠』，『誠』爲『成』之借字；『白』，據甲、乙、丙、辛本補，丁本作『向』，誤；『乳与兒餐』，據甲、乙、丙、丁、辛本補。

〔三五〕『猶』，據甲、辛本補，乙、丙、丁本作『由』，『由』通『猶』。

〔三六〕『哭』，乙、丙、丁、辛本同，甲本脱。

〔三七〕『坐』，甲、乙本同，丙、丁、辛本作『座』，『座』通『坐』。

〔三八〕『任』，甲、乙、丙、丁本同，辛本作『住』，誤；『生』，丙、丁本同，當作『笙』，據甲、乙、辛本改；『歌』，甲、乙、辛本同，丙本作『個』，『個』爲『歌』之借字，丁本作『得箇』，亦爲『歌』字之借音。

〔三九〕『走』，乙、丙本同，當作『眼』，據甲、丁、辛本改；『且』，甲、乙、丙、丁、辛本同，當作『豈』，《敦煌歌辭總編》據文義校改；『看』，據殘筆劃及甲、乙、丙、丁、辛本補。

〔四〇〕『就』，甲、乙、丙、丁本同，辛本脱。

〔四一〕「腥」，丁、辛本同，甲本作「醒」，「醒」可用同「腥」，乙本作「惺」，丙本作「星」，「惺」「星」均爲「腥」之借字；「膻」，乙、丁、辛本同，甲本作「醰」，係涉上文「醒」而成之類化俗字，丙本作「仙」，「仙」爲「膻」之借字。

〔四二〕「須」，甲、乙、丙、辛本同，當作「繫」，據丁本改。

〔四三〕「怕」，甲、乙、丙、丁本同，辛本作「伯」，誤；「磨」，乙、丙、丁本同，甲本作「摩」，「摩」爲「磨」之借字，辛本作「研」；「研」，甲、乙、丁本同，辛本作「言」，丙本作「言研」，似是用後一「研」字替代前一「言」字。

〔四四〕「傍」，據殘筆劃及甲、乙、辛本補，丙本作「謗」，誤。丁本止於此句。

〔四五〕「記」，乙、丙、辛本同，甲本作「既」；「知」，乙本同，甲、辛本作「之」，丙本作「諸」，「之」「諸」均爲「知」之借字；「憂」，甲、乙、辛本同，丙本作「優」，「優」爲「憂」之借字；「憐」，甲、乙、辛本同，丙本作「連」，「連」爲「憐」之借字。

〔四六〕「德」，丙、辛本同，甲、乙本作「得」，「得」通「德」。

〔四七〕「濯」，乙本同，甲、丙、辛本作「浴」；「淨」，甲、乙、丙本同，辛本作「爭」，誤。

〔四八〕「除」，甲、丙本同，乙、辛本作「慈」，「慈」爲「除」之借字；「誰」，甲、乙、辛本同，丙本作「隨」，「隨」爲「誰」之借字。

〔四九〕「冬」，甲、乙、丙本同，辛本作「各」，誤。

〔五〇〕「被」，甲、乙、丙本同，辛本作「備」，「備」爲「被」之借字；「風吹」，據甲、乙、丙、辛本補。

〔五一〕「烏」，乙、丙、辛本同，甲本作「嗚」，「嗚」爲「烏」之借字。

〔五二〕「繞」，乙本同，丙、辛本作「遶」，甲本作「達」，誤；「飛」，甲、乙、辛本同，丙本作「非」，「非」爲「飛」

之借字。

〔五三〕『報』，甲、乙、辛本同，丙本作『保』，『保』爲『報』之借字。

〔五四〕『枝』，據甲、丙、辛本補，乙本作『諸』，『諸』爲『枝』之借字；『頭』，據殘筆劃及甲、乙、丙、辛本補；『百』，甲、乙、丙本同，辛本作『百千』，據文義『千』字衍，當删；『飛』，乙、丙、辛本同，甲本作『千』，誤。

〔五五〕『也應』，甲、乙、辛本同，丙本作『應也』。

〔五六〕第二個『爲』，甲、丙、辛本同，乙本無；『姻』，乙、辛本同，甲、丙本作『因』，『因』爲『姻』之借字；『親』，丙本亦脱，據甲、乙、辛本補。

〔五七〕『煞』，甲、乙、丙本同，辛本作『愁』，誤；『豬』，乙、辛本同，甲本作『猪』，誤，丙本作『諸』，『諸』爲『豬』之借字；『羊』，甲、乙、丙本同，辛本作『徉』，『徉』爲『羊』之借字；『屈』，據甲、乙、丙、辛本補；『閑』，乙、丙、辛本同，甲本脱。

〔五八〕『倍』，乙、辛本同，甲本作『陪』，『陪』通『倍』，丙本作『裴』，『裴』爲『陪』之借字；『果』，甲、丙、辛本作『悲』，乙本作『卑』，均誤；『報』，甲、乙、辛本同，丙本作『保』，『保』爲『報』之借字。

〔五九〕『精』，甲、乙、丙本同，辛本作『積』；『神』，甲、丙本同，乙、辛本作『身』，『身』爲『神』之借字。

〔六〇〕『耶』，甲、乙、辛本同，丙本作『不』；『孃』，甲、乙、辛本同，丙本作『爲』，辛本作『娘』；『不爲』，甲、乙、辛本同，丙本作『耶孃』；『己』，乙、丙本同，甲、辛本作『其』。

〔六一〕『榮』，甲、乙、辛本同，丙本作『爲』；『自造』，乙、辛本同，甲、丙本作『造罪』；『罪』，乙、辛本同，甲本作『自』。

〔六二〕第一個『爲』，甲、乙、辛本同，丙本作『善』；第二個『爲』，據殘筆劃及甲、辛本補，乙本無，丙本作

〔六三〕『善』；『輪』，乙、丙本同，甲、辛本作『淪』，均可通。

〔六三〕『憶』，甲、乙本同，丙、辛本作『億』，『億』爲『憶』之借字；『念恩』，乙、丙、辛本同，甲本作『恩念』，誤。丙本止於此句。

〔六四〕『事』，乙本同，甲、辛本作『是』，『是』可用同『事』；『宣』，據殘筆劃及甲、乙、辛本補。

〔六五〕『既爲』，乙本同，甲、辛本作『己之』；『父母』，甲、乙本同，辛本作『母父』。

〔六六〕『腹』，甲本同，乙、辛本作『腸』；『塞』，乙本同，甲、辛本作『悉』；『鈎』，甲、辛本同，乙本作『勾』。

〔六七〕『防』，甲、乙本同，辛本作『坊』，『坊』可用同『防』。

〔六八〕『任』，甲、乙本同，辛本作『任』。

〔六九〕『魂魄』，乙、辛本同，甲本作『魄魂』；『依』，當作『於』，據甲、乙、辛本改，『依』爲『於』之借字。

〔七〇〕『門』，乙、辛本同，甲本作『大門』。辛本止於此句。

〔七一〕『憶』，乙本同，甲本作『意』。

〔七二〕『第十』，甲本同，乙本作『十第』，誤；『憐』，據殘筆劃及乙本補，甲本作『鄰』，『鄰』爲『憐』之借字；『愍』，據殘筆劃及甲、乙本補；『恩』，據甲、乙本補。

〔七三〕『流』，據殘筆劃及甲、乙本補。

〔七四〕『愛』，乙本同，甲本作『受』，誤；『苦』，據殘筆劃及甲、乙本補；『繫』，據殘筆劃及伯二八四三補，甲、乙本作『計』，『計』爲『繫』之借字；『心』，據殘筆劃及甲、乙本補；『腸』，據殘筆劃及乙本補，甲本作『腹』。

〔七五〕『憶』，據殘筆劃及甲本補，乙本脱；『是』，乙本同，甲本作『似』。

〔七六〕『場』，乙本同，甲本作『腹』，誤。

〔七七〕『悲』，乙本同，甲本作『非』，誤；『傷』，乙本同，甲本作『陽』，誤。

〔七八〕『男』，乙本同，甲本作『男子』；『女』，乙本同，甲本作『女子』。

〔七九〕『莫』，甲、乙本作『願』；『辜』，甲、乙本作『莫』；『負』，甲本同，乙本作『辜』。

參考文獻

BSOS, 11.1（1943）, pp. 163-165；*Descriptive Catalogue of the Chinese Manuscripts from Tunhuang in the British Museum*, London: The Trustees of the British Museum, 1957, p. 193；《敦煌文物隨筆》，臺北：臺灣商務印書館，一九七九年，二九三至二九八頁（録）；*Chinperl Papers*, No. 10（1981）, p. 59；《華岡文科學報》一九八一年一三期，二二九至二七九頁；《敦煌孝道文學研究》，臺北：石門圖書公司，一九八二年，六三一至六六二頁（録）；《敦煌寶藏》三六册，臺北：新文豐出版公司，一九八二年，一四一至一四二頁（圖）；《敦煌歌辭總編》中册，上海古籍出版社，一九八七年，七四八至七六八頁（録）；《英藏敦煌文獻》六卷，成都：四川人民出版社，一九九二年，七四頁（圖）；《俄藏敦煌文獻》五册，上海古籍出版社，一九九四年，四九至五〇頁（圖）；《敦煌佛學·佛事篇》，蘭州：甘肅民族出版社，一九九五年，二三三至二三四頁（録）；《敦煌文獻研究》，蘭州：甘肅文化出版社，一九九五年，一〇八至一〇九頁；《英藏敦煌文獻》一二卷，成都：四川人民出版社，一九九五年，一〇至一一頁（圖）；《俄藏敦煌文獻》八册，上海古籍出版社，一九九七年，五二至五三頁（圖）；《法藏敦煌西域文獻》二八册，上海古籍出版社，二〇〇四年，三二三頁（圖）；《國家圖書館藏敦煌遺書》三九册，北京圖書館出版社，二〇〇六年，二二五至二二六頁（圖）；《國家圖書館藏敦煌遺書》一〇五册，北京圖書館出版社，二〇〇八年，二九六頁（圖）；《國家圖書館藏敦煌遺書》一三三册，北京圖書館出版社，二〇一〇年，七〇頁（圖）；《敦煌秘笈》九册，武田科學振興財團，二〇一三年，二六一至二六二頁。

斯四四三八背　三　雜寫

釋文

之寺。

説明

以上文字係時人大字書寫於『十恩德』行間，從『十恩德』文字避開『之寺』二字來看，此二字應該是先寫的。

參考文獻

《敦煌寶藏》三六册，臺北：新文豐出版公司，一九八二年，一四一頁（圖）；《英藏敦煌文獻》六卷，成都：四川人民出版社，一九九二年，七四頁（圖）。

斯四四四一　般若波羅蜜多心經題記

釋文

奉爲母羊兩口，羔子一口，寫經一卷，領受功德，解怨釋結。

説明

以上題記書於尾題『心地法門經一卷』之後，《英藏敦煌文獻》未收，現予增收。

參考文獻

Descriptive Catalogue of the Chinese Manuscripts from Tunhuang in the British Museum, London：The Trustees of the British Museum, 1957, p. 34（録）；《敦煌寶藏》三六册，臺北：新文豐出版公司，一九八二年，一五〇頁（圖）；《敦煌學要籥》，臺北：新文豐出版公司，一九八二年，一四六頁（録）；《敦煌遺書總目索引》，北京：中華書局，一九八三年，二〇一頁（録）；《中國古代寫本識語集録》，東京大學東洋文化研究所，一九九〇年，五一四頁（録）；《敦煌遺書總目索引新編》，北京：中華書局，二〇〇〇年，一三八頁（録）。

斯四四四三　淨土五會念佛誦經觀行儀抄

釋文

阿彌陀經讚〔一〕

釋迦調御大慈尊〔二〕，救世先開淨土門〔三〕。欲説莊嚴極樂國〔四〕，其時正在給孤園〔五〕。

法輪將興多聽徒〔六〕，無量諸天大衆俱。第一聲聞舍利子，上乘菩薩是文殊。

初告真宗當爾時，西方過此十俱胝。世界莊嚴名極樂，彌陀在彼不思儀（議）〔七〕。

其國衆生苦已除，清閑勝妙樂無餘。晝夜修行超八難，色相端嚴盡一如。

七重行樹七重欄〔八〕，寶蓋垂定（空）寶網鞔〔九〕。但是有緣皆得見，慇懃學者用心觀。

人至乘花坐寶林〔一〇〕，天來奏樂曲幽深。六度已能調六律，八正還將和八音。

寶池德水底砂新，蓮開光色似車輪。菩薩端然花上坐，看時總是往生人。

彌陀淨土法王家，願力莊嚴發道芽。碧玉樓中飛寶座，黃金地上雨天花。

收得天花衣搣（裓）盛〔一一〕，六通如意覺身輕。供養他方諸佛已，還來本國飯經行。

衆鳥和鳴應六時，清音演法妙難思。五力五根并七覺，甚深入（八）聖入無爲〔一二〕。
衆等同時聽法音，聞者皆生念佛心。化鳥本非三惡趣，彌陀宣暢法流深。
微風吹動寶林清，響颺如天奏樂聲。一一更無宣別法〔一三〕，處處唯聞念佛名。
彌陀實（壽）量實無邊〔一四〕，國中人〔衆〕亦同然〔一五〕。成道於今經十劫，光照恆沙法界圓。
菩薩聲聞衆甚多，爲求解脱見彌陀。筭數不能知限量〔一六〕，餘方諸佛亦來過。
[傳]聞淨刹甚清真〔一七〕，盡是阿鞞跋致大（人）〔一八〕。一生補處脩三昧，證得金剛最後身。
善根福少理難生，七日專須念佛名。若至臨終心不亂，彌陀決定自相迎。
十[號]彌陀酬昔因〔一九〕，六方諸佛證成真〔二〇〕。舌相廣長無妄語，如來護念信心人。
世[界]無常難久留〔二一〕，唯須發願早勤求。已生皆當生皆不退〔二二〕，豈限今脩與來脩。
諸佛同時讚釋迦，能於五濁救娑婆。説此世間難信法，咸令覺悟念彌陀。
法藏敷陳義已圓，阿難從此演真詮。大衆俱欣皆頂戴，如來[囑]遺廣流傳〔二三〕。

維摩讚〔二四〕

説明

此卷首尾均缺，僅存一紙。正面抄寫『阿彌陀經讚』和『維摩讚』（僅抄寫了標題），背面抄寫『乾元寺宋苟兒諸雜難字一本』和『地藏菩薩經十齋日』。

此件前缺，起『阿彌陀經讚』，訖『維摩讚』，其中之『阿彌陀經讚』標題略殘，中間亦有殘缺，但絕大部分内容仍存。『維摩讚』則僅存標題，其後雖然紙張殘缺，但標題後尚有空白，所以不能確定『維摩讚』是原未抄完還是抄完後殘缺。《英藏敦煌文獻》將此件擬名爲『阿彌陀經讚』，雖可涵蓋此件之絕大部分内容，但無法涵蓋其中之『維摩讚』三字。考慮到此件所存内容和《淨土五會念佛誦經觀行儀》卷中標題同名部分完全相同，有可能是該卷之抄本，故暫擬今名。

《淨土五會念佛誦經觀行儀》未見於傳世文獻，敦煌遺書中保存了卷中和卷下，於理還應有卷上。現知敦煌遺書中保存的《淨土五會念佛誦經觀行儀》卷中有伯二〇六六、中國書店藏 ZSD 〇七九、BD 一〇三七七、BD 一〇六四〇、BD 一二三七三、Дх. 一八〇四七、Дх. 一八五三七。以上各件只有伯二〇六六首尾完整，首尾題均是《淨土五會念佛誦經觀行儀》卷中。其餘各件都是殘本，未保存與此件内容相同的部分。依據伯二〇六六，《淨土五會念佛誦經觀行儀》卷中的内容依次是《佛説阿彌陀經》『寶鳥讚』『觀經十六觀讚』『阿彌陀經讚』『維摩讚』『涅槃讚』『般舟讚』『道場讚』『無量壽佛讚』『觀世音讚』等四十多種讚文。

伯二〇六六在《淨土五會念佛誦經觀行儀》卷中下題『南岳沙門法照撰』，但其中的内容有的是法照撰寫的，有的則是其他人撰寫的，如其中之『般舟讚』的作者就標明是釋慈愍和尚。『阿彌陀經讚』，據伯二

○六六和羽一五五，作者應該是釋淨遐。所以，這部《淨土五會念佛誦經觀行儀》，應該是法照編的。

羽一五五亦保存了『阿彌陀經讚』和『維摩讚』。該件首尾均缺，存『六根讚』『十空讚』『大乘五更讚』『早出纏讚』『阿彌陀經讚』『維摩讚』等六種讚文。該卷雖不完整，但可以肯定不是《淨土五會念佛誦經觀行儀》卷中。理由一是各讚文的排列次序與《淨土五會念佛誦經觀行儀》卷中不同。如『六根讚』，在《淨土五會念佛誦經觀行儀》卷中，是排列在『阿彌陀經讚』和『維摩讚』之後，但在羽一五五則是排列在以上兩種讚文之前。二是羽一五五中之『十空讚』『大乘五更讚』『早出纏讚』三種讚文不見於《淨土五會念佛誦經觀行儀》卷中。所以，羽一五五應該是另外一種佛教讚文合編，可惜因爲該件殘缺，標題未能保存下來。但羽一五五也保存了此件的全部內容，所以，我們也不能排除此件是羽一五五的抄本。

此外，羽四一二亦保存了『阿彌陀經讚』。該件首缺尾全，存『阿彌陀經讚』、『阿彌陀讚』、『往生極樂讚』、『寶鳥讚』、『歸極樂去讚』、『西方極樂讚』（兩種）等七種淨土類讚文。尾有題記：『顯德六年歲次己未八月十日三界寺沙彌福延敬寫諸雜讚七道』。從內容來看，羽四一二和羽一五五、《淨土五會念佛誦經觀行儀》卷中都有內容交叉，但也都有不同，應該屬於不同淨土類讚文或禮懺儀軌的組合。福延將他抄寫的讚文稱爲『諸雜讚』，應該是時人對這類讚文合編的習稱，則羽一五五亦應屬於『諸雜讚』之類。

日本藏古本《淨土五會念佛略法事儀讚》一卷（《大正新脩大藏經》四七册，四八六至四八七頁）中也有『阿彌陀經讚』和『維摩讚』。該『儀讚』題『南岳沙門法照於上都章敬寺淨土院述』，塚本善隆認爲該『儀讚』是《淨土五會念佛誦經觀行儀》的略本（《唐中期の淨土教》，一七七至一九二頁）。對比『行儀』和『儀讚』，雖然後者篇幅確實小於前者，但也增加了一些前者没有的内容，兩者的關係似非廣本和略本的關係，應該是不同時期法照編輯的不同版本的淨土五會念佛儀讚。《淨土五會念佛略法事儀讚》中『維摩讚』在前，中間間隔二十幾件其他讚文後纔是『阿彌陀經讚』，而在此件是『阿彌陀經讚』在前，其後緊接着就是『維摩讚』。所以，雖然《淨土五會念佛略法事儀讚》一卷和此件都保存了『阿彌陀經讚』和『維摩讚』，但此件不可能是《淨土五會念佛略法事儀讚》一卷的抄本。

以上釋文以斯四四四三爲底本，用可能與其屬於相同文本的伯二〇六六（稱其爲甲本）、羽一五五（稱其爲乙本）參校。至於羽四一二和《淨土五會念佛略法事儀讚》，雖其内容可與此件全部或大部重合，但因可以確定不屬於相同文本，故不列爲校本。

校記

〔一〕『阿彌陀經讚』，甲、乙本此標題下有『依《阿彌陀經》，釋淨遐』。
〔二〕『釋迦調御大慈尊』，乙本同，甲本此句後有『阿彌陀佛』。
〔三〕『救世先開淨土門』，乙本同，甲本此句後有『阿彌陀佛，南無阿彌陀佛』。
〔四〕『欲説莊嚴極樂國』，乙本同，甲本此句後有『阿彌陀佛』。
〔五〕『在給孤園』，據殘筆劃及甲、乙本補，甲本此句後有『阿彌陀佛，南無阿彌陀佛』。
〔六〕『法輪將興多聽徒』，乙本同，甲本此句後有『准前』。
〔七〕『儀』，當作『議』，據甲、乙本改，『儀』爲『議』之借字。
〔八〕『重』，據甲、乙本補。

〔九〕『定』，當作『空』，據文義改。
〔一〇〕『至』，據甲、乙本補。
〔一一〕『摵』，乙本同，當作『裓』，據甲本改。
〔一二〕『入』，當作『八』，據甲、乙本改。
〔一三〕『無』，甲本同，乙本作『興』，誤。
〔一四〕『實』，乙本同，當作『壽』，據甲本改。
〔一五〕『衆』，據甲、乙本補。
〔一六〕『限量』，乙本同，甲本作『量限』。
〔一七〕『傳』，據甲、乙本補。
〔一八〕『大』，當作『人』，據甲、乙本改。
〔一九〕『號』，據殘筆劃及甲、乙本補。
〔二〇〕『成』，甲本同，乙本作『僟』，誤。
〔二一〕『界』，據殘筆劃及甲、乙本補。
〔二二〕第一箇『皆』，甲、乙本無，據文義係衍文，當删。
〔二三〕『囑』，據甲、乙本補。
〔二四〕『維摩讚』，甲、乙本此標題下有『依《維摩經》』。

參考文獻

《大正新脩大藏經》四七册，東京：大正一切經刊行會，一九三六年，四八六至四八七頁；《大正新脩大藏經》八五

斯四四四三

册，東京：大正一切經刊行會，一九三六年，一二四五至一二四六頁；《唐中期の淨土教》，京都：法藏館，一九七六年，一七七至一九二頁；《敦煌寶藏》三六册，臺北：新文豐出版公司，一九八二年，一五一頁（圖）；《敦煌寶藏》一一三册，臺北：新文豐出版公司，一九八五年，三七八頁（圖）；《英藏敦煌文獻》六卷，成都：四川人民出版社，一九九二年，七五頁（圖）；《敦煌秘笈》二册，武田科學振興財團，二〇〇九年，四二三至四二五頁（圖）；《敦煌本古佚與疑僞經校注——以〈大正藏〉第八十五册爲中心》七册，南京：鳳凰出版社，二〇一七年，三三七四至三三八二頁。

斯四四四三背　一　乾元寺宋苟兒諸雜難字一本

釋文

乾元寺宋苟兒諸雜難字一本

法師、上坐、沙彌、天元、所由、巖官等。

翟使君、□□□〔一〕、李指撝、陰馬步、鄧都頭、張平水、田知客、曹永田、郭富昌、安得昌、樊員會、令狐海通。

唐、康、趙、陳、鄧、安、桑、梁、馬、王、竇、蔛（麴）〔二〕、郭、米、石、曹、韓、賀、何、温、孔、孟、劉、柳、閻、祝、燒、高。

長盈、長千、富祐、願保保、誡定、戒輪、戒行、戒宗、戒果、戒初。

盧富盈、羅黑頭、氾義興、苻押衙、范奴子、裴長得。

妙法蓮華經，觀世音菩薩。

説明

此件右下角略殘，有原題，其内容爲僧俗職銜、稱呼及人名、姓氏等。似爲乾元寺宋苟兒之識字課本。此件抄寫的人名多見寫於十世紀後期的文書（參看《敦煌經部文獻合集》，八册，四二六九至四二七一頁），據此推測此件亦應爲十世紀後期的寫本。

校記

〔一〕『□□□』，前兩箇殘字，《敦煌經部文獻合集》據殘筆劃推測爲『韋都』。

〔二〕『諊』，《敦煌經部文獻合集》疑當作『麴』。

參考文獻

《敦煌寶藏》三六册，臺北：新文豐出版公司，一九八二年，一五二頁（圖）；《英藏敦煌文獻》六卷，成都：四川人民出版社，一九九二年，七五頁（圖）；《敦煌經部文獻合集》八册，北京：中華書局，二〇〇八年，四二六九至四二七一頁（録）。

斯四四四三背　二　地藏菩薩經十齋日

釋文

地藏菩薩經十齋日
一日，童子下，念定光如來，不塗（墮）刀鎗地獄[一]，持齋除罪四十劫。
八日，太子下，念藥師琉璃光佛，不塗（墮）糞屎地獄，持齋除罪三十劫[二]。
十四日，察命下，念賢劫〔千〕佛[三]，不塗（墮）鑊湯地獄，持齋除罪一千劫[四]。
十五日，五道大將軍下，念阿彌陀佛，不墮寒冰地獄，持齋除罪二百劫[五]。
十八日，閻羅王下，念觀世音菩薩，不墮劍樹地獄，持齋除罪九十劫。
（以下原缺文）

説明

此件首部上角略殘，中間亦有殘破，倒書，原未抄完，與上件中間留有數行空白。起『地藏菩薩經十齋日』，訖『持齋除罪九十劫』。

『地藏菩薩經十齋日』又稱『地藏菩薩十齋日』，現知敦煌遺書中保存了十七件漢文寫本，本書第十二卷曾收録斯二五六八『地藏菩薩十齋日』、第十八卷則收録了斯四一七五『地藏菩薩十齋日并題記』，有關情況可參看以上兩號文書之『説明』。

此件與斯二五六八屬於同一系統，内容完全相同。本書第十二卷斯二五六八曾以此件爲校本，與此件同系統的各文本之異文均可見於斯二五六八校記，所以，此件僅以斯二五六八（稱其爲甲本）和斯五八九二（稱其爲乙本）校改錯誤、校補缺文。

校記

〔一〕『塗』，當作『墮』，據乙本改，以下同，不另出校。
〔二〕『三十』，據殘筆劃及甲本補。
〔三〕『千』，據甲本補。
〔四〕『千』，據殘筆劃及甲本補。
〔五〕『齋除』，據殘筆劃及甲本補。

參考文獻

《大正新脩大藏經》八五册，東京：大正一切經刊行會，一九三六年，一三〇〇頁；《敦煌寶藏》三六册，臺北：新文豐出版公司，一九八二年，一五二頁（圖）；《敦煌寶藏》四四册，臺北：新文豐出版公司，一九八二年，五三八至五三九頁（圖）；《英藏敦煌文獻》六卷，成都：四川人民出版社，一九九二年，七五頁（圖）；《法國學者敦煌學論文選萃》，北京：中華書局，一九九三年，三九一至四二九頁；《道教術儀與密教典籍》，臺北：新文豐出版公司，一九九四年，四九五至四九六頁；《英藏敦煌文獻》九卷，成都：四川人民出版社，一九九四年，一九五至一九六頁（圖）；《藏外佛教文獻》七輯，北京：宗教文化出版社，二〇〇〇年，三五〇、三五六至三五八頁（録）；《英藏敦煌社會歷史文獻釋録》一二卷，北京：社會科學文獻出版社，二〇一五年，三四七至三五一頁（録）。

斯四四四四背　一　張祜詩三首

釋文

清夜浮埃歇井鄽〔一〕，塔輪金洗露華鮮。人行中路月生海，鶴語上方星滿天。樓影暗蓮（连）深岸水〔二〕，鍾聲寒徹遠林煙〔三〕。僧房閉盡下山去，一半夢魂歸世緣。

再遊山陰先寄郡中友人

三年此地再回頭，憩得湖山是舊遊。百里鏡中明月夜，萬里屏外碧雲秋。竹林雨過誰家宅，楊葉風生何處樓。先問故人籬落下，肯教藤蔓繫扁舟。

贈秀峰上人（以下原缺文）

説明

此卷首尾均缺，正面是佛教戒律疏，背面有倒書《大乘起信論廣釋》卷第四、詩歌、習字、沙州大乘寺尼名録、社司轉帖抄和佛經等。以上内容筆跡不同，字號大小不一，非一人一時抄寫。按本書體例，僅收卷背之社會歷史文獻。

此件首尾完整，中有二題『再遊山陰先寄郡中友人』和『贈秀峰上人』，原未抄完。《敦煌遺書總目索引》擬名『再遊山陰先寄郡中友人、贈秀峰上人詩二首』，《英藏敦煌文獻》擬名『詩二首（再遊山陰先寄郡中友人、贈秀峰上人）』。《敦煌遺書總目索引新編》沿襲了《敦煌遺書總目索引》的擬名，並進而説明『題名在每首尾部』。《敦煌詩集殘卷輯考》考出其爲張祜詩，並指出上列兩個詩題『均是接書在前詩句末』，即『題名在每首尾部』的詩題並非其前面内容的標題，而是其後内容的標題。所以，此件實際是『詩三首』，第一首，《敦煌詩集殘卷輯考》認爲是前殘缺題，並據張祜文集補作『秋夜登潤州慈和寺塔』。按此卷雖然前缺，但第一首之前尚有文字，可以確定不是因殘缺失題，而是抄寫者未抄。第二首即『再遊山陰先寄郡中友人』。第三首『贈秀峰上人』，有題而未抄内容。

校記

〔一〕此句前頂格有一『二』字。
〔二〕『蓮』，當作『連』，《敦煌簡册訂存》據文義校改，『蓮』爲『連』之借字。
〔三〕『鍾』，《敦煌詩集殘卷輯考》釋作『鐘』。

參考文獻

《敦煌韻文集》，高雄：佛教文化服務處，一九六五年，三五頁（録）；《敦煌寶藏》三六册，臺北：新文豐出版公司，一九八二年，一五四頁（圖）；《敦煌簡册訂存》，臺北：臺灣商務印書館，一九八三年，一九〇頁（録）；《英藏敦煌文獻》六卷，成都：四川人民出版社，一九九二年，七六頁（圖）；《敦煌遺書總目索引新編》，北京：中華書局，二〇〇〇年，一三八頁；《敦煌詩集殘卷輯考》，北京：中華書局，二〇〇〇年，四五六至四六〇頁（録）。

斯四四四四背　　二　雜寫及習字

釋文

蓮是　　是我
蓮蓮蓮是是是是是蓮通通爲人人人人人人人人人通遠還送送
是時無量無邊不可思儀（議）功德〔一〕，　今有今時今金今

説明

以上文字係時人隨手寫於張祜詩之後，筆跡與之不同，字號亦小，應是學郎所爲。其後爲《大乘密嚴經》，不録。

校記

〔一〕『儀』，當作『議』，據文義改，『儀』爲『議』之借字。

參考文獻

《敦煌寶藏》三六册，臺北：新文豐出版公司，一九八二年，一五四頁（圖）；《英藏敦煌文獻》六卷，成都：四川人民出版社，一九九二年，七六頁（圖）。

斯四四四四背　三　沙州大乘寺尼名録

釋文

常喜　明戒　慶妙[一]　最勝護　花勝　智寶　法喜　福嚴　花嚴　普雲　堅護　定忍　勝
藏　蓮花德　堅定　靈信　永定願　堅戒　相妙　蓮花意　蓮花妙　福嚴　慈明　勝嚴　正
行　真體　善賢　堅持　堅妙　嚴戒　堅智　威戒　德意　聖意　善緣　菩提惠　戒真　威
德　能嚴　性淨藏　寶嚴　普滿[二]　善勝　妙賢　戒香慶　善妙　總持　善清　聖覺　聖
行　智惠光　妙空　功德藏　福嚴　體淨　勝淨　最勝賢　定真　靈忍　勝妙　最心　禪惠
嚴律　聖惠　照嚴　善滿　菩提　福嚴　善願　啓行　真明　堅性　定惠　智花　覺性
菩提藏　凝妙　德行　自在滿　勝行　明忍　智真　堅淨　菩提惠　神智　明律　寂淨藏
定心　聖意　勝滿　能護　遍淨　慈力　正心　圓鏡　德真　相覺　真意　性真　能性　性
淨賢　戒乘　明相　妙圓　戒賢　勝了　堅勝　能忍　勝心　妙覺　福藏　妙德　勝定　正
惠　善惠　戒淨　凝清　明惠　勝惠　蓮花德　性真　戒只　堅忍　定意　性念　戒香　普
惠　戒法　意賢　戒因　正意　延福　嚴意　最賢　乘淨　聖妙　能正　念澄　能信　妙果

定嚴　善覺　嚴福　真如　真勝

説明

此件首尾完整，抄於《大乘密嚴經》之後，其後爲雜寫。藤枝晃考出以上尼名多與斯二六一四背『沙州諸寺僧尼名簿』和斯二六六九『沙州大乘聖光等寺尼籍』中之大乘寺尼名相同，故可確定其爲『沙州大乘寺尼名録』（參看《敦煌の僧尼籍》，《東方學報》二九册，二九六至三〇一頁）。此件之時代當在與『沙州諸寺僧尼名簿』『沙州大乘聖光等寺尼籍』相近之九世紀後半葉（參看本書第十三卷以上兩件文書之『説明』）。

校記

〔一〕『妙』，《敦煌社會經濟文獻真蹟釋録》釋作『沙』，誤。
〔二〕『滿』，《敦煌社會經濟文獻真蹟釋録》釋作『淨』，誤。

參考文獻

《東方學報》二九册，京都大學人文科學研究所，一九五九年，二九六至三〇一頁（録）；《敦煌寶藏》三六册，臺北：新文豐出版公司，一九八二年，一五四頁（圖）；《敦煌社會經濟文獻真蹟釋録》四册，北京：全國圖書館文獻縮微複製中心，一九九〇年，二五〇頁（圖）（録）；《英藏敦煌文獻》六卷，成都：四川人民出版社，一九九二年，七六頁（圖）。

斯四四四四背　四　雜寫

釋文

論云，是二種至心生誠門，述曰（以下原缺文）

説明

以上文字係時人隨手所寫，似是經疏。

參考文獻

《敦煌寶藏》三六册，臺北：新文豐出版公司，一九八二年，一五四頁（圖）；《英藏敦煌文獻》六卷，成都：四川人民出版社，一九九二年，七六頁（圖）。

斯四四四四背　五　社司少事商量轉帖抄

釋文

社司　轉帖

右緣少事商量，幸請諸公等，帖至限今月八日於永安寺門前取齊。捉二人後到者，罰酒壹角；全不來，罰酒半瓮。其〔帖〕速遞相分〔付〕[一]，不得停滯；如滯帖者，准〔條〕科罰[二]。帖周卻付本司。用〔憑〕告罰[三]，三月九日録事張帖諮。

索君子　王懷延　王　索延子　張明閏　宋天延[四]　張全全　孟留留　蘇賢通　左之（？）白。

説明

此件是社司用於通知社人聚會議事轉帖的抄件，無紀年，《敦煌社邑文書輯校》推測此帖可能抄於九世紀後半期。帖中之發帖日晚於聚會日，於事理不合，應爲抄寫者筆誤所致。

校記

〔一〕『帖』『付』，《敦煌社邑文書輯校》據文義及其他社司轉帖校補。
〔二〕『條』，《敦煌社邑文書輯校》據文義及其他社司轉帖校補。
〔三〕『憑』，《敦煌社邑文書輯校》據文義及其他社司轉帖校補。
〔四〕『天』，《敦煌社邑文書輯校》釋作『關』。

參考文獻

Chinperl Papers, No. 10, p. 59；《敦煌寶藏》三六册，臺北：新文豐出版公司，一九八二年，一五四頁（圖）；《敦煌社會經濟文獻真蹟釋録》一輯，北京：書目文獻出版社，一九八六年，三四〇頁（圖）（録）；《英藏敦煌文獻》六卷，成都：四川人民出版社，一九九二年，七六頁（圖）；《敦煌社邑文書輯校》，南京：江蘇古籍出版社，一九九七年，二八七至二八八頁（録）。

斯四四四四背　六　雜寫

釋文

明月夜照當街

説明

以上文字係時人隨手所寫，似是詩題，未抄寫内容。《英藏敦煌文獻》誤將其當作其後『野外遥占渾將軍』詩的標題。此件與其前後兩件筆跡相同。

參考文獻

《敦煌寶藏》三六册，臺北：新文豐出版公司，一九八二年，一五五頁（圖）；《英藏敦煌文獻》六卷，成都：四川人民出版社，一九九二年，七六頁（圖）。

斯四四四四背　七　野外遥占渾將軍詩

釋文

山頭壹隊録（欲）凌雲〔一〕，白馬弘（紅）嬰（纓）出〔衆〕群〔二〕。知（諸）人意起（氣）不如次（此）〔三〕，多（只）應者〔箇〕是將軍〔四〕。

説明

此件首尾完整，無題。其内容見於伯三六一九《唐詩叢抄》、伯三八八五《唐詩文叢抄》和伯二六二二『詩抄』。其前有筆跡相同之『明月夜照當街』，《英藏敦煌文獻》據之將此件擬題爲『明月夜照當街詩』。但伯三六一九有原題『野外遥占渾將軍』、伯三八八五亦有原題『野外遥占將軍』，此據伯三六一九擬題。

以上釋文以斯四四四四背爲底本，用伯三六一九（稱其爲甲本）、伯三八八五（稱其爲乙本）和伯二六二二（稱其爲丙本）參校。

校記

〔一〕『壹』，丙本同，甲、乙本作『一』；『録』，丙本同，當作『欲』，據甲、乙本改；『凌』，甲、乙、丙本作『陵』，均可通。

〔二〕『弘』，當作『紅』，據甲、乙、丙本改，『弘』爲『紅』之借字；『嬰』，丙本作『英』，當作『纓』，據甲、乙本改，『嬰』『英』均爲『纓』之借字；『衆』，據甲、乙、丙本補；『群』，甲、乙本同，丙本作『郡』，誤。

〔三〕『知』，丙本同，當作『諸』，據甲、乙本改，『知』爲『諸』之借字；『人』，甲、乙本同，丙本作『如』，誤；『意』，丙本同，甲、乙本作『氣』；『起』，甲、乙本作『色』，當作『氣』，據丙本改，『起』爲『氣』之借字；『不』，甲、丙本同，乙本作『已』，誤；『次』，丙本同，當作『此』，據甲、乙本改，『次』爲『此』之借字。

〔四〕『多』，丙本同，當作『只』，據甲、乙本改；『箇』，據甲、乙、丙本補；『是』，甲、乙本同，丙本作『侍』，『侍』爲『是』之借字；『將』，甲、乙本同，丙本作『河』，誤；『軍』，甲、乙本同，丙本作『人』，誤。

參考文獻

《敦煌寶藏》三六册，臺北：新文豐出版公司，一九八二年，一五五頁（圖）；《英藏敦煌文獻》六卷，成都：四川人民出版社，一九九二年，七六頁（圖）；《敦煌詩集殘卷輯考》，北京：中華書局，二〇〇〇年，三一九頁（録）；《法藏敦煌西域文獻》一六卷，上海古籍出版社，二〇〇一年，三一九頁（圖）；《法藏敦煌西域文獻》二六卷，上海古籍出版社，二〇〇二年，一一〇頁（圖）；《法藏敦煌西域文獻》二九卷，上海古籍出版社，二〇〇三年，八八頁（圖）。

斯四四四四背　八　雜寫

釋文

不得亦信，不悟亦（？）省，不懺亦透。

説明

以上文字係時人隨手所寫，出處不詳。

參考文獻

《敦煌寶藏》三六册，臺北：新文豐出版公司，一九八二年，一五五頁（圖）；《英藏敦煌文獻》六卷，成都：四川人民出版社，一九九二年，七六頁（圖）。

斯四四四五　一　己丑年十二月廿三日何願德貸褐契

釋文

己丑年十二月廿三日，龍家何願德於南山買買（賣）〔一〕，欠小褐〔二〕，遂於永安寺僧長千面上貸出褐叁段，白褐壹段。比至南山到來之日，還褐六段。若東西不平善者，一仰口承弟定德、丑子面上取本褐。若不還者，看鄉原生利。恐人無信，故立此契，用爲後憑。

口承弟定德（押）。

口承丑子（押）。

取褐人何願德（押）。

説明

此號僅一紙，正面抄寫兩件借貸契約，紙背是貸褐、麥歷。

此件首尾完整，爲己丑年何願德因經商向敦煌永安寺僧舉貸所立契約，記明到期償還本息的數目，規定了若舉貸者身有不測由何人償還本褐，要求若過期不還按鄉土習慣生利，契尾有絶止符號及口承人、取褐人簽押，應爲實用文書。

校記

〔一〕『買』，當作『賣』，《敦煌社會經濟文獻真蹟釋録》據文義校改。

〔二〕『小』，《敦煌社會經濟文獻真蹟釋録》《敦煌契約文書輯校》均校改作『少』，按『小』通『少』，不煩校改。

參考文獻

《敦煌資料》一輯，北京：中華書局，一九六一年，三五八頁（録）；《敦煌寶藏》三六册，臺北：新文豐出版公司，一九八二年，一五五頁（圖）；《敦煌遺書總目索引》，北京：中華書局，一九八三年，二〇一頁（録）；*Tunhuang and Turfan Documents Concerning Social and Economic History* III Contracts（B）Plates，東京：東洋文庫，一九八六年，p. 89（圖）；*Tunhuang and Turfan Documents Concerning Social and Economic History* III Contracts（A）Introduction & Texts，東京：東洋文庫，一九八七年，p. 107（録）；《隋唐五代經濟史料彙編校注》一編上，北京：中華書局，一九八七年，九一七至九一八頁（録）；《敦煌社會經濟文獻真蹟釋録》二輯，北京：全國圖書館文獻縮微複製中心，一九九〇年，一一八頁（圖）（録）；《英藏敦煌文獻》六卷，成都：四川人民出版社，一九九二年，七七頁（圖）；《中國歷代契約會編考釋》上，北京：北京大學出版社，一九九五年，三八四至三八五頁（録）；《敦煌契約文書輯校》，南京：江蘇古籍出版社，一九九八年，一八八至一八九頁（録）；《敦煌遺書總目索引新編》，北京：中華書局，二〇〇〇年，一三八頁（録）。

斯四四四五　二　己丑年十二月十三日陳佛德貸褐契

釋文

己丑年十二月十三日〔一〕，陳佛德於僧長千面上貸紅褐兩段，白褐壹段。比至三月十五日，著還出褐三段，白褐壹段。若於時限不還者，便看鄉原生利者。口承男醜撻。

説明

此件書於上件之後，首尾完整，雖以往均被擬名爲『契』，但尾部無絶止符號及口承人、取褐人簽押，其内容介於契約和出貸賬目之間。陳佛德姓名上方及右側有濃墨所畫符號，似爲勾銷符號，表示這筆賬目已了結。

校記

〔一〕『三』，《敦煌遺書總目索引新編》釋作『二』，誤。此句中之『十』，原件有塗抹，似是將原來的『廿』改成了『十』，但其前之『何願德貸褐契』的時間是廿三日，按自右向左的抄寫次序，後寫的内容時間應在後，或許這筆賬目是事後補記的。

參考文獻

《敦煌資料》一輯，北京：中華書局，一九六一年，三五八頁（録）；《敦煌遺書總目索引》，北京：中華書局，一九八三年，二〇一頁（録）；*Tunhuang and Turfan Documents Concerning Social and Economic History* III Contracts（B）Plates，東京：東洋文庫，一九八六年，p. 89（圖）；*Tunhuang and Turfan Documents Concerning Social and Economic History* III Contracts（A）Introduction & Texts，東京：東洋文庫，一九八七年，p. 107（録）；《敦煌社會經濟文獻真蹟釋録》二輯，北京：全國圖書館文獻縮微複製中心，一九九〇年，一一八頁（圖）（録）；《敦煌契約文書輯校》，南京：江蘇古籍出版社，一九九八年，一八七頁（録）；《敦煌遺書總目索引新編》，北京：中華書局，二〇〇〇年，一三八頁（録）。

斯四四四五背　庚寅年二月三日寺家漢不勿等貸褐麥歷

釋文

庚寅年二月三日，寺家漢不勿白褐壹段；張押牙貸出褐兩段；畫定興買油褐壹段；畫會興買油褐壹段；蘇家永富白鞋壹兩，斷麥壹碩貳斗；孔住延麥壹石一斗；索苟兒買油白褐壹段；僧友定白褐壹段；氾定昌褐壹段；令狐萬子貸白褐壹段；張家女貸白褐壹段；阿孃共張家女白褐壹段。

説明

此件首尾完整，以往釋録者均擬名爲『貸褐歷』，因其中有兩筆借貸的是麥，故改擬今名。此件之『庚寅年』，《敦煌社會經濟文獻真蹟釋録》推測爲公元九三〇年。

參考文獻

《敦煌寶藏》三六册，臺北：新文豐出版公司，一九八二年，一五五頁（圖）；《隋唐五代經濟史料彙編校注》一編下，北京：中華書局，一九八七年，九一七至九一八頁（録）；《敦煌社會經濟文獻真蹟釋録》二輯，北京：全國圖書館文獻縮微複製中心，一九九〇年，二〇九頁（圖）（録）；《英藏敦煌文獻》六卷，成都：四川人民出版社，一九九二年，七七頁（圖）。

斯四四四六　大般若波羅蜜多經卷第四二三勘經題記

釋文

兑。　　宗。

説明

以上『兑』字書寫於《大般若波羅蜜多經》卷第四二三經文天頭，表示此紙佛經抄寫有誤，已經作廢；『宗』字書寫於經文後之空白處。《英藏敦煌文獻》未收，現予增收。

『宗』又見於斯七二五九《大般若經》卷四二一、斯七〇一八《大般若經》卷五五八，筆跡相似，這三件上均有『兑』字，則『宗』當爲勘經人。Φ. 一九〇《大般若經》卷九五上亦有『兑』字，天頭上書有『王文宗』，筆跡與以上各件相似，則『宗』當即『王文宗』。

參考文獻

《敦煌寶藏》三六册，臺北：新文豐出版公司，一九八二年，一五六至一五七頁（圖）。

斯四四四七　大般若經點勘録

釋文

（前缺）

第四袟〔一〕。

第五袟。

第六袟。

第七袟。內欠第七卷，欠第九卷，第十卷十八紙。

第八袟。

第九袟。

第十袟。內欠第一卷，十八紙。僕射將寫去。

第十一袟。第十卷見在，餘第一，十六紙；第二〔四〕，十七紙者全無；第三，十六紙；第四，十六紙；第五，十六紙；第六，十六紙；第七，十七紙；第八，十六紙〔五〕；第九，十六紙〔六〕。

第卅二袟〔二〕

第卅三袟〔三〕。第八卷無頭。

第卅四袟。

第卅五袟。

第卅六袟。內欠第五卷。

第卅七袟。內欠第五卷、第六卷。

第卅八袟。內欠第四卷、第十卷。

第十二袟。全無。第一，十六紙；第二，十七紙；第三，十七紙；第四，十五紙；第五〔七〕，十六紙〔八〕；第六，十六紙；第七，十六紙；第八，十五紙；第九，十七紙；第十，十六紙。

第十三袟。見在：第三、第五見在〔九〕。全無：第一，十七紙；第二，十七紙；第三〔一〇〕，十八紙〔一一〕；第四，十七紙；第五〔一二〕，十七紙〔一三〕；第六，十六紙；第七，十七紙；第八，十六紙；第九〔一四〕，十六紙〔一五〕；第十卷〔一六〕，十六紙。

第十四袟。

第十五袟。

第十六袟。內欠第二卷，十七紙；第三卷無頭；欠第五卷，十五紙；第九卷，十七紙；第十卷，十四紙。

第十七袟。內欠第二卷，十六紙；第三卷，十六紙；第四卷，十六紙；第五卷，十七紙；第七卷，十六紙；第八卷，十六紙。

第十八袟。內欠第三卷。

第十九袟。內欠第一卷、第九卷。

第廿袟〔一七〕。內欠第七卷，十六紙。僕射將寫去。

第廿一袟。內欠第一卷，十六紙；第七卷，十七紙〔一八〕。

第廿二袟。內欠第一卷〔二〇〕□。

第卌九袟。

第五十袟。內欠第一卷、第二卷、第三卷、第七卷，又欠第三卷上。

第五十一袟。內欠第三卷、第九卷。

第五十二袟。內欠第八卷。

第五十三袟。全無。

第五十四袟。內欠第十卷。

第五十五袟。內欠第一卷、第二卷、第三卷、第五卷、第十卷。

第五十六袟。內欠第二卷、第三卷、第七卷、第八卷。

第五十七袟。內欠第二卷、第六卷、第七卷、第八卷、第九卷，又欠第八卷上。

第五十八袟〔一九〕。內欠第五卷。

第五十九袟〔二一〕。內欠第三卷、第四卷、第八卷、第九卷。

第廿三袟。內欠第一卷〔二二〕，十五紙；第二卷，十六（？）紙〔二三〕；第六卷，十六紙；第八卷，十七紙；第九卷，十八紙。　　第六十袟。內欠第十卷。崑。

第廿四袟。內欠第三卷、第四卷、第六卷。

（紙背）

其六袟經〔二四〕，有圈者未得本〔二五〕。

說明

此件首缺尾全，分爲上、下兩欄抄寫，《敦煌佛教經録輯校》據與其同類之文書比定其爲『大般若經點勘録』，並據其中之『僕射將寫去』，確定其爲歸義軍時期寫本（參看《敦煌佛教經録輯校》，六〇五至六〇六頁）。

此件背面有『其六袟經，有圈者未得本』，似是對正面加墨筆圈畫之文字的說明，故將其視作同一文書釋録。

校記

〔一〕『第』，底本作『弟』，按寫本時代，『第』『弟』形近易混，故可據文義逕釋作『第』，以下同，不另出校；『袟』，《敦煌佛教經録輯校》釋作『帙』，按『袟』通『帙』，以下同，不另出校。

〔二〕『卌』，據殘筆劃及文義補，《敦煌佛教經録輯校》逕釋作『四十』；『二袟』，據下文補，《敦煌佛教經録輯校》逕釋作『二袟』。

〔三〕『卌』，《敦煌佛教經録輯校》釋作『四十』，以下同，不另出校。
〔四〕『第』，《敦煌佛教經録輯校》漏録。
〔五〕『六』，《敦煌佛教經録輯校》釋作『八』，誤。
〔六〕『六』，《敦煌佛教經録輯校》釋作『九』，誤。
〔七〕『第五』，《敦煌佛教經録輯校》未能釋讀。
〔八〕『十六紙』，《敦煌佛教經録輯校》未能釋讀。
〔九〕『第』，《敦煌佛教經録輯校》釋作『九』，誤。又，《敦煌佛教經録輯校》將『見在』部分釋録在本單元的最後，但原件是將這一部分列在最前。
〔一〇〕『第三』，原件上有墨筆劃的圈，《敦煌佛教經録輯校》將其看作圈除符號，未録。按背面勘經者所作標記，此件中的『有圈者』是『未得本』之標記，並非圈除符號。
〔一一〕『十八紙』，原件上有墨筆劃的圈，《敦煌佛教經録輯校》未録。
〔一二〕『第五』，原件上有墨筆劃的圈，《敦煌佛教經録輯校》未録。
〔一三〕『十七紙』，原件上有墨筆劃的圈，《敦煌佛教經録輯校》未録。
〔一四〕『第九』，《敦煌佛教經録輯校》漏録。
〔一五〕『十六紙』，《敦煌佛教經録輯校》漏録。
〔一六〕『十卷』，《敦煌佛教經録輯校》釋作『一百』，誤。
〔一七〕『廿』，《敦煌佛教經録輯校》釋作『二十』，以下同，不另出校。
〔一八〕『七』，據殘筆劃及文義補；『紙』，據文義補。
〔一九〕『第五』，《敦煌佛教經録輯校》據文義校補。

〔二〇〕『第一卷』，據殘筆劃及文義補。
〔二一〕『第五』，據殘筆劃及文義補。
〔二二〕『内欠第一卷』，原件上有墨筆劃的圈。
〔二三〕『十六』，《敦煌佛教經録輯校》未能釋讀。
〔二四〕『其』，《敦煌佛教經録輯校》釋作『共』，誤。
〔二五〕『有』，《敦煌佛教經録輯校》漏録。

參考文獻

《敦煌寶藏》三六册，臺北：新文豐出版公司，一九八二年，一五七至一五八頁（圖）；《英藏敦煌文獻》六卷，成都：四川人民出版社，一九九二年，七八頁（圖）。《敦煌佛教經録輯校》，南京：江蘇古籍出版社，一九九七年，六〇五至六一六頁（録）。

斯四四四八　大乘密嚴經卷中題記

釋文

守節寫。

説明

此件書於尾題『大乘密嚴經卷中』之後，《英藏敦煌文獻》未收，現予增收。

參考文獻

Descriptive Catalogue of the Chinese Manuscripts from Tunhuang in the British Museum, London：The Trustees of the British Museum, London 1957, p. 110（録）；《敦煌寶藏》三六册，臺北：新文豐出版公司，一九八二年，一七一頁（圖）；《敦煌學要籥》，臺北：新文豐出版公司，一九八二年，一四六頁（録）；《敦煌遺書總目索引》，北京：中華書局，一九八三年，二〇一頁（録）；《中國古代寫本識語集録》，東京大學東洋文化研究所，一九九〇年，四四二頁（録）；《敦煌遺書總目索引新編》，北京：中華書局，二〇〇〇年，一三八頁（録）。

斯八六五六＋斯四四五一　上生禮

釋文

上生禮〔一〕

一切恭敬〔二〕，敬禮常住三寶。是諸衆等，人各胡跪，嚴持香花，如法供養。願此香花雲，遍滿十方界，供養一切佛。化佛并菩薩，無數聲聞衆，受此香花雲，以爲光明臺。廣於無邊界，無邊無量作佛事〔三〕，供養一切諸佛。与我福德力，如來加持力〔四〕，及與法〔界〕力〔五〕，普供養虚空而住〔六〕。

唵　誐誐曩　三婆嚩　襪日囉斛三遍〔七〕。

如來妙色身，世間〔無〕與等〔八〕，無此（比）不思議〔九〕，是故今敬禮〔一〇〕。如來色無盡，智慧亦復然〔一一〕，一切法常住，是故我歸依。敬禮常住三寶〔一二〕。

歎佛。

正遍〔知〕者二足尊〔一三〕，天人世間無與等。十力世〔尊〕甚希有〔一四〕，無上最勝良福田。其供養〔者〕生天上〔一五〕，稽首無比大精進。佛有如是功德，迴施有情〔一六〕，普共成佛〔一七〕。於河沙劫中歎不能盡〔一八〕。

梅怛隸二合〔一九〕。夜娑哩羅〔二〇〕　散多曩〔二一〕　舍蜜多〔二二〕　係栗二合〔二三〕。沙縛曷囊三合〔二四〕。曳〔二五〕　梅怛隸二合〔二六〕。夜夜野〔二七〕南無〔二八〕　窣覩毗耶〔二九〕　三摩佐〔三〇〕　播虞失尼〔三一〕

南無兜率天宮慈氏如來，應正等覺。我今稽首，迴願往生〔三二〕。

南無兜率天宮慈氏如來，應正等覺。我今敬禮毗盧遮那，真如清淨名法佛，法界法性性平等〔三三〕，真如清淨即法界〔三四〕，法界即如來，願度塵沙衆。凡是一會，總生其中〔三五〕。

南無兜率天宮慈氏如來，應正等覺。我今敬禮盧舍那，方座蓮華周百億〔三六〕，曠劫脩成無漏知〔三七〕，萬德圓滿名報身〔三八〕。普勸勤脩六度行〔三九〕，龍花初會證無生〔四〇〕。和周（同）前〔四一〕。

南無兜率天宮慈尊氏如來，應正等覺。我今敬禮釋迦文〔四二〕，丈六化身紫金色，項珮圓光周百億〔四三〕，八十種好相莊嚴〔四四〕，普勸周（同）生慈氏國〔四五〕，龍花三會（悟）三明〔四六〕。和周（同）前〔四七〕。

南無兜率天宮慈氏如來，應正等覺。願禮佛弟子（比）丘某甲等及一切衆生〔四八〕，臨命終時，身心安樂，一念之頃〔四九〕，聖衆現前。承佛本願，往生天宮。慈氏聖者，放白毫光，滅惱除煩〔五〇〕，三毒恚禍火〔五一〕，開敷華内〔五二〕，心（止）住其中〔五三〕。菩薩慈光，應時攝受，諸根清淨，速證無生，教化天人，龍花成佛。和周（同）前〔五四〕。

南無普禮盡十方空界〔五五〕，禮一切諸佛。南無舍和（利）形像〔五六〕，無量寶塔；南無十二部尊經，甚深法藏；南無諸尊菩薩〔五七〕，摩訶薩衆；南無聲聞緣覺，禮一切賢聖僧。普爲四恩三有，及法界衆生，悉願斷障〔五八〕，往生彌勒内院〔五九〕。

唵　薩縛播縛〔六〇〕　薩布三合〔六一〕。吒　娜訶曩〔六二〕　縛日羅二合。〔六三〕　野　娑縛訶四遍〔六四〕。

唵　麽喻羅〔六五〕　鉢羅底扇提迦〔六六〕　薩縛訶四遍〔六七〕。

志心懺悔：所有四生三惡罪，心如初日照膿（濃）霜〔六八〕。罪染不住等虚空〔六九〕，三業萬類比（皆）清淨〔七〇〕。普令法界諸有情，悉往内宫永安樂。懺悔已，志心歸命頂禮大悲彌勒尊佛〔七一〕。

志心發願：願我等從今日，乃至登菩提〔七二〕，願隨我大師慈氏好（如）來〔七三〕，龍花初會得受道記〔七四〕。發願已，志心歸命頂禮大悲彌勒尊佛〔七五〕，念慈氏菩薩摩訶薩。四聲〔七六〕。

願滅三障清（諸）煩煩（惱）〔七七〕，願得知慧心明了〔七八〕。普願罪障並清除〔七九〕，世世常行菩薩道。念如前〔八〇〕。願生彌勒天宫院，蓮開親禮慈尊面。白毫照我罪清除〔八一〕，生死漂流從此斷。念好（如）前〔八二〕。

惟願不逆群生意〔八三〕，無始時來難得值〔八四〕。我今各發志誠心，願見慈尊親項（頂）禮〔八五〕。念好（如）前〔八六〕。身嚴福智黄金相，堪爲與衆生爲依丈〔八七〕。我今迴願往天宫，面見真容親供養。

曩謨〔八八〕　三滿多〔八九〕　没馱喃　度嚕地尾〔九〇〕　薩溥訶四遍〔九一〕。處世界〔九二〕。

願以此功德〔九三〕，普及於一切。我等與衆生，近生内院中。究竟成佛道。

稽道（首）歸依佛〔九四〕，天宫坐寶臺，有情皆渴仰，早願下生來。願共諸衆生〔九五〕。

稽首歸依法〔九六〕，六事最堪修。得生彌勒院，永不值漂流〔九七〕。同前筎〔九八〕。

稽首歸依僧〔九九〕，三明具六通。龍花希授記〔一〇〇〕，三會願於（相）逢〔一〇一〕。同前筎〔一〇二〕。

白衆等聽説慈氏上生偈〔一〇三〕：莫戀閻浮譺（境）〔一〇四〕，憂悲曉夕煎。愛河長没溺〔一〇五〕，欲火鎮燒社（燃）〔一〇六〕。寶殿花當發，慈尊法正宣。勸諸修道者，同結上生渧（緣）〔一〇七〕。

諸行無常，是生滅法。生滅滅已，寂滅爲樂。

好（如）來證涅槃〔一〇八〕，永斷於生死。若能志心聽，常得無量樂。

説明

此件由斯八六五六＋斯四四五一綴合而成（參看《唐宋古逸佛教懺儀研究》，一六七至一六八頁），兩件綴合後恰成完璧，首題『上生禮』。卷背有習字。

『上生禮』是以禮讚彌勒尊佛爲核心的禮懺文，目的在於祈求上生兜率内院，會見彌勒，同結上生緣。《唐宋古逸佛教懺儀研究》撿得斯八六五六＋斯四四五一、斯五四三三、伯三八四〇、BD四一〇二背等五件敦煌寫本『上生禮』，做了較爲精細的録校和研究。該書推斷上生禮撰成於八世紀中葉後，大約流行於九、十世紀。並依據其内容將『上生禮』分爲兩組，即BD四一〇二背和斯五四三三是内容較爲簡略的一組，而斯八六五六＋斯四四五一和伯三八四〇則是内容較爲完整的一組（參看《唐宋古逸佛教懺儀研究》，一八一頁）。在該書作者當時未及看到的《國家圖書館藏敦煌遺書》第一〇五册中收録了BD九三七七『上生禮』的圖版，該件雖爲殘本，僅存首部，但從所存内容來看，是與斯八六五六＋斯四四五一内容最接近的文本。

由於抄寫者的省略和增益，現存『上生禮』寫本雖標題相同，但文字均有差異。以上釋文以斯八六五六＋斯四四五一爲底本，用與其内容相對比較接近的BD九三七七（稱其爲甲本）和伯三八四〇（稱其爲乙本）參校。

校記

〔一〕『上生禮』，甲本同，乙本作『上生禮一本』。

〔二〕『恭』，甲本脱。此句至『供養一切諸佛』，乙本省略，僅以『供養作梵』四字代之。

〔三〕『無邊』，甲本無。

〔四〕『如』，甲本同，乙本作『與』，脱『如』字。

〔五〕『與』，甲本同，乙本作『與我』；『界』，據甲、乙本補。

〔六〕『而』，甲本同，乙本作『如』，『如』爲『而』之借字。

〔七〕『禨』，甲、乙本作『鞿』；『日』，甲本同，乙本作『右』；『囉』，甲、乙本作『羅』；『三遍』，甲本同，乙本作『説三』。

〔八〕『無』，據甲、乙本補；『與』，甲本同，乙本作『以』，『以』爲『與』之借字。

〔九〕『此』，乙本作『彼』，當作『比』，據甲本改，『彼』爲『比』之借字。

〔一〇〕『故』，甲本同，乙本作『古』，誤。

〔一一〕『慧』，乙本同，甲本作『惠』，均可通。

〔一二〕『寶』，甲本同，乙本脱。

〔一三〕『知』，據甲、乙本補。

〔一四〕『尊』，據甲、乙本補。

〔一五〕『者』，據甲、乙本補。

〔一六〕此句甲、乙本均無。

〔一七〕此句甲、乙本均無。

〔一八〕『於』，甲本同，乙本作『經』；『河』，乙本同，甲本作『恆河』；『歎』，甲本同，乙本作『讚』。

〔一九〕『怛』，甲本同，乙本作『底』，甲本此字下有小字注音『丁粟反』；『隸』，甲本同，乙本作『哩』；『二合』，甲、乙本無。

〔二〇〕『夜』，甲本同，乙本作『野』，其後有小字『引』；『娑』，甲本同，乙本作『薩』。

〔二一〕『多』，乙本同，甲本作『哆』；『曩』，甲本同，乙本作『那』。

〔二二〕『舍』，乙本同，甲本其下有小字『引』；『蜜』，甲本作『密哩』，乙本作『密嘌』；『多』，乙本同，甲本作『哆』，其下有小字『去』。

〔二三〕『係』，甲本作『你』，下有小字注音『娘去反』，乙本作『底哩』；『栗』，甲本同，乙本作『灑』；『二合』，甲、乙本無。

〔二四〕『沙』，甲本同，乙本作『曩』；『縛』，甲本作『摩』，乙本無；『曷』，甲本作『訶』，乙本作『荷』；『囊』，甲本同，乙本作『那』；『三合』，甲、乙本無。

〔二五〕『曳』，甲本同，乙本作『翳』。

〔二六〕『梅怛隸』，甲本同，乙本作『每底哩』；『二合』，甲、乙本無。

〔二七〕第二箇『夜』，甲、乙本無。

〔二八〕『南無』，甲、乙本作『囊謨』。

〔二九〕『窣』，甲本同，乙本作『薩』；『覩』，甲本同，乙本作『多』；『毗』，甲本同，其下有小字注音『毗（？）夜反』，乙本作『漂』；『耶』，甲、乙本無。

〔三〇〕『三』，甲本作『三去』，乙本作『三滿』；『摩』，乙本作『囉』，甲本作『摩羅』；『佐』，甲本同，乙本作『左』。

〔三一〕『虞』，甲本作『虞拏』，乙本作『遇囉』；『尼』，甲本同，乙本作『哩』。

〔三二〕甲本此句後有『願共諸衆生，往生彌勒院』，乙本則有『願共諸衆生，往生彌勒内院。說三遍』。

〔三三〕第二箇『性』，乙本同，甲本脱。

〔三四〕甲本止於此句之『清』。

〔三五〕此句下乙本有『願共諸衆生，往生彌勒院』。

〔三六〕『座』，乙本作『坐』，『坐』爲『座』之本字；『華』，乙本作『花』，均可通。

〔三七〕『知』，乙本作『智』，均可通。

〔三八〕『德』，乙本作『得』，『得』通『德』。
〔三九〕『勤脩六度行』，乙本作『同生慈氏國』。
〔四〇〕『花』，乙本作『華』，均可通。
〔四一〕『周』，當作『同』，據文義改。乙本此句作『願共諸衆生，往生彌勒院』。底本之『和同前』當即指被省略了的衆人和聲共讚之『願共諸衆生，往生彌勒院』。
〔四二〕底本『敬』後有一『了』字，似有塗抹痕跡，未録。
〔四三〕『珮』，乙本作『背』。
〔四四〕『相』，乙本作『想』，誤。
〔四五〕『周』，乙本作『勤』，當作『同』，據BD四一〇二背改；『生慈氏國』，乙本作『修六度行』。
〔四六〕『悟』，據乙本補。
〔四七〕『周』，當作『同』，據文義改。乙本此句作『願共諸衆生，往生彌勒院』。
〔四八〕『比』，乙本無，據BD四一〇二背補；『丘』，乙本無。
〔四九〕『頃』，《敦煌禮懺文研究》《唐宋古逸佛教懺儀研究》均釋作『項』，乙本作『傾』，『傾』通『頃』。
〔五〇〕『惱除煩』，乙本作『除煩惱』。
〔五一〕『恚』，乙本作『醫』，誤；『禍』，乙本無，據文義係衍文，當删。
〔五二〕『華』，乙本作『花』。
〔五三〕『心』，當作『止』，據乙本改。
〔五四〕『周』，當作『同』，據文義改。乙本此句作『願共諸衆〔生〕，往生彌勒院』。
〔五五〕『禮』，乙本作『禮過現未來』。

〔五六〕『和』，當作『利』，據乙本改，《敦煌禮懺文研究》《唐宋古逸佛教懺儀研究》釋作『利和』，誤。

〔五七〕『尊』，乙本作『大』。

〔五八〕『悉願』，乙本無。

〔五九〕『内院』，乙本作『院』。

〔六〇〕兩箇『縛』字，乙本均作『嚩』，《敦煌禮懺文研究》《唐宋古逸佛教懺儀研究》均釋作『嚩』，誤；『播』，乙本作『婆』。

〔六一〕『三合』，乙本無。

〔六二〕『娜訶』，乙本作『那賀』。

〔六三〕『縛』，乙本作『韈』；『二合』，乙本無。

〔六四〕『娑』，乙本作『莎』；『訶』，乙本作『加』；『遍』，乙本作『説』。

〔六五〕『喻』，乙本作『與』；『羅』，乙本同，《敦煌禮懺文研究》《唐宋古逸佛教懺儀研究》均釋作『囉』。

〔六六〕『鉢』，乙本作『佉』；『羅』，《敦煌禮懺文研究》《唐宋古逸佛教懺儀研究》均釋作『囉』；『底』，乙本作『帝』；『提迦』，乙本作『底佉』。

〔六七〕『薩』，乙本作『莎』；『縛』，乙本作『嚩』；『訶』，乙本作『賀』；『遍』，乙本作『説』。

〔六八〕『膿』，當作『濃』，據BD四一〇二背改，『膿』爲『濃』之借字，乙本作『凝』，亦可通。

〔六九〕『染』，《敦煌禮懺文研究》《唐宋古逸佛教懺儀研究》均釋作『深』，誤。

〔七〇〕『類』，乙本作『里』；『比』，當作『皆』，據乙本改。

〔七一〕『歸』，乙本作『皈』。

〔七二〕『登』，乙本作『證』，《敦煌禮懺文研究》《唐宋古逸佛教懺儀研究》均釋作『證』，誤。

〔七三〕『好』，當作『如』，據乙本改。
〔七四〕『受』，乙本作『授』，《敦煌禮懺文研究》《唐宋古逸佛教懺儀研究》均釋作『授』，誤。
〔七五〕『歸』，乙本作『眅』，《敦煌禮懺文研究》《唐宋古逸佛教懺儀研究》均釋作『皈』，誤。
〔七六〕『念』，乙本無；『四聲』，乙本作『説四』。
〔七七〕『清』，當作『諸』，據乙本改；第二個『煩』，當作『惱』，據文義改。
〔七八〕『知』，乙本作『智』，均可通；『慧』，乙本作『惠』，均可通。
〔七九〕『並清』，乙本作『悉消』。
〔八〇〕此句乙本作『同前』。
〔八一〕『清』，乙本作『消』。
〔八二〕『念』，乙本作『又』；『好』，當作『如』，據文義改，乙本作『同』。
〔八三〕『惟』，乙本作『唯』。
〔八四〕『得』，乙本同，《敦煌禮懺文研究》《唐宋古逸佛教懺儀研究》均釋作『爲』。
〔八五〕『願』，乙本作『面』；『項』，當作『頂』，據乙本改。
〔八六〕『好』，當作『如』，據文義改。此句乙本作『又前同和』。
〔八七〕第一箇『爲』，乙本無，據文義係衍文，當删；『丈』，乙本作『仗』，《敦煌禮懺文研究》《唐宋古逸佛教懺儀研究》均校改作『仗』，按『丈』爲『仗』之本字，不煩校改。
〔八八〕『囊』，乙本作『那』。
〔八九〕乙本此句下有『没馱喃阿悉擔醫野薩嚩埵社野嚕誐多莎縛賀四説。那謨　三滿多』，似係因兩紙黏接造成的重複，當删。

〔九〇〕『嚕』，乙本作『噌』；『地』，乙本作『弟』。

〔九一〕『薩溥訶』，乙本作『莎嚩賀』；『遍』，乙本作『説』。

〔九二〕底本此句下有省略，乙本作『處世界，如虚空；如蓮花，不著水；心清淨，超淤（於）彼。稽首禮，無上尊。三檀等施，六度齊修。無漏果圓，共成佛道』。

〔九三〕此段乙本無。

〔九四〕『道』，當作『首』，據乙本改；『歸』，乙本作『皈』，《唐宋古逸佛教懺儀研究》釋作『皈』，誤。

〔九五〕此句下乙本有『往生彌勒内院』，底本脱或有意省略。

〔九六〕『歸』，乙本作『皈』。

〔九七〕『值』，乙本作『地』，誤。

〔九八〕『同前笳』，乙本作『又同前』。

〔九九〕『歸』，乙本脱。

〔一〇〇〕『授』，乙本作『受』，均可通。

〔一〇一〕『於』，當作『相』，據乙本改，《敦煌禮懺文研究》《唐宋古逸佛教懺儀研究》均校改作『遇』。

〔一〇二〕『同前笳』，乙本作『又同前』。乙本此句後有『願諸有情等三業界清淨，物（總）持諸佛教，和南一切賢世僧』。

〔一〇三〕『上生』，乙本作『内宫』。

〔一〇四〕『鏡』，當作『境』，據乙本改。

〔一〇五〕『河』，乙本作『何』，『何』爲『河』之借字。

〔一〇六〕『鎮』，乙本同，《敦煌禮懺文研究》《唐宋古逸佛教懺儀研究》均校改作『正』，按『鎮』有『經常』義，不煩校改；『社』，當作『燃』，據乙本改，《敦煌禮懺文研究》《唐宋古逸佛教懺儀研究》釋作『然』，校改作『燃』，誤。

〔一〇七〕『渧』，當作『緣』，據乙本改，《敦煌禮懺文研究》《唐宋古逸佛教懺儀研究》均逕釋作『緣』。乙本止於此句。

〔一〇八〕『好』，當作『如』，據文義改。

參考文獻

《敦煌寶藏》三六册，臺北：新文豐出版公司，一九八二年，一九六至一九七頁（圖）；《英藏敦煌文獻》六卷，成都：四川人民出版社，一九九二年，七九頁（圖）；《敦煌禮懺文研究》，臺北：法鼓文化事業股份有限公司，一九九八年，二三九至二四九頁（録）；《法藏敦煌西域文獻》二八册，上海古籍出版社，二〇〇四年，三二二至三二三頁（圖）；《唐宋古逸佛教懺儀研究》，臺北：文津出版社，二〇〇八年，一六三至二一三頁（録）；《國家圖書館藏敦煌遺書》一〇五册，北京圖書館出版社，二〇〇八年，三二三頁（圖）。

斯四四五一背　習字

釋文

以是
以　我是以以是以　　是
以以　以　以以以以

説明

以上文字應是學童習字，《英藏敦煌文獻》漏收，現予增收。

參考文獻

《敦煌寶藏》三六册，臺北：新文豐出版公司，一九八二年，一九七頁（圖）。

斯四四五二　一　開運三年（公元九四六年）二月十五日某寺筭會癸卯年直歲保集應入諸司斛斗蘇油布緤案

釋文

開運叁年丙午歲二月十五日，當寺徒衆就中院筭會，癸卯年直歲保集應入諸司斛斗、蘇油、布緤等，一周年破除外見存：

准帳尾麥叁石陸斗，欠在保集。

准帳尾粟肆碩柒斗，欠在保集。

准帳尾油貳斗叁升一抄，欠在保集。

准帳尾黄麻叁碩陸斗，欠在保集。

准帳尾豆肆碩貳斗，欠在保集。

准帳尾布久（玖）尺〔一〕，欠在保集。

准帳尾麥兩〔石〕六斗〔二〕，粟兩石七斗，僧政法律徒衆矜放保集用。

説明

此號由兩紙黏接而成，每紙各有一件算會往年直歲在任期間一周年支出外現存的物品，包括蘇油、布緤及麥、粟、黄麻、豆等之數額。第一件算會時間是開運叁年丙午歲二月十五日，被算會的是『癸卯年直歲保集』，因爲中間隔着甲辰年和乙巳年，所以這筆算會核算的是兩年前的舊賬。第二件算會時間是開運叁年丙午歲三月一日，被算會的是『甲辰年直歲福信』，因爲中間隔着乙巳年，所以這筆算會核算的也是一年前的舊賬。

關於這兩件文書之擬名，《敦煌遺書總目索引》分别擬名爲『開運三年（公元九四六）筭會癸卯年（天福八年，公元九四三）油糧帳』、『開運三年（公元九四六）筭會甲辰年（開運元年，公元九四四）油糧帳』（《敦煌遺書總目索引新編》基本沿用了『總目』的定名），《敦煌社會經濟文獻真蹟釋録》擬名爲『後晋開運三年（公元九四六年）某寺算會破除外見存歷稿』。後一定名比前一定名有所進步，確定了這兩件文書不是一般的算會，而是審核支出後剩餘部分的專項算會。《英藏敦煌文獻》在此基礎上進一步將兩件擬名爲『開運三年（九四六）二月二十五日某寺癸卯年直歲保集應入諸司見存斛斗布緤案』『開運三年（九四六）三月一日某寺甲辰年直歲福信應入諸司見存斛斗布緤案』，這個擬名確定了這兩件文書是專項算會的正式文書，不是『稿』。而且，這兩件算會不同年代『破除外見存』的文書被黏貼在一起，應該具有備案待查的案卷性質。

這兩件專項算會文書雖然不長，但包含了有待進一步研究的信息。據伯二〇四九背『後唐長興二年（公元九三一年）正月沙州淨土寺直歲願達手下諸色入破歷算會牒』等寺院算會文書，一所寺院的年度算會是在每年正月，前後兩任直歲交割之前。算會的内容包括四部分，即『承前帳迴殘』『自年新附入』『諸色破用』『破除外應及現在』。其中之第四項就相當於此號之兩件文書中之『一周年破除外見存』。依據伯二〇四九背兩件完整的沙州淨土寺算會牒，上任直歲的『破除外見存』應該交給下任直歲，作爲下任直歲的『承前帳迴殘』。但從此號中之兩件算會文書來看，這個寺院的前任直歲並未將自己掌管的『破除外見存』物品交割給下一任直歲，而是繼續據爲己有，在寺院的賬面上則記録爲『欠在保集』或『欠在福信』。因爲保存了兩件算會不同年度的往任直歲『破除外見存』物品，而且所謂算會也只是再次認可了他們佔有寺院的斛斗等糧物，可以確定這個寺院是默認直歲佔有其在任期間的結餘物品（破除外見存），或者該寺是將這些物品看作直歲『一周年辛苦』的回報。這樣，此號中之兩件專項寺院算會文書就和淨土寺等其他寺院算會文書存在很大差異，如何解釋和評價這個差異，尚待進一步研究。

校記

〔一〕『久』，當作『玖』，據文義改，『久』爲『玖』之借字，《敦煌社會經濟文獻真蹟釋録》釋作『六』，誤。

〔二〕『石』，《敦煌社會經濟文獻真蹟釋録》據文義校補。

參考文獻

《敦煌寶藏》三六册，臺北：新文豐出版公司，一九八二年，一九八頁（圖）；《敦煌社會經濟文獻真蹟釋録》三輯，北京：全國圖書館文獻縮微複製中心，一九九〇年，五二一頁（圖）（録）；《英藏敦煌文獻》六卷，成都：四川人民出版社，一九九二年，八〇頁（圖）。

斯四四五二　二　開運三年（公元九四六年）三月一日某寺筭會甲辰年直歲福信應入諸司現存斛斗麵油布緤案

釋文

開運三年丙午歲三月一日，當寺徒衆就中院筭會，甲辰年直歲福信應入諸司斛斗、油、麵、布緤等，一周年破除外見存：

准帳尾麥肆石五升，欠在福信。

准帳尾粟肆石叁斗，欠在福信。

准帳尾油貳斗肆升，欠在福信。

准帳尾黄麻壹石貳升，欠在福信。

准帳尾豆叁碩壹斗，欠在福信。

准帳尾布緤貳拾貳尺，欠在福信。

准帳尾麥肆石五斗，粟肆石三斗。伏緣都師造簷，一年周新（辛）苦〔一〕，和尚及徒衆務（矜）放福信〔二〕。

校記

〔一〕『新』，當作『辛』，《敦煌社會經濟文獻真蹟釋録》據文義校改，『新』爲『辛』之借字。
〔二〕『務』當作『矜』，據文義改，《敦煌社會經濟文獻真蹟釋録》逕釋作『矜』。

參考文獻

《敦煌寶藏》三六册，臺北：新文豐出版公司，一九八二年，一九八頁（圖）；《敦煌社會經濟文獻真蹟釋録》三輯，北京：全國圖書館文獻縮微複製中心，一九九〇年，五二二頁（圖）（録）；《英藏敦煌文獻》六卷，成都：四川人民出版社，一九九二年，八〇頁（圖）。

斯四四五三　一　淳化二年（公元九九一年）十月八日歸義軍節度使下壽昌都頭等請依例看待防援都知將頭及車牛莊客帖

釋文

使　帖壽昌都頭張薆羅贊〔一〕、副使翟
哈丹等〔二〕：
右奉　處分，今者官中車牛載白
檉去，令都知將頭隨車防援，急疾
到縣日，准舊看待，設樂、支供糧料。
其都知安永成一人，准親事例，給料看
侍。又車牛踖料并莊客，亦依舊例，
偏支兵馬羊壹口〔三〕，酒壹瓮〔四〕，麵伍斗，仍
仰准此指撝者。淳化二年十月八日帖〔五〕。
又報諸家車牛等，吾有簾

子茨萁，仰汝等每車搭載

使（鳥押）　一兩束將來，仰都知安永成管領

者。（鳥押）

説明

此件首尾完整，僅一紙，應爲歸義軍節度使下發之正式公文。上鈐有「歸義軍節度使之印」朱印三方，一方鈐於帖首持帖人人名下方，一方鈐於中間上端，一方鈐於尾部發帖時間處。尾部『使』字下及行文終止處還畫有鳥押，後一鳥押似具有簽押和絶止符號雙重含義。行間及其後有後人隨手寫的文字，另出釋文。卷背亦有雜寫。

校記

〔一〕『蔞』，《敦煌遺書總目索引》《敦煌遺書總目索引新編》均釋作『薩』，誤。

〔二〕《敦煌社會經濟文獻真蹟釋録》在此處注有『（鳥印）』，按此處實無鳥印，但鈐有『歸義軍節度使』朱印一方。

〔三〕『偏』，《敦煌遺書總目索引》校改作『偏』，《敦煌遺書總目索引新編》疑當校改作『遍』，按『偏』通『徧』，『偏』有『周遍』義，不煩校改。

〔四〕『酒』字頂部及『酒壹瓮』右側有墨筆勘驗符號。

〔五〕『十』字下有一墨點，《敦煌社會經濟文獻真蹟釋録》釋作『十一』。

參考文獻

《敦煌寶藏》三六册，臺北：新文豐出版公司，一九八二年，一九九頁（圖）；《敦煌遺書總目索引》，北京：中華書局，一九八三年，二〇一頁（録）；《敦煌社會經濟文獻真蹟釋録》四輯，北京：全國圖書館文獻縮微複製中心，一九九〇年，三〇六頁（圖）（録）；《英藏敦煌文獻》六卷，成都：四川人民出版社，一九九二年，八〇頁（圖）；《敦煌遺書總目索引新編》，北京：中華書局，二〇〇〇年，一三八頁（録）。

斯四四五三　二　雜寫

釋文

樫護

有〔一〕

都知安永成管領

樫護

者（塗鴉）〔二〕。

説明

以上文字係時人隨手寫於『歸義軍節度使帖』行間及其後，其中『都知安永成管領者』及塗鴉應是照抄『歸義軍節度使帖』，《敦煌遺書總目索引》《敦煌社會經濟文獻真蹟釋録》《敦煌遺書總目索引新編》均將其視作該帖正文。

校記

〔一〕『有』字寫於上件倒數四、五行間。

〔二〕「者」，《敦煌遺書總目索引》《敦煌遺書總目索引新編》均漏録。「者」後之塗鴉，本意應是照描「歸義軍節度使帖」之鳥印，但畫成了類似塗鴉之墨團。

參考文獻

《敦煌寶藏》三六册，臺北：新文豐出版公司，一九八二年，一九九頁（圖）；《敦煌遺書總目索引》，北京：中華書局，一九八三年，二〇一頁（録）；《敦煌社會經濟文獻真蹟釋録》四輯，北京：全國圖書館文獻縮微複製中心，一九九〇年，三〇六頁（圖）（録）；《英藏敦煌文獻》六卷，成都：四川人民出版社，一九九二年，八〇頁（圖）；《敦煌遺書總目索引新編》，北京：中華書局，二〇〇〇年，一三八頁（録）。

斯四四五三背　雜寫

釋文

勑

勑歸義

軍節〔一〕

勑歸義

勑歸義軍節

説明

以上文字係時人隨手寫於『歸義軍節度使帖』紙背，《敦煌寶藏》和《英藏敦煌文獻》均漏收，現予補録。

校記

〔一〕此行及其後兩行均爲倒書。

斯四四五四　結壇散食迴向發願文

釋文

（前缺）

又請北方大聖毗沙門天王主領一切夜叉羅刹諸惡鬼神并諸眷屬來降道場〔一〕。又請上方釋提桓因主領一切日月天子星宿五官廿八宿卅二神并諸眷屬來降道場〔二〕。又請下方堅牢地神主領一切山岳靈祇江河聖族并諸眷屬來降道場〔三〕。又請土地神祇山岳靈聖護界善神護伽藍神金剛蜜跡十二藥叉八大龍王五岳之主地神水神火神風神等并諸眷屬〔四〕，並願風飛雨驟，電擊雷奔，發歡喜心，不違所請，乘空著地，感動山川，來降道場，證明弟子　尚書功德〔五〕，敬禮常住三寶。

右今月某日於某處某方，先奉爲國安人泰，五稼豐盈，歲稔時康，災殃殄滅。次伏爲尚書延壽〔六〕，以（與）日月而齊明〔七〕；寶位恆昌〔八〕，並乾坤而永治。　天公主〔九〕、夫人、郎君、小娘子等保慶，合宅安和，上下歡娛，内外清吉。遂乃結壇九處〔一〇〕，轉最勝之金言；散食五方，誦密音之神咒〔一一〕。香焚百味，一一從向天來；花捧萬般，掌掌聖山所摘。金瓶香水，澄海淨之龍宮；銀盞神燈，朗攢星之寶砌。真僧七七，晝夜澄心；念佛聲聲，晨昏不絶。

總將結壇功德，迴奉轉念福因，先用莊嚴梵釋四王、龍天八部，伏願威光轉勝，神力吉昌，社稷有應瑞之祥，國境有清平之樂。龍王歡喜，調風雨而順時；神理潛通，保豐盈而稼穡。蝗飛避界〔一二〕，千年不犯於三苗；災瘴雲消，萬載無侵於一境。又持福事，資益尚書〔一三〕，伏願長崇佛日，永鎮龍沙，秉政河西，常爲父母。壽齊彭祖，敦煌伏覩於堯年；歲比王喬，蓮府再榮於舜日。天公主永泰〔一四〕，南北往來而無危〔一五〕；夫人應詳，東西奉使而霧集；郎君、小娘子吉慶，轉益加榮；内外親族咸臻，長承大蔭〔一六〕。亦願聖主再安宇宙，十道歸京，遐方却蔭唐風，三邊廓靜。然後城中官吏，各保清貞；合城群寮〔一七〕，俱需勝益。戎煙罷戰，後無征塞之名〔一八〕；狼醜歸降，前有輪珍之款；三秋茂盛，寒霜不損於川源〔一九〕；九夏花嬌，猛風無漂於嫩蘂。今對賢聖，懺滌披陳，伏願慈悲，迴光照領。敬禮常住三寶。

迴向輪咒

唵　沙頗囉二合　沙頗囉二合　微摩　那沙囉　摩訶若縛囉　吽

四天王咒

南謨薛室囉末拏也　莫訶曷羅闍也　怛姪他　囉囉囉囉　矩怒矩怒　區怒區怒　窶怒窶怒　颯縛颯縛　羯囉羯囉　莫訶毗羯喇麼　莫訶毗羯喇麼　莫訶曷囉社　曷咯叉〔二〇〕　曷咯叉〔二一〕　覩漫自稱己名　薩婆薩埵難者莎訶

南謨薛室囉末拏引也　南謨檀那馱也　檀泥説囉引也　阿揭揥　阿鉢喇弭多檀　泥説囉鉢囉麼　迦留尼迦　薩婆薩埵　呬多振多　麼麼己名檀那末奴鉢喇拽揥　砰闍摩揭揥　莎訶

南謨曷喇怛娜怛喇夜引也　南謨薛室囉末拏引也　莫訶囉闍引也　怛姪他　四弭四弭　蘇母蘇母　旃荼旃荼　折囉折囉　薩囉薩囉　羯囉羯囉　枳哩枳哩　矩嚕矩嚕　母嚕母嚕　主嚕主嚕　娑大也頞貪〔二二〕　我名某甲　昵店頞他　達達　覩莎訶〔二三〕

南謨薛室囉末拏也　莎訶　檀那馱也　莎訶　曼奴喇他鉢唎脯喇迦引也莎訶〔二四〕

第二盤食云〔二五〕：我尚書自結壇九處〔二六〕，散食五方，誦咒清齋，燃燈唱佛者，遂請下方窈冥神鬼，陰道官寮，閻摩羅王，察命司録，太山府主，五道大神，左膊右肩，善惡童子，六司都判，行病鬼王，内外通申，諸方獄卒，山河靈聖〔二七〕，水陸神仙，宮殿非人，樓臺自在等，并諸眷屬，並願捨於所樂，離於所居〔二八〕，來赴道場，欽（領）資（斯）福分〔二九〕。

又弟子某乙自云：從無量劫來，至於今日，或有宿生辜負，或是見世新添，所有怨家債主，負命負財〔三〇〕，亦願今日今時，來赴道場，領斯福分。又請諸餘浮遊浪鬼〔三一〕，[因]（淫）祀妖[精]〔三二〕，[朽樹]丘墳〔三三〕，擅行魍魎，惡瘡毒狩〔三四〕，走[火]邪魂〔三五〕，[巡歷街坊]〔三六〕，□或有斷親絶嗣不葬鬼，離鄉[失土婆迸鬼]〔三七〕，□賊喪血醒鬼〔三八〕，或是深泉[溺死鬼]〔三九〕，□[或有無糧餓]死鬼〔四〇〕，冬寒凍亡鬼，□[已前]靈聖神將[雜類鬼神等]〔四一〕，□

（後缺）

說明

此件首尾均缺，起『又請北方大聖』，訖『靈聖神將』，失題。《敦煌遺書總目索引》擬題爲『結壇散食文』，《敦煌寶藏》和《敦煌遺書總目索引新編》從之，《英藏敦煌文獻》則作『文樣（結壇散食文）』。敦煌文獻中保存的與此件屬於同類的文本甚多，其中保存了原題的如斯二一四四背、斯三四二七、BD五二九八、台一三六均題爲『結壇散食迴向發願文』，BD一四九七三雖題爲『結壇散食發願文』，但文中亦有『迴向』部分，應是在標題中省略了『迴向』二字，此據以上材料和理由擬定今題。

現知敦煌文獻中保存的與此件内容屬於同類的文本有十幾件，這十幾件雖主題相同，結構相似，但文字詳略不同，内容差異也比較大，可大致分爲五種。第一種包括斯一一四七（本書第五卷收録）、斯一一六〇（本書第五卷收録）、斯三四二七（本書第十六卷收録）、台一三六、伯三一六二、Дx. 一〇五九、Дx. 七二一等七件，這七件所存部分文字基本相同。第二種是斯二一四四（本書第十一卷收録）和BD五二九八，這兩件雖然屬於同一文本系列，但BD五二九八更詳細一些，且起首數行底部空白或行間附有咒。第三種是此件和BD六四二一（首缺尾全，起『覺一切賢聖』，訖『如來加持一切』），這兩件也是文字基本相同，其特點是保存了『迴向輪咒』和『四天王咒』。第四種是BD一四九七三和Дx. 一〇七三五，亦保存了『迴向輪咒』和『四天王咒』，但『四天王咒』比此件和BD六四二一內容少很多。第五種是斯六六三及斯三八七五（本書第十七卷收録）、斯四五〇五和斯四五三七，以及斯四五一一。其中斯六六三原無題，自《敦煌遺書總目索引》以來諸家均題爲『水陸無遮大會疏文』，本書第三卷收録該件時亦採用了這一擬名。但斯三八七五所存內容和斯六六三完全相同，該件首題『結壇文』。從內容和結構來看，斯四五〇五和斯四五三七亦當與以上兩件屬於同一種，這兩件文字基本相同，但與斯六六三、斯三八七五『號頭』不同，文字亦有差異。斯四五一一『號頭』及以後的文字與以上四件均不同，但從內容和結構來看，應與以上四件爲同一種。第五種即『結壇文』，雖亦是與結壇法會的有關文字，但內容較『結壇散食迴向發願文』簡略，没有奉請諸佛、諸神和懺悔部分，亦無咒語，其重點是對施主的褒揚等。此外，伯四六三八首尾均缺，存『結壇文』的迴向部分，其文字與現存各件的『迴向』均有差異。也應是另外一種『結壇文』之殘存。而伯三三九一背有『雜寫（結壇散食咒）』，只抄寫『他羅咖鞢』等幾個字。

以上所列『結壇散食迴向發願文』，有的是文樣，有的則是在法會上使用的實用文本。如斯一一四七和斯一一六〇等文中之『施主』均以『弟子某甲』指稱，顯然是作爲文樣來流傳的。而BD五二九八則將文中之『太保』等具體信息塗掉，改爲『施主』，是將實用文本改成了文樣。而此件中則有『尚書』『天公主』『夫人』等具體信息。此件中之『尚書』，在BD六四二一則作『大王』或『太保』，説明這兩件應屬實用文本。斯二一四四的施主則爲『太傅』，也應是實用文書。《英藏敦煌文獻》所以將此件擬名爲『文樣（結壇散食文）』，當因此件中除稱施主爲『尚書』外，亦有『某日於某處某方』『我名某甲』『又弟子某乙自云』等没有具體指代的文字，這些確是『文樣』纔有的文本特徵。但如果是文樣，則應像BD五二九八那樣，把『尚書』等有具體所指的文字均改成『施主』。推測此件應是『尚書』和『天公主』共同存在時期使用的文本，因爲結壇散食活動每年都要舉行，而具體的時間和地點又是不確定的，文中的『某日於某處某方』，應該是等時間和地點確定了以後再添加。至於文中的『某甲』和『某乙』，應該是文本起草者有意不寫『尚書』的名諱，留待現場使用時添加。

『結壇散食迴向發願文』的核心是『結壇』，所以現知的各種文本均將『結壇』置於最重要的地位，斯二一四四則將此佛事活動稱爲『結壇道場』。所以，『結壇散食迴向發願文』應該是在『結壇道場』使用的文本。依據上舉『結壇文』，『結壇道場』在結壇以後，具體活動的内容首先是請佛及諸聖靈鬼神等，各種『結壇文』所請的佛及聖靈等的名目和數量存在差異，但均將這一部分置於文本之首。其後的活動還包括轉經（斯一一四七、斯一一六〇、斯三四二七、斯四四五四、BD六四二一、斯六六三等）、燃燈（斯三四二七、斯四（斯六六三）、散食（斯六六三、斯三四二七、斯四四五四、BD六四二一等）、供佛四五四、BD六四二一）、誦咒（斯三四二七、斯四四五四、BD六四二一）等。這些活動，結壇以外，最受重視的就是『散食』。結壇道場的目的是祈福禳災，而『散食』的目的就是讓各方聖靈神鬼都來道場領受，各得飽滿，不再爲害地方，求得國泰民安，合城清吉。從標題中也可以看出，『結壇道場』的核心活動就是結壇和散食兩項。斯一一四七、斯三四二七、台一三六和此件在散食時都提到了『水陸神仙』，依據 BD 六四二一，此件之下文還有『水陸一切衆生』，斯六六三中則有『散淨食於水陸生靈』。即使在施食範圍未出現『水陸』的『結壇文』，其所羅列的施食的具體對象實際也包括水陸兩界。所以，『結壇道場』和以施食水陸生靈爲核心的『水陸齋法』（斯二四五四背）或『水陸法會』有相似或重合之處，或認爲提及『水陸生靈』的『結壇文』也是在水陸法會使用的文本（參看戴曉雲《水陸法會發展和起源再考》，《敦煌吐魯番研究》十四卷，四七九至四八八頁）。如上所述，結壇道場的核心是結壇和散食兩項，而水陸齋法的核心是施食，並不一定設壇，如斯二四五四背『水陸齋法』就没有設壇儀程。從現在能收集到的『結壇文』來看，結壇道場雖有施食水陸生靈的儀程，但均以結壇作爲法會的標志性符號，不以『水陸法會』爲名。

依據『結壇文』保存的施主材料，『結壇道場』的主辦者的稱號包括尚書、太保、太傅和大王等，而擁有這些稱號者的實職是共同的，即都是敦煌地方的最高統治者歸義軍節度使。所以，『結壇文』和『結壇道場』所反映的齋會不是普通的法會，而是敦煌地區最高統治者主辦的官齋。

關於此件的時代，翟理斯推斷在十世紀。依據此件和 BD 六四二一等文本中出現的『天公主』『大王』等稱謂，可以確定此件及其他同類文本大致流行於曹氏歸義軍時期。

以上釋文以斯四四五四爲底本，用與其内容相同的 BD 六四二一參校（稱其爲甲本）。

校記

〔一〕『毗』，據殘筆劃及甲本補；『沙門天王』，據甲本補；『主領』，據殘筆劃及甲本補；『一切夜叉羅刹諸惡鬼神并諸眷屬』，據甲本補。

〔二〕『上方釋』，據甲本補；『桓』，據殘筆劃及甲本補；『因主領一切日月』，據甲本補；『眷』，甲本作『春』，誤。

〔三〕『眷』，甲本作『春』，誤。

〔四〕第二個『神』，甲本脱；『蜜』，甲本作『密』；『眷』，甲本作『春』，誤。

〔五〕『尚書』，甲本作『大王』。

〔六〕『尚書』，甲本作『大王』；『延』，甲本作『延祥益』。

〔七〕『以』，甲本同，當作『與』，『以』爲『與』之借字。

〔八〕『寶』，甲本作『保』，『保』通『寶』。

〔九〕『天公主』，甲本作『梁國』。

〔一〇〕『壇』，甲本作『檀』，『檀』爲『壇』之借字。

〔一一〕『密』，甲本作『蜜』。

〔一二〕『避』，甲本作『辟』，『辟』通『避』。

〔一三〕『尚書』，甲本作『我大王』。

〔一四〕『天公主』，甲本作『夫人』。

〔一五〕『無』，甲本脱。

〔一六〕此四字横寫於底端。

〔一七〕『域』，甲本作『城』；『寮』，甲本同，同『僚』。

〔一八〕『塞』，甲本作『賽』，『賽』爲『塞』之借字。

〔一九〕『源』，甲本作『須』，誤。

〔二〇〕『喀』，甲本作『咯』。

〔二一〕『喀』，甲本作『咯』。

〔二二〕『也』，甲本無。

〔二三〕『覩』，甲本作『都』。

〔二四〕『唎』，甲本作『喇』。

〔二五〕『第』，底本作『弟』，按寫本時代，『第』『弟』形近易混，故可據文義逕釋作『第』。

〔二六〕『尚書』，甲本作『太保』。

〔二七〕『河』，甲本作『岳』。

〔二八〕『離』，甲本作『理』，『理』爲『離』之借字。

〔二九〕『欽』，甲本同，當作『領』，據文義改；『資』，甲本同，當作『斯』，據文義改，『資』爲『斯』之借字。

〔三〇〕『命』，甲本作『財』；『財』，甲本作『命』。

〔三一〕『諸』，甲本脱；『浮』，甲本作『乳』，誤。

〔三二〕『因』，據殘筆劃及甲本補，當作『淫』，據文義改，『因』爲『淫』之借字；『精』，據甲本補。

〔三三〕『朽樹』，據甲本補；『丘』，甲本作『兵』，誤。

〔三四〕『狩』，可用同『獸』，甲本作『將』。

〔三五〕『火』，據殘筆劃及甲本補。

〔三六〕『巡』，據殘筆劃及甲本補；『歷』，據殘筆劃及文義補，甲本作『曆』，『曆』爲『歷』之借字；『街坊』，據甲本補。

〔三七〕『失』，據殘筆劃及甲本補；『土婆迸鬼』，據甲本補。
〔三八〕『醒』，甲本同，可用同『腥』。
〔三九〕『是』，甲本作『有』；『溺』，據殘筆劃及甲本補；『死鬼』，據甲本補。
〔四〇〕『或有無糧餓』，據甲本補。
〔四一〕『已前』，據甲本補；『雜』，據殘筆劃及甲本補；『類鬼神等』，據甲本補。

參考文獻

Descriptive Catalogue of the Chinese Manuscripts from Tunhuang in the British Museum, London：The Trustees of the British Museum, 1957, p. 203；《敦煌寶藏》三六册，臺北：新文豐出版公司，一九八二年，一九九至二〇〇頁（圖）；《英藏敦煌文獻》六卷，成都：四川人民出版社，一九九二年，八一頁（圖）；《國家圖書館藏敦煌遺書》八七册，北京圖書館出版社，二〇〇八年，一三至一九頁（圖）；《敦煌吐魯番研究》十四卷，上海古籍出版社，二〇一四年，四七九至四八八頁。

斯四四五四背　　雜寫

釋文

或於（？）□能（？）大法鼓（？），棄在屍林如朽木，
膿爛蟲不可樂，棄在屍如朽木。拾施瓨（？）中，
某（？）者先奉，合家平安。
天大主，天人我菈，小娘子等食
言既操真經
當□想故，有緣□全
□般並一切□等，伏□□
□□□前□，□□□一切諸佛，奉請十方郎□

說明

以上文字係時人隨手寫於『結壇散食迴向發願文』卷背，墨跡脱落嚴重，極難辨識，雖查閲了原件，

但仍無法認全。

參考文獻

《敦煌寶藏》三六册，臺北：新文豐出版公司，一九八二年，一九九至二〇一頁（圖）；《英藏敦煌文獻》六卷，成都：四川人民出版社，一九九二年，八二頁（圖）。

斯四四五八　社邑印沙佛文

釋文

〔夫〕曠賢大劫〔一〕，有聖人焉。出釋氏宮〔二〕，名薄伽梵，心凝大寂〔三〕，身意無邊。慈示衆生，號諸爲佛〔四〕。厥今乃於齊年邑義〔五〕，故於新年首朔，四序初分，脱塔印沙啓嘉願者〔六〕，先奉爲國安人泰、四界清平諸福會也〔七〕。伏惟諸社衆〔八〕，乃英靈俊傑〔九〕，應間超輪（倫）〔一〇〕，忠孝兩全，文武雙具〔一一〕，曉知五蘊，倏忽不亭〔一二〕。脱塔印沙，禳災卻殄。更能焚香郊外，請凡聖於福事之前；散食香餐，遍施於水陸之分。以茲印佛功德，啓願勝因，先用奉資梵釋四王、龍天八部，伏願威光轉勝，護國救人。郡主官寮〔一三〕，並延遐壽。伏持勝善〔一四〕，此用莊嚴諸賢社〔等〕〔即〕體〔一五〕，惟願身如玉樹〔一六〕，恆淨恆明〔一七〕；體若金剛，常堅常固；今世後世，莫絶善緣；此世他生，善牙增長〔一八〕。然後散霑法界，溥及有情〔一九〕。賴此勝因，齊登覺道〔二〇〕。摩訶般若，離（利）落（樂）無邊〔二一〕，大衆虔誠，一切普誦。

説明

此件首尾完整，無題，據其内容應爲『社邑印沙佛文』。現知敦煌文獻中保存的同類文本有二十多件（參看《敦煌社邑文書輯校》，六一〇至六三六頁），與此件内容相同的只有斯六九二三背。

以上釋文以斯四四五八爲底本，用斯六九二三背（稱其爲甲本）參校。

校記

〔一〕『夫』，據甲本補；『劫』，甲本作『刦』，誤。

〔二〕『氏』，甲本作『是』，『是』爲『氏』之借字；『宫』，甲本作『空』，『空』爲『宫』之借字。

〔三〕『凝』，甲本作『疑』，誤。

〔四〕『諸』，甲本作『之』，『諸』通『之』。

〔五〕『乃於齊年邑義』，甲本作『執爐三官諸社衆等』。

〔六〕『嘉』，甲本作『加』，『加』爲『嘉』之借字。

〔七〕『福會』，甲本作『所』，誤。

〔八〕『伏惟諸社衆』，甲本作『惟三官諸社衆等』。

〔九〕『乃』，甲本作『並』。

〔一〇〕『輪』，當作『倫』，據甲本改，『輪』爲『倫』之借字。

〔一一〕『雙具』，甲本作『兼備』。

〔一二〕『倏』，《敦煌社邑文書輯校》釋作『悠』，誤，甲本作『條』，誤；『亭』，甲本同，《敦煌社邑文書輯校》校改作

『停』，按『亭』有『停』義，不煩校改。

〔一三〕『寮』，甲本同，《敦煌社邑文書輯校》釋作『僚』，按『寮』有『僚』義。

〔一四〕『善』，甲本作『福』。

〔一五〕『等即』，《敦煌社邑文書輯校》據文義校補。甲本此句作『此用莊嚴諸社衆等』。

〔一六〕『惟』，甲本作『伏』。

〔一七〕『恆淨』，甲本脱。

〔一八〕『牙』，甲本同，《敦煌社邑文書輯校》校改作『芽』，按『牙』爲『芽』之本字，不煩校改。

〔一九〕『溥』，甲本作『聞可』，誤，《敦煌社邑文書輯校》校改作『普』，按『溥』爲『普』之本字，不煩校改。

〔二〇〕『覺道』，甲本作『佛果』。甲本止於此句。

〔二一〕『離』，當作『利』，《敦煌社邑文書輯校》據文義校改，『離』爲『利』之借字；『落』，當作『樂』，《敦煌社邑文書輯校》據文義校改，『落』爲『樂』之借字。

參考文獻

《敦煌寶藏》三六册，臺北：新文豐出版公司，一九八二年，二〇六頁（圖）；《英藏敦煌文獻》六卷，成都：四川人民出版社，一九九二年，八三頁（圖）；《敦煌社邑文書輯校》，南京：江蘇古籍出版社，一九九七年，六二一至六二五頁（録）。

斯四四五九背　一　習字及雜寫

釋文

常常常常常常常常常當當當當
常樂百
常常常常常
留子　留子

説明

以上文字係時人隨手寫於『常樂押衙王留子乞司空矜免積欠羊毛狀抄』前和第一行空白處。

斯四四五九背　　二　常樂押衙王留子乞司空矜免積欠羊毛狀抄

釋文

常樂押衙王留子

伏以留子，前遣留子放牧羊，後自不謹慎〔一〕，只欠羖羊毛壹（？）拾伍斤〔二〕。今阿郎開大造之門，應有諸家積債〔三〕，並總矜免〔四〕，只有留子今被宅官逼逐，不放存活，伏乞司空　台慈〔五〕，乞賜貧下百姓（？）始（？）免存活〔六〕。

説明

此件首尾完整，係抄件，似原未抄完，其内容是請司空赦免所積欠之羊毛。

校記

〔一〕『謹慎』，《敦煌遺書總目索引新編》釋作『慎謹』，誤。

〔二〕『殺』『毛』，《敦煌遺書總目索引新編》未能釋讀。

〔三〕『積』，《敦煌遺書總目索引新編》未能釋讀。

〔四〕『矜』，《敦煌遺書總目索引》《敦煌遺書總目索引新編》均釋作『赦』，《敦煌吐魯番文書論稿》釋作『終』，均誤。

〔五〕『慈』，《敦煌遺書總目索引》《敦煌遺書總目索引新編》均釋作『監（鑒）』，《敦煌吐魯番文書論稿》未能釋讀。

〔六〕『乞』，《敦煌吐魯番文書論稿》釋作『光』，《敦煌遺書總目索引》《敦煌遺書總目索引新編》均未能釋讀；『貧』，《敦煌遺書總目索引》《敦煌吐魯番文書論稿》《敦煌遺書總目索引新編》均未能釋讀；『百姓』，《敦煌吐魯番文書論稿》釋作『即討』，《敦煌遺書總目索引》《敦煌遺書總目索引新編》均未能釋讀；『免』，《敦煌吐魯番文書論稿》釋作『自』，《敦煌遺書總目索引》《敦煌遺書總目索引新編》均未能釋讀。

參考文獻

《敦煌寶藏》三六册，臺北：新文豐出版公司，一九八二年，二〇七頁（圖）；《敦煌遺書總目索引》，北京：中華書局，一九八三年，二〇一頁（録）；《敦煌古籍叙録新編》七册，臺北：新文豐出版公司，一九八六年，二九九頁（圖）；《英藏敦煌文獻》六卷，成都：四川人民出版社，一九九二年，八三頁（圖）；《敦煌吐魯番文書論稿》，南昌：江西人民出版社，一九九二年，一二一頁（録）；《敦煌遺書總目索引新編》，北京：中華書局，二〇〇〇年，一三九頁（録）。

斯四四六〇　齋儀抄（亡僧）

釋文

惟和尚乃生之別俊，異骨天聰。窮八藏於心源，達五乘於性府。故得談宣妙典，爲衆内之紀綱。演暢毗尼，作釋中之領袖。比望芳年永茂，燃志炬普照於幽途；盛智長新，駕慈舟大乘於火宅。豈期三春降雪，彫落柰苑之花；五月下霜，傷毁祇薗之葉。遂使第堂寂寞，晨昏絶教誡之詞；竹院蕭疎，神鍾息鴻鳴之響。今則親羅思念，寸斷肝心。捨衣鉢與（以）薦幽靈〔一〕，仗福門拔資神識。故於是日，來告福門，敬捨衣盂，奉酬魂路。以斯捨施功德，迴向福因，盡用資勳亡和尚所生神道，惟願寶方金界，登月殿以長歡；玉砌銀樓，躡香堦而見佛。琉璃殿内，廣度有情；百寶臺中，三會説法。勞寵至孝，俱會善緣，莫若今生愛別離。又持勝福，次用莊嚴持爐某等即體，（以下原缺文）

説明

此件首尾完整，原未抄完，無題，從所存内容看，應爲《齋儀》之『亡僧』部分（參看郝春文《敦煌寫本齋文及其樣式的分類與定名》)。

校記

〔一〕『與』，當作『以』，據文義改，『與』爲『以』之借字。

參考文獻

《敦煌寶藏》三六册，臺北：新文豐出版公司，一九八二年，二〇八頁（圖）；《北京師範學院學報》一九九〇年三期，九五頁；《英藏敦煌文獻》六卷，成都：四川人民出版社，一九九二年，八四頁（圖）。

斯四四六〇背　齋儀抄（患文等）

釋文

（前缺）

風林閑雅云云。　故得　仁主選舉，務使設司，出入不犯於纖毫，頻聞盈公而剋己，伏願我施主和尚色身堅固，久主（住）世間〔一〕，壽命遐長，匡隆佛日。又願都衙，千祥竟集〔二〕，萬善咸臻，常爲　府主之腹心，永作法門之信士，然後合家大小，都崇清淨之因；法界衆生，賴此同登比（彼）岸〔三〕。

敷陳諸寺，邀命衆僧，開大藏之金言，施内宫之財帛者，有誰施作？時則有座前施主奉爲患小娘之所建也。惟患娘子乃崆山降彩，暎神霧於星津；洛雪呈姿，禀仙娥於月路。故得寬弘守志，慈愍居懷。揚軌範於六宫，播貞柔於九族。豈謂火風不順，地水乖違。染災疾於金軀，炮（抱）煩痾於寶體〔四〕。雖伏人間藥餌〔五〕，世上醫方（以下原缺文）

説明

此件首缺尾全，原未抄完，無題，從所存内容看，應爲《齋儀》抄（參看郝春文《敦煌寫本齋文及其樣式的分類與定名》），第一段前缺導致所適用的齋會不明，第二段可以確定是『患文』。

校記

〔一〕『主』，當作『住』，據文義改。

〔二〕『竟』，通『競』。

〔三〕『比』，當作『彼』，據文義改，『比』爲『彼』之借字。

〔四〕『炮』，當作『抱』，據文義改，『炮』爲『抱』之借字。

〔五〕『伏』，通『服』。

參考文獻

《敦煌寶藏》三六册，臺北：新文豐出版公司，一九八二年，二〇八頁（圖）；《北京師範學院學報》一九九〇年三期，九五頁；《英藏敦煌文獻》六卷，成都：四川人民出版社，一九九二年，八四頁（圖）。

斯四四六四背　一　習字及雜寫

釋文

所所所所　所有功德大大
伏惟順時善加　保重卑情所
所所有所一
季冬極寒　伏惟
某尊體起居萬即日某蒙恩不審
近日　法體何似伏惟以時善加
保重遠誠所望　某　西去水泄不通
所所所大王

説明

此卷正面抄寫的是《賢愚經》，背面有倒書雜寫、『受戒文』和『大悲啓請抄』等。

參考文獻

《敦煌寶藏》三六册，臺北：新文豐出版公司，一九八二年，二四五頁（圖）；《英藏敦煌文獻》六卷，成都：四川人民出版社，一九九二年，八五頁（圖）。

斯四四六四背　二　受戒文

釋文

此是受戒法也

夫受戒者，成佛之根本，斷惡修善，亦是人天之〔戒〕足〔一〕。三乘福田，莫不皆因持戒。故入佛法海，先須以戒爲因，因戒生定，定能發惠，惠能斷煩惱，方證聖果。

若欲受戒，先須懺悔。若不懺悔，猶如穢器盛食，無所堪任。

弟子某甲，自從無始曠大劫來，受凡夫身，流浪生死，妄相顛倒，三毒煩惱，繫縛身心，不得自在。廣造諸罪，無量無邊。或造五逆重罪，煞父害母，煞阿羅漢，出佛身血，破塔壞寺，焚燒經像。用三寶物，起大邪見，撥無因果，斷滅善根，打罵呵責出家弟子，不孝父母，惱亂六親。又弟子等造十惡罪，身業不善，行煞盜淫；口業不善，妄言綺語，惡口兩舌；意業不善，貪嗔邪見，無慚無愧。如是等罪，自作教作，見作隨喜。未識佛時，佛邊造罪；未識法時，法邊造罪；未識僧時，僧邊造〔罪〕〔二〕。總識三寶，無明覆心，煩惱牽纏，造一切罪。以作諸罪〔三〕，願皆消滅。未來諸罪，更不敢造。唯願十方一切諸佛，一切聖賢，大慈大悲，拔濟我等，一切業障，願皆消滅。三說。

已下受三歸：

弟子某甲等皈依佛，兩足尊；歸依法，離欲尊；皈依僧，衆中尊。三說。皈依佛竟，皈依法竟，皈依僧竟。始從今時，盡未來際。更不皈依邪魔外道，稱佛爲師，爲弟子，惟願三寶慈悲攝受，慈愍故。

已下受八戒相：

如諸佛，盡形壽，不得煞生，是某甲戒，能持否？不得偷盗、不得邪婬、不得妄語、不得飲酒、不得著華鬘香油塗身、不得歌儛作樂、不得高廣大牀上坐。此是某甲八戒，盡形受（壽）不得犯〔四〕，能持否？

汝等受戒已竟，當供養三寶，佛法僧寶。懃脩三業，坐禪誦經行道，勸作衆事。

已下又願：

向來所有受戒懺悔，所有生善功德，並將迴施法界衆生，未離苦者，願皆離苦；未得樂者，願皆得樂；未成佛者，願早成佛。又願弟子等現在身中，無諸災障，煩惱惡業，念念消滅。智惠善牙，運運增長；行住坐卧，身心安樂；當當來世，常得人身；常見諸佛，恆聞正法。於其中間，彌勒世尊，下降閻浮，龍花三會，願登初首，得授道記。法界衆生，一時成佛。

説明

此件首尾完整，首題『此是受戒法也』，其主題與上博四八、斯五五四一等『受戒文』相同，均爲受三歸八戒法，但此件文字簡略且有不同，應係『受戒文』之簡本。

校記

〔一〕『戒』，據上博四八『受戒文』補。
〔二〕『罪』，據文義補。
〔三〕『以』，通『已』。
〔四〕『受』，當作『壽』，據文義改，『受』爲『壽』之借字。

參考文獻

《敦煌寶藏》三六册，臺北：新文豐出版公司，一九八二年，二四五至二四六頁（圖）；《英藏敦煌文獻》六卷，成都：四川人民出版社，一九九二年，八五至八六頁（圖）。

斯四四六四背　三　大悲啓請抄

釋文

南無大悲觀世音，願我速知一切法。
南無大悲觀世音，願我早得智慧眼。
南無大悲觀世音，願我速度一切衆。
南無大悲觀世音，願我早得善方便。
南無大悲觀世音，願我速乘般若船。
南無大悲觀世音，願我早得越苦海。
南無大悲觀世音，願我速得戒足道。
南無大悲觀世音，願我早登涅槃山。
南無大悲觀世音，願我速會無爲舍。
南無大悲觀世音，願我早同法性身。
我若若向刀山〔一〕，刀山自摧折；

我若向火湯，火湯自消滅；
我若向地獄，地獄自怙（枯）竭〔二〕；
我若〔向〕餓鬼〔三〕，餓鬼自飽滿；
我若向脩羅，惡心自調伏；
我若〔向〕畜生〔四〕，自得大智惠。

説明

此件首尾完整，參照斯二五六六（本書第十二卷收録）、斯四三七八背之『大悲啓請』，其内容是抄寫了『大悲啓請』中的一段。以往《敦煌寶藏》《英藏敦煌文獻》等均未給此件單獨擬名。《敦煌寶藏》將此卷背所有内容擬作『禮懺文』，默認此件是『禮懺文』的一部分；《英藏敦煌文獻》是將此件視作『求受戒文』的一部分。只有《敦煌遺書總目索引新編》將此卷背擬名作『大悲啓請』，這個擬名雖然對此件來説是正確的，但又將『受戒文』混在了『大悲啓請』中。

校記

〔一〕第二個『若』係衍文，據文義當删。
〔二〕『怙』，當作『枯』，據斯二五六六改；『竭』，底本原作『愒』，係涉上文『怙』而成之類化俗字。
〔三〕『向』，據斯二五六六『大悲啓請』補。

〔四〕『向』，據斯二五六六『大悲啓請』補。

參考文獻

《敦煌寶藏》三六册，臺北：新文豐出版公司，一九八二年，二四六至二四七頁（圖）；《英藏敦煌文獻》六卷，成都：四川人民出版社，一九九二年，八六頁（圖）；《敦煌遺書總目索引新編》，北京：中華書局，二〇〇〇年，一三九頁。

斯四四六四背　　四　雜寫

釋文

發是願已志心念
旦夕思懷不離夢魂　大大大
復有四萬八千揭大大大大所以復
之之亥亥亥亥亥
我

説明

以上文字係時人隨手寫於『大悲啓請抄』後。

參考文獻

《敦煌寶藏》三六册，臺北：新文豐出版公司，一九八二年，二四七頁（圖）；《英藏敦煌文獻》六卷，成都：四川人民出版社，一九九二年，八六頁（圖）。

斯四四七〇背

一　乾寧二年（公元八九五年）三月十日歸義軍節度使張承奉副使李弘願施捨疏

釋文

細㲲壹疋，麵貳槃，麨貳槃，紇林子貳槃，

苟氣（杞）子一槃[一]，已上施入大衆。蘇一槃子[二]，緤壹疋，充法事。

右所施意者，伏爲長史、司馬、夫人，

已躬及兩宅合家長幼，無諸災

瘴，保願平安，請申　迴向。

乾寧二年三月十日，弟子歸義軍節度使張承奉副使李弘願等謹疏[三]。

說明

此件是歸義軍節度使張承奉和副使李弘願具名的施捨迴向疏，抄於《羯磨》卷背。疏文雖名義上以節度使張承奉爲首，但迴向對象卻不是張承奉本人，而是長史、司馬、夫人，即當時沙州的實際執政者李氏家族的主要成員，可知當時歸義軍政權實際掌握在李氏家族手中（《歸義軍史研究》，一九九至二〇三頁）。

校記

〔一〕『氣』，當作『杞』，《敦煌遺書總目索引新編》據文義校改，『氣』爲『杞』之借字。

〔二〕『蘇』，《敦煌遺書總目索引新編》校改作『穌』，按『蘇』可用同『穌』。

〔三〕『等』，《敦煌遺書總目索引》《敦煌社會經濟文獻真蹟釋録》《敦煌遺書總目索引新編》均漏録；『謹』，《敦煌遺書總目索引》《敦煌遺書總目索引新編》均未能釋讀；『疏』，經查原件已殘缺大部分，據殘筆劃及同類文書體例補，《敦煌遺書總目索引》《敦煌遺書總目索引新編》釋作『牒』，《敦煌社會經濟文獻真蹟釋録》逕釋作『疏』。

參考文獻

《敦煌寶藏》三六册，臺北：新文豐出版公司，一九八二年，二六一頁（圖）；《敦煌遺書總目索引》，北京：中華書局，一九八三年，二〇一頁（録）；《敦煌學輯刊》一九八六年三輯，四五頁；《敦煌吐魯番文獻研究論集》三輯，北京大學出版社，一九八六年，四一三至四一四頁；《敦煌社會經濟文獻真蹟釋録》三輯，北京：全國圖書館文獻縮微複製中心，一九九〇年，八四頁（圖）（録）；《英藏敦煌文獻》六卷，成都：四川人民出版社，一九九二年，八七頁（圖）；《敦煌吐魯番文書論稿》，南昌：江西人民出版社，一九九二年，一二〇頁（録）；《敦煌碑銘讚輯釋》，蘭州：甘肅教育出版社，一九九二年，五〇頁（録）；《歸義軍史研究》，上海古籍出版社，一九九六年，一二、九一、一九九至二〇三頁（録）；《唐後期五代宋初敦煌僧尼的社會生活》，北京：中國社會科學出版社，一九九八年，二四七、三二一頁；《敦煌遺書總目索引新編》，北京：中華書局，二〇〇〇年，一三九頁（録）。

斯四四七〇背　二　雜寫

釋文

摩詰廣如玄述淨無垢稱

説明

以上文字寫於『歸義軍節度使張承奉副使李弘願施捨疏』後，疑與背面之佛經疏釋有關。其後另有數行文字，似經疏，未收。

參考文獻

《敦煌寶藏》三六册，臺北：新文豐出版公司，一九八二年，二六一頁（圖）；《英藏敦煌文獻》六卷，成都：四川人民出版社，一九九二年，八七頁（圖）。

斯四四七二　左街僧録圓鑒大師雲辯詩文抄并李琬抄記

釋文

第一首〔一〕　去年開講感　皇情，勅旨教書雲辯名。緣得帝主垂聖澤，遂令　佛會動神京。筵中日日門徒集，座上朝朝施利盈。聖主尋宣天使造，講堂功德立修成。

第二首　八十餘年梁棟材，頻遭雨爛與風摧〔二〕。欹斜損漏門長閉，破壞荒涼講不開〔三〕。寺衆見時彈指惜，游人逢處皺眉迴。何期一講修成就，施主心中化出來。

第三首　大數資財滿二千，更由天使巧方圓。圬鏝結瓦魚丹雘，運斧揮釿恰半年。後面講堂修畢備，前頭門屋蓋周旋。兩般功德無虧闕，　帝主門徒一講錢。

第四首　君王全不奏笙歌，感動龍神瑞應多。冬裏三迴雪爛漫，春來五遍雨滂沲。人心寬泰差徭息，稼穡豐登景象和。千載難逢明　聖主，好修功德報恩波。

第五首　良緣誰爲細參詳，　天子聰明與酌量。建就講堂多氣色，暎來佛殿少精光。再宣勝地崇功德，特詔微僧啓道場。認取　聖人修寺意，只圖良菀永安康。

第六首　衣中分減食中抽，懇意將來高座頭。對聖對凡陳懺悔，依僧依佛述因由。所捹愛惜珍奇物，已入堅牢寶藏收。佛殿再宣雲辯講，大家努力與重修。

第七首　端嚴大殿盡應難〔四〕，天匠修成匪等閑。八座拄排黳玉寶〔五〕，三尊聳〔立〕紫金山〔六〕。深凝瑞氣通霄漢，常展兹（慈）光照世間〔七〕。啓講重修城（成）就了〔八〕，奏聞須到悦　龍顔。

第八首　君王年少斷憍奢，憐愛生靈事好誇。濟贍雖然虧國力〔九〕，那容不欲配人家。而今快樂須欣喜，已往煩苛可歎嗟。報答皇慈恩廣大，修崇佛殿減些些。

第九首　功夫開講便施爲，講得資財旋旋支。先向簷頭齊破漏，更於柱脚整傾攲。龍鱗囊網懸應速，鳳彩丹青盡（畫）不遲〔一〇〕。三箇月中還見就，一錢管取不參差。

第十首　身健良緣要速修，人生貪愛幾時休。年侵道路應須筭，分定生涯剋可憂。功德既能同意作，資糧須到自家收。感恩感義修行語，一一鋪舒在疏頭。

左街僧録圓鑒大師　雲辯　進十慈悲偈

君王　君王若也起慈悲，恩及三邊及四夷。每念千官如骨肉，三軍上將比親兒。慈心既得宫中喜，撫育黎民没高低。惡煞好生王道政〔一一〕，〔□〕〔□〕〔□〕〔□〕〔□〕〔□〕〔□〕〔一二〕。

爲官〔一三〕　爲官若也起慈悲〔一四〕，憂國憂家道不虧。匡讚一人行聖德，亭騰四海總和毗。既能奏諫當三殿，又且清通閏百司。言若勸君王能治化〔一五〕，無征無戰勝堯時。

公案　公案若也起慈悲，不合規謀不合爲。每看公案驚心碎，擬斷危人痛淚垂。又與屈人能洗雪，事當交差與平持。如此用心常不退，子孫昌盛更何疑？

師僧　師僧若也起慈悲，道德馨香遠近知。密絹慮（濾）泉恐傷命〔一六〕，薄羅籠燭怕蛾癡。儀容淡淨無諠雜，言語柔和無改移。憐念衆生心不退，方便忍辱出家兒。

道流　道流若也起慈悲，仙鶴靈龜步步隨。未省合和傷命藥，不曾吟詠諷人詩。書符專覓邪魔救〔一七〕，鍊藥常尋病士醫。一行好心無退改，因兹滿國號天師。

山人　山人若也起慈悲，長日長時念困危。曬重病人由出藥〔一八〕，至貧窮者也來醫。令知病本交將息，説與年災交保持。如此用心招吉慶，不勞香火祝神祇。

豪家　豪家若也起慈悲，憐念貧寒行好施。機上用機何要學，利中生利不須違。親情久闕恩憐取，奴婢辛懃體悉伊〔一九〕。處處用心除我慢，人生能得幾多時。

當官　當官若也起慈悲，得勢恩波政好施〔二〇〕。變急爲寬因諫勸，轉深成淺自曾犁。祇施公道行陰德，莫向官中獻巧機。常日只能行此行，是何災禍敢相欺。

軍仵　軍仵若也起慈悲，爲國輸忠志不移。難理人家堪撫恤〔二一〕，危中方便好施持。遇逢財寶依稀取，怕怖衆生璁（總）脱伊〔二二〕。如此用心常不退，便如親禮釋迦師。

闞令〔二三〕　闞人若也起慈悲，小小經商潤借伊。力出身中血作汗，擔磨肩上肉生胝。覓些宜利寧辭苦，趁大程途力盡疲。不用重重苦邀勒，從伊覓利養妻兒。

左街僧録與緣人遺書

雲辯言：　蓋聞五須彌之高峻，劫盡猶平；四大海之滔深，曆數潛息。輪王相福，無踰於八萬四千；釋迦裝嚴〔二四〕，難遇於七十九歲。咸歸化跡，並掩遊蹤，無移於天上人間，或處於淨方斯穢。未逃化蝶，豈勉（免）蜕蟬〔二五〕。在色身不違來去，今則忍號染幅，輟喘伸誠。感多而住世慇懃，悲切而辭　朝珍重。竊以　雲辯　師資幼禮，丱歲抛親，割恩愛於知惠峰前，棄榮華於解脱林畔。螢窗夜就，討諸佛出世之因緣；蟾影夕窺，究賢聖離塵之旨趣。可以心猿有絆，意馬無馳。曉浮生於一照燈中，覺幻化於圓明珠內。邇（爾）後漸增僧臘〔二六〕，潔自緇流。披維摩多達之經文，悟金粟慈悲之義喻。荐逢昭運，數值明時〔二七〕。别俗早隔於三峰，名第獲彰於四水。聚非白足，難衛赤鬚，承　明聖之師章，授德皇之服命。累沐見遇〔二八〕，禮戢教門。兩京之演法年深，薄德而自量鄭露。而又偏受梁苑信士曲獎徹情。每推於　帝闕皇都，迴維持於神京勝府。雖未及籌盈石室，粗曾侍金相玉毫。談不二之玄空，建真宗之樓閣。比冀常敷聖義，永誘緣人，勸門徒出拔於六塵，化俗諦免離於八苦。誰爲無常病惱〔二九〕，電影疾侵，調四天以乖方，治三瞧（焦）而無據〔三〇〕。自春得假，省覲丘墟。次及夏中，爰泊洛汭。揣量瑣昧，未越　明朝。將期再謁　上京，仰俟重瞻聖主。豈料膏肓難差〔三一〕，落照易昏。二暑（鼠）催而針藥無徵〔三二〕，五行雜而符醫失度。即於今載夏六月二十八日，忽覺廛（纏）痾困楚〔三三〕，舉止蒼惶〔三四〕。對爐之灰色多寒，暎像之燈光少焰。悲風颾颾，飄遼而大夜澁臨〔三五〕；愁霧重重，暗慘而爭存喘息〔三六〕。平生獲幸，奉

聖感以祝吾；一旦淪傾，向何方而瞻禮？調御價門抱桂，釋種無親，只有諦真如六波羅密。古佛遺教，當爲離濟之源；佳聖旨歸，是救勞生之本。好住檀信，善保良因。儻存堅固之心，定達菩提之路。泪如圓管，血滴方袍，千萬遐邇緣人，莫退道心。佛子。

時廣順元年六月十八日還〔三七〕。

大德參尋

聖境，遠達梁京，偶因聽視

清談（說本道風化），而乃頓迴愚意（傾心歸依）。二年來往，一無供須。所令疊紙揮毫，故並辭憚切認。廣敬西天梵語，多重東國文章。更能無染無違，必究真空真義。時顯德元年季春月冥（蓂）開三業（葉）〔三八〕，長白山人李琬，蒙

沙州大德請抄記。

説明

此件首尾完整，其内容可以分爲四箇部分。第一部分是雲辯撰寫的募捐詩十首，原無題；第二部分是雲辯撰寫的『十慈悲偈』，原題『左街僧録圓鑒大師　雲辯　進十慈悲偈』；第三部分原題『左街僧録與緣人遺書』；第四部分是抄寫者長白山人李琬的抄記。以往的著録或釋文多將以上幾部分分别擬題，但這四部分均爲李琬所抄，是一箇完整的文本，故此從《英藏敦煌文獻》擬題。此件中之『皇』『帝』『聖』等字多有敬空或提行，『民』字有缺筆。

雲辯是五代名僧，賜號圓鑒大師，卒於廣順元年（公元九五一年）。此件對研究雲辯具有重要價值。

此件背面抄有『辛酉年十一月廿日張友子新婦身故聚贈歷』。

校記

〔一〕『第』，底本作『弟』，按寫本時代，『第』『弟』形近易混，故可據文義逕釋作『第』。以下同，不另出校。

〔二〕『雨』，底本似『兩』，按寫本時代，『雨』『兩』形近易混，故可據文義逕釋作『雨』。以下同，不另出校。

〔三〕『壞』，底本作『懷』，按寫本時代，『懷』『壞』形近易混，故可據文義逕釋作『壞』。

〔四〕『盡』，《敦煌詩集殘卷輯考》校改作『晝』。

〔五〕『玉』，底本似『王』，按寫本時代，『玉』『王』形近易混，故可據文義逕釋作『玉』。

〔六〕據文義，此句應脱一字；據平仄與詞性，此字應爲『立』字。

〔七〕『兹』，當作『慈』，《敦煌歌辭總編》據文義校改。

〔八〕『城』，當作『成』，《敦煌詩集殘卷輯考》據文義校改，『城』爲『成』之借字，《敦煌歌辭總編》《敦煌孝道文學研究》逕釋作「成」。

〔九〕「濟」，《敦煌詩集殘卷輯考》釋作「齊」，校改作「濟」，按原件本作「濟」。

〔一〇〕「盡」，當作「畫」，《敦煌歌辭總編》據文義校改。

〔一一〕「政」，《敦煌詩集殘卷輯考》校改作「正」，按「政」通「正」，無煩校改。

〔一二〕據文義這裏應脱一句。

〔一三〕「官」，《敦煌詩集殘卷輯考》認爲據文義當作「宰」。

〔一四〕「官」，《敦煌詩集殘卷輯考》釋作「宰」。

〔一五〕「言」字衍，據文義當删。

〔一六〕「慮」，當作「濾」，《敦煌詩集殘卷輯考》據文義校改，「慮」爲「濾」之借字，《敦煌學海探珠》逕釋作「濾」。

〔一七〕「符」，底本似「苻」，按寫本時代，「符」「苻」形近易混，故可據文義逕釋作「符」。

〔一八〕「曬」，《敦煌詩集殘卷輯考》釋作「⿰口煞」，按「⿰口煞」爲「曬」之俗字，而「曬」可用同「煞」，有「甚」和「極」的含義；「由」，《敦煌詩集殘卷輯考》校改作「猶」，按「由」通「猶」，不煩校改。

〔一九〕「悉」，《敦煌學海探珠》誤認爲底本作「息」，進而釋作「恤」，《敦煌詩集殘卷輯考》校改作「恤」，按「悉」有「洞悉」「知悉」的含義，似可通。

〔二〇〕「政」，《敦煌詩集殘卷輯考》校改作「正」，按「政」通「正」，無煩校改。

〔二一〕「理」，《敦煌詩集殘卷輯考》」校改作「裏」。

〔二二〕「璁」，當作「總」，《敦煌學海探珠》據文義校改。

〔二三〕「令」，《敦煌詩集殘卷輯考》釋作「人」。

〔二四〕「裝」，《敦煌詩集殘卷輯考》校改作「莊」，按「裝」有裝飾義，不煩校改。

〔二五〕「勉」，當作「免」，《敦煌詩集殘卷輯考》據文義校改，「勉」爲「免」之借字。
〔二六〕「邇」，當作「爾」，《敦煌詩集殘卷輯考》據文義校改。
〔二七〕「明時」，《敦煌詩集殘卷輯考》釋作「時明」，乙本作「明時」，按原件上有倒乙符號。
〔二八〕「遇」，《敦煌詩集殘卷輯考》釋作「過」，誤。
〔二九〕「爲」，《敦煌詩集殘卷輯考》校改作「謂」，按「爲」通「謂」，不煩校改。
〔三〇〕「瞧」，當作「焦」，《敦煌詩集殘卷輯考》據文義校改。
〔三一〕「差」，《敦煌詩集殘卷輯考》校改作「瘥」，按「差」有「瘥」義，不煩校改。
〔三二〕「暑」，當作「鼠」，據文義改，「暑」爲「鼠」之借字，《敦煌詩集殘卷輯考》校改作「竪」，誤。
〔三三〕「廛」，當作「纏」，據文義改，「廛」爲「纏」之借字。
〔三四〕「蒼惶」，《敦煌詩集殘卷輯考》校改作「倉皇」，按「蒼惶」可通，不煩校改。
〔三五〕「遼」，《敦煌詩集殘卷輯考》校改作「遥」，按「遼」本有「遥遠」義，不煩校改。
〔三六〕「暗」，底本作「霤」，係涉上文「霧」而成之類化俗字。
〔三七〕據上文此句應脱一「二」字。
〔三八〕「冥」，當作「蓂」，據文義改，「冥」爲「蓂」之借字，《敦煌詩集殘卷輯考》逕釋作「蓂」；「業」，當作「葉」，《敦煌詩集殘卷輯考》據文義校改，「業」爲「葉」之借字。

參考文獻

《敦煌學海探珠》上册，臺北：臺灣商務印書館，一九七九年，九〇至九八頁（録）；《敦煌寶藏》三六册，臺北：新文豐出版公司，一九八二年，二六三至二六四頁（圖）；《敦煌孝道文學研究》，臺北：中國文化大學中國文學研究所，一九八二年，四八六至四九〇頁（録）；《敦煌歌辭總編》中册，上海古籍出版社，一九八七年，九八五至九八七頁（録）；《英藏敦煌文獻》六卷，成都：四川人民出版社，一九九二年，八八至九〇頁（圖）；《敦煌詩集殘卷輯考》，北京：中華書局，二〇〇〇年，六一〇至六一五頁（録）。

斯四四七二背　辛酉年（公元九六一年）十一月廿日張友子新婦身故聚贈歷

釋文

辛酉年十一月廿日張友子新婦身故聚贈歷

張録事油麵粟柴。

高社官

李僧正粟油柴併（餅）〔一〕。

趙法律粟併（餅）柴　白𪎭褐二丈。

李法律柴粟麵油　白𪎭褐二丈。

李闍梨油粟麵柴　白細褐二丈五尺。

慕容營田粟併（餅）。

安再恩粟柴麵　紫斜褐二丈五尺。

安再昌柴併（餅）粟　白𪎭褐二丈一尺，紫褐非（緋）斜褐内一接一丈〔二〕，付杜善兒。

杜善兒粟柴麵油　白細褐二丈六。

梁押衙油粟併（餅）柴　白斜褐二丈二尺。
梁慶住粟柴油　紫麤褐白斜褐内一接二丈。
王醜子麵粟　非（緋）褐白褐裙段内四接二丈二。
張清忽併（餅）粟　紫直褐丈七。
馬再定併（餅）粟　白麤褐内一接二丈二尺。
馬友順粟併（餅）油柴　白麤褐五十尺。
馬醜定油併（餅）粟　白細褐七尺，白斜褐一丈四尺。
馬佛住併（餅）油粟柴　淡麤碧褐二丈，又白麤褐二丈。
晝住奴粟併（餅）油柴　白麤褐丈八。
晝兵馬使粟併（餅）油柴　白麤褐二丈。
董流進粟併（餅）柴油　白昌褐丈三。
李粉定油粟麵柴　白褐非（緋）淡褐碧褐内接三段二丈。
李粉惟麵油粟柴　麤逃（桃）花褐一丈八尺[三]。
王員松油粟麵　白麤褐一丈一尺，淡斜褐一丈七尺。
高虞候油麵。
令狐盈德粟麵柴　碧麤褐二丈。

令狐章祐油麵粟柴　白麤褐丈三。
康再晟併（餅）油粟柴　白細褐二丈六尺。
平弘住粟併（餅）柴油　白細褐三丈四尺。
翟萬住柴併（餅）粟油　白細褐二丈八尺。
宋定子粟併（餅）油柴　白麤褐一疋。
馬願清油粟柴併（餅）　淡麤碧褐丈八，非（緋）衣襴七尺，故破。
龍保慶粟併（餅）柴油　淘（桃）花斜褐一丈六尺〔四〕。
孟流三　粟併（餅）。
王友子併（餅）粟油柴　立機二丈；　碧褐七尺，故破内一接。
梁定奴麵油粟　白細褐三丈。
梁狗奴柴併（餅）粟油　白細褐三丈二尺。
王進員粟併（餅）柴　非（緋）褐二丈。
王繼德油粟併（餅）柴　白麤褐二丈。
王應兒併（餅）粟。
王義信粟併（餅）油柴　麤碧褐二丈，又白麤褐丈六。
王兵馬使粟併（餅）柴油　白麤褐三丈。

王殘子併（餅）粟柴油　細紫褐七尺；非（緋）麤褐丈三，内一接。

王灰進併（餅）粟油柴　淡白麤褐二丈。

安萬端併（餅）粟　碧褐裙段内接一丈八尺。

孫義成併（餅）柴粟　白麤褐五十尺。

杜恩子併（餅）粟柴　緋斜褐丈二，麤紫褐七尺，非（緋）直褐四尺。

張清兒粟併（餅）　白細褐、又非（緋）麤褐内兩接三段三丈。

宋永長豆併（餅）柴油　逃（桃）花褐、白褐内接二丈八尺。

王保定柴併（餅）粟油　白麤褐二丈，黑斜褐丈六。

（中空數行）

見付凶家併（餅）七百八十（押），又付凶家油三十合（押），又付凶家柴三十三束，又後付併（餅）廿（押），又後付粟三石四斗（押），又後領併（餅）廿（押），又併（餅）廿。

説明

此件是張友子所在社邑在其新婦亡故時，社人依據社條的規定或社司的臨時決定向社司交納物品的記録。其後附有社司向凶家支付物品的記録。社人名下之油、粟、餅、柴等物品是按規定交納的，每人交納的數量相同，故僅書物品名，無須書寫數量。而每箇社人交納的織物，種類及數量均有差異，故都書寫了織物的名目及數量。在原件上，多數社人交納的織物頂端及右側均有墨筆點勘符號。

此件之『辛酉』，《敦煌社邑文書輯校》（四二四頁）考定其爲建隆二年（公元九六一年）。『聚贈歷』多稱『納贈歷』，敦煌文獻中保存的社司納贈歷有三十多件（參看《敦煌社邑文書輯校》）。

校記

（一）『併』，當作『餅』，《敦煌社邑文書輯校》據文義與其他納贈歷改，『併』爲『餅』之借字，以下同，不另出校。

（二）『非』，當作『緋』，《敦煌社邑文書輯校》據文義與其他納贈歷改，『非』爲『緋』之借字，以下同，不另出校。

（三）『惟』，《敦煌社會經濟文獻真蹟釋録》《敦煌社邑文書輯校》均釋作『堆』，誤；『逃』，當作『桃』，據文義改，『逃』爲『桃』之借字，以下同，不另出校。

（四）『淘』，當作『桃』，《敦煌社邑文書輯校》據文義校改，『逃』爲『桃』之借字。

參考文獻

《敦煌寶藏》三六册，臺北：新文豐出版公司，一九八二年，二六五至二六六頁（圖）；《敦煌社會經濟文獻真蹟釋録》一輯，北京：書目文獻出版社，一九八六年，三七五至三七八頁（圖）（録）；《英藏敦煌文獻》六卷，成都：四川人民出版社，一九九二年，九一至九二頁（圖）；《敦煌社邑文書輯校》，南京：江蘇古籍出版社，一九九八年，四二〇至四二五頁（録）。

斯四四七三　後晉文抄（大晉皇帝祭文、大晉皇帝致北朝皇帝遺書、大行皇帝謚狀、集賢相公遭母喪盡七後起復表、亡妣秦國太夫人祭文）

釋文

大晉皇帝祭文　伏惟
高祖始自奉　親，洎乎御衆，得保家之法，有治民之術〔一〕。恆務安民〔二〕，長能屈己。嘗
險非一，蒙難甚多。時當百六之期，天与九五之位。在北都而降萬卒，到西京而服諸侯。東
征而利於民，北伐而整其旅。扼從賓而自斃，貸延光以再生。鐵胡不能據恆山，從進不能固
漢水〔三〕。軍情盡勇，
聖旨常慈。將偃干戈，忽遺弓劍。以至仁而統四海〔四〕，何未老而棄萬邦。人壤壤以皆
號，天杳杳而難問。著神功而不朽，傳寶祚而無窮。臣以鵲起之前，然知不外；
龍飛之後，其實無功。在太原之時，虛上相之位，才臨清洛，便降　白麻。自非蕭何、
張子房之間，合在趙瑩、桑維翰之下。既容　左右，別賜　見知。察其頑而不以爲頑，信其

拙而不以爲拙。然亦日親承 命，日覩 推恩。以不煞爲心，以無私爲本。德同湯武，壽異彭聃。七年爲 萬乘之君，一旦作九虞之主。今則 龍輴須進，鳳翣難停，日慘邙山，風悲瀍水。臣不能請代，乃是罪人。雖獲送終，未酬知己。食晉之禄，匡晉之邦。願竭節於 新君，表感恩於 高祖〔五〕。臣今輒陳祭禮，暫止哀歌，連傾叩地之誠，併灑終天之淚。嗚呼哀哉！伏惟尚饗。

大晉皇帝謹致遺書於

北朝皇帝足下：頓首頓首。某曾聞：遇陰則慘，既滿必虧〔六〕。鞠大道之推遷〔七〕，符人世之奄忽。在於理顯情達，魂東遊以心甘；卻是恩深報輕，目北望而淚落。强持餘命，虔瀝幽襟。某代爲將家，志徇戎校。頃輔明宗之基業，繼分全晉之山河。屬季主以相猜，舉驕兵而致討。九拒之謀雖設，四向之援且孤。遂飛危誡，仰卜大造。果蒙 皇帝深憤不平之事，親御無敵之師。控弦雲起於塞間，交鋒雪飛於城下。挑戰決勝，揚威納降。雅同注海傾江，救魚爛於沸鼎；仍致變家爲國〔八〕，屬 龍飛於渺躬〔九〕。何則？資蕭王新市之兵，未濟驅除之力；歸漢主灞上之地，非爲援立之恩。靜想 高明，亮無責報，自矜深薄，未曾敢安。致疾恙以潛生，極醫藥而不治。將臨大漸，再念中原。茫茫蒸民，倏忽不可無主；桓桓師旅，須臾不可乏君〔一〇〕。必歸纂嗣於子孫，用期臨御，將荷生成之英睿，必竭始終。長子齊王某，植性矜嚴，用知文武，粗懷剛斷，堪荷寶圖。遂親召輔臣，乃執付遺制。當遺柩前即位，遽令境內安心。約禮雖協於舊章，託孤終陳於聖德〔一一〕。伏望 皇帝陛下扼天關〔一二〕，固輕清之蔭；緩日馭〔一三〕，延久照之恩。示大信而質陰陽，敦高義而堅金石。某疾勢漸極，延望轉傷。夜雨灑崆峒之山，無階共泣；秋芋滿蒼梧之野，即往埋魂。備傾寄託之心，旋瞑窀穸之目。某無任感涕，棲倚哀惶之至。

大行皇帝謚狀

議曰：伏以上天蕩蕩，難名普覆之功；爀日巍巍，孰究大明之德？伏況權輿盛統，締構丕基，臨御七周，初終一致。玄澤流於黔首，至道輅於皇天。宜徵稽古之人，方議易名之典。豈伊淺近，可述徽猷。遂按舊章，寧殫溢美。伏以 大行皇帝順天膺籙，出震丕圖。鳳峙參墟，龍飛晉野。會孟津而剪紂，臨軹道以平秦。大庇生民，光宅宇縣。功既成矣，理亦定矣。然猶孜孜罔怠，翼翼不遑，若涉春冰〔一四〕，如馭朽索。日慎一日，雖休勿休。惡衣服而不尚綺紈，卑宮室而粗防燥濕。不務畎（畋）遊之獵〔一五〕，不營耳目之娛。不聽巧言，不求順旨。委機務於廟堂之上，庶績咸熙；訪蒭蕘於里巷之中，下言得達。每五日親臨便殿，命群臣各獻封章。觀美靡憚於堯姿，從諫無慙於禹拜。小殷后之躬勞剪爪，年穀常登；慕玄元之不樂佳兵，天威自振。所以恆陽大憝，俄獻首於樓前；漢上孤城，竟傾心於闕下。

敦大信而邊無斥候，斷横流而民復耕桑。帝道王猷，淩周轢漢。今則鼎成不駐，髯斷何攀？黄帝上仙，空留弓劍；漢文遺制，務薄園陵。九齡之夢無徵，七月之期遽至。將昇寢廟，合易大名。謹按謚法曰：窮神知化曰聖，經天緯地曰文，法度大明曰彰，克定禍亂曰武，照臨四海曰明，勤恆民隱曰德。大行皇帝廣大難際，恭默無爲，洋洋乎充溢萬方，郁郁乎光昭二代〔一六〕，可不謂聖文乎？立德可宗，出言有度，以一戎定業，用七德成功，可不謂彰武乎？高居遠視，通幽洞微，禮神非黍稷之馨，體物念黎元之病，可不謂明德乎？若以先意承顔，自家形國，以四海富而致養克臻，以萬乘尊而問安不乏，可不謂孝乎？又王者，祖有功，明百世不遷之義，而況肇開寶祚，光闡瑶圖，永配昊天，長爲始祖。遐徵舊典，抑有明文。謹請備神主、具玉册，上尊謚曰：〔聖〕文彰武明德孝皇帝〔一七〕，廟號高祖。臣官陳禮寺，學謝鴻儒，雖恭守職司，而多慙陋略〔一八〕，臣無任誠惶誠惶。

集賢相公遭母喪盡七後起復表〔一九〕

臣某言：今月日得中書省報。伏蒙　聖慈，降制起復，授中書侍郎兼工部尚書、同中書門下平章事、集賢殿大學士、功臣勳封如故者。命出君親，恩加犬馬，哀摧戰汗，不知所圖。臣誠哀誠慟，頓首頓首。伏以三年之喪，謂之達禮，賢愚貴賤，所不能踰。而況讀古人書，居宰相職，四方之所瞻矚，百寮之所準繩。其或苟慕　寵榮，今隳禮法〔二〇〕，人所共嫉，鬼得而誅。竊念有國有家，惟忠惟孝。苟於家不孝，則於國不忠。何以見朝野之人，何以處弼諧之地？既傷理本，復啓亂階。伏以　皇帝陛下，自創新邦，每遵古道，兆民仰德，萬國歸仁。則爲草芥之臣，隳朝廷之制，有傷名教，無益　聖明。終喪誓守於愚衷，違　命甘從於　嚴憲。況自丁大釁，未及十旬。願察哀誠，令全孝道。苟免　明庭之誚，全繫　聖主之恩。臣無任瞻天，瀝血披露陳乞，哀摧殞越之至。

第一批答

省表具之。卿相業素高，人文宰對。資爾縱横之略，佐予開創之基。方竭臣誠，忽丁家禍。是用舉奪情之舊事，竚移孝之前規。俾抑至哀[二一]，勉承　寵命，方虚鼎鼐，實藉鹽梅。載閲披陳，頗堅遜讓。執兹喪紀，於家雖顯於孝誠；就彼台司，致主别彰於忠節。無煩封執[二二]，即斷來章，所讓宜不允。

又再表

臣某言：伏奉　聖慈，非次起復。尋具表章陳乞，未窺　聖命，莫遏哀誠。將祈終制之恩，須罄由衷之誠。臣誠惶誠恐，頓首頓首。臣曾讀《唐書》，伏覩廣德二年勑云：三年之喪，謂之達禮，自非金革，不可從權。其文官自今已後，並許終制者。伏以　皇帝陛下，自立晉朝，每遵唐制。臣雖虧儒行，忝廁文臣。既無金革之勤，合守苴麻之禮。又念臣少離鄉國，多曠旨甘，近日以來，方遂迎侍。尋則叨塵委任，兼綰機衡，職重才微，旦入晚出。就養雖豐於禄利，承顔每闕於躬親。欲報之敬未全，不待之哀俄集[二三]。生不能盡其教

（孝）〔二四〕，歿不能終其喪，人倫之間，何施面目？伏念朝臣之内，天福已來，遭遇超騰，無如臣者。碎身毁族，未足酬恩，豈敢邀君，豈敢避事？但以士子所重者禮法，朝廷所重者典章。况叨宰輔之班，須懼搢紳之議。其或因循奉命，苟且貪榮，無補皇朝，有污青史。誓守愚人之志，願迴聖主之恩，干犯冕旒。臣無任瞻天禮日，披肝瀝膽，哀摧殞越之至。

第二批答

省表具之。卿才推間傑，勳著匡裨，傾肝膽以佐予，作股肱而賴汝。方籍鼎鹽之味，忽纏風樹之悲。是用特降絲綸〔二五〕，奪其苫凷〔二六〕。尚執居喪之禮，未遵始墨之文。再閲敷陳，仍堅號訴。念劬勞之罔極，備察孝誠；扶毁瘠以徇公，實全忠節。無煩固讓，當斷來章，所讓宜不允。

第三表

臣某言：近蒙恩制起復，尋兩具奏聞陳乞。今日東上閤門使朱崇節至臣安下處，宣示批答，未賜　允俞者。　乾文照耀，　帝語丁寧。拜命之間，哀懼交集。臣誠惶誠恐，頓首頓首。臣聞資父事君，孝之大節也；安上化下，禮之大經也。古先哲王，垂其丕訓。是以君子居必思孝，動必由禮。顛沛造次，不敢廢失。今則處哀慼而冒　寵榮，不可謂孝；居苫凷而服軒冕，不可謂禮。忘孝廢禮，何以立朝？臣所以罔避雷霆，繼陳肝膈，冀寢從權之命，俾全終制之規〔二七〕。聖睠未迴〔二八〕，哀誠莫遏。伏以　明君在御，俊士滿朝。材器過臣者，十有八九。遭遇如臣者，萬無一二。久參重位，未著微勤（動）〔二九〕。何以勝　陛下睠顧之恩，何以副　陛下拔擢之旨？身猶可煞，禄豈敢辭？但以方在哀摧，合遵禮法。雖古有金革之士，且臣非將帥之材，而又累朝已來，久無此例。今從臣始，實所難安。況自遘憫凶，纔逾旬月，違絲綸之命，罪尤合誅；念襁褓之恩，情所未忍。願守不移之志，甘從無赦之科。泣血瞻天，臣無任哀切殞越之至。

第三度批答

省表具之。卿文學之外，才力甚高。自匡輔眇躬，翼宣庶政。方繄調鼎，遽痛寢苫。爰議奪情，蓋詢舊事。繼披章表，堅讓渥恩。枕凷絶漿，毀瘠勿拘於往制；安邦富國，才成當著於大功。忠孝自全，君臣示逸，所讓宜不允。

第四表

臣某言：臣近者蒙恩起復，已三奉表，冒死陳乞。何精誠之不至，致天意之未從。今日得翰林茶酒使張言書奉　聖旨，取今月十九日宣，賜臣起復官告者。殞咽餘生，戰汗交集。臣誠哀誠迫，頓首頓首。伏念臣素昧器能，久叨寵〔三〇〕。禄高德薄，既貽非據之譏；福過災生，果集不圖之禍。豈期方居苦凷，忽降　絲綸。累貢表章，未蒙俞允。得張言文字，欲取來日頒宣。　寵澤將臨，哀誠轉迫。臣若杜門違命，則事主之道乖。臣若去杖迎恩，則奉親之禮失。蓋以纔鍾禍舋，方在荒迷。通喪本合於三年，奪禮未逾於百日。痛深事促，情所難安。合預瀝於肺肝，願特迴於雨露。頻煩聖聽，惟俟朝章。謹四奉表，號訴陳乞，干犯　宸嚴。臣無任兢惶戰越〔三一〕，激切屏營之至。

第四批答

省表具之。卿自負相才，克參王室，宰輔之功尤顯，經綸之業已崇。方秉國鈞，遽丁家禍。是舉情之典，俾從順變之文〔三二〕。三讓有餘，四表仍執。絶漿追痛，雖牽孝子之心；扶力徇公，不失忠臣之體。宜從君命，當斷來章，所讓宜不允。

第五表

臣某言：今月日翰林茶酒使張言至臣安下處，奉宣聖旨，賜臣官告一通，勑牒、手詔各一道，授臣起復某官者〔三三〕。方在艱疢，忽承寵榮。泣血拜章，四陳睿聽。天高日遠，未鑒哀誠。終俟允俞，更須披露。臣誠哀誠切，頓首頓首。臣聞人能弘道，非道加（弘）人〔三四〕。昔唐睿宗朝，黄門侍郎張説堅讓奪情，果諧終制。自兹已後餘二百年，此禮不行，迄今稱美。先王之教由命興，自説而興，因某而廢，載諸史册，優劣可知。伏以　聖德邁於前王，微臣慙於往哲，或乖執守，恐玷休明。　皇帝陛下，基構初興，微臣春秋尚壯，再朞之制，日月幾何？儻遂終喪，願申後效。所賜官告、勑牒、手詔，伏以　王言帝命，敢不拜承？更陳哀訴之辭，必冀矜從之旨。煩冒之罪，甘俟憲章。謹五奉表，瀝血哀乞，臣無任號天叫地，荒殞迫切之至。

第六表

臣某言：臣聞子有所苦，必告於父；臣有所難，必訴於君。蓋以慈父人君，必憐必察。伏念臣人微德薄，遭遇休明。頃者　皇帝陛下，初及洛都，方開晉祚，慎求良輔，誤取庸材，復學士職。纔及三旬，委户部事。未逾半月，驟昇廊廟，兼掌樞衡。特是宸衷，殊非人望。府庫未實，臣無富國之謀；烽燧未寧，臣無銷兵之術。因循竊位〔三五〕，倏及五年。内自母妻，傍及兄弟，皆封美號，並授華資。螻蟻力微，豈任負荷。自鍾家難，益軫　皇慈。撫問使臣，相望於道路；頒宣穀帛，疊委於倉箱。終始之恩，哀榮之禮，輝華稠沓，莫之与京。木石尚合有知〔三六〕，臣子豈能無報？今又忽行寵澤，遽奪哀情，方切拜〔三七〕，已蒙降使。稟命則不孝，違命則不忠。進退徊徨，若墜冰炭。五陳哀乞，未奉允俞。雖久滯於皇華，須且承於綸綍。仰天俯地，愧影慙形。知臣者，謂臣感陛下江海之恩；不知臣者，謂臣貪陛下鍾鼎之禄。臣所有哀懇，昨日已附官告使張言奏聞。蓋以朝廷取則之地〔三八〕，宰輔乃宣化之司，願察深誠，令全大體。卒哭不遠，趨願未遲。仰祝　聖明，俯賜　俞允。干犯冕旒，臣無任瞻天瀝懇哀乞，兢惶激切屏營之至。

祭文

哀子某謹以清酌廟羞之奠〔三九〕，敢昭告於亡妣秦國太夫人之靈。某罪逆深重，止延尊靈。日月不居，奄經晦朔。慈顔漸遠，殘喘苟存。叩地號天，哀慕何及。今奉制命，起復舊官，四上表章，決期俞允。哀誠雖切，　聖睠未迴。今月十九日有使就茅宣賜勑牒、官告。王命敦迫，號訴靡從。爲臣事君，理難拒命。有終身之喪，無百日之禮。哀哀蒼天，故不死滅。今則雖且承命，見更拜章〔四〇〕。必冀矜從，克全禮制。伏惟　尚饗。

晉國天福七年歲次辛丑十二月廿七日秦國太夫人薨背〔四一〕，至壬寅歲二月十九日集賢相公李起復表

（後缺）

説明

此卷首全尾缺，正面有烏絲欄，依次抄寫『大晉皇帝祭文』『大晉皇帝致北朝皇帝遺書』『大行皇帝謚狀』『集賢相公遭母喪盡七後起復表』六通及『批答』四通、『亡妣秦國太夫人祭文』。以上各件筆跡相同，係同一人所抄。以往著録者多據原題將其分爲五件，《英藏敦煌文獻》擬題爲『後晉文抄（大晉皇帝祭文、大晉皇帝致北朝皇帝遺書、大行皇帝謚狀、集賢相公遭母喪盡七後起復表、亡妣秦國太夫人祭文）』，此從之。此卷背抄有狀啓三件。

此件中之第一、四、五三件爲後晉宰相李崧所作，第一件的撰寫時間在天福七年（公元九四二年）八月至十一月十日之間（參看《敦煌吐魯番學研究論文集》，五一三至五一八頁）。第二件或認爲是石敬瑭與契丹國主書；或認爲既非出於石敬瑭的旨意，亦非李崧所撰，而是對契丹態度强硬的後晉大臣景延廣命人捉筆撰成，成書時間當在天福七年六月十三日至二十七日（參看《敦煌吐魯番學研究論文集》，五

一六至五一九頁）。第三件是太常寺官員給石敬瑭上謚號、廟號所撰寫的審議狀。或推測是出自當時的太常寺卿崔棁之手，成書時間當在天福七年八月一日至九日（參看《敦煌吐魯番學研究論文集》，五一七至五一八頁）。

校記

〔一〕「民」，據殘筆劃補；「之術」，《斯四四七三號寫卷〈大晉皇帝祭文〉〈大行皇帝謚狀〉校注及跋》據文義校補。

〔二〕「恆」，《斯四四七三號寫卷〈大晉皇帝祭文〉〈大行皇帝謚狀〉校注及跋》據文義校補。

〔三〕「從」，《敦煌文研究與校注》釋作「以」，誤。

〔四〕「至」，《敦煌文研究與校注》釋作「致」，誤。

〔五〕「恩」，《敦煌文研究與校注》漏録。

〔六〕「既」，《敦煌文研究與校注》釋作「即」，誤。

〔七〕「鞠」，通「鞫」。

〔八〕「仍」，《敦煌文研究與校注》釋作「所」，誤；「爲」，《敦煌文研究與校注》釋作「成爲」，誤。

〔九〕「躬」，《敦煌文研究與校注》據文義校改作「窮」，誤。

〔一〇〕「君」，《敦煌文研究與校注》釋作「名」，誤。

〔一一〕「於」，《敦煌文研究與校注》釋作「求」，誤；「聖」，《敦煌文研究與校注》釋作「於」，誤。

〔一二〕「扼」，《敦煌文研究與校注》釋作「握」，誤。

〔一三〕「緩」，《敦煌文研究與校注》釋作「綬」，誤。

〔一四〕「冰」，《敦煌社會經濟文獻真蹟釋録》釋作「水」，誤。
〔一五〕「畋」，當作「畋」，據文義改。
〔一六〕「昭」，《敦煌社會經濟文獻真蹟釋録》釋作「照」，雖義可通而字誤。
〔一七〕「聖」，《斯四四七三號寫卷〈大晉皇帝祭文〉〈大行皇帝謚狀〉校注及跋》據文義校補。
〔一八〕「陋」，《敦煌社會經濟文獻真蹟釋録》釋作「匪」，誤。
〔一九〕「公」，《敦煌社會經濟文獻真蹟釋録》《敦煌文研究與校注》均釋作「公某」，誤。
〔二〇〕「今」，《敦煌社會經濟文獻真蹟釋録》《敦煌文研究與校注》均釋作「令」，誤。
〔二一〕「哀」，《敦煌文研究與校注》釋作「衰」，誤。
〔二二〕「封」，《敦煌文研究與校注》釋作「對」，誤。
〔二三〕「俄」，《敦煌文研究與校注》釋作「儀」，誤。
〔二四〕「教」，當作「孝」，《敦煌社會經濟文獻真蹟釋録》據文義校改。
〔二五〕「綸」，《敦煌文研究與校注》釋作「倫」，校改作「綸」。
〔二六〕「甶」，同「塊」。以下同，不另出校。
〔二七〕底本在「規」旁書有一符號，似表示此處應敬空。
〔二八〕「睠」，《敦煌社會經濟文獻真蹟釋録》《敦煌文研究與校注》均釋作「倦」，誤。
〔二九〕「勤」，當作「勳」，據文義改。
〔三〇〕《敦煌文研究與校注》疑「寵」後脱一「榮」字。
〔三一〕「戰越」，《敦煌文研究與校注》釋作「戰越戰越」，誤。
〔三二〕「變」，《敦煌社會經濟文獻真蹟釋録》《敦煌文研究與校注》均釋作「喪」，誤。

〔三三〕『起』，《敦煌社會經濟文獻真蹟釋録》《敦煌文研究與校注》均釋作『赴』，誤。

〔三四〕『加』，當作『弘』，《敦煌文研究與校注》據文義校改。

〔三五〕『竊』，《敦煌文研究與校注》釋作『竅』，誤。

〔三六〕『知』，《敦煌文研究與校注》釋作『心』，誤。

〔三七〕《敦煌文研究與校注》疑『切』後脱一『未』字。

〔三八〕《敦煌文研究與校注》疑『廷』後脱一字。

〔三九〕『廟』，《敦煌文研究與校注》釋作『薦』，誤。

〔四〇〕『見』，《敦煌文研究與校注》釋作『更』，誤；『更』，《敦煌文研究與校注》釋作『則』，誤。

〔四一〕『背』，《敦煌文研究與校注》釋作『比日』，誤。

參考文獻

《敦煌寶藏》三六册，臺北：新文豐出版公司，一九八二年，二六六至二七〇頁（圖）；《敦煌吐魯番出土文獻研究論集》五輯，北京大學出版社，一九九〇年，二三七至二六三頁（録）；《敦煌吐魯番學研究論文集》，上海：漢語大詞典出版社，一九九〇年，四九〇至四九九頁（録）；《敦煌社會經濟文獻真蹟釋録》四輯，北京：全國圖書館文獻縮微複製中心，一九九〇年，三三七至三四七頁（圖）（録）；《唐代制勑研究》，東京：汲古書院，一九九一年，三〇四至三〇七、八三九頁；《英藏敦煌文獻》六卷，成都：四川人民出版社，一九九二年，九二至九六頁（圖）；《唐代公文書研究》，東京：汲古書院，一九九六年，一五三至一五六頁；《敦煌文研究與校注》，武漢大學出版社，二〇一四年，二八二至二八六頁、七三六至七三七頁、七六二至七六五頁（録）。

斯四四七三背　一　散都頭張進遇上三傅狀抄

釋文

季秋霜冷〔一〕。伏惟
三傅尊體動止萬福，即日進遇蒙
恩，不審近日
體氣何似？伏惟倍加
保履，下情祝望，謹奉狀不宣，
謹狀。　鄉貢明經〔二〕
九月　日從表散都頭張　進遇　狀上。
閤下
三傅
謹空。

説明

此卷背面抄寫『散都頭張進遇上三傳狀』『將仕郎前守滄州南皮縣令王謙上侍郎啓抄』『鄉貢進士譚象上諫議啓抄』，第一件筆跡與後兩件不同，後兩件似爲同一人所書。

此件首尾完整，抄寫時間不詳。張進遇待考。

校記

〔一〕此件前有殘筆劃，殘筆劃後一行頂部還有兩箇字，難以辨識。

〔二〕『鄉貢明經』，此四字疑爲後人添加。

參考文獻

《敦煌寶藏》三六册，臺北：新文豐出版公司，一九八二年，二七〇頁（圖）；《敦煌社會經濟文獻真蹟釋録》四辑，北京：全國圖書館文獻縮微複製中心，一九九〇年，三四八頁（圖）（録）；《英藏敦煌文獻》六卷，成都：四川人民出版社，一九九二年，九六頁（圖）；《敦煌文研究與校注》，武漢大學出版社，二〇一四年，三五三頁（録）。

斯四四七三背　二　將仕郎前守滄州南皮縣令王謙上侍郎啓抄

釋文

將仕郎前守滄州南皮縣令王　謙

右謙啓：　謙聞洪鑪既動，不漏於纖細[之]金〔一〕；大厦將成，靡捐於曲直之木。良匠
[者]〔二〕，度材而可用；明工者，任器而可行。細[可]以爲線爲絲〔三〕，巨可以爲梁爲棟。盡
出埏埴之力，皆歸
變化之功。伏以謙早忝卑科，依資入仕，到官慙無於異政，徵租幸免於曠遺。惟勤設
法，奉
公每切，傾心向
化。今則重期參調，再詣
銓衡。曾蒙比擬襄州義清，尋曾有狀通免。在卑吏而豈敢擇禄，於侍養而莫可及親。想
路歧而往覆半年，在迎侍而辛勤數月。伏念謙因循宦路，寄寓登州，乞於稍便一官，所貴禄

及親老。伏惟
侍郎三秋明月，萬頃滄波。處
銓衡而品藻人情，皆分真僞；舉掄材而與奪事正，盡鑒妍媸。見注擬之無私，聞授官
之得所。皆因
舒慘，盡計
生成。謙罔避僭差〔四〕，輒陳肝膈。難逃罪宥，罄寫血誠。冒犯
清崇，不勝惶懼。謹修啓事，捧詣
門屏〔五〕。祗候
起居，跪
獻卑情。無任虔告
依投，激切屏營之至。伏惟
鑒察，謹啓。

九月二十　日將仕郎前守滄州南皮縣令王　謙　啓上。

說明

此件首尾完整，抄寫時間不詳，有另筆改動痕跡，王謙亦待考。

校記

〔一〕『之』，據殘筆劃及文義補。

〔二〕『者』，據殘筆劃及文義補。

〔三〕『可』，據殘筆劃及文義補。

〔四〕『差』，《敦煌社會經濟文獻真蹟釋録》《敦煌文研究與校注》均釋作『羞』，誤。

〔五〕『詣』，《敦煌文研究與校注》釋作『詣開』，誤；底本『門』字上原有一倒書『門』字。

參考文獻

《敦煌寶藏》三六册，臺北：新文豐出版公司，一九八二年，二七一至二七二頁（圖）；《敦煌社會經濟文獻真蹟釋録》四辑，北京：全國圖書館文獻縮微複製中心，一九九〇年，三四九至三五〇頁（圖）（録）；《英藏敦煌文獻》六卷，成都：四川人民出版社，一九九二年，九七至九八頁（圖）；《敦煌文研究與校注》，武漢大學出版社，二〇一四年，三〇八至三〇九頁（録）。

斯四四七三背　三　鄉貢進士譚象上諫議啓抄

釋文

從表侄孫鄉貢進士譚象

右象啓：象聞子桑之薦，孟明非才不舉；鮑叔之知，管仲惟賢可求。既題品以知人，乃趨時之得路。象衡門末士，飲泌微流。偶衣章甫之冠，遂閲蟲文之字。早年姓字，久在科場，不遇梯媒，漫勞進取。今者虔投

至鑒，獲俟

依棲。既秋賦之

選求入，

春官之採聽盡出。

剪裁之旨，恐辜

稱讚之恩，深切知慙，將何報

德？伏惟

諫議老丈，中朝公輔，南浦神仙，秋水沉珠，曉山架日。學海深而朝開碧落，辭林峭而
剪破煙霞。晨直彤宮，緩步而從容
玉殿〔一〕；晚朝　鳳扆，頡頏而奏對
龍顔。耳聽　綵綸〔二〕，口陳獻替。將陰陽之柄，獨承
顧問之恩。終俟變調，方歸衆望。如象者，東山末士，北海微生。致虧秤象之能，蔑有
屠龍之美。逐英翹而觀
上國，攜文賦以謁
雄藩。果遇
至公，獲須文解〔三〕，
巨人
維挈，必赴
搜揚。永承
門館之恩，長在麾麻之下〔四〕。謹修啓事，捧詣
門館，祇候
起居，諮
聞陳

謝。卑情無任感

恩，激切惶悚之至。伏惟俯賜

鑒念。謹啓。

十月十二日從表侄孫鄉貢進士譚　象　啓上。

説明

此件首尾完整，紀年不詳，譚象亦待考。

校記

〔一〕『步』，《敦煌社會經濟文獻真蹟釋録》《敦煌社會文書導論》《敦煌文研究與校注》均釋作『出』，誤。

〔二〕『耳』，《敦煌社會經濟文獻真蹟釋録》《敦煌文研究與校注》均釋作『目』，誤。

〔三〕『頒』，《敦煌文研究與校注》釋作『頌』，誤；『解』，《敦煌文研究與校注》釋作『辭』，誤。

〔四〕『廕』，《敦煌社會經濟文獻真蹟釋録》《敦煌文研究與校注》均釋作『蔭』，雖義可通而字誤。

參考文獻

《敦煌寶藏》三六册，臺北：新文豐出版公司，一九八二年，二七二至二七三頁（圖）；《敦煌社會經濟文獻真蹟釋録》四辑，北京：全國圖書館文獻縮微複製中心，一九九〇年，三五一至三五三頁（圖）（録）；《英藏敦煌文獻》六卷，成都：四川人民出版社，一九九二年，九八至九九頁（圖）；《敦煌社會文書導論》，臺北：新文豐出版公司，一九九二年，一一六至一一九頁（録）；《敦煌文研究與校注》，武漢大學出版社，二〇一四年，三一〇至三一一頁（録）。

斯四四七四　齋儀（賀雨、慶蘭若、藏鈎、探油、西方讚文、十念文、歎壙等）

釋文

（前缺）

近覩花幢千種，□雲，控龍馬於六條，□金地上〔一〕。

長官　心明秦鏡，筆動文□賀仁惠之風〔二〕，百里仰烹鮮之化。若不然者，曷得清風偃於美草，瑞氣起於千門？聞善事而匍匐皆從，搆花筵而雲奔赴會。月面高展於紺目，繒幡亂爍於霞光。爐煙飛遶座之雲，漁（魚）梵奏鉢囊之曲〔三〕。時屬緑絲垂於五柳，淑氣凝於千門。欲綻桃花萬顆珠，擬折繁條〔千〕數色〔四〕。

賀雨　爲久愆陽，長川銷爍。自春及夏，惟增赫弈（奕）之輝〔五〕，祥雲忽飛，但起囂塵之色。鹿野無稼，蒼生罷農。於是士庶恭心，緇侶虔敬，遂啓天龍於峰頂，禱諸佛於伽藍，及以數朝，時將不絕〔六〕。是以佛興廣願，龍起慈悲，命雷公，呼電伯。於是密雲朝

〔凝〕〔七〕，闊布長空。風伯前驅，雨師後灑。須臾之際，滂野田疇。遥山帶月媚之容，遠樹加豐濃之色。芳草競秀〔八〕，花蘂爭開。功人懷擊壤之歡，田父賀東皐之詠〔九〕。

律　節行孤峻，冰泉是清。戒月懸於碧空〔一〇〕，皎娥（鵝）珠於水鏡〔一一〕。

禪　澄心水鏡，早悟玄門；禪律俱修，戒珠圓淨。

尼　積誠雅素，謹節踰崇〔一二〕；行等蓮花，清如愛道。

安人琅玕，駐質金雪。爲（唯）顔（願）禄位日遷〔一三〕，榮資轉貴。

慶蘭若　聞大聖金仙，大隱虛無之際。洎乎五百之歲，像教欝興。是知大師釋迦〔一四〕，不可思議者矣！今日大院虛潎（敞）〔一五〕，宿淨道場。千花月面之尊〔一六〕，廣坐烈珍羞之供〔一七〕。盛會若此，誰人當之？則有信士等。惟公等月（目）練秋霜〔一八〕，心淨寒水，凜凜風骨〔一九〕，英英德人。實可謂香桂林中，森森不雜。若不然者，何以結志同心，共造斯院？布金平地，不異祇園。敬造瓦堂一所，塑僧伽和尚一軀。園牆匼匝，廊宇徘徊，功積頗多，今並成就。瓦堂子虹蜺数道〔二〇〕，化出奇梁。一段青煙，遥分瓦色。和尚且邈普光王之本質〔二一〕，一處不遺；寫金蘭（襴）之土衣〔二二〕，千般無異〔二三〕。□常懷敬上之心。惠嚴處右而兢兢，惠岸□□□□〔二四〕。門樓也，是一院眉首〔二五〕，爲外禦之闉闍〔二六〕。遠親（覩）近觀〔二七〕，貌哉氣色。行廊也，五間高敞，安乎方外之眉；兩道長簷，每集聽經之鳥。行牆乃窈窕一條，若白雲抱映於仙苑。周迴四合，如□千花。當下手之日，斤斧齊運，砰訇振天〔二八〕。木星迸而入碧空，瓦布魚鱗翠煙色。計日功就，翕而成焉。乍疑忉利下中天，又似龍宮擁金地。其殿〔也〕〔二九〕，勢壓虬堈（崗）〔三〇〕，接譙城之偃蹇；迥聳霄漢，連雲閣以巍峨。虹梁加螮蝀横空〔三一〕，枓栱星攢夜月〔三二〕。簷垂鳳翼〔三三〕，疑□□□飛來〔三四〕；瓦布魚鱗，狀星宮而涌出。鴟尾也，如雙鸞之對舞；其獸也，若鯨鯢背於青山〔三五〕。遥觀一段碧煙生，近覩千般花種色。錦其像〔三六〕，召郢匠，邈蓮模，端嚴開月面之容，紺髮彎旋螺之色。兩點紅蓮成寶足，千葉花開坐淨身。眉間一道白毫光，宛轉□□□□佛。其石銘也，取玉石於崑嶺，召郢匠於秦川。其文也，花攢渌林；其札也，雲飛手下；〔其〕鐫也〔三七〕，在郢人之手。隨筆勢以盤旋，盡巧思以澄心，逐毫峰（鋒）而宛轉〔三八〕。以彰不朽之號，將傳萬代之功。卓立蓮宮，屹然不壞。當下手時，削却浮踈之金〔三九〕。斤斧運而聲振徹天，木星迸而雲飛碎錦〔四〇〕。功成即日，大慶今朝。月圓十五碧天中，江日曚曨渌波上。

藏鈎　公等投名兩扇，列位分朋。看上下以探籌，覩爭勝負。或長行而遠眺，望絶跡以無蹤，遠近勞（牢）藏〔四一〕，或度貌而難惻（測）〔四二〕。鈎母〔者〕怕情而戰戰〔四三〕，把鈎者膽碎以兢兢。恐意度心，直擒斷行。或困（因）言而失馬〔四四〕，或困（因）笑以輸籌，或含笑而命鈎，或緬（腼）鮮（腆）而落節〔四五〕。連翩九勝，躑躅十强，叫動天崩，聲遥海沸〔四六〕。定强弱於兩朋，建清齋於一會。

探油　齋主所言意者，乃爲自身境界，有所願從。爲買賣曚曨，難分皂帛〔四七〕，被人枉壓，文契無憑。攜鐺火於伽藍，共探油而取驗。於時炎騰碧焰，火盛青煙，展手試中〔四八〕，無纖毫之痛。既蒙是祐，敢辜佛恩？謹設清齊〔四九〕，用酬先願。無上法王，上被提婆所謗〔五〇〕；周公聖者，猶有管蔡流言。況乃凡庶，寧無白珪之黜（點）〔五一〕？王道雖直，覆盆之下難明。善惡未分，一時俱執。惟公稟性克和，行惟懿素，情質恭貌，信義成人〔五二〕。述不貳過而立身，實三思而剋己。不事出非意〔五三〕，流謗及躬〔五四〕，厄於囹圄之中。豈料白珪精而被點，美玉瑩而遭瑕。告天，天遠不聞；問地，地厚難徹。賴秦鏡一照〔五五〕，照盡心鏡俱清，颯然水（冰）釋〔五六〕。遂得覆盆返照，無辜之狀昭然。雲忽卷而天地明，霧豁開而星月朗。在籠之鳥，再刷羽於長空；涸轍之魚，復鼓鱗於江海。寒灰重煖，落葉還春。

寒松百丈，靄靄羅風；秀嶺千尋，下連溝壑。喬松偃蓋，著處生煙；危石截雲，遍鋪紅錦。

中丞　瑞雲作蓋，細雨隨車。猛獸去而大野空，明珠還而川色媚〔五七〕。伏願我國家日月高照，龍樓永安。

相公　福壽千春，聲揚萬里。

長官　鳴琴橫膝上，鳳舞至堦前。政聲滿於寰中，清化霑於百里。我國家道化萬邦，威臨八極，風清北塞，日照南天。

尚書　威靜寰中，心歸鳳闕。鼙鼓振山河之響，精幢暉日下之光。

相公　氣排霄漢，量納太虛。錤（鎮）三吴〔而〕宇宙廊（廓）清〔五八〕，壓九江而香鳳（風）滿國〔五九〕。

西方讚文　蓋聞大雄無上，演出西方，佛號彌陀，國名極樂。過十萬億刹土，別立淨都，廓落無邊。別立嚴事，無量壽佛，跏趺月宮。其首也，如五大須彌；其目也，如四大海水。周匝一國，盡布黄金；宛轉花都，加敷碎錦。佛居政殿〔六〇〕，常説苦空；勢至觀音，樂聞坐側。八功德水，底布金沙；九品蓮花，池開見佛。臨終十念，得往彼中，金口談揚，不可思議者矣。爰有傾誠深信士等，竪此西方像一鋪，仰惟諸公等並性淨吴江〔六一〕，德高華岳。仁風扇於上郡〔六二〕，洪名滿於大邦。實可謂栴檀一林，森森不雜，行皎清江之月，信懷漢浦之珠。各言人世茫茫，浮生若寄，遂連袂結願，願寫西方。於是遠召名公，粉於霜壁〔六三〕。援綵毫於郢匠，布丹素於花間〔六四〕。毫光舒五色之暉，寶地列七行之樹。層層聳閣，丹檻拂於花間；霞端岌岌〔六五〕，金樓危梁架於雲際。化生池内，紅蓮生九品之花；黄金殿前，天樂奏五音之曲。花幢聳踊，寶網玲瓏。天人遊三道之街，化佛啓鳳凰之閣。香風動處，花落金園；寶樹摇時，聲流雅韻。池中白鶴，弄蕊花間；簷際頻伽，吟經葉裏。韶玉簫管，如聞龍鳳之音；琴瑟鼓吹，似奏雲和之曲。百億攢於月面，萬衆捧於星宫。花間聞説法之聲，風動聽梵音之響。見説蓮花之國，親逢清淨之宫，金（今）移極樂之都〔六六〕，却到中華之境。瞻禮者罪随拜滅，讚歎者福從念生。暫覩彌陀之容，總到九花之城。丹臒已畢，朱素告終，仰之覩之，乃爲詞曰：

蕩蕩西方，轟轟極樂。風神嚴地，自然廣博。

天仙製（掣）曳〔六七〕，毫光欻霍。九華燦爛，五雲錯落。

百億花幢，千重金閣。梵刹崢嶸，池蓮灼爍。

美矣淨都，群生有託。虔心終畢，福難計度。

使君　氣含白雲，心吐明月。文善九功之美，武明七德之奇。自臨此州，風規一變。

長官　製錦臨人，宣威百里；清琴撫俗，德邁中牟。

都使　明月在心，秋霜練膽；長策冠古〔六八〕，雄光射人；志列龍泉，威靜邊境。

大使　天資沖邈〔六九〕，風骨卓然；志照孤山，身如寶鏡；彎弓月走，舞劍星流；筆陣雲飛，辭林花落。

十念文　一切恭敬，敬禮常住三寶，作如來梵，歎佛功德：

阿彌陀佛真金色，相好端嚴無等倫。

白毫宛轉五須彌，紺目沉（澄）青（清）四大海〔七〇〕。
光中化佛無量億，菩薩化衆亦無邊。
四十八願度衆生，九品咸令登彼岸。
我今稱讚佛功德，迴滋法界諸有情。
臨終並願往西方，其覩彌陀大悲主〔七一〕。
歎壙　是以受形三界，若電影之難留；人之百齡，似隙光而非久〔七二〕。是知生死之道，孰能免之〔七三〕？縱使紅顔千載，終歸上之塵〔七四〕；財積丘山，會化黄泉之土。是日輀車颮颮，送玉質於荒郊；素蓋翩翩，餞凶儀而亙道。至孝等對孤墳而躃踊，淚下數行；扣棺槨以號咷，心摧一寸〔七五〕。泉門永閉，再覩無期；地户長關，更開何日？無以奉酬罔極，仗諸佛之威光，孝等止哀停悲，大衆爲稱十念：
南無大慈大悲西方極樂世界阿彌陀佛。三遍。
南無大慈大悲西方極樂世界觀世音菩薩。三遍。
南無大慈大悲西方極樂世界大勢至菩薩。三遍。
南無大慈大悲地藏菩薩。一遍。
向來稱揚十念功德，滋益亡靈，神生淨土。惟願花臺花蓋，空裏來迎；寶座金牀，承空接引。摩尼殿上，聽説苦空；八解池中〔七六〕，蕩除無明之垢。觀音勢至，引到西方；彌勒尊前，分明聽説。現存眦眷屬〔七七〕，福樂百年；過往亡靈，神生淨土。孝子等再拜奉辭，和南聖衆。

説明

此件首缺尾全，起『近覩花幢千種』，訖『和南聖衆』，文中有賀雨、律、禪、尼、慶蘭若、藏鈎、採油、西方讚文、十念文、歎壙文等子目，有的部分省略或漏抄了子目，從筆跡看爲一人所抄。《敦煌遺書總目索引》擬名爲《釋門雜文》，《敦煌寶藏》《敦煌遺書總目索引新編》從之。《英藏敦煌文獻》擬名爲『文様』（賀雨、律、禪、尼、慶蘭若、藏鈎、採油、還春、西方讚文、十念文、歎壙文）。從其内容看係供僧人起草齋文參考的《齋儀》（有關情況請參看郝春文《關於敦煌寫本齋文的幾箇問題》，《首都師範大學學報》一九九六年二期，六四至七七頁）。

此卷背抄有『押座文』『功德記』和齋文。

校記

〔一〕『地』，《敦煌願文集》未能釋讀。

〔二〕『賀』，《敦煌願文集》未能釋讀；《敦煌願文集》在『賀』後校補『扇』字。

〔三〕『漁』，當作『魚』，《敦煌願文集》據文義校改，『漁』爲『魚』之借字。

〔四〕『千』，《敦煌願文集》據文義校補。

〔五〕『赫』，《敦煌願文集》釋作『趁』，誤；『弈』，當作『奕』，據文義改，『弈』爲『奕』之借字。

〔六〕『將』，《敦煌願文集》釋作『時』，誤。

〔七〕『凝』，《敦煌願文集》據文義校補。

〔八〕『競』，《敦煌願文集》釋作『竟』，校改作『競』。

〔九〕《敦煌願文集》認爲『皋』字殘缺，校補作『皋』，按IDP圖版『皋』字清晰，可逕釋。

〔一〇〕『碧』，《敦煌願文集》未能釋讀。

〔一一〕『娥』，當作『鵝』，據文義改，『娥』爲『鵝』之借字；『珠』，《敦煌願文集》釋作『殊』，誤。

〔一二〕『節』，《敦煌願文集》釋作『品』，誤；『踰崇』，《敦煌願文集》未能釋讀。

〔一三〕『爲』，當作『唯』，《敦煌願文集》據文義校改，『爲』爲『唯』之借字；『顔』，當作『願』，《敦煌願文集》據文義校改。

〔一四〕『迦』，《敦煌願文集》釋作『伽』，雖義可通而字誤。

〔一五〕『敝』，當作『敞』，據文義改，《敦煌願文集》逕釋作『敞』。

〔一六〕《敦煌願文集》疑『花』後脱一字。

〔一七〕『烈』，通『列』，《敦煌願文集》校改作『列』，不必。

〔一八〕『月』，當作『目』，《敦煌願文集》據文義校改。

〔一九〕『澟澟』，《敦煌願文集》釋作『稟稟』，校改作『澟澟』，按底本原作『澟澟』。

〔二〇〕『子』，《敦煌願文集》釋作『乃』，誤。

〔二一〕『光』，《敦煌願文集》釋作『先』，誤。

〔二二〕『蘭』，當作『襴』，《敦煌願文集》據文義校改，『蘭』爲『襴』之借字。

〔二三〕「無異」，《敦煌願文集》據文義校補。
〔二四〕前三箇缺字，《敦煌願文集》校補作「立左而」。
〔二五〕「首」，《敦煌願文集》釋作「前」，誤。
〔二六〕「闔」，據殘筆劃及文義補，《敦煌願文集》未能釋讀；「闍」，《敦煌願文集》未能釋讀。
〔二七〕「親」，當作「覩」，《敦煌願文集》據文義校改。
〔二八〕「訇」，底本原作「碙」，係涉上文「砰」而成之類化俗字；「振」，《敦煌願文集》校改作「震」，按「振」通「震」，不煩校改，以下同，不另出校。
〔二九〕「也」，《敦煌願文集》據文義校補。
〔三〇〕「堈」，當作「崗」，《敦煌願文集》據文義校改，「堈」爲「崗」之借字。
〔三一〕「加」，《敦煌願文集》校改作「架」，按「加」通「架」，不煩校改。
〔三二〕《敦煌願文集》疑「栱」後脱一字。
〔三三〕「垂」，《敦煌願文集》釋作「喜」，誤。
〔三四〕「疑」，據殘筆劃及文義補，《敦煌願文集》逕釋作「疑」；「飛」，據殘筆劃及文義補，《敦煌願文集》逕釋作「飛」。
〔三五〕「背」，《敦煌願文集》釋作「皆」，誤。
〔三六〕「錦其像」，《敦煌願文集》校改作「其錦像也」，不必。
〔三七〕「其」，《敦煌願文集》據文義校補。
〔三八〕「逐」，《敦煌願文集》釋作「遂」，校改作「逐」，按底本原作「逐」；「峰」，當作「鋒」，《敦煌願文集》據文義校改，「峰」爲「鋒」之借字。

〔三九〕「削」，《敦煌願文集》釋作「肖」，誤。

〔四〇〕「而」，《敦煌願文集》據文義校補；「雲」，據殘筆劃及文義補，《敦煌願文集》逕釋作「雲」。

〔四一〕「勞」，當作「牢」，據文義改，「勞」爲「牢」之借字。

〔四二〕「惻」，當作「測」，《敦煌學大辭典》據文義校改，「惻」爲「測」之借字，《絲綢之路體育文化論集》逕釋作「測」。

〔四三〕「者」，據文義補。

〔四四〕「困」，當作「因」，據文義改，《敦煌學大辭典》《絲綢之路體育文化論集》逕釋作「因」，以下同，不另出校；「失」，《敦煌學大辭典》據殘筆劃及文義校補。

〔四五〕「緬」，當作「腼」，《敦煌學大辭典》據文義校改，「緬」爲「腼」之借字；「鮮」，當作「腆」，《敦煌學大辭典》據文義校改。

〔四六〕「遥」，通「摇」。

〔四七〕「帛」，《敦煌願文集》校改作「白」，按「帛」通「白」，不煩校改。

〔四八〕《敦煌願文集》認爲「試」字殘缺，校補作「油」，按底本「試」字清晰可辨。

〔四九〕「齊」，同「齋」，《敦煌願文集》校改作「齋」。

〔五〇〕「上」，通「尚」；「被」，《敦煌願文集》釋作「披」，誤。

〔五一〕「黜」，當作「點」，據文義改，《敦煌願文集》逕釋作「點」。

〔五二〕「人」，《敦煌願文集》校改作「仁」，按「人」通「仁」，不煩校改。

〔五三〕「不」後疑脱「圖」或「料」。

〔五四〕「謗」，底本作「滂」，係涉上文「流」而成之類化俗字，《敦煌願文集》釋作「滂」，校改作「謗」。

〔五五〕『秦』，《敦煌願文集》釋作『素』，誤。
〔五六〕『水』，當作『冰』，《敦煌願文集》據文義校改。
〔五七〕『而』，《敦煌願文集》認爲殘缺，按底本此字清晰可辨。
〔五八〕『鎮』，當作『鎮』，《敦煌願文集》據文義校改；『而』，《敦煌願文集》據文義校補；『廊』，當作『廓』，《敦煌願文集》據文義校改。
〔五九〕『鳳』，當作『風』，《敦煌願文集》據文義校改。
〔六〇〕『政』，通『正』，《敦煌佛學·佛事篇》《全敦煌詩》均釋作『正』，雖義可通而字誤。
〔六一〕『並』，《全敦煌詩》未能釋讀。
〔六二〕『上』，《敦煌佛學·佛事篇》《全敦煌詩》均釋作『五』。
〔六三〕『於』，《全敦煌詩》釋作『干』，誤。
〔六四〕『素』，《全敦煌詩》釋作『青』，誤。
〔六五〕『霞端』，《全敦煌詩》釋作『靈瑞』，誤。
〔六六〕『金』，當作『今』，據文義改，《全敦煌詩》釋作『僉』，誤；『移』，《全敦煌詩》釋作『稱』，誤。
〔六七〕『製』，當作『掣』，據文義改。
〔六八〕『策』，《敦煌願文集》釋作『榮』。
〔六九〕『資』，《敦煌願文集》校改作『姿』，按『資』可通，不煩校改。
〔七〇〕『沉』，當作『澄』，據文義改，『沉』爲『澄』之借字；『青』，當作『清』，據文義改，『青』爲『清』之借字。
〔七一〕『其』，《全敦煌詩》釋作『共』，誤。
〔七二〕『似』，據殘筆劃及文義補，《敦煌願文集》釋作『以』，校改作『似』。

〔七三〕『熟』，《敦煌願文集》校改作『孰』，按『熟』同『孰』，不煩校改。
〔七四〕《敦煌願文集》疑『歸』後脱一字。
〔七五〕『摧』，《敦煌願文集》釋作『推』，校改作『摧』，按底本實是『摧』字。
〔七六〕『池』，《敦煌願文集》釋作『泥』，校改作『池』，按底本實是『池』字。
〔七七〕『睠』，據文義係衍文，當删。

參考文獻

《敦煌韻文集》，高雄：佛教文化服務處，一九六五年，九五至九六頁（録）；《敦煌寶藏》三六册，臺北：新文豐出版公司，一九八二年，二七四至二七七頁（圖）；《敦煌遺書總目索引》，北京：中華書局，一九八三年，二〇二頁；《敦煌研究》一九九一年三期，七七頁；《英藏敦煌文獻》六卷，成都：四川人民出版社，一九九二年，一〇〇至一〇二頁（圖）；《敦煌佛學·佛事篇》，蘭州：甘肅民族出版社，一九九五年，七、八四、二二六頁（録）；《敦煌願文集》，長沙：岳麓書社，一九九五年，一七九至一八三頁（録）；《關於敦煌寫本齋文的幾箇問題》，《首都師範大學學報》一九九六年二期，六四至七七頁；《敦煌學大辭典》，上海辭書出版社，一九九八年，五九九頁（録）；《敦煌遺書總目索引新編》，北京：中華書局，二〇〇〇年，一三九頁；《絲綢之路體育文化論集》，北京：中華書局，二〇〇五年，二一三至二一四頁（録）；《全敦煌詩》一五册，北京：作家出版社，二〇〇六年，六七五一至六七五四頁（録）。

斯四四七四背　一　押座文抄

釋文

佛世難遇，似憂（優）曇鉢花〔一〕；我輩得逢，似盲龜值木。生死海中千萬劫，轉換從來多少身。億億萬劫數雖多，既（幾）度得逢佛出世〔二〕？必若當初逢著佛，爭肯將身向者裹來？縱緣心願見慈尊〔三〕，即漸擬求親近去。動説無邊無量劫，日月時長大矖難。見佛不是暫時間，百千萬劫長時見。欲得來生者箇〔事〕〔四〕，數聽〔經〕文能不能〔五〕？能者須生渴仰心，似見世尊須一種。樂者虔恭合掌〔著〕〔六〕，經題名字唱將來。

説明

此卷背抄有『押座文』『天復八年（公元九〇八年）十月敦煌鄉張安三父子敬造佛堂功德記稿』『慶陽文』和吐蕃文數行。各件並非連續抄寫，前後及中間均有空白，筆跡亦不同，非一人一時所書。『天復八年（公元九〇八年）十月敦煌鄉張安三父子敬造佛堂功德記』末有題記『維大唐天復八年十月』，則此件和正面之『齋儀』均當抄於公元九〇八年前。而題記後之『慶陽文』和吐蕃文當抄於公元九〇八年後。

此件首尾完整，前後均留有多行空白，起『佛世難遇』，訖『經題名字唱將來』，無題。據與其内容相同的斯二四四〇背，知其應爲『押座文』。本書第十二卷在釋録斯二四四〇背『押座文』時，曾以此件參校，兩件之異同均可見於該件之校記，故此件僅用斯二四四〇背爲校本（稱其爲甲本）校補脱文、校改錯誤，異文不再一一出校。

校記

〔一〕『憂』，當作『優』，據甲本改，『憂』爲『優』之借字。
〔二〕『既』，當作『幾』，據甲本改，『既』爲『幾』之借字。
〔三〕底本原有兩箇『見』字，一在行末，一在次行行首。這是當時的一種抄寫慣例，可稱爲『提行添字例』，第二箇『見』應不讀，故未録。
〔四〕『事』，據甲本補。
〔五〕『經』，據甲本補。
〔六〕『著』，據甲本補。

參考文獻

《敦煌寶藏》三六册，臺北：新文豐出版公司，一九八二年，二七七頁（圖）；《英藏敦煌文獻》六卷，成都：四川人民出版社，一九九二年，一〇三頁（圖）；《英藏敦煌社會歷史文獻釋録》一二卷，北京：社會科學文獻出版社，二〇一五年，一一一至一一三頁（録）。

斯四四七四背　二　天復八年（公元九〇八年）十月敦煌鄉張安三父子敬造佛堂功德記稿

釋文

敦煌鄉信士賢者張安三父子敬造佛堂功德記

河西管内都僧録京城内外臨壇供奉大德闡揚三教大法師賜紫沙門　述

竊聞刹號莊嚴，彫七珍而成梵宇；方稱極樂，敷百寶之仙宫。八定高樓，映珠臺而煜綵〔一〕；三空妙閣，凌寶殿以通暉〔二〕。曳珠網於禪林〔三〕，解金繩於福地〔四〕。佛法大海，信心能入；功德寶山，信手能取。是知趣求大果者〔五〕，非信無以簉功德。厥有信士張安三父子，傾心真境，志慕善因。思福潤之良田，求當來之勝果。悟四大非堅，體無上乘可託〔六〕，遂割捨資財，謹依燉煌里自莊西北隅陰施主〔七〕、僧慈惠、龍應應地角，敬造佛堂兩層壹所〔八〕。下層功雖未就〔九〕，上層内□□塑釋迦牟尼并侍從阿難、迦葉二菩薩及二天王等各一軀，並塑繪功畢。東西二壁畫文殊、普賢并侍從，兼畫天龍八部并侍從。北壁畫大聲聞聖衆〔一〇〕。屋頂四隅各畫四大天王〔一一〕。四面各畫阿彌陀、如來、觀音、勢至，頂傘徘徊，如帝釋獻其寶蓋〔一二〕；佛神通力〔一三〕，遍三界而普覆。而（如）上功德〔一四〕，並已功畢，所生福分〔一五〕，先用資益過往亡靈，神生淨土，見佛聞法，永離三途八難，超昇涅槃彼岸〔一六〕。見存居眷，九横不侵〔一七〕，宅富人興〔一八〕，世榮不絶。法界衆生，俱霑福分。諸佛堂兩道側及佛堂門〔一九〕，開荌（荒）地兩畦〔二〇〕，共二畝。西至王曹三〔二一〕，東至井，南至陰進進，北至陰悉歾薩〔二二〕。又於北澤南坎麻潰壹所〔二三〕。已上居業〔二四〕，並是安三勞力開荌（荒），永充供養。亦非他人地分，若有侵掠人居〔二五〕，願生生世世〔二六〕，三途受報。

維大唐天復八年十月〔二七〕

説明

此件首尾完整，有首題。文中有多處墨筆塗改添加的文字，似爲草稿。尾題『維大唐天復八年十月』，唐無天復八年，天復八年即後梁開平二年（公元九〇八年）。

鄭炳林認爲此篇之作者是時任都僧録的陳法嚴（參看《敦煌碑銘讚輯釋》，三一八頁）。

校記

〔一〕『臺』，《敦煌碑銘讚輯釋》《敦煌碑銘讚輯釋（增訂本）》《敦煌寫本功德記輯釋》均釋作『瑩』，誤。

〔二〕『凌』，《敦煌寫本功德記輯釋》釋作『綾』，誤。
〔三〕《敦煌寫本功德記輯釋》將此句校置於『映珠瑩而煜綵』後。
〔四〕《敦煌寫本功德記輯釋》將此句校置於『凌寶殿以通暉』後。
〔五〕『趣』，《敦煌寫本功德記輯釋》釋作『取』，誤。
〔六〕『乘』，《敦煌碑銘讚輯釋》《敦煌碑銘讚輯釋（增訂本）》《敦煌寫本功德記輯釋》均釋作『乘之』，按底本『之』字已删掉。
〔七〕『莊』，據殘筆劃及文義補，《敦煌碑銘讚輯釋》《敦煌碑銘讚輯釋（增訂本）》《敦煌寫本功德記輯釋》均逕釋作『莊』。
〔八〕『壹』，《敦煌寫本功德記輯釋》釋作『一』，雖義可通而字誤。
〔九〕『雖』，《敦煌碑銘讚輯釋》《敦煌碑銘讚輯釋（增訂本）》《敦煌寫本功德記輯釋》均釋作『德』，誤。
〔一〇〕『北』，據殘筆劃及文義補，《敦煌碑銘讚輯釋》《敦煌碑銘讚輯釋（增訂本）》《敦煌寫本功德記輯釋》均逕釋作『北』。
〔一一〕『四大天』，《敦煌碑銘讚輯釋》據文義校補。
〔一二〕『蓋』，《敦煌寫本功德記輯釋》釋作『盡』，誤。
〔一三〕『力』，《敦煌寫本功德記輯釋》漏録。
〔一四〕『而』，當作『如』，據文義改，『而』爲『如』之借字。
〔一五〕《敦煌碑銘讚輯釋》《敦煌碑銘讚輯釋（增訂本）》將『所生』校置於『佛聞法』前，《敦煌寫本功德記輯釋》漏録；『福』，《敦煌寫本功德記輯釋》漏録；《敦煌碑銘讚輯釋》《敦煌碑銘讚輯釋（增訂本）》將『福分』校置於『而上功德』後。

〔一六〕「涅槃」，《敦煌碑銘讚輯釋》《敦煌碑銘讚輯釋（增訂本）》《敦煌寫本功德記輯釋》均釋作「菩薩」，誤。

〔一七〕「侵」，《敦煌碑銘讚輯釋》據文義校補。

〔一八〕「宅」，據斯二七一七補，《敦煌碑銘讚輯釋》《敦煌碑銘讚輯釋（增訂本）》《敦煌寫本功德記輯釋》均校補作「災」；「富」，據殘筆劃及斯二七一七補，《敦煌碑銘讚輯釋》《敦煌碑銘讚輯釋（增訂本）》《敦煌寫本功德記輯釋》均校補作「害」；「人」，《敦煌碑銘讚輯釋》《敦煌碑銘讚輯釋（增訂本）》《敦煌寫本功德記輯釋》均釋作「不」。

〔一九〕「諸」，《敦煌寫本功德記輯釋》未能釋讀；「側」，《敦煌碑銘讚輯釋》《敦煌碑銘讚輯釋（增訂本）》《敦煌寫本功德記輯釋》均釋作「則」，誤。

〔二〇〕「開」，《敦煌寫本功德記輯釋》釋作「用」，誤；「萎」，當作「荒」，據文義改，《敦煌碑銘讚輯釋（增訂本）》釋作「萋」，《敦煌寫本功德記輯釋》釋作「茺」，以下同，不另出校。

〔二一〕「王」，《敦煌寫本功德記輯釋》漏録。

〔二二〕「歹」，《敦煌碑銘讚輯釋（增訂本）》《敦煌寫本功德記輯釋》均未能釋讀；「薩」，《敦煌碑銘讚輯釋》《敦煌寫本功德記輯釋》均釋作「思」，誤，《敦煌碑銘讚輯釋（增訂本）》未能釋讀。

〔二三〕「北」，《敦煌碑銘讚輯釋》《敦煌碑銘讚輯釋（增訂本）》《敦煌寫本功德記輯釋》均釋作「地」。

〔二四〕「已」，《敦煌寫本功德記輯釋》釋作「且」，誤。

〔二五〕「掠」，《敦煌碑銘讚輯釋》《敦煌碑銘讚輯釋（增訂本）》《敦煌寫本功德記輯釋》均釋作「摽」，誤；「居」，《敦煌寫本功德記輯釋》未能釋讀，《敦煌碑銘讚輯釋（增訂本）》釋作「口」，誤。

〔二六〕「生世」，《敦煌寫本功德記輯釋》釋作「三」，誤。

〔二七〕「年」，《敦煌寫本功德記輯釋》釋作「月」，誤；「月」字後《敦煌碑銘讚輯釋》《敦煌碑銘讚輯釋（增訂本）》

《敦煌寫本功德記輯釋》認爲仍有文字，按底本實爲背面墨點滲透，並無文字。

參考文獻

《敦煌寶藏》三六册，臺北：新文豐出版公司，一九八二年，二七八頁（圖）；《敦煌研究》一九八九年四期，七三頁；《英藏敦煌文獻》六卷，成都：四川人民出版社，一九九二年，一〇三至一〇四頁（圖）；《敦煌碑銘讚輯釋》，蘭州：甘肅教育出版社，一九九二年，三一七至三一八頁（録）；《敦煌碑銘讚輯釋（增訂本）》，上海古籍出版社，二〇一九年，七八七至七九二頁（録）；《敦煌寫本功德記輯釋》，成都：西南交通大學出版社，二〇二一年，四六至四七頁（録）。

斯四四七四背　三　慶陽文稿

釋文

先啓 某 甲等稽首和南〔一〕。

次懺悔業障〔二〕。

次迴向發願。仰啓蓮花藏界，清淨法身，百憶（億）如來〔三〕，恆沙化佛。清涼山頂，大聖文殊；鷄足巖中，得道羅漢。龍宫秘典，鷲嶺微言；道眼他心〔四〕，一切聖賢〔五〕。並願空飛雨驟，電擊雷奔〔六〕，來降道場〔七〕，證明功德。然今就此壙塋廟堂之内〔八〕，創篭彩繪〔九〕，一佛二菩薩三軀，功畢今晨，慶陽功德者〔一〇〕，有誰施之？時則節度隨軍押牙，慮恐火風不適，地水乖違，九横交馳，十纏侵逼，三途流浪，六道輪迴。希憑解脱之津，用建功德之會。是以知身虚假，體命非堅；好樂福田〔一一〕，增修白法。故能抽衣食以備來世之津梁，竭盡資緣，傾心依三寶〔一二〕。其當陽佛〔一三〕，乃德相熙怡，似發蓮花之步；靈姿端妙〔一四〕，若圖滿月之容。禮之者，惑障雲消；瞻仰者，福生兜率。其二菩薩乃四弘德備〔一五〕，十地功圓〔一六〕；頓超緣〔覺〕之乘〔一七〕，次補如來〔之〕坐〔一八〕。念之者，隨心而降福〔一九〕；禮之者，應願以消殃。唯願以斯慶讚功德、迴向勝因，先用奉資梵釋四王、龍天八部，伏願威光轉盛，福力彌增，興運慈悲，救人護〔國〕〔二〇〕。又持勝福，次用莊嚴：若爲先亡父母、兄弟、妻女神生淨土之者〔二一〕，惟願化生寶殿，遊歷金臺，不歷三途，無經八難〔二二〕，捨閻浮之促壽，獲淨土之長年，棄有漏之微〔軀〕〔二三〕，證無生之樂果；若爲己躬及現存眷屬報（保）願平安之者〔二四〕，惟願龍神潛衛，釋梵冥扶，百福盈家，七珍常滿，飢餐法食，渴飲禪〔水〕〔二五〕，永離三途〔二六〕，長居淨域。然後窮無窮之世界，盡無盡至（之）蒼生〔二七〕；賴此勝因，齊成佛果。摩訶般若，利樂無邊；大衆虔誠，一切並誦〔二八〕。

說明

此件首尾完整，無題，文中有多處塗改添加的文字，似爲草稿。《敦煌遺書總目索引》擬名『迴向文』，《敦煌寶藏》《英藏敦煌文獻》《敦煌遺書總目索引新編》均從之。但此件中最能體現文本性質的齋意部分稱『功畢今晨，慶陽功德者，有誰施之』，則此件應爲造彩繪并一佛二菩薩畢工，舉行慶祝活動時使用的『慶陽文』。據斯一四四一背和伯三八一九、伯二八二五齋文集，『慶陽文』，或稱『慶揚文』，是佛教齋文的重要種類，包括『慶佛堂』『讚幡』等，據斯六〇四八，還應該包括『慶像』。此件中之『節度隨軍押牙』，鄭炳林認爲即張安三（《敦煌碑銘讚輯釋》，三一八頁）。此件後有六行吐蕃文，其後仍有空白。

校記

〔一〕『某』，據殘筆劃及文義補。

〔二〕『悔』，據殘筆劃及文義補。

〔三〕『憶』，當作『億』，據文義改，『憶』爲『億』之借字，《敦煌願文集》逕釋作『億』；『如來』，據殘筆劃及伯二〇五八背《燃燈文》補，《敦煌願文集》逕釋作『如來』。

〔四〕『眼他心』，據殘筆劃及伯二〇五八背『燃燈文』補。

〔五〕『一切聖賢』，據伯二〇五八背『燃燈文』補。

〔六〕『奔』，據殘筆劃及斯二一四四背『結壇散食迴向發願文』補。

〔七〕『來降道場』，據殘筆劃及斯二一四四背『結壇散食迴向發願文』補。

〔八〕『廟堂』，《敦煌願文集》漏録，《敦煌碑銘讚輯釋》《敦煌碑銘讚輯釋（增訂本）》釋作『之廟堂』，誤；『内』，《敦煌願文集》未能釋讀，《敦煌碑銘讚輯釋》《敦煌碑銘讚輯釋（增訂本）》漏録。

〔九〕『簉』，《敦煌願文集》校改作『造』，《敦煌碑銘讚輯釋》《敦煌碑銘讚輯釋（增訂本）》逕釋作『造』，按『簉』可通。

〔一〇〕『陽』，《敦煌碑銘讚輯釋》《敦煌願文集》《敦煌碑銘讚輯釋（增訂本）》均釋作『揚』，按『陽』通『揚』。

〔一一〕『樂』，《敦煌願文集》釋作『乘』，誤。

〔一二〕『依』，《敦煌願文集》校改作『於』，按『依』可通，不煩校改。

〔一三〕『當』，《敦煌願文集》未能釋讀。

〔一四〕『靈』，《敦煌願文集》釋作『惠』，誤。

〔一五〕『二』，《敦煌願文集》漏録；『備』，《敦煌願文集》釋作『被』，校改作『備』，按底本原寫作『被』，校改作『備』。

〔一六〕『圓』，《敦煌願文集》釋作『充』，誤。

〔一七〕『緣』，《敦煌願文集》未能釋讀；『覺』，據文義補；『乘』，《敦煌願文集》未能釋讀。

〔一八〕『之』，《敦煌願文集》據文義校補。

〔一九〕『福』，《敦煌願文集》釋作『物』，誤。

〔二〇〕『國』，《敦煌願文集》據文義校補。

〔二一〕『生淨』，《敦煌願文集》據文義校補。

〔二二〕『經』，《敦煌願文集》釋作『住』，誤。

〔二三〕『軀』，《敦煌願文集》據文義校補。

〔二四〕『報』，當作『保』，《敦煌願文集》據文義校改，『報』爲『保』之借字。

〔二五〕『水』，據文義補，《敦煌願文集》逕釋作『水』。

〔二六〕『永離三途』，《敦煌願文集》未能釋讀。

〔二七〕『至』，當作『之』，據文義改，『至』爲『之』之借字，《敦煌願文集》逕釋作『之』。

〔二八〕『並』，《敦煌願文集》釋作『普』，誤。

參考文獻

《敦煌寶藏》三六册，臺北：新文豐出版公司，一九八二年，二七八至二七九頁（圖）；《敦煌碑銘讚輯釋》，蘭州：甘肅教育出版社，一九九二年，三一八頁（録）；《英藏敦煌文獻》六卷，成都：四川人民出版社，一九九二年，一〇四頁（圖）；《法國國家圖書館藏敦煌西域文獻》三卷，上海古籍出版社，一九九四年，三六七至三六八頁（圖）；《敦煌願文集》，長沙：岳麓書社，一九九五年，一八三至一八五頁（録）；《英藏敦煌社會歷史文獻釋録》一一卷，北京：社會科學文獻出版社，二〇一四年，二一六頁（録）；《敦煌碑銘讚輯釋（增訂本）》，上海古籍出版社，二〇一九年，七九二頁（録）。

斯四四七六　佛説父母恩重經一卷題記

釋文

乾符貳年伍月日，爲亡女辛興進敬寫此經，願神生淨土，所有罪障，並皆消滅。

説明

此件題於『佛説父母恩重經一卷』尾題之後，《英藏敦煌文獻》未收，現予增收。乾符貳年即公元八七五年。

參考文獻

Descriptive Catalogue of the Chinese Manuscripts from Tunhuang in the British Museum, London: The Trustees of the British Museum, 1957, pp. 158-159（録）；《敦煌寶藏》三六册，臺北：新文豐出版公司，一九八二年，二八三頁（圖）；《敦煌遺書總目索引》，北京：中華書局，一九八三年，二〇二頁（録）；《中國古代寫本識語集録》，東京大學東洋文化研究所，一九九〇年，四三〇頁（録）；《敦煌遺書總目索引新編》，北京：中華書局，二〇〇〇年，一三九頁（録）；《新

世紀敦煌學論集》，成都：巴蜀書社，二〇〇三年，四五頁（録）；《敦煌歸義軍史專題研究三編》，蘭州：甘肅文化出版社，二〇〇五年，三四至三五頁（録）；《張涌泉敦煌文獻論叢》，上海古籍出版社，二〇一一年，二六九頁（録）。

斯四四七八　聖冑集略抄

釋文

（前缺）

陛下所夢，必是其兆。帝大悦，即遣羽林郎秦景、博士王遵、太史令蔡愔等一十四人，西迎佛教。至大月支國，果逢摩騰、竺法蘭二三藏。以白㲲畫釋迦像，貝多樹葉書《四十二章經》，馱以白馬，至於洛陽鴻臚寺安置。時永平十年也。帝日别請供養〔一〕，恭敬問訊。三藏漸爲皇帝演説佛法，陳其罪福。帝及妃主、臣佐民庶，咸生希有，敬重益深。

至永平十七年，有南岳及諸九府名山道士褚善信、費叔才等都六百九十人，皆道法精通，玄科秘密，俱至雒陽，同上表請与胡僧比試優劣。帝未全許，先問三藏：此國道士欲与三藏定其真僞〔二〕，未審師等如何祇擬〔三〕？摩騰謂帝曰：龍吟雲起，非蚯蚓之所能；虎笑（嘯）風生〔四〕，豈跛驢之所及？雷門無施布鼓，電曜豈懼螢光？敵對即施，何勞預搔而待痒。帝聞大悦，然許道士等比驗。至正月十五日，大集民庶百官，皇帝与臣佐妃后齊至洛陽門外〔五〕，立一論場〔六〕，建置三壇。安佛經像及道家經像，各置一壇；又以百家諸子、章醮科義〔七〕、玉檢、金籙、符法等，各置一壇。三藏及（乃）令道士先騁其術〔八〕，入火入水，或溺或焚，呪山呪梁，靡昇〔靡〕舉〔九〕。然告太上玄元大無始天尊：今有邪法胡人，擾亂華夏，我之大道，上德不〔德〕〔一〇〕，玄之又玄。今對衆人，定其虚實。即朝拜，扣齒局脊，持火用焚經像，悉爲灰燼，一無所遺。三藏但立空地，並無施爲，以火焚佛經像，猛焰蔽空，火滅煙消〔一一〕，經像儼若。三藏然作一十八變，演説苦空無常，坐五色祥雲，而説偈曰：

狐非師子類，燈非日月明。池無巨海浪，丘無嵩嶽榮。
法雲垂世界，善種得開萌。諦通希有法，處處悟群生。

於是黄巾月帔，耻對天顔；白鹿青牛，羞居法會。或自感而身死，或捨道而出家。魔雲卷而佛日曦暉，信心生而法門開闡。於時百官妃主，士庶女男，願出家者，三千餘人。勑置十寺，七所居僧，三處安尼。今洛陽白馬寺，第一寺也〔一二〕。自是真乘啓轍，惠舸通津，名教大備於神州，像塔廣興於鍾梵。翻傳不暇，講唱彌繁。王公躬德（聽）於法音〔一三〕，帝王親揮於神筆。運龍宫之海藏，寶帙珠奩；昌像季之法門，人間天上。何昏衢之不蒙開泰，何苦海之不遇舟航？瞽者罔識於太陽〔一四〕，復是誰之過矣！

自永平十年教至此土，至今大唐光化二年己未歲，得九百三十八年矣〔一五〕。

第二禪宗第一祖摩訶大迦葉者，摩竭陀國人也，姓婆羅門〔一六〕。流傳末代，無令斷絶，汝受吾教，聽吾偈曰：

法法本來法，無法無非法。何於一法中，有法有不法。

阿難受教，頂敬奉持，迦葉又念：昔如來功德所勳諸舍利，我當盡往禮敬〔一七〕。覆大衆而奉佛衣，慈氏授已，而説偈言：

汝度寂樂衆，常生悲敏心〔一八〕。釋尊僧伽梨，用傳於五佛。

迦葉聞偈，頂戴悲禮。彼衆悉除憍慢，咸生敬奉，悔其輕倨，而説偈言：

我等心懈怠，而不生恭敬。願師大慈造，而受瞻禮之。

説此偈已，初會九十六億人，悉獲聖果。迦葉始化火焚身，方終寂滅。王聞讚歎，轉敬二尊。自爾諸天龍神，常雨諸寶花鬘，山頂供養。自迦葉入定〔一九〕。

當周第八主孝王五年丙辰歲。洎乎大唐玄宗即位，朝請大夫尚書司門員外郎上柱國常山郡張文成，撰摩訶大迦葉尊容碑，一十五徵，玉閏金聲〔二〇〕，彩珠文石矣〔二一〕。

第二祖阿難尊者，迦毗羅人也。姓刹帝利，斛飯王子世戚，即与佛同氣連枝，出家則事師，昇堂入〔室〕〔二二〕。梵語阿難陀，此云慶喜〔二三〕，亦云歡憙〔二四〕。爲佛成道夜生，父王歡喜，故得嘉名。於多劫中而修忍辱。阿難至一竹林，聞一比丘悞念偈云：

若人生百歲，不見水潦涸。不如生一日，而得覩見之〔二五〕。

阿難聞已，嗟歎曰：世間一凡有，不解諸佛意。徒載四圍陀，不如空身睡。言已，乃語彼比丘曰：此非佛偈，汝今當聽，吾爲爾宣佛偈。云：

若人生百歲，不會諸佛機。未若生一日，而得決了之。

阿難〔二六〕，聽吾偈曰：

本來付有法，付了言無法。各各須自悟，悟了無無法。

阿難又告商那和修曰：汝善行化，繼聖傳揚。汝後有嗣者，度人籌盈石室〔二七〕。復謂末田地曰：如來記爾罽賓國中，一百二十年間有一比丘，字末田底迦〔二八〕。時當周第十主勵王十二年癸巳歲矣〔二九〕。

第三祖商那和修者，摩突羅國人也，亦云舍那婆斯也。姓毗舍離，父名林勝，母字嬌奢耶。在母胎中，六年始生〔三〇〕。問曰：汝年幾耶？毱多曰：我年十七。師曰：汝身十七耶？性十七耶？毱多曰：師頭白耶？心白耶？和修曰：我髮白，非心白耳。毱多曰：我身十七，非性十七也〔三一〕。今付汝，汝當護持，聽吾偈曰：

非法亦非心，無心亦無法。説是心法時，是法非心法。

和修曰：汝當善護念諸菩薩，善付囑諸菩薩，無令斷絶。吾自歸山，深居寂淨，汝當化道付受〔三二〕。和修聞已，爲説偈曰：

通達無彼此，至聖無長短。汝除輕慢意，疾得阿羅漢。

諸弟子等聞已，依教奉行，皆證道果。和修乃呈十八變化，三昧火用〔焚〕其身〔三三〕。所有舍利，毱多收葬，於梵迦羅山，特崇高顯。天樂名花，歲盈時降，五百弟子，各持一幡，羅列供養，人天禮敬，幽顯霑恩。當周第十主宣王二十三年乙未歲。

第四祖優婆毱多者，吒利國人也。亦云優波崛多〔三四〕，亦云鄔波毱多〔三五〕。姓首陀，父名善意。十七出家，二十證果。《佛預記》云：吾滅度後，次當第四，度人無量，號無相好佛，承商那和修〔三六〕。〔單〕賢隻聖〔三七〕，罔記其倫，夫婦俱證道果。方折一籌，籌長一尺四寸，滿一石室，室長十八肘，廣十二肘。最後有一長者，名曰香衆，來求出家。師曰：汝身出家？心出家？香衆曰：我來出家，非爲身心。師曰：不爲身心，復誰出家？答曰：夫出家者，無我我故。無我我故，即心不生滅。心不生滅，即是常道。既是常道，諸佛亦常。心無形相，其體亦然。毱多曰：汝當明悟，心自通曉。宜依佛法，紹隆三寶〔三八〕。悉得充足〔三九〕。提多迦收拾舍利，起塔供養。四衆萬靈，晨夕香唄。當周第十三主平王三十一年庚子歲矣。

第五祖提多迦者，摩揭陀國人。在舍之日，父夢金日從屋而出，放大光明，照曜天地。到一大寶山，山頂泉涌出〔四〇〕。師爲解曰：寶山者，吾身也；放大光明者，汝智惠也；日從屋出者，汝入道也；山頂泉出者，無上法也。毱多爲釋其夢，并賜其名，而度出家，兼付法藏。提多迦歡喜踊躍，而説偈言：

巍巍七寶山，常出智惠泉〔四一〕。迴爲真法味〔四二〕，能度諸有緣。

毱多聞已，亦説偈言：

我法傳於汝，當現大智惠。金日從屋出，照曜於天地。

提多迦聞師説偈，禮敬奉持，自統其徒，化遊諸國〔四三〕。

第六祖彌遮迦者，中印土人也〔四四〕。昔爲大仙，統八千衆，五天大化，四衆傾誠〔四五〕。我今付汝，汝可護持，聽吾偈言：

無心無可得，説得不名法。若了心非心，始解心心法。

師曰：吾此偈者，秘密心要，汝可諦思，勤行覺道。言已，即於座上現奮迅三昧，於虚〔四六〕（下缺）

（以下文字抄於卷背）

當周第十八主襄王十七年甲申歲。次是第二。

説明

此件首尾均缺，失題，尾部疑未抄完，卷背一行小字，似與正面有關，附録於此件。

此件之内容先述漢明帝感夢求法、佛教東傳的故事，後爲禪宗第一祖摩訶迦葉至第六祖彌遮迦的傳記，其性質爲禪宗燈史。《敦煌遺書總目索引》《敦煌寶藏》《英藏敦煌文獻》《敦煌遺書總目索引新編》等均擬名爲《付法藏因緣傳》。敦煌遺書中保存的付法藏傳文獻可分爲『付法藏因緣傳』和『付法藏因緣傳略抄』兩類（參看王書慶、楊富學《也談敦煌文獻中的〈付法藏因緣傳〉》，《敦煌學輯刊》二〇〇八年三期，九八頁）。但此件與上述兩類在内容上均差異很大，柳田聖山通過比對此件與《寶林傳》卷二配補之《聖胄集》，認爲此件是《聖胄集》的節抄本，並推測此件成書時間比《寶林傳》晚近百年（參看《柳田聖山集》第一卷《禪佛教の研究》，六三七至六五九頁）。兹暫從柳田聖山，改擬今名。

另，BD 六三二九背、伯三九一三、BD 一二三〇一、斯二三一六＋BD 二四三一、斯二一四四、BD 五二九八、BD 一五一四七、甘博一五等《金剛峻經金剛頂一切如來深妙秘密金剛界大三昧耶修行四十二種壇法經作用威儀法則大毗盧遮那佛金剛心地法門秘法戒壇法儀則》部分内容與此件重合，可相互比勘。

校記

〔一〕『日』，《禪佛教の研究》釋作『曰』。

〔二〕『僞』，《禪佛教の研究》釋作『爲』，校改作『僞』，按底本原作『僞』。

〔三〕『擬』，《禪佛教の研究》釋作『對』，誤。

〔四〕『笑』，當作『嘯』，據BD 六三二九背《金剛峻經金剛頂一切如來深妙秘密金剛界大三昧耶修行四十二種壇法經作用威儀法則大毗盧遮那佛金剛心地法門秘法戒壇法儀則》改，『笑』爲『嘯』之借字。

〔五〕『臣』，《禪佛教の研究》釋作『臣佑』，按底本『佑』旁有『卜』形删字符號，當删。

〔六〕底本原有兩箇『立』字，一在行末，一在次行行首，此爲當時的一種抄寫習慣，可以稱作『提行添字例』，第二箇『立』字應不讀。

〔七〕『義』，同『儀』。

〔八〕『及』，當作『乃』，據文義改，《禪佛教の研究》逕釋作『乃』。

〔九〕『靡』，據BD 六三二九背《金剛峻經金剛頂一切如來深妙秘密金剛界大三昧耶修行四十二種壇法經作用威儀法則大毗盧遮那佛金剛心地法門秘法戒壇法儀則》補。

〔一〇〕第二箇『德』，據文義補。

〔一一〕『消』，底本原作『焇』，係涉上文『煙』而成之類化俗字。

〔一二〕『第』，底本作『弟』，按寫本中『弟』『第』形近易混，故可據文義逕釋作『第』。以下同，不另出校。

〔一三〕『德』，當作『聽』，據文義改。

〔一四〕『太』，《禪佛教の研究》釋作『大』，誤。

〔一五〕『三』，《禪佛教の研究》釋作『八』，誤；『八』，《禪佛教の研究》漏録。

〔一六〕『婆』，《禪佛教の研究》釋作『波』，誤；《禪佛教の研究》認爲『門』後有脱文。

〔一七〕《禪佛教の研究》認爲『敬』後有脱文。

〔一八〕『敏』，可用同『憫』。

〔一九〕《禪佛教の研究》疑『定』後有脱文。

〔二〇〕『閏』，通『潤』。

〔二一〕『石』，《禪佛教の研究》釋作『名』。

〔二二〕『室』，據《寶林傳》補。

〔二三〕『憙』，《禪佛教の研究》漏録。

〔二四〕『憙』，《禪佛教の研究》漏録。

〔二五〕『覩』，《禪佛教の研究》釋作『觀』，誤。

〔二六〕《禪佛教の研究》疑『阿難』前後有脱文。

〔二七〕『度』，《禪佛教の研究》釋作『慶』，校改作『度』。

〔二八〕《禪佛教の研究》認爲「迦」後有脱文。
〔二九〕「時」，《禪佛教の研究》漏録；「第」，底本作「弟」，按寫本中「弟」「第」形近易混，故可據文義逕釋作「第」。
〔三〇〕《禪佛教の研究》認爲「生」後有脱文。
〔三一〕《禪佛教の研究》認爲「也」後有脱文。
〔三二〕《禪佛教の研究》認爲「受」後有脱文。
〔三三〕「焚」，據《寶林傳》補，《禪佛教の研究》逕釋作「焚」。
〔三四〕「崛」，《禪佛教の研究》釋作「掘」，誤。
〔三五〕「鄒」，《禪佛教の研究》釋作「耳」，誤。
〔三六〕《禪佛教の研究》認爲「修」後有脱文。
〔三七〕「單」，據《寶林傳》補。
〔三八〕《禪佛教の研究》認爲「寶」後有脱文。
〔三九〕此句後疑有脱文。
〔四〇〕「出」，《禪佛教の研究》漏録。
〔四一〕「常」，《禪佛教の研究》釋作「當」，誤。
〔四二〕「爲」，《禪佛教の研究》釋作「味」，誤。
〔四三〕《禪佛教の研究》認爲「國」後有脱文。
〔四四〕「土」，《禪佛教の研究》釋作「度」，誤。
〔四五〕《禪佛教の研究》認爲「誠」後有脱文。

〔四六〕《禪佛教の研究》認爲『虚』後有脱文。

參考文獻

《講座敦煌・八・敦煌仏典と禪》，東京：大東出版社，一九八〇年，一一〇、二八九頁；《敦煌寶藏》三六册，臺北：新文豐出版公司，一九八二年，二八五至二八九頁（圖）；《敦煌禪宗文獻の研究》，東京：大東出版社，一九八三年，一二四、二八二、五八四頁；《敦煌遺書總目索引》，北京：中華書局，一九八三年，二〇二頁；《講座敦煌・五・敦煌漢文文獻》，東京：大東出版社，一九九二年，五九頁；《英藏敦煌文獻》六卷，成都：四川人民出版社，一九九二年，一〇五至一一〇頁（圖）；《中華大藏經》（漢文部分）七三册，北京：中華書局，一九九四年，六一〇至六一六頁；《禪佛教の研究》，京都：法藏館，一九九九年，六三七至六五九頁（録）；《敦煌遺書總目索引新編》，北京：中華書局，二〇〇〇年，一三九頁；《文史》五二輯，一二二頁；《國家圖書館藏敦煌遺書》八四册，北京圖書館出版社，二〇〇八年，二九六至二九九頁（圖）；《敦煌學輯刊》二〇〇八年三期，九八頁。

斯四四七九　一　救諸衆生一切苦難經一卷題記

釋文

謹請四方比（毗）沙門天王護我居宅〔一〕。請（清）信佛弟子劉英全一心供養〔二〕。

説明

以上題記書於『救諸衆生一切苦難經一卷』尾題之後，《英藏敦煌文獻》未收，現予增收。

校記

〔一〕『比』，當作『毗』，據文義改，『比』爲『毗』之借字。

〔二〕『請』，當作『清』，*Descriptive Catalogue of the Chinese Manuscripts from Tunhuang in the British Museum* 據文義校改，『請』爲『清』之借字；『弟』，底本作『第』，按寫本中『弟』『第』形近易混，故可據文義逕釋作『弟』。

參考文獻

Descriptive Catalogue of the Chinese Manuscripts from Tunhuang in the British Museum, London: The Trustees of the British Museum,

1957, p. 156（録）；《敦煌寶藏》三六册，臺北：新文豐出版公司，一九八二年，二八九頁（圖）；《中國古代寫本識語集録》，東京大學東洋文化研究所，一九九〇年，四三二頁（録）。

斯四四七九　二　新菩薩經并題記

釋文

新菩薩經一卷

〔勑〕賈耽〔一〕，頒下諸州，衆生每日念阿彌陀佛一千口，斷惡行善。今年大熟，無人收刈。有數種病死：第一虎（虐）病死〔二〕，第二天行病死，第三卒死，第四腫病死，第五産生〔病〕死〔三〕，第六患腹〔病〕死〔四〕，第七血癰（痢）病死〔五〕，第八風黄病死，第九水裹（溺）死〔六〕，第十患眼〔病〕死〔七〕。〔今〕勸諸衆生〔八〕，寫一本，免一身；寫兩本，免一門；寫三本，免一村。若不寫者，滅門。滅門上謗（牓）之〔九〕，得過此難。倡（但）看七八月三家使一牛〔一〇〕，五男同一婦，僧尼巡門，勸寫此經。其經西㖨（涼）州正月二日盛（城）中〔一一〕，時雪（雷）鳴雨聲〔一二〕，有一石下，大如斗等，石逐（遂）兩片〔一三〕，即見此經，報諸衆生，今載饒患。

新菩薩經一卷

乾符六年己亥五月庚寅廿日〔己〕酉寫記〔一四〕。

説明

此件首尾完整，有原題和尾題，並附有題記，乾符六年，即公元八七九年。因其内容是以預言災害將至的形式，勸世俗百姓抄寫此經弭災，故收入本書。敦煌文獻中保存的《新菩薩經》抄本甚多，有百件左右，可分爲甲、乙、丙三類，此件屬於丙類，其内容與《勸善經》相近（參看圓空《〈新菩薩經〉〈勸善經〉〈救諸衆生苦難經〉校録及其流傳背景之探討》，《敦煌研究》一九九二年一期，五一至六二頁）。

以上釋文以斯四四七九爲底本，因相關各寫本之異同已見於斯九一二『勸善經一卷』校記，故此件僅用本書第七卷所收斯一五九二爲校本（稱其爲甲本）校補脱文、校改錯誤，如甲本亦有脱、誤，則據其他相關文本補、改，各本異文不再一一出校。

校記

〔一〕『勑』，據斯三七九〇補。
〔二〕『虎』，當作『虐』，據甲本改。
〔三〕『病』，據甲本補。
〔四〕『病』，據甲本補。
〔五〕『癧』，當作『痢』，據甲本改。
〔六〕『裹』，當作『溺』，據甲本改。

〔七〕『病』，據斯三七九〇補。

〔八〕『今』，據斯三七九〇補。

〔九〕『滅』，據文義係衍文，當刪；『謗』，當作『膀』，據斯三四一七改，『謗』爲『膀』之借字。

〔一〇〕『倡』，當作『但』，據甲本改。

〔一一〕『經』，據文義係衍文，當刪；『晾』，當作『涼』，據甲本改；『盛』，當作『城』，據甲本改，『盛』爲『城』之借字。

〔一二〕『雪』，當作『雷』，據甲本改。

〔一三〕『逐』，當作『遂』，據甲本改。

〔一四〕『己』，據文義補。

參考文獻

《敦煌寶藏》二二冊，臺北：新文豐出版公司，一九八一年，七二頁（圖）；《敦煌寶藏》三六冊，臺北：新文豐出版公司，一九八二年，二八九至二九〇頁（圖）；《敦煌研究》一九九二年一期，五一至六二頁；《英藏敦煌社會歷史文獻釋録》四卷，北京：社會科學文獻出版社，二〇〇六年，三八一至三九〇頁；《英藏敦煌社會歷史文獻釋録》七卷，北京：社會科學文獻出版社，二〇一〇年，三〇一至三〇四頁；《英藏敦煌社會歷史文獻釋録》一七卷，北京：社會科學文獻出版社，二〇二一年，一七二至一七四頁。

斯四四八〇　天王文

釋文

夫欲歸依三寶，祈賽四王者，若不一心虔恭〔一〕，□曷表虔誠〔二〕，各各敬心，依口宣請〔三〕。敬禮十方三世一切諸佛〔四〕，敬禮十二部尊經甚深〔法〕藏〔五〕，敬禮諸大菩薩摩訶薩衆〔六〕，敬禮聲聞緣覺一切賢聖〔七〕。如過去諸佛，所有行願，我某甲等，於此修行。如過去諸佛，諸大菩薩，所有懺悔，不敢覆藏，乃至十惡五逆，微細等諸煩惱，亦皆懺悔。如過去諸佛，出興於世，轉法輪時。龍天八部，護世四王，來詣佛前，受佛付囑，發大誓願：我等諸王，於三寶間，常生守護，護正法心。若有牙（邪）魔〔八〕，及諸惡鬼，於三寶所，起興害心，我等諸王，以誓願力，不令侵擾。若有他方惡賤（賊）〔九〕，來於此界，依三寶所，及諸有情，起興害心，我等諸王，速來擁護，令諸災怪，殿（殄）滅無餘〔一〇〕。又於國境，有佛塔廟，及佛教法，一切人民，能信受者，我等龍神，盡其威力，常興護念，令法不滅，魔不得便，信敬諸徒，獲大安樂。謹案法王，一代時教，現有如是，殊勝利益。大宋聖主，及我大王，城煌（隍）官吏等〔一一〕，興廣大願，造立形像，建飾伽藍，誦持經法，乃至供養三寶，於四天下，下至一花，上至百味，如斯衆善，伏請天神地界，轉益威光，羅刹夜叉，咸生善念，何（呵）護國境〔一二〕，利花（化）蒼生〔一三〕，所（使）惡賊不侵〔一四〕，善牙憎（增）集〔一五〕。大宋聖主，及我大王，壽位南岳，福極西溟，心同諸佛諸心，體同金光（剛）之體〔一六〕。公卿將相，百位諸僚，願令（靈）覺迴光〔一七〕，常垂照燭，大慈方便，永蔭法雲。榮高丘岳之尊，位鎮鹽梅之貴。道俗豐樂，遐邇大安。然後牙（邪）教牙（邪）師〔一八〕，或呪或咀（詛）〔一九〕，還自損傷，勿來侵害。我諸軍師，尤加堅猛，彼諸戰〔士〕〔二〇〕，潛懼疆場，所（使）兵賊不侵〔二一〕，萬姓安樂。住佛性海，堆（摧）牙（邪）建幢〔二二〕，息苦盡原，普供（共）成佛〔二三〕。摩訶般若，利樂無邊。大衆虔誠，一切普誦。

說明

此件首尾完整，右下角殘缺，起『夫欲歸依三寶』，訖『一切普誦』。《敦煌遺書總目索引》擬名『歸依三寶文』，《敦煌寶藏》及《敦煌遺書總目索引新編》從之。《英藏敦煌文獻》擬名『發願文』。考此件與斯二二三、斯四五三、斯六〇七等所收『天王文』内容基本相同，因據以改擬今名。

此件中有『大宋聖主，及我大王』，歸義軍時期節度使稱『大王』者有曹議金、曹元忠、曹延禄三位

（參看榮新江《歸義軍史研究——唐宋時代敦煌歷史考索》，一三二頁），而曹議金病故於後唐清泰二年，未及入宋，故此篇當抄寫於曹元忠、曹延禄在位時期。

以上釋文以斯四四八〇爲底本，開頭『夫欲歸依三寶』至『敬禮諸大菩薩』用斯四五三二（稱其爲甲本）、斯六〇七（稱其爲乙本）參校；其餘部分，因相關各寫本之異同已見於斯二二三『天王文』校記，故僅用本書第一卷（修訂版）所收斯二二三爲校本（稱其爲丙本）校補脱文、校改錯誤，如丙本亦有脱、誤，則據其他相關文本補、改，各本異文不再一一出校。

校記

〔一〕『虔』，據殘筆劃及甲、乙本補；『恭』，據甲、乙本補。

〔二〕『曷』，乙本同，甲本作『自』。

〔三〕『依』，甲本同，乙本作『於』，『於』爲『依』之借字。

〔四〕『禮十方三世一切諸佛』，據甲、乙本補。

〔五〕『敬禮十二部』，據甲、乙本補；『法』，乙本亦脱，據甲本補。

〔六〕『衆』，據丙本補。

〔七〕『禮』，據殘筆劃及丙本補；『聲聞』，據丙本補；『緣』，據甲本補；『覺』，據殘筆劃及甲本補。

〔八〕『牙』，當作『邪』，據丙本改。

〔九〕『賤』，當作『賊』，據丙本改。

〔一〇〕『殿』，當作『殄』，據丙本改，『殿』爲『殄』之借字。

〔一一〕「煌」，當作「隍」，據甲本改，「煌」爲「隍」之借字。
〔一二〕「何」，當作「呵」，據文義改，「何」爲「呵」之借字。
〔一三〕「花」，當作「化」，據丙本改，「花」爲「化」之借字。
〔一四〕「所」，當作「使」，據丙本改，「所」爲「使」之借字。
〔一五〕「憎」，當作「增」，據丙本改，「憎」爲「增」之借字。
〔一六〕「光」，當作「剛」，據丙本改，「光」爲「剛」之借字。
〔一七〕「令」，當作「靈」，據丙本改，「令」爲「靈」之借字。
〔一八〕兩箇「牙」，當作「邪」，據甲本改。
〔一九〕「咀」，當作「詛」，據文義改。
〔二〇〕「士」，據丙本補。
〔二一〕「所」，當作「使」，據丙本改，「所」爲「使」之借字。
〔二二〕「堆」，當作「摧」，據丙本改；「牙」，當作「邪」，據甲本改。
〔二三〕「供」，當作「共」，據丙本改，「供」爲「共」之借字。

參考文獻

《敦煌寶藏》三六册，臺北：新文豐出版公司，一九八二年，二九〇頁（圖）；《英藏敦煌文獻》六卷，成都：四川人民出版社，一九九二年，一一〇頁（圖）；《敦煌願文集》，長沙：岳麓書社，一九九五年，六〇九至六一八頁（録）；《英藏敦煌社會歷史文獻釋録》二卷，北京：社會科學文獻出版社，二〇〇三年，三三二至三三三頁（録）；《英藏敦煌社會歷史文獻釋録》三卷，北京：社會科學文獻出版社，二〇〇三年，二五七至二五八頁（録）；《歸義軍史研究——唐宋時代敦煌歷史考索》，上海古籍出版社，二〇一五年，一三二頁；《英藏敦煌社會歷史文獻釋録》一卷（修訂版）下册，北京：社會科學文獻出版社，二〇一八年，五七三至五七九頁（録）。

斯四四八〇背　太子成道變文

釋文

（前缺）

世尊到道場之內，歎者善男子、善女人了後，衆生有者決定之心。有毛堤（蹄）子[一]，門之內遍（變）作箇大池[二]，一切衆生，並總四面如（而）走[三]。世尊心中：某乙在世，不生決定之心，無其信受。便是（使）善惠身上著祿（鹿）皮之衣脱洛（落）[四]，与下水上如（而）蒲（鋪）[五]，并箭（剪）髮如（而）備（構）[六]，共世尊渡池如（而）到東岸[七]。先不与善惠受記，後於我受記。到佛滅度後，號釋迦牟尼[八]。如來當時到六欲界天上，作護名（明）菩薩[九]，六年治化衆生。六年已必（畢）[一〇]，便使金團天子配下界，檢河東三百六十州，河西十六大國，不巽（選）那神州懸（縣）人語如（而）好檢看[一一]，卻取上界[一二]。金團天子到上界，之（知）者河東三百六十州並總不堪[一三]，總是苦取。之（知）者河西十六大國[一四]，則加毗衆永成佛釋，衆皆有善心。便是（使）大歲却天門下界与看[一五]，則那加毗衆永成。到癸丑年之歲七月十五日夜，從六欲界天上降下於磨（摩）耶夫人藏中〔一六〕，託胎左脥（脇）但入右〔一七〕。到丙寅之歲四月八日，於南彌梨園中，手搦無憂樹，脚泛連（蓮）花右但（誕）下〔一八〕。五百釋衆，亂涉車匿〔一九〕；五百白馬，共成珠（朱）宗（騌）〔二〇〕，共佛四月八日同時生。九龍吐水欲（浴）太子〔二一〕，記（舉）脚七步〔二二〕，一手至（指）天〔二三〕，一手至（指）地，口稱：爲（唯）我爲尊〔二四〕，某乙向上更無人。當時摩耶夫人遣差官健三人，取淨飯王錢（前）〔二五〕：太子但（誕）下〔二六〕，在金盤子乘（承）〔二七〕。轉巽（瞬）從天有九隊雷明（鳴）〔二八〕，一隊明（鳴）中各有一獨（毒）龍吐水〔二九〕，欲（浴）我太子〔三〇〕。記（舉）脚七部（步）〔三一〕，一手至（指）天，一手至（指）地：爲（唯）我爲尊〔三二〕，某乙頭上更無人。淨飯王聞者此語，光顏大悦〔三三〕。三个官健，各相如一隊，便喚岳（樂）榮（營）之者打金鼓喜樂〔三四〕。得三日已後，便取太子，從大覺長者園中將引淨飯王宮□□〔三五〕。後阿姨大哀道：夫人拔孀如（而）養〔三六〕，胸前成仁〔三七〕。後到大□歲如上不樂在家〔三八〕，言道出家修道，父王並總

（後缺）

說明

此件首尾均缺，失題，起『世尊到道場之内』，訖『父王並總』，演述釋迦牟尼降生爲悉達太子，及

其出家修道的故事。《敦煌變文集》《敦煌變文集新書》《敦煌變文校注》《英藏敦煌文獻》等均擬題「太子成道變文」。

校記

〔一〕「有」，《敦煌變文講經文因緣輯校》校改作「又」，似不必；「堤」，當作「蹄」，《敦煌變文校注》據文義校改，「堤」爲「蹄」之借字。

〔二〕「遍」，當作「變」，《敦煌變文校注》據文義校改，「遍」爲「變」之借字。

〔三〕「如」，當作「而」，《敦煌變文校注》據文義校改，「如」爲「而」之借字；「走」，《敦煌變文集》《敦煌變文集新書》均釋作「乏」，誤，《敦煌變文校注》釋作「官」，誤，《敦煌變文講經文因緣輯校》釋作「定」，誤。

〔四〕「是」，當作「使」，《敦煌變文校注》據文義校改，「是」爲「使」之借字；著，《敦煌變文講經文因緣輯校》漏録；「禄」，當作「鹿」，《敦煌變文校注》據文義校改，「禄」爲「鹿」之借字，《敦煌變文集》《敦煌變文講經文因緣輯校》均釋作「裸」，誤；「洛」，當作「落」，《敦煌變文集》據文義校改，「洛」爲「落」之借字。

〔五〕「与」，《敦煌變文講經文因緣輯校》校改作「以」，按「与」有「以」義，不煩校改；「如」，當作「而」，《敦煌變文校注》據文義校改，「如」爲「而」之借字；「蒲」，當作「鋪」，《敦煌變文校注》據文義校改，「蒲」爲「鋪」之借字。

〔六〕「箭」，當作「剪」，《敦煌變文校注》據文義校改，「箭」爲「剪」之借字；「如」，當作「而」，《敦煌變文校注》據文義校改，「如」爲「而」之借字；「傋」，當作「構」，《敦煌變文講經文因緣輯校》據文義校改，「傋」爲「構」之借字，《敦煌變文校注》疑爲「藉」之形訛。

〔七〕「如」，當作「而」，《敦煌變文集》據文義校改，「如」爲「而」之借字。

〔八〕「號」，《敦煌變文講經文因緣輯校》釋作「號曰」，誤。

〔九〕「名」，當作「明」，據《佛本行集經》改，「名」爲「明」之借字。

〔一〇〕「必」，當作「畢」，《敦煌變文校注》據文義校改，「必」爲「畢」之借字。

〔一一〕「巽」，當作「選」，《敦煌變文集新書》據文義校改，《敦煌變文校注》《敦煌變文講經文因緣輯校》均校改作「信」；「懸」，當作「縣」，《敦煌變文校注》據文義校改，「懸」爲「縣」之借字；「如」，當作「而」，《敦煌變文校注》據文義校改，「如」爲「而」之借字。

〔一二〕「取」，《敦煌變文講經文因緣輯校》校改作「趣」，按「取」有「趣」義，不煩校改。以下同，不另出校。

〔一三〕「之」，當作「知」，《敦煌變文校注》據文義校改，「之」爲「知」之借字。

〔一四〕「之」，當作「知」，《敦煌變文校注》據文義校改，「之」爲「知」之借字。

〔一五〕「是」，當作「使」，《敦煌變文校注》據文義校改，「是」爲「使」之借字。

〔一六〕「從」，《敦煌變文集》《敦煌變文集新書》《敦煌變文校注》《敦煌變文講經文因緣輯校》釋作「從於」，按底本原書作「於」，後又在其旁校改作「從」；「磨」，當作「摩」，《敦煌變文集》據文義校改，「磨」爲「摩」之借字。

〔一七〕「脥」，當作「脇」，《敦煌變文講經文因緣輯校》據文義校改。

〔一八〕「泛」，《敦煌變文集》《敦煌變文校注》《敦煌變文講經文因緣輯校》釋作「紅」，《敦煌變文講經文因緣輯校》認爲「紅」後脱一字；「連」，當作「蓮」，《敦煌變文集》據文義校改，「連」爲「蓮」之借字；「右」，《敦煌變文講經文因緣輯校》校改作「而」；「但」，當作「誕」，《敦煌變文集》據文義校改，「但」爲「誕」之借字。

〔一九〕「亂」，《敦煌變文校注》疑當作「備」。

〔二〇〕「珠」，當作「朱」，《敦煌變文校注》據文義校改，「珠」爲「朱」之借字；「宗」，當作「騌」，《敦煌變文集》據文義校改，「宗」爲「騌」之借字。

〔二一〕『欲』，當作『浴』，《敦煌變文校注》據文義校改，『欲』爲『浴』之借字。

〔二二〕『記』，當作『舉』，《敦煌變文校注》據文義校改，『記』爲『舉』之借字。

〔二三〕『至』，當作『指』，《敦煌變文集》據文義校改，『至』爲『指』之借字。以下同，不另出校。

〔二四〕第一箇『爲』，當作『唯』，《敦煌變文校注》據文義校改，『爲』爲『唯』之借字；第二箇『爲』，《敦煌變文講經文因緣輯校》釋作『獨』，誤。

〔二五〕底本原有兩箇『取』字，一在行末，一在次行行首，此爲當時的一種抄寫習慣，可以稱作『提行添字例』，第二箇『取』字應不讀；『錢』，當作『前』，《敦煌變文校注》據文義校改，『錢』爲『前』之借字，《敦煌變文集》《敦煌變文集新書》《敦煌變文講經文因緣輯校》校改作『言』。

〔二六〕『但』，當作『誕』，《敦煌變文集》據文義校改，『但』爲『誕』之借字。

〔二七〕『乘』，當作『承』，據文義改，『乘』爲『承』之借字，《敦煌變文校注》《敦煌變文講經文因緣輯校》均逕釋作『承』。

〔二八〕『巽』，當作『瞬』，《敦煌變文校注》據文義校改，『巽』爲『瞬』之借字；『明』，當作『鳴』，《敦煌變文校注》據文義校改，『明』爲『鳴』之借字。以下同，不再出校。

〔二九〕『獨』，當作『毒』，《敦煌變文校注》據文義校改，『獨』爲『毒』之借字。

〔三〇〕『欲』，當作『浴』，《敦煌變文校注》據文義校改，『欲』爲『浴』之借字。

〔三一〕『記』，當作『舉』，《敦煌變文校注》據文義校改，『記』爲『舉』之借字；『部』，當作『步』，《敦煌變文集》據文義校改，『部』爲『步』之借字。

〔三二〕第一箇『爲』，當作『唯』，《敦煌變文校注》據文義校改，『爲』爲『唯』之借字。

〔三三〕『光』，《敦煌變文講經文因緣輯校》校改作『龍』，誤。

〔三四〕『岳』，當作『樂』，《敦煌變文校注》據文義校改，『岳』爲『樂』之借字；『榮』，當作『營』，《敦煌變文校注》據文義校改，『榮』爲『營』之借字。

〔三五〕第一箇『□』，《敦煌變文講經文因緣輯校》釋作『中』。

〔三六〕『哀』，《敦煌變文講經文因緣輯校》校改作『愛』，不必；『如』，當作『而』，《敦煌變文校注》據文義校改，『如』爲『而』之借字。

〔三七〕『仁』，《敦煌變文校注》《敦煌變文講經文因緣輯校》校改作『人』，按『仁』通『人』，不煩校改。

〔三八〕『如』，《敦煌變文集》《敦煌變文集新書》未能釋讀，《敦煌變文校注》《敦煌變文講經文因緣輯校》釋作『乃』，誤；『上』，《敦煌變文集》《敦煌變文集新書》《敦煌變文校注》《敦煌變文講經文因緣輯校》均未能釋讀。

參考文獻

《敦煌變文集》上集，北京：人民文學出版社，一九五七年，三二〇至三二一頁（録）；《敦煌寶藏》三六册，臺北：新文豐出版公司，一九八二年，二九一頁（圖）；《英藏敦煌文獻》六卷，成都：四川人民出版社，一九九二年，一一一頁（圖）；《敦煌變文集新書》，臺北：文津出版社，一九九四年，五五七至五六〇頁（録）；《敦煌變文校注》，北京：中華書局，一九九七年，四八六至四九〇頁（録）；《敦煌變文講經文因緣輯校》下册，南京：江蘇古籍出版社，一九九八年，六七七至六七九頁（録）。

斯四四八二　雍熙四年（公元九八七年）沙州靈圖寺授菩薩戒牒

釋文

南贍部〔洲〕大宋國沙州靈圖寺授菩薩戒　牒〔一〕

授菩薩戒男弟子惠圓

牒前件弟子，久慕勝因，志聞妙法。欲悟無爲之教，先持有想之心。是故六根淨而煩惱塵消，一性真如，輪迴路息。伏恐幽關有阻，執此爲憑。事須給牒知者〔二〕，故牒。

雍熙四年五月　日授菩薩戒男弟子　惠圓　牒〔三〕。

奉請阿彌陀佛　爲壇頭和尚。

奉請釋迦佛牟尼佛　爲羯磨阿闍梨〔四〕。

奉請彌勒尊佛　爲校（教）授師〔五〕。

奉請十方諸佛　爲證戒師。

奉請諸大菩薩摩訶薩爲同學伴侣。

説明

此件首尾完整，起首題『南贍部〔洲〕大宋國沙州靈圖寺授菩薩戒　牒』，訖『奉請諸大菩薩摩訶薩爲同學伴侶』，内容是雍熙四年（公元九八七年）沙州靈圖寺授予惠圓的戒牒，在受戒人這一行鈐有陽文佛印三方，在受戒時間這一行鈐有陽文佛印三方。

校記

〔一〕『洲』，據斯三七九八《雍熙四年（公元九八七年）五月廿六日沙州靈圖寺授菩薩戒牒》補；『靈圖』，《敦煌社會經濟文獻真蹟釋録》釋作『三界』，誤。

〔二〕『牒』，《敦煌社會經濟文獻真蹟釋録》釋作『牒仍牒』，誤。

〔三〕『四』，據殘筆劃補，《敦煌社會經濟文獻真蹟釋録》逕釋作『四』；『五』，《敦煌社會經濟文獻真蹟釋録》漏録；『授』，據殘筆劃補，《敦煌社會經濟文獻真蹟釋録》逕釋作『授』。

〔四〕第一箇『佛』字，據文義係衍文，當删。

〔五〕『校』，當作『教』，據斯二八五一《菩薩十無盡戒牒》改，『校』爲『教』之借字。

參考文獻

《敦煌寶藏》三六册，臺北：新文豐出版公司，一九八二年，二九五頁（圖）；《敦煌遺書總目索引》，北京：中華書局，一九八三年，二〇二頁；《敦煌社會經濟文獻真蹟釋録》四輯，北京：全國圖書館文獻縮微複製中心，一九九〇年，一〇〇頁（圖）（録）；《英藏敦煌文獻》六卷，成都：四川人民出版社，一九九二年，一一一頁（圖）；《敦煌遺書總目索引新編》，北京：中華書局，二〇〇〇年，一四〇頁；《敦煌佛教律儀制度研究》，北京：中華書局，二〇〇三年，一七〇頁；《中國佛教懺法研究》，北京：宗教文化出版社，二〇〇四年，一〇七頁。

斯四四八七　懺悔滅罪金光明經傳

釋文

懺悔滅罪金光明經傳〔一〕

昔温州治中張居道，滄州景城縣人〔二〕。未莅職日，因適女事〔三〕，屠宰諸命〔四〕，牛羊〔豬〕鷄鵝鴨之類〔五〕。未踰一旬〔六〕，卒得〔重〕病〔七〕，絶音不語，因爾便死，唯心尚暖，家人不即葬之。經三夜便活，起坐索飲〔八〕。諸親、非親、鄰里遠近聞之，大小奔赴。居道即説由緣〔九〕：初見四人來，一人把棒，一人把索，一人把袋，一人著青，騎馬戴帽，至門下馬，唤居道著前，懷中拔一張文書〔一〇〕，示居道看，乃是豬等同辭共訟居道〔一一〕。其辭曰：豬等雖前身積罪，合受畜生之身〔一二〕，配在世間，自有年限，年滿罪畢，自合成人。然豬等自計受畜生身，化時未到，遂被居道枉相屠煞，時限既欠，更歸畜生。一箇罪身，再遭刀機，在於幽法，理不可當，請裁〔一三〕。後有判命〔一四〕，差司命追過。使人見居道看遍〔一五〕，即唱三人近前〔一六〕，一人以索繫居道咽，一人以袋收居道氣，一人以棒打居道頭，反縛兩手〔一七〕，將去直行〔一八〕，一道向北。行至路半，便語居道〔一九〕：吾被差來時，檢你筭受（壽）〔二〇〕，元不合死，但坐你煞爾語（許）衆生〔二一〕，被怨家逮訟。居道即報云：俗世肉眼，但知造罪，不識善惡。但見俗間煞害無數〔二二〕，不見此驗交報，而〔居〕道當其凶首〔二三〕，緘口受死，當何方便，而求活路〔二四〕？自咎往悞，悔難可及。使人曰：怨家辭主世（卅）餘頭〔二五〕，專在閻羅王門底懸晴（睛）待至〔二六〕，我輩入道，當由其側。非但王法嚴峻，但見怨家，何由免其躓頓之苦？居道聞之，彌增驚怕，步步倒地〔二七〕。前人掣繩挽之〔二八〕，後人以棒打之。居道曰〔二九〕：自計所犯，誠難免脱。若爲乞示，餘一計校，且得免逢怨家之面〔三〇〕。閻羅王峻法〔三一〕，當如之何？使人語居道云：汝但能爲所煞衆生發心造《金光明經》四卷〔三二〕，則得免脱〔三三〕

（後缺）

說明

此件首全尾缺，起首題『懺悔滅罪金光明經傳』，訖『則得免脱』，有烏絲欄。現知敦煌文獻中保存的漢文《懺悔滅罪金光明經傳》共三十八件，與此件有重合者二十八件，可分爲六箇系統：甲系統包括斯四六二等，六箇寫本；乙系統包括伯二〇九九等，十七箇寫本；丙系統包括斯四九八四等，三箇寫本；丁系統包括斯二九八一等，三箇寫本；戊系統有斯四一五五，一箇寫本；己系統有斯一九六三，一箇寫本（參見張涌泉、竇懷永《敦煌小説合集》，二九五至三〇六頁）。此件屬於甲系統，内容與之重合者爲斯四六二、斯六五一四、BD 三九九九、BD 四二五五、Дх. 五七五五。其中斯四六二首缺尾全，起『步步倒地』，訖『明當誡之』，有烏絲欄，後接《大唐中興三藏聖教序》；斯六五一四首缺尾全，起『王峻法』，訖『明當誡之』，有烏絲欄，後接《金光明經》第一卷序品；BD 三九九九首尾完整，首題『懺悔滅罪金光明經傳』，有烏絲欄，正文字行之間有八處分別校補一至二字不等，後接《金光明經》第一卷序品；BD 四二五五首尾完整，首題『金光明經懺悔滅罪傳』，有烏絲欄，其内容基本完整，唯正文前九行中部各殘缺一至二字，據行款與書法推測，當抄於盛唐時期（參見《敦煌小説合集》，二九七頁）；Дх. 五七五五爲殘片，起首題『懺悔滅罪金光明經傳』，訖『拔一張紙文書』，有烏絲欄，每行下部殘缺，最後一行上部亦殘缺。

以上釋文以斯四四八七爲底本，用斯四六二（稱其爲甲本）、斯六五一四（稱其爲乙本）、BD 三九九九（稱其爲丙本）、BD 四二五五（稱其爲丁本）、Дх. 五七五五（稱其爲戊本）參校。

校記

〔一〕『懺悔滅罪金光明經傳』，丁、戊本同，丙本作『金光明經懺悔滅罪傳』。

〔二〕『景』，丁、戊本同，丙本作『涼』。

〔三〕『適』，丁、戊本同，丙本作『嫡』，誤。

〔四〕『諸』，丙、丁本同，戊本作『豬』，『豬』爲『諸』之借字；『命』，戊本同，丙本作『生命』。

〔五〕『豬』，丁、戊本亦脱，據丙本補。

〔六〕『踰』，丁、戊本同，丙本作『瑜』，『瑜』爲『踰』之借字。

〔七〕『重』，據丙、丁、戊本補。
〔八〕『飲』，丁本同，丙本作『飯』。
〔九〕『道』，丙、戊本同，丁本脱。
〔一〇〕『張』，丁本同，丙、戊本作『張紙』；戊本止於此句。
〔一一〕『豬』，丁本同，丙本作『豬羊』；『訟』，丁本同，丙本作『訴』。
〔一二〕『合』，丁本同，丙本作『合更』。
〔一三〕『請』，丁本同，丙本脱。
〔一四〕『命』，丙、丁本脱。
〔一五〕『遍』，丁本同，丙本脱。
〔一六〕『唱』，丙本同，丁本作『喝』。
〔一七〕『反』，丙本同，丁本作『及』，誤。
〔一八〕『行』，丁本同，丙本作『至』，誤。
〔一九〕『便』，丁本同，丙本作『使人即』。
〔二〇〕『受』，當作『壽』，據丙、丁本改，『受』爲『壽』之借字。
〔二一〕『語』，當作『許』，據丙、丁本改，『語』爲『許』之借字。
〔二二〕『俗』，丁本同，丙本作『世』；『間』，丁本同，丙本作『俗』。
〔二三〕『居』，據丙、丁本補；『首』，丙、丁本作『手』。
〔二四〕『而』，丁本同，丙本作『求』；『求』，丁本同，丙本作『得』。
〔二五〕『辭』，丁本同，丙本作『債』；『世』，當作『卅』，據丁本改，丙本作『三十』。

〔二六〕『羅』，丙、丁本無；『晴』，當作『睛』，據丁本改，丙本作『精』，『精』同『睛』。

〔二七〕『倒』，丁本同，丙本作『到』，按『到』同『倒』；甲本始於此句。

〔二八〕『繩』，甲、丁本同，丙本作『索』。

〔二九〕『曰』，甲、丁本同，丙本脱。

〔三〇〕『且』，甲、丁本同，丙本作『但』。

〔三一〕『羅』，甲、丙、丁本無；乙本始於此句。

〔三二〕『能』，甲、乙、丁本同，丙本脱；『心』，甲、乙、丙、丁本作『心願』。

〔三三〕『則』，甲、丁本脱，乙本作『當』，丙本作『便』；『免脱』，據甲、乙、丙、丁本補。

參考文獻

《敦煌寶藏》三六册，臺北：新文豐出版公司，一九八二年，三二四頁（圖）；《敦煌寶藏》四七册，臺北：新文豐出版公司，一九八二年，六二八至六二九頁（圖）；《敦煌文學》，蘭州：甘肅人民出版社，一九八九年，二八一頁（録）；《英藏敦煌文獻》六卷，成都：四川人民出版社，一九九二年，一一二頁（圖）；《慶祝潘石禪先生九秩華誕敦煌學特刊》，臺北：文津出版社，一九九六年，五八一至六〇一頁（録）；《敦煌文藪》下册，臺北：新文豐出版公司，一九九九年，六九至九二頁（録）；《英國收藏敦煌漢藏文獻研究：紀念敦煌文獻發現一百周年》，北京：中國社會科學出版社，二〇〇〇年，三二八至三三八頁（録）；《俄藏敦煌文獻》一二册，上海古籍出版社，二〇〇〇年，二三七頁（圖）；《英藏敦煌社會歷史文獻釋録》二卷，北京：社會科學文獻出版社，二〇〇三年，三四二至三四六頁（録）；《國家圖書館藏敦煌遺書》五四册，北京圖書館出版社，二〇〇七年，四四二至四四三頁（圖）；《國家圖書館藏敦煌遺書》五七册，北京圖書館出版社，二〇〇七年，二一七至二一九頁（圖）；《敦煌本佛教靈驗記校注並研究》，蘭州：甘肅人民出版社，二〇〇九年，三二二至三三〇頁（録）；《敦煌小説合集》，杭州：浙江文藝出版社，二〇一〇年，二九五至三二九頁（録）。

斯四四八九　寫經題記

釋文

乙酉年五月十三日，下手寫《金剛經》壹卷、《觀音經》壹卷、《四門經》〔壹〕卷〔一〕、《地藏菩薩經》一卷、《解百生怨家經》一卷，共計伍卷〔二〕。至六月十五日畢功了。

説明

此卷前缺，僅存經文尾部及題記，《敦煌遺書總目索引》擬名『寫金剛經題記』，《敦煌寶藏》《敦煌遺書總目索引新編》從之。但從題記的内容來看，應爲抄寫一組佛經的題記。雖然題記中提到佛經以《金剛經》爲首，但題記前所存經文屬於《佛名經》，不能確定此卷殘缺部分是否包括《金剛經》。爲穩妥起見，改擬今名。

此件《英藏敦煌文獻》未收，現予增收。其中之『乙酉年』，翟理斯推測是公元九八五年（參看 *Descriptive Catalogue of the Chinese Manuscripts from Tunhuang in the British Museum*, p. 138），依據應該是卷背『雍熙二年（公元九八五年）六月慈惠鄉百姓張再通乞判分割祖産訴狀抄』。但正面之《佛名經》已經殘缺，説明其已經抄好流行了很長時間，則背面之『訴狀抄』與正面内容抄於同年同月的可能性不大，很有可能在同光三年（公元九二五年）。

校記

〔一〕『壹』，據文義補。
〔二〕『伍』，《敦煌遺書總目索引》《敦煌遺書總目索引新編》均釋作『五』，雖義可通而字誤。

參考文獻

Descriptive Catalogue of the Chinese Manuscripts from Tunhuang in the British Museum, London：The Trustees of the British Museum, 1957, p. 138（録）；《敦煌寶藏》三六册，臺北：新文豐出版公司，一九八二年，三二六頁（圖）；《敦煌遺書總目索引》，北京：中華書局，一九八三年，二〇二頁（録）；《敦煌遺書總目索引新編》，北京：中華書局，二〇〇〇年，一四〇頁（録）。

斯四四八九背　雍熙二年（公元九八五年）六月慈惠鄉百姓張再通乞判分割祖産訴狀抄

釋文

[慈]惠鄉百姓張再通〔一〕

右再通，先者早年房兄張富通便被再通自身傳買（賣）与賈丑子〔二〕，得絹陸疋〔三〕，總被兄富通收例，再通寸尺不見。況再通已經年歲，至到甘州迴來，收贖本身，諍論父祖地水屋舍。其養男賀通子不肯割与再通分料舍地。今者再通債主日暮逼迫，不放通容。其再通此理有屈，無門投告。伏望

[大]王阿郎高懸寶鏡〔四〕，鑒照蒼生，念見再通單貧，爲從甘州來，經今三載，衣食無處方覓，又兼債家往來驅牽〔五〕，因兄張富通先廣作債負〔六〕，買（賣）卻再通所有父祖地水〔七〕，不割支分〔八〕。伏乞

仁恩〔九〕，特賜　判憑，裁下　處分。

牒件狀如前謹牒。

雍熙二年六月日慈惠鄉張再通〔牒〕〔一〇〕。

説明

此件抄於佛經卷背，首尾完整，首行上角和尾行下角略殘，爲雍熙二年（公元九八五年）張再通上訴房兄富通的訴狀，牒中『大王』指當時的歸義軍節度使曹延禄（參見榮新江《歸義軍史研究——唐宋時代敦煌歷史考索》，一二七頁）。

校記

〔一〕『慈』，據殘筆劃及文義補，《敦煌殘卷爭訟文牒集釋》逕釋作『慈』。

〔二〕『買』，當作『賣』，《中國古代籍帳研究：概觀・録文》據文義校改，『買』爲『賣』之借字。以下同，不另出校。

〔三〕『陸』，《敦煌殘卷爭訟文牒集釋》釋作『六』，雖義可通而字誤。

〔四〕『大』，據殘筆劃及文義補，《敦煌殘卷爭訟文牒集釋》逕釋作『大』；『郎』，《敦煌殘卷爭訟文牒集釋》釋作『朗』，誤。

〔五〕『牽』，《敦煌殘卷爭訟文牒集釋》釋作『索』，誤。

〔六〕『負』，《敦煌殘卷爭訟文牒集釋》釋作『價』，誤。

〔七〕『父』，《敦煌殘卷爭訟文牒集釋》漏録。

〔八〕『分』，《敦煌殘卷爭訟文牒集釋》釋作『文』，誤。

〔九〕『乞』，《敦煌殘卷爭訟文牒集釋》釋作『起』，誤。
〔一〇〕『牒』，《敦煌社會經濟文獻真蹟釋録》據文義校補。

參考文獻

《中國古代籍帳研究：概觀·録文》，東京大學東洋文化研究所，一九七九年，六六四頁（圖）（録）；《敦煌寶藏》三六册，臺北：新文豐出版公司，一九八二年，三二六頁（圖）；《敦煌社會經濟文獻真蹟釋録》二輯，北京：全國圖書館文獻縮微複製中心，一九九〇年，三〇七頁（圖）（録）；《英藏敦煌文獻》六卷，成都：四川人民出版社，一九九二年，一一二頁（圖）；《敦煌殘卷爭訟文牒集釋》，蘭州：甘肅人民出版社，一九九三年，四三至四四頁（録）；《歸義軍史研究——唐宋時代敦煌歷史考索》，上海古籍出版社，二〇一五年，一三二頁；《唐史論叢》三四輯，西安：三秦出版社，二〇二二年，一一七頁（録）。

斯四四九一　吐蕃時期（九世紀前半）沙州諸户口數地畝計簿

釋文

（前缺）

□八突。

□卌畝七畦趙渠，四畝一畦小第□〔一〕

畝畦雙樹渠〔二〕，五畝畦延□

□渠，十七畦趙渠，六畝畦趙渠□

□五畝共七畦解渠，卅畝十畦澗渠，九十一畝共廿七畦□〔三〕

安如岳六口，卅畝共五畦千渠，十五畝兩畦□計六十五畝。

似（？）興晟七口，七十畝□

□八（？）畝共十九畦孟授渠，廿五畝五畦澗渠□

□畝六畦河北〔四〕，廿五畝畦磑北，卌畝八畦□

□白遠志四口，卌五畝五畦張桃渠。

索如玢七口，卌五畝都鄉東支渠共十四畦〔五〕，廿七畝五畦澗渠〔六〕，計七十二畝。

樊英俊五口，十八畝四畦澗渠，一畝半三畦菜田渠，廿九畝六畦第一渠，計卌八畝〔七〕。

孔含光兩户十六口〔八〕，一頃卅五畝共卌一畦澗渠，卅九畝半十七畦孟授渠。

陰買奴五口，十三畝十畦孟授渠，卅五畝七畦一（第）第（一）渠〔九〕，計卌八畝。

孔俊八口，七十三畝共廿四畦澗渠，十三畝共三畦雙樹，一畦一畝菜田，計八十七畝〔一〇〕。

唐日英十一口，廿一畝六畦孟授渠，卅六畝三畦澗渠，五十二畝第一渠。

薛惟謙兩户十一口，卌九畝十二畦河北渠，十畝五畦菜田渠〔一一〕，六十畝九畦忩同渠，計一頃一十五畝〔一二〕。

孔英禄八口，廿七畝七畦神農渠，廿五畝七畦忩同，廿八畝三畦千渠，計八十畝。

張順順五口，十三畝二畦孟授渠，卌畝廿二畦千渠，計五十三畝〔一三〕。

張英鸞十三口，九十一畝卌畦澗渠，卅四畝十一畦大壤渠〔一四〕，五畝一畦忩同渠，計一頃卅畝。

唐二娘六口，五十八畝十六畦澗渠〔一五〕。
阮林六口，一十五畝七畦宜秋東支，十五畝四畦陽開渠，卅畝十畦王家渠，計六十畝。
阮瑈七口，卌八畝十九畦千渠，一十五畝畦夏交渠，五畝四畦孟授渠，計六〔十〕
八畝〔一六〕。
董光順十口，六十一畝廿五畦辛渠，卌畝十九畦陽開渠，計一頃〔一七〕。
張庭暉四口，廿畝畦孟授，廿畝畦澗渠，計地卌畝。
索日興四口，七畝兩畦孟授，卅畝六畦兩罔渠〔一八〕，計地卅七畝。
傅鬲兩户八口，六十六畝十三畦千渠，廿一畝四畦澗渠，計八十七畝。
張大娘四口，十七畝七畦澗渠，廿六畝四畦忩同渠，計卌三畝。
張俊奴七口，六十三畝十六畦千渠，二畝一畦菜田，十畝四畦宋渠，計七十五畝。
（後缺）

説明

此件首尾均缺，首部上半截亦殘缺，其内容是依次登録每户户主名、口數、地畝數及位置，每户登記的土地數旁均有朱筆點勘符號，應爲核對時所作之標記。若户主名不在行首，則用朱筆在其名上標有『厶』，以與上一户區分（也有未標『厶』符號的）。若田畝數字有出入，則用朱筆修改。

此件失題，《敦煌遺書總目索引》擬名『户籍』，《敦煌寳藏》從之，但其内容與敦煌遺書中之户籍差異較大。池田温擬名爲《吐蕃年次未詳（九世紀前半）沙州諸户口數地畝計簿》（參見《中國古代籍帳研究：概觀·録文》，五六三頁），這一定性被《英藏敦煌文獻》和《敦煌遺書總目索引新編》等著録、研究者接受。

斯九一五六之内容和格式與此件相似，屬於同類文書。

校記

〔一〕『一畦』，《楊際平中國社會經濟史論集·出土文書研究卷》漏録；『第』，《楊際平中國社會經濟史論集·出土文書研究卷》釋作『弟』。

〔二〕『畝』，據殘筆劃及文義補，《楊際平中國社會經濟史論集·出土文書研究卷》逕釋作『畝』。

〔三〕『一』，《楊際平中國社會經濟史論集·出土文書研究卷》漏録；『畦』，據殘筆劃及文義補，《楊際平中國社會經濟史論集·出土文書研究卷》逕釋作『畦』。

〔四〕『畝』，《中國古代籍帳研究：概觀·録文》據文義校補；『六』，據殘筆劃及文義補，《中國古代籍帳研究：概觀·録文》《吐蕃時期敦煌計口授田考——兼及其時的税制和户口制度》《敦煌吐魯番出土經濟文書研究》《敦煌社會經濟文獻真蹟釋録》《北朝隋唐均田制新探》《楊際平中國社會經濟史論集·出土文書研究卷》均逕釋作『六』。

〔五〕『支』，《楊際平中國社會經濟史論集·出土文書研究卷》漏録；『四』，據殘筆劃及文義補，《楊際平中國社會經濟史論集·出土文書研究卷》逕釋作『四』；『畦』，據殘筆劃及文義補，《中國古代籍帳研究：概觀·録文》《吐蕃時期敦煌計口授田考——兼及其時的税制和户口制度》《敦煌吐魯番出土經濟文書研究》《敦煌社會經濟文獻真蹟釋録》

《北朝隋唐均田制新探》《楊際平中國社會經濟史論集·出土文書研究卷》均逕釋作『畦』。

〔六〕『廿』，《楊際平中國社會經濟史論集·出土文書研究卷》釋作『千□渠廿』，誤。

〔七〕按此處總數差半畝。

〔八〕『含』，《楊際平中國社會經濟史論集·出土文書研究卷》釋作『舍』，誤。

〔九〕『二』，當作『第』，據文義改，《楊際平中國社會經濟史論集·出土文書研究卷》逕釋作『第』；『第』，當作『一』，據文義改，《楊際平中國社會經濟史論集·出土文書研究卷》逕釋作『一』。

〔一〇〕『七』，《楊際平中國社會經濟史論集·出土文書研究卷》漏録。

〔一一〕『十』，底本原作『六』，旁有朱筆校改作『十』，《楊際平中國社會經濟史論集·出土文書研究卷》疑當作『六』。

〔一二〕按此處應爲『一頃一十九畝』。

〔一三〕『十』，《楊際平中國社會經濟史論集·出土文書研究卷》漏録。

〔一四〕『壤』，《中國古代籍帳研究：概觀·録文》《敦煌社會經濟文獻真蹟釋録》釋作『壞』，《敦煌吐魯番出土經濟文書研究》《北朝隋唐均田制新探》《楊際平中國社會經濟史論集·出土文書研究卷》釋作『瓌』，均誤。

〔一五〕『畦』，《楊際平中國社會經濟史論集·出土文書研究卷》釋作『畦畦』，誤。

〔一六〕『十』，據文義補；『畝』，據殘筆劃及文義補，《中國古代籍帳研究：概觀·録文》《敦煌吐魯番出土經濟文書研究》《敦煌社會經濟文獻真蹟釋録》《北朝隋唐均田制新探》《楊際平中國社會經濟史論集·出土文書研究卷》均逕釋作『畝』。

〔一七〕按此處應爲『一頃一畝』。

〔一八〕『罔』，《楊際平中國社會經濟史論集·出土文書研究卷》釋作『岡』，誤。

參考文獻

《中國古代籍帳研究：概觀·録文》，東京大學東洋文化研究所，一九七九年，五六三至五六五頁（圖）（録）；《敦煌寶藏》三六册，臺北：新文豐出版公司，一九八二年，三二九頁（圖）；《社會科學》一九八三年二期，九五頁（録）；《敦煌吐魯番出土經濟文書研究》，厦門大學出版社，一九八六年，三五九至三六一頁（録）；《敦煌社會經濟文獻真蹟釋録》二輯，北京：全國圖書館文獻縮微複製中心，一九九〇年，四一〇至四一一頁（圖）（録）；《英藏敦煌文獻》六卷，成都：四川人民出版社，一九九二年，一一三頁（圖）；《敦煌遺書總目索引新編》，北京：中華書局，二〇〇〇年，一四〇頁；《北朝隋唐均田制新探》，長沙：岳麓書社，二〇〇三年，四〇八至四〇九頁（録）；《楊際平中國社會經濟史論集》三卷《出土文書研究卷》，厦門大學出版社，二〇一六年，五六八至五六九頁（録）。

斯四四九二　大智度論第五七卷釋論題記

釋文

十一張。

一校已〔一〕。　進業。

説明

此件題於《大智度》五十七卷第卅一品、卅二品釋論之後，《英藏敦煌文獻》未收，現予增收。翟理斯、池田温認爲此件時代爲公元五世紀（參看 *Descriptive Catalogue of the Chinese Manuscripts from Tunhuang in the British Museum*, p. 123；《中國古代寫本識語集録》，九八頁）。

校記

〔一〕『已』，《敦煌遺書總目索引》《敦煌遺書總目索引新編》均釋作『竟』，誤。

參考文獻

Descriptive Catalogue of the Chinese Manuscripts from Tunhuang in the British Museum, London：The Trustees of the British Museum, 1957, p. 123（録）；《敦煌寶藏》三六册，臺北：新文豐出版公司，一九八二年，三三七頁（圖）；《敦煌遺書總目索引》，北京：中華書局，一九八三年，二〇二頁（録）；《中國古代寫本識語集録》，東京大學東洋文化研究所，一九九〇年，九八頁（録）；《敦煌遺書總目索引新編》，北京：中華書局，二〇〇〇年，一四〇頁（録）。

斯四四九三　星母陀羅尼呪題記

釋文

了空呪本。

説明

此件題於『星母陀羅尼呪』之後，説明此呪爲了空所有，《英藏敦煌文獻》未收，現予增收。池田温推測此件時代爲九世紀前期（參看《中國古代寫本識語集録》，三九六頁）。

參考文獻

Descriptive Catalogue of the Chinese Manuscripts from Tunhuang in the British Museum, London：The Trustees of the British Museum, 1957, p. 206（録）；《敦煌寶藏》三六册，臺北：新文豐出版公司，一九八二年，三三七頁（圖）；《敦煌遺書總目索引》，北京：中華書局，一九八三年，二〇二頁（録）；《中國古代寫本識語集録》，東京大學東洋文化研究所，一九九〇年，三九六頁（録）；《敦煌遺書總目索引新編》，北京：中華書局，二〇〇〇年，一四〇頁（録）。

斯四四九四　大統十一年（公元五四五年）五月平南寺道養呪文集

釋文

次行[　]，是諸[　]適至[　]十方一切[　]
爲利如是。[佛　]〔一〕。

次行請佛。

弟子等今發阿耨多羅三藐三菩提心〔二〕，復行方[廣經典]懺悔〔三〕，訪諸五逆十惡、無間根本鄣道重罪。以是因緣，沈生死河，没煩惱海，無由得出，沈没罪濁，不能自拔。是故今日無量怖畏、無量慚愧，依此經典懺悔，仰請[須彌]登王佛〔四〕、寶王佛、寶勝佛、多寶佛、阿彌陀佛、毗婆尸佛、釋迦牟尼佛及十方三世常住諸佛，□□□經方等正典陀羅尼，□□大菩薩、文殊師利[大菩薩]〔五〕、虛空藏菩薩、藥王菩薩、藥[　]菩薩爲我證明，證知我心。我今無有救護，願作救護，證知我心，受弟子請來，勸發無上菩提道意。作是語已，各憶念重罪，涕泣交流，五體投地，至心心頂禮請〔六〕。

從須彌登王訖至一子大慈父已來，皆各供養。敬作禮過一子大慈父，還唱胡跪

衆還養〔七〕，是諸大衆各各胡跪，香□□□次行請佛〔八〕。我弟子等今請過去十方無量諸佛，我弟子今發阿耨多羅三藐三菩提心，復行方廣經典懺悔，或犯五逆四重、訪諸邪見、無間重罪，唯願過去無邊十方諸佛爲我證明，我今無有救護，願作救護，證知我心，受弟子請來，勸發無上菩提道意，作是語已□□□涕泣交流〔九〕，五體投地，至心頂禮請。

請觀音呪　　　　養記

多経吔　嗚呵膩　摸呵膩　閻婆膩　躭婆膩　安涂詈　槃荼詈　首埤帝　槃荼囉　婆私膩　莎呵

多経吔　伊利　寐利　鞮首利〔一〇〕　迦婆利　佉吒多耆　栴陀利　摩登耆　摩奈斯勒叉　勒叉（叉）〔一一〕　薩婆薩埵　薩婆　婆耶啤　莎呵

多経吔　加帝　伽帝　膩伽帝　脩留脩留　毗脩留　勒叉　勒叉　薩婆　婆耶啤　莎呵

多経吔　嗚呵膩　摸呵膩　閻婆膩　躭婆膩　阿婆熙　摸呵膩　安荼詈　槃荼詈　首啤帝　槃荼囉　婆私膩　休樓　休樓　安荼詈　篼樓　篼樓　槃荼詈　周樓　周樓　質利　毗

膩　叢（？）荼梨　豆富　豆富　槃荼囉　婆斯膩　矧墀矧墀　尼矧墀　薩婆　薩婆　耶竭多　薩婆頻陀囉薩他　阿婆耶卑　離蛇（陀）閉殿〔一二〕　莎呵
多經他　安陀詈　槃荼詈　枳由詈　檀陀詈　吒閻婆帝　耶賒婆帝　頗羅膩秖　毗質梨難多詈　婆伽詈　阿盧梨　薄鳩詈　筅毗詈　莎呵
多經吔　嗚躭毗詈　筅毗詈　躭啤波羅躭啤　捺吒　脩捺吒　枳跋吒　牟那耶　三摩耶檀提膩羅　枳尸　波羅鳩卑　嗚詈　權（攘）瞿詈〔一三〕　莎呵
除疫毒陀羅尼呪　此呪子合團空化下。
南無佛陀娑　南無達娑摩　南無僧伽娑　佛曇理致利　南摩娑彌　娑没波耶　呵僕耶莎呵
多經吔　禰彌　禰彌　禰彌　禰彌　禰彌　達利摩婆　婆兜爭　夜賒婆臨　南無佛陀達摩僧伽　南無帝他　那竭多　三藐三佛陀　私擅頭曼羅哆鉢陀　莎呵
除睡眼陀羅尼
闍摩吒晝　嗚吒晝　俱若吒晝　車吒晝　夜彌吒晝　嗚囊嗚晝　俱若吒晝　莎呵
此神呪大禁芸辛酒肉眈色〔一四〕，一切惡事悉郭〔一五〕，不得誦之。一日六時誦，一誦三遍。
觀世音菩薩陀羅尼　一誦一千二百遍，面覩觀世音。

南無佛陀耶　南無達摩耶　南無僧伽耶　南無阿利耶　波盧枳呶〔一六〕　尸波囉耶　菩提薩埵耶　摩訶薩埵耶　摩訶薩耶　佉羅婆帝　伽婆帝　仈訶婆帝　伽婆帝　莎呵〔一七〕

呪眼陀羅尼　二七遍唾。

南無惡廢〔一八〕　陀陀伽地　南無拂破呵　莎呵

呪水洗眼亦佳　喱梨㓢　彌梨㓢　莎呵

法華呪　藥王菩薩呪

阿鍉　摩鍉　摩禰　摩摩禰　旨離毗　旨離毗　眡彌睒彌多　毗肩隄　目知　目多彌三彌毗三彌　三摩三彌　叉移　阿叉移　阿闍梨扇隄　睒彌陀羅尼　阿盧伽　婆婆蹉　波囉帝蛇　馥（？）叉尼　尼鼻致　阿便多囉　尼鼻致　阿亶（？）多　波利首隄　憂究離牟究離　阿囉知　波囉知　首迦差　阿三摩娑彌　佛陀毗吉　利鉄隄　達摩波利廁帝　僧伽涅瞿沙尼　婆師蛇　婆師波利首隄　曼哆囉　曼哆囉叉夜陊　留隄留多　橋奢亮　噁叉羅噁叉蛇　多蛇　阿婆盧　阿摩壤多蛇　莎呵

勇施菩薩呪

樹離　摩訶樹離　郁枳　目枳　阿知阿吒拔磂　理律知　理律知　拔磂　伊致尼　鼻致尼　旨致尼　理律知　理律知　拔磂　莎呵

毗沙門天王呪

阿池　那池　㝹那池　阿那顱那池　究那池　莎呵

持國天王呪

阿伽兜　伽兜　具梨　乾陀梨　旃陀梨　摩登祇　嘗求梨　浮樓笄尼　鴦竭㖒　莎呵

十羅刹女呪

伊沾彌　伊沾彌　伊沾彌　伊沾彌　伊沾彌　尼彌　尼彌　尼彌　尼彌　尼彌　留醯
留醯　留醯　留醯　多醯　多醯　多醯　兜醯　㝹醯　莎呵

普賢菩薩呪

阿檀地　檀陀拔地　檀陀拔硇　檀陀究舍隸　檀陀脩陀隸　阿陀隸　脩囉拔硇　佛陀婆
施　薩婆陀羅尼　波單尼　薩婆婆沙波單尼　莎波單尼　僧伽波梨刹尼　僧伽涅瞿沙尼　阿
僧祇　僧伽波迦㖒　㖒利婆　僧伽兜亮波睎多　薩婆僧伽　薩曼提　迦蘭提　薩婆達摩　脩
波梨廁㖒　薩婆薩埵　留陀　橋舍亮　膿竭㖒　僧伽毗吉梨紩㖒　莎呵

八不淨

一、奴婢；二、金銀珍寶；三、穀米倉庫；四、牛羊；五、販賣；六、儲積陳
宿；七、自手作食；八、不受人噉。

十不淨肉

人、蛇、鳥、馬、驢、狗、師子、豬、狐、彌猴。

卅六物不淨

髮、毛、指爪、齒、厚薄皮、筋、肉、骨、髓、脾、腎、心、肝、肺、大小腸、胃、胞、屎、尿、垢、汗、淚、涕、唾、膿、血、黄、〔白〕[一九]、〔痰〕[二〇]、〔陰〕[二一]、肪、膏、腦、膜。

十四音

噁阿　億伊　郁優　哩黟　烏炮　菴阿　伽佉伽咂俄　遮車闍饍若　吒咤荼袓拏　多他陀彈那　波頗婆汎摩　蛇囉　羅咘　奢沙　娑呵

劉師禮文　　養記

正月廿四日平旦寅時，向東北丑地禮八拜，除〔罪〕廿一[二二]。

二月九日雞鳴丑時，向東南辰地禮十拜，除罪卅一。

三月廿六日人定亥時，向正南午地禮四拜，除罪四百。

四月七日夜半子時，向正北子地禮四拜，除罪四萬。

五月六日黄婚（昏）戌時[二三]，向西北亥（？）地禮六拜[二四]，除罪一千八百。

六月三日食時辰時，向南午地禮六拜，除罪一千四百。

七月四日甫（晡）時申時[二五]，向東南巳地禮四拜，除罪二千八百。

八月八日日出卯時，向正南午地禮九拜，除罪六千。

九月十日食〔時〕辰時〔二六〕，向東南巳地禮九拜，除罪一千八百。
十月十一日吴（午）中巳時〔二七〕，向正南仵（午）地禮九拜〔二八〕，除罪六千。
十一月十一日日入酉時，向正西酉地禮九拜，除罪六千。
十二月二日黄婚（昏）戌時，向正東卯地禮卅拜，除罪卅萬。
玄始十一歲次己卯，劉師維法〔二九〕，教化後生，除罪禮拜。若有信者，能如不失時節，禮拜滿三年，即得道，所願隨意不違心。欲生向處，隨意求願：欲生彌勒佛國，願人求畢，不違心意；住（往）生西方妙樂國土〔三〇〕，亦得住（往）生；生卅三天上，亦得如是。禮敬禮盡，更如法界諸佛，并及得道沙門。

受八關齊文〔三一〕

各自道字：從今至明清旦，第一歸依佛、歸依法、歸依僧。如是三說。自導（道）字〔三二〕：從今至明清旦，第一歸依佛竟、歸依法竟、歸依僧竟。如是三說。以受三自歸竟。次應懺悔：從無始世界以來，身業不善，煞盜淫欲；口業不善，惡口、兩舌、忘言〔三三〕、誇語；意業不善，貪欲、瞋恚、愚癡、邪見、嫉妒、憍慢。或自作、教作、見作，心生隨喜。如是無量無邊諸惡重罪，今日標心歸向十方諸佛、諸尊菩薩、得道賢聖、現在師僧衆人前，淨心發露，説罪懺悔。

懺悔已竟，身清淨、口清淨、意清淨。三業清淨，次應堪任受持如來八關齊法，隨學諸佛，至明清旦。

第一不煞，第二不盜，第三不淫，第四不詃語〔三四〕，第五不飲酒，第六不過時〔食〕〔三五〕，第七不處高廣之牀，第八遠離作倡伎樂、香華塗身。第二、第三，亦如是説。我今以此八關齊法，莫墮地獄，我（餓）鬼畜生〔三六〕，亦莫墮八難之處，莫處邊境，莫墮凶弊之處，莫与惡知識從事。父母專正，無習邪見，生中國中，聞其善法，分別思惟，法法成就。持此齊法功德，攝取一切衆生之惡。以此功德，惠施彼人，使成無上正真之道，過度一切，得心所欲。

施食呪願文

甘露法之食，解脱無（味）爲漿〔三七〕。淨心以噪（澡）欲（浴）〔三八〕，皆（戒）品爲塗香〔三九〕。慛（摧）滅煩惱賊〔四〇〕，踊（勇）健莫能踊（踰）〔四一〕。降伏四衆（種）魔〔四二〕，勝幡建道場。諸天得自在，脩（憂）苦不復生〔四三〕。所欲憶念至，身光照幽冥。如是種種樂，皆由施食報。有福爲天人，受罪爲惡形。是以今日，摩訶檀越，咸割身恣（資）〔四四〕，供養衆僧，功德無過（邊）〔四五〕，如真檀林，爲衆香首，通利十方。天上人中，常得第一之福。生生之處，相好具足。求道成就，學問慈明。持此功德，普施十方一切衆生，得道如佛。

大統十一年乙丑歲五月廿九日寫乞（訖）〔四六〕。平南寺道養記〔四七〕。

大德

說明

此件首缺尾全，存『禮懺文』『請觀音咒』『除疫毒陀羅尼咒』『除睡眼陀羅尼』『觀世音菩薩陀羅尼』『咒眼陀羅尼』『法華咒藥王菩薩咒』『勇施菩薩咒』『毗沙門天王咒』『持國天王咒』『十羅刹女咒』『普賢菩薩咒』『八不淨』『十不淨肉』『十四音』『劉師禮文』『受八關齋文』『施食咒願文』，尾部有題記『大統十一年乙丑歲五月廿九日寫乞（訖）。平南寺道養記』。其後有另筆所書大號『大德』二字。上列題記前各件筆跡相似，其內容均爲佛教儀式文本，應同爲道養所抄。《敦煌寶藏》擬名『雜咒文集』，茲據題記擬名『大統十一年（公元五四五年）五月平南寺道養呪文集』。

此件《英藏敦煌文獻》未收，因其具有佛教行事文書性質，現予增收。

校記

〔一〕『佛』，據殘筆劃及文義補。

〔二〕『弟』，底本作『第』，按寫本中『弟』『第』形近易混，故可據文義逕釋作『弟』，以下同，不另出校。

〔三〕『廣經典』，據下文補。

〔四〕『須彌』，據殘筆劃及文義補。

〔五〕『大菩薩』，據文義補。

〔六〕第二個『心』字，據文義係衍文，當删。

〔七〕『胡』，據殘筆劃及下文補；『衆還』，據殘筆劃及文義補。

〔八〕『次』，據殘筆劃及文義補。

〔九〕『語已』，據下文補。

〔一〇〕『鞮』，據殘筆劃補。

〔一一〕『又』，當作『叉』，據上文改。

〔一二〕『離』，底本作『雌』，係涉下文『蛇』字而成之類化俗字；『蛇』，當作『陀』，據《法苑珠林》改。

〔一三〕『權』，當作『攘』，據《法苑珠林》改。

〔一四〕『芸』，《早期佛教儀式文本彙編——敦煌遺書斯4494號呪文研究》釋作『葷』，誤。

〔一五〕『悉』，《早期佛教儀式文本彙編——敦煌遺書斯4494號呪文研究》釋作『惡』，誤；『鄣』同『障』。

〔一六〕『枳』，《早期佛教儀式文本彙編——敦煌遺書斯4494號呪文研究》釋作『拐』，誤；『呶』，《早期佛教儀式文本彙編——敦煌遺書斯4494號呪文研究》釋作『知』，誤。

〔一七〕『莎』，《早期佛教儀式文本彙編——敦煌遺書斯4494號呪文研究》釋作『薩』，誤。

〔一八〕『廢』，《早期佛教儀式文本彙編——敦煌遺書斯4494號呪文研究》釋作『廩』，誤。

〔一九〕『白』，據《佛説法集經》補。

〔二〇〕『痰』，據《佛説法集經》補。

〔二一〕『陰』，據《佛説法集經》補。

〔二二〕『罪』，據文義補，《談〈劉師禮文〉的後代變種》逕釋作『罪』。

〔二三〕『婚』，當作『昬』，據文義改，『婚』爲『昬』之借字，以下同，不另出校。

〔二四〕『亥』，《談〈劉師禮文〉的後代變種》釋作『未』。
〔二五〕『甫』，當作『晡』，據文義改，『甫』爲『晡』之借字。
〔二六〕『時』，《試論佛教的發展與文化的匯流——從〈劉師禮文〉談起》據文義校補。
〔二七〕『吴』，當作『午』，《試論佛教的發展與文化的匯流——從〈劉師禮文〉談起》據文義校改，『吴』爲『午』之借字。
〔二八〕『仵』，當作『午』，《試論佛教的發展與文化的匯流——從〈劉師禮文〉談起》據文義校改，『仵』爲『午』之借字。
〔二九〕『維』，《談〈劉師禮文〉的後代變種》釋作『唯』。
〔三〇〕『住』，當作『往』，據文義改，以下同，不另出校。
〔三一〕『齊』同『齋』，以下同，不另出校。
〔三二〕『導』，當作『道』，據文義改，『導』爲『道』之借字。
〔三三〕『忘』通『妄』。
〔三四〕『誏』同『妄』。
〔三五〕『食』，據《增壹阿含經》補。
〔三六〕『我』，當作『餓』，據《增壹阿含經》改。
〔三七〕『無』，當作『味』，據《維摩詰所説經》改。
〔三八〕『噪』，當作『澡』，據《維摩詰所説經》改，『噪』爲『澡』之借字；『欲』，當作『浴』，據《維摩詰所説經》改，『欲』爲『浴』之借字。
〔三九〕『皆』，當作『戒』，據《維摩詰所説經》改，『皆』爲『戒』之借字。

〔四〇〕『慛』，當作『摧』，據《維摩詰所説經》改，『慛』爲『摧』之借字。

〔四一〕第一個『踊』，當作『勇』，據《維摩詰所説經》改，『踊』爲『勇』之借字；第二個『踊』，當作『踰』，據《維摩詰所説經》改。

〔四二〕『衆』，當作『種』，據《維摩詰所説經》改，『衆』爲『種』之借字。

〔四三〕『脩』，當作『憂』，據《大智度論》改。

〔四四〕『恣』，當作『資』，據文義改，『恣』爲『資』之借字。

〔四五〕『過』，當作『邊』，據文義改。

〔四六〕『九』，《敦煌遺書總目索引新編》漏録；『寫』，《敦煌遺書總目索引新編》漏録；『乞』，當作『訖』，據文義改，『乞』爲『訖』之借字，《敦煌遺書總目索引新編》逕釋作『訖』。

〔四七〕『記』，《敦煌遺書總目索引新編》釋作『許』。

參考文獻

Descriptive Catalogue of the Chinese Manuscripts from Tunhuang in the British Museum, London：The Trustees of the British Museum, 1957, p. 196（録）；《敦煌學要籥》，臺北：新文豐出版公司，一九八二年，一四六頁（録）；《敦煌寶藏》三六册，臺北：新文豐出版公司，一九八二年，三三八至三四一頁（圖）；《敦煌遺書總目索引》，北京：中華書局，一九八三年，二〇二頁（録）；《大正新修大藏經》二册，臺北：新文豐出版公司，一九八三年，七五六至七五七頁；《大正新修大藏經》一四册，臺北：新文豐出版公司，一九八三年，五四九頁；《大正新修大藏經》二五册，臺北：新文豐出版公司，一九八三年，一五九頁；《中國古代寫本識語集録》，東京大學東洋文化研究所，一九九〇年，一二三頁（録）；

《中國敦煌學百年文庫·宗教卷》四册，蘭州：甘肅文化出版社，一九九九年，二四五頁（録）；《敦煌遺書總目索引新編》，北京：中華書局，二〇〇〇年，一四〇頁（録）；《敦煌佛教律儀制度研究》，北京：中華書局，二〇一一年，一三〇至一三三頁；《華東師範大學學報（哲學社會科學版）》二〇〇七年一期，三八頁（録）；《世界宗教研究》二〇〇八年一期，二二至二三頁（録）；《敦煌寫本研究年報》五號，京都大學人文科學研究所，二〇一一年，一二九至一四九頁；《宗教研究·2009》，北京：宗教文化出版社，二〇一二年，九五至九六頁（録）；《華東師範大學學報（哲學社會科學版）》二〇一六年一期，一九至三〇頁（録）；《中國佛教儀式研究——以齋供儀式爲中心》，上海古籍出版社，二〇一八年，一三〇至一三五頁；《佛教文獻研究》三輯，桂林：廣西師範大學出版社，二〇一九年，一三七至一五四頁（録）。

斯四四九五　　諸星母陀羅尼經一卷題記

釋文

唐再再。

説明

此件題於『諸星母陀羅尼經一卷』尾題之後，《英藏敦煌文獻》未收，現予增收。池田温推測此件的年代在公元九世紀前期（參看《中國古代寫本識語集録》，三九五頁）。

參考文獻

Descriptive Catalogue of the Chinese Manuscripts from Tunhuang in the British Museum, London：The Trustees of the British Museum, 1957, p. 156（録）；《敦煌寶藏》三六册，臺北：新文豐出版公司，一九八二年，三四三頁（圖）；《中國古代寫本識語集録》，東京大學東洋文化研究所，一九九〇年，三九五頁（録）。

斯四四九六　妙法蓮華經卷第三題記

釋文

總章元年十一月廿三日，佛弟子陰智杜爲見在父母、先亡父母敬造《法華經》一部，流通供養。

説明

此件題於『妙法蓮華經卷第三』尾題之後，題記筆跡與經文不同，《英藏敦煌文獻》未收，現予增收。總章元年即公元六六八年。

參考文獻

Descriptive Catalogue of the Chinese Manuscripts from Tunhuang in the British Museum, London：The Trustees of the British Museum, 1957, p. 71（録）；《敦煌學要籥》，臺北：新文豐出版公司，一九八二年，一四六頁（録）；《敦煌寶藏》三六冊，臺北：新文豐出版公司，一九八二年，三五七頁（圖）；《敦煌遺書總目索引》，北京：中華書局，一九八三年，二

〇二頁（録）；《中國古代寫本識語集録》，東京大學東洋文化研究所，一九九〇年，二一〇頁（録）；《中國敦煌學百年文庫·宗教卷》四册，蘭州：甘肅文化出版社，一九九九年，二一二頁（録）；《敦煌遺書總目索引新編》，北京：中華書局，二〇〇〇年，一四〇頁（録）；《石河子大學學報（哲學社會科學版）》二〇一六年六期，二九頁（録）。

斯四四九七　　大般若波羅蜜多經卷第二五八勘經題記

釋文

兑下。

重，兑下。

説明

以上文字書寫於《大般若波羅蜜多經》卷第二百五十八天頭，『重』表示此紙有一行文字爲衍文，『兑下』表示此卷佛經已經作廢。《英藏敦煌文獻》未收，現予增收。

參考文獻

Descriptive Catalogue of the Chinese Manuscripts from Tunhuang in the British Museum, London：The Trustees of the British Museum, 1957, p. 16（録）；《敦煌寶藏》三五册，臺北：新文豐出版公司，一九八二年，三五七至三五八頁（圖）；《敦煌遺書總目索引新編》，北京：中華書局，二〇〇〇年，一四〇頁（録）。

斯四四九八背　大般若波羅蜜多經卷第五二三卷背題名

釋文

令狐師。

説明

以上題名書於《大般若波羅蜜多經》卷第五二三背面，池田温推測抄寫於九世紀前期（參看《中國古代寫本識語集録》，三七三頁）。

參考文獻

Descriptive Catalogue of the Chinese Manuscripts from Tunhuang in the British Museum, London：The Trustees of the British Museum, 1957, p. 12（録）；《敦煌寶藏》三六册，臺北：新文豐出版公司，一九八二年，三五九頁（圖）；《中國古代寫本識語集録》，東京大學東洋文化研究所，一九九〇年，三七三頁（録）；《英藏敦煌文獻》六卷，成都：四川人民出版社，一九九二年，一一四頁（圖）。

斯四五〇二　大般若波羅蜜多經卷第四一六勘經題記

釋文

兑。

說明

以上文字題於《大般若波羅蜜多經》卷第四百一十六天頭，表示此紙佛經已經作廢，《英藏敦煌文獻》未收，現予增收。

參考文獻

Descriptive Catalogue of the Chinese Manuscripts from Tunhuang in the British Museum, London：The Trustees of the British Museum, 1957, p. 10（録）；《敦煌寶藏》三六册，臺北：新文豐出版公司，一九八二年，三七〇頁（圖）；《敦煌遺書總目索引新編》，北京：中華書局，二〇〇〇年，一四〇頁（録）。

斯四五〇二背　大菩薩藏經第一袟袟號

釋文

大菩薩藏經第一袟〔一〕。

説明

以上文字題於《大般若波羅蜜多經》卷第四百一十六勘經題記背面，表示用此張兑廢紙作爲《大菩薩藏經》第一袟的經袟，《英藏敦煌文獻》未收，現予增收。

校記

〔一〕『第』，底本作『弟』，按寫本中『弟』『第』形近易混，故可據文義逕釋作『第』。

參考文獻

Descriptive Catalogue of the Chinese Manuscripts from Tunhuang in the British Museum, London：The Trustees of the British Museum, 1957, p. 10（録）；《敦煌寶藏》三六册，臺北：新文豐出版公司，一九八二年，三七〇頁（圖）。

斯四五〇四背　一　雜寫及習字

釋文

處處處處處　　處懷深

孝子信智記

一願三寶恆存立，二願風

説明

此卷正面首缺尾全，有界欄，内容是《四分律比丘含注戒本》卷上、卷中。背面也是首缺尾全，亦有界欄，内容均係抄件或雜寫，自『三界寺僧福員上仆射牒』後爲倒書，正書内容與倒書内容間隔三十多行空白，卷末亦有約十行空白。從筆跡看，卷背的内容非一人一時所抄。原卷自『千字文』至『三界寺僧福員上仆射牒』，是倒過來從卷末自右向左順序書寫。也就是説，卷背的内容實際上是從兩端往中間書寫的，從卷末往中間抄寫的部分是倒過來抄寫的。《敦煌寶藏》和《英藏敦煌文獻》的圖版將倒書倒轉過來印爲正書，雖然方便閲讀，但改變了原卷的物理次序。IDP網站的圖版保持了原卷的次序。爲保持原貌，本書仍按原卷的次序釋録，但將倒書改爲正書。

此件係時人隨手所寫。

參考文獻

《敦煌寶藏》三六册，臺北：新文豐出版公司，一九八二年，三七七頁（圖）；《中國古代寫本識語集録》，東京大學東洋文化研究所，一九九〇年，四〇〇頁（録）；《英藏敦煌文獻》六卷，成都：四川人民出版社，一九九二年，一一四頁（圖）。

斯四五〇四背　二　十願歌

釋文

一願三寶恆存立，二願風雨順時行，三願國王十萬歲〔一〕，四願邊地無刀兵，五願三塗李（離）苦難〔二〕，六願百病盡消除〔三〕，七願衆生行慈孝〔四〕，八願屠兒不煞生〔五〕，九願勞（牢）行（囚）得解脱〔六〕，十願法界普安寧。眼願莫見刀光刃〔七〕，耳願莫聞怨枉聲〔八〕，口願不用隨（違）心義（語）〔九〕，手願莫煞一衆生〔一〇〕，總願當來持（值）彌勒〔一一〕，願備將當入化成（城）〔一二〕。

説明

此件首尾完整，無題，起『一願三寶恆存立』，訖『願備將當入化成』。《敦煌遺書總目索引》擬名《十願歌》，《英藏敦煌文獻》《敦煌遺書總目索引新編》從之。此件内容與《佛説續命經》讚文部分基本相同，應是僧尼摘抄自《佛説續命經》，用來在五會念佛法事中唱頌的（參看汪泛舟《敦煌詩詞補正與考源》，《敦煌研究》一九九七年三期，一一一至一一二頁；李小榮《〈佛説續命經〉研究》，《敦煌研究》

二〇一〇年五期，七一至七八頁）。現知敦煌文獻中保存的與此件内容相同的『十願歌』尚有伯二四八三及伯三二一六。伯二四八三首尾完整，抄於《歸極樂去讚》《蘭若讚》《阿彌陀讚》等五會念佛法事儀讚文中；伯三二一六亦首尾完整，抄於《念佛讚文》《阿彌陀讚文》等五會念佛法事儀讚文中。

以上釋文以斯四五〇四背爲底本，用伯二四八三（稱其爲甲本）、伯三二一六（稱其爲乙本）參校。

校記

〔一〕『王』，乙本同，甲本脱；『十』，甲、乙本作『壽』。

〔二〕『李』，當作『離』，據甲、乙本改，『李』爲『離』之借字。

〔三〕『消』，甲本同，乙本作『除』；『除』，甲本同，乙本作『平』。

〔四〕『衆』，甲本同，乙本作『重』，『重』爲『衆』之借字。

〔五〕『屠』，甲本同，乙本作『途』，『途』爲『屠』之借字；『不』，甲、乙本作『莫』。

〔六〕『勞』，當作『牢』，據斯三七九五《佛説續命經》改，『勞』爲『牢』之借字，甲、乙本作『獄』；『行』，當作『囚』，據甲本改，乙本作『困』，誤；『解』，甲本同，乙本作『度』。

〔七〕『莫』，甲本同，乙本作『不』；『刃』，乙本同，甲本作『忍』，『忍』爲『刃』之借字。

〔八〕『莫』，甲、乙本作『不』；『怨』，甲、乙本同，《全敦煌詩》校改作『冤』，按『怨』通『冤』，不煩校改；『枉』，甲、乙本作『惡』。

〔九〕『隨』，當作『違』，據甲本改，乙本作『爲』，『爲』爲『違』之借字；『義』，當作『語』，據甲、乙本改，『義』爲『語』之借字，《全敦煌詩》校改作『意』。

〔一〇〕「莫」，甲、乙本作「不」；「衆」，甲本同，乙本作「重」，「重」爲「衆」之借字。

〔一一〕「總」，甲本同，乙本作「物」，誤；「持」，甲本作「雉」，乙本作「受」，當作「值」，據斯三七九五《佛説續命經》改，「持」「雉」爲「值」之借字。

〔一二〕「願」，甲本作「連」，乙本作「憐」，「憐」爲「連」之借字；「備」，甲、乙本作「臂」；「將」，甲、乙本作「相」；「當」，甲、乙本作「將」；「成」，當作「城」，據甲、乙本改，「成」爲「城」之借字。

參考文獻

《敦煌寶藏》三一册，臺北：新文豐出版公司，一九八二年，四一八頁（圖）；《敦煌寶藏》三六册，臺北：新文豐出版公司，一九八二年，三三九頁（圖）；《敦煌遺書總目索引》，北京：中華書局，一九八三年，二〇二頁（録）；《英藏敦煌文獻》六卷，成都：四川人民出版社，一九九二年，一一四頁（圖）；《敦煌文學概論》，蘭州：甘肅人民出版社，一九九三年，五六〇頁（録）；《敦煌研究》一九九七年三期，一一一至一一二頁；《敦煌遺書總目索引新編》，北京：中華書局，二〇〇〇年，一四〇頁（録）；《法藏敦煌西域文獻》一四卷，上海古籍出版社，二〇〇一年，二五七頁（圖）；《法藏敦煌西域文獻》二二卷，上海古籍出版社，二〇〇二年，一八四頁（圖）；《全敦煌詩》一五册，北京：作家出版社，二〇〇六年，六七六六至六七六七頁（録）；《敦煌研究》二〇一〇年五期，七一至七八頁。

斯四五〇四背　三　大乘四大齋日抄

釋文

七月六日午時，向東禮拜〔一〕，除罪三萬劫。

説明

此件僅抄此一句，内容接近伯三七九五『大乘四大齋日』中的相關部分。

校記

〔一〕『向』，《敦煌寫本 P. 3973〈往五臺山行記〉殘卷研究》《敦煌寫本〈往五臺山行記〉與敦煌地區巡禮五臺山活動》釋作『象』，誤。

參考文獻

《敦煌寶藏》三六册，臺北：新文豐出版公司，一九八二年，三七七頁（圖）；《英藏敦煌文獻》六卷，成都：四川人民出版社，一九九二年，一一四頁（圖）；《敦煌學輯刊》二〇〇二年一期，九頁（録）；《法藏敦煌西域文獻》

二八卷，上海古籍出版社，二〇〇四年，七九頁；《敦煌歸義軍史專題研究三編》，蘭州：甘肅文化出版社，二〇〇五年，二〇九頁（録）；《英藏敦煌社會歷史文獻釋録》一二卷，北京：社會科學文獻出版社，二〇一五年，三四四至三四六頁；《華東師範大學學報（哲學社會科學版）》二〇一六年一期，一九至三〇頁。

斯四五〇四背　四　五臺山聖境讚抄

釋文

五臺山聖境讚
金臺釋子玄本述〔一〕
讚大聖真容七言〔二〕
金刹真容化現來，光明花藏每常開。
天人共會終難識，凡聖周（同）居不可裁〔三〕。
五百龍神朝月殿，十千菩薩住靈臺。
浮生踏著清粱（涼）地〔四〕，寸土能銷萬刧災〔五〕。
僧手記〔六〕

説明

此件首尾完整，首題『五臺山聖境讚』，尾題『僧手記』。『五臺山聖境讚』爲包含十一首詩歌的組詩，此件僅抄寫了其中第一首『讚大聖真容』。組詩作者玄本生平未詳，徐俊認爲其作於唐開成以後，唐末五代之際（參看《敦煌詩集殘卷輯考》，四四八至四四九頁）。現知敦煌文獻中保存的『讚大聖真容詩』還有伯四六一七、伯四六四一，其中伯四六一七首尾完整，首題『五臺山聖境讚』，下署『金臺釋子玄本述』，共存詩十一首，每首都有篇題且分章，其後接抄《大乘五更轉》；伯四六四一首尾完整，首題『五臺山聖境讚』，尾題『五臺山讚一本』，共存詩十一首，無篇題且不分章。

以上釋文以斯四五〇四背爲底本，以伯四六一七（稱其爲甲本）、伯四六四一（稱其爲乙本）參校。

校記

〔一〕『金臺釋子玄本述』，甲本同，乙本無。

〔二〕『讚大聖真容』，甲本同，乙本無；『七言』，甲、乙本無。

〔三〕『周』，當作『同』，據甲、乙本改，《敦煌寫本 P. 3973〈往五臺山行記〉殘卷研究》《敦煌寫本〈往五臺山行記〉與敦煌地區巡禮五臺山活動》釋作『固』，誤。

〔四〕『梁』，當作『涼』，據甲、乙本改，『梁』爲『涼』之借字。

〔五〕『銷』，甲、乙本作『消』，按『銷』同『消』。

〔六〕『僧手記』，甲、乙本無。

參考文獻

《敦煌寶藏》三六册，臺北：新文豐出版公司，一九八二年，三七七頁（圖）；《敦煌寶藏》一三四册，臺北：新文豐出版公司，一九八六年，二一、一三二頁（圖）；《敦煌五臺山文獻校録研究》，太原：山西人民出版社，一九九一年，五三至五四頁（録）；《英藏敦煌文獻》六卷，成都：四川人民出版社，一九九二年，一一四頁（圖）；《敦煌詩集殘卷輯考》，北京：中華書局，二〇〇〇年，四四八至四五〇頁（録）；《敦煌學輯刊》二〇〇二年一期，九頁（録）；《法藏敦煌西域文獻》三二卷，上海古籍出版社，二〇〇五年，一八三、二六八頁（圖）；《敦煌歸義軍史專題研究三編》，蘭州：甘肅文化出版社，二〇〇五年，二〇九頁（録）；《全敦煌詩》一四册，北京：作家出版社，二〇〇六年，六二八四至六二八六頁（録）；《五臺山研究》二〇一四年一期，一二頁（録）。

斯四五〇四背　　五　寺名鄉名菩薩名等

釋文

龍興寺、乾元、靈修、開元、永安寺、安國〔一〕、大乘、金光明、靈圖寺僧〔二〕、普光寺、三界寺、蓮臺寺、淨土寺、報恩寺、大雲寺、福真凝〔三〕。

敦煌鄉、莫高鄉、神砂（沙）鄉〔四〕、龍勒鄉、慈慧（惠）鄉〔五〕、赤心鄉、拱（洪）潤鄉〔六〕、平康鄉、拱（洪）池鄉、效穀鄉。

裁阿難阿難菩薩菩薩難淮。

説明

此件首尾完整，抄有十六寺、十鄉名等。馮培紅認爲其抄寫年代在公元九三五年之後（參看《歸義軍時期敦煌諸縣鄉廢置申論》，《敦煌研究》二〇〇〇年三期，一〇〇頁）。

校記

〔一〕『安國』，《歸義軍時期敦煌諸縣鄉廢置申論》漏録。

〔二〕『寺』，《歸義軍時期敦煌諸縣鄉廢置申論》漏録；『僧』，據文義係衍文，當刪，《歸義軍時期敦煌諸縣鄉廢置申論》校改作『寺』。

〔三〕『凝』，《歸義軍時期敦煌諸縣鄉廢置申論》釋作『趧』。

〔四〕『砂』，當作『沙』，《歸義軍時期敦煌諸縣鄉廢置申論》據文義校改。

〔五〕『慧』，當作『惠』，據伯二七三八背《敦煌鄉里并寺院名目》改，『慧』爲『惠』之借字。

〔六〕『拱』，當作『洪』，據伯二七三八背《敦煌鄉里并寺院名目》改，以下同，不另出校；『潤』，《歸義軍時期敦煌諸縣鄉廢置申論》釋作『閏』，誤。

參考文獻

《敦煌寶藏》三六册，臺北：新文豐出版公司，一九八二年，三七七頁（圖）；《英藏敦煌文獻》六卷，成都：四川人民出版社，一九九二年，一一四頁（圖）；《敦煌研究》二〇〇〇年三期，九七至一〇一頁（録）；《法藏敦煌西域文獻》一八卷，上海古籍出版社，二〇〇一年，三〇頁（圖）。

斯四五〇四背　　六　行人轉帖抄

釋文

行人轉帖。已上行〔人〕〔一〕，次著〔上〕真（直）三日〔二〕，并弓箭、槍排、白棒，不得欠少壹色〔三〕。帖至，限今月卅日卯時於南門外取齊。捉二人後到，決杖七下。全不來，官有處分。其帖各自是（示）名遞過者〔四〕。

十一月五日，隊頭、副隊張帖。

説明

此件首尾完整，爲行人轉帖抄，事由爲上直三日，未抄行人姓名。

校記

〔一〕『人』，《敦煌社會經濟文獻真蹟釋録》據文義校補。

〔二〕『上』，《敦煌社會經濟文獻真蹟釋録》據文義校補；『真』，當作『直』，《敦煌社會經濟文獻真蹟釋録》據文義校改。

〔三〕『壹』，《吐蕃統治敦煌時期的『行人』、『行人部落』》釋作『一』，雖義可通而字誤。

〔四〕『帖』，《敦煌遺書總目索引》《敦煌社會經濟文獻真蹟釋録》《唐五代歸義軍政權中隊職問題辨析》《敦煌遺書總目索引新編》《吐蕃統治敦煌時期的『行人』、『行人部落』》均釋作『帖人』，按底本『人』字已塗抹；『是』，當作『示』，《敦煌社會經濟文獻真蹟釋録》據文義校改，『是』爲『示』之借字。

參考文獻

《敦煌寶藏》三六册，臺北：新文豐出版公司，一九八二年，三七八頁（圖）；《敦煌遺書總目索引》，北京：中華書局，一九八三年，二〇三頁（録）；《敦煌社會經濟文獻真蹟釋録》一輯，北京：書目文獻出版社，一九八六年，四一三頁（圖）（録）；《英藏敦煌文獻》六卷，成都：四川人民出版社，一九九二年，一一四頁（圖）；《敦煌學輯刊》一九九六年二期，二八頁（録）；《敦煌遺書總目索引新編》，北京：中華書局，二〇〇〇年，一四〇頁（録）；《民族研究》二〇〇九年四期，八六頁（録）。

斯四五〇四背　七　雜寫

釋文

宜入雜新年，大富吉昌。

説明

以上文字係時人隨手所寫。

參考文獻

《敦煌寶藏》三六册，臺北：新文豐出版公司，一九八二年，三七八頁（圖）；《英藏敦煌文獻》六卷，成都：四川人民出版社，一九九二年，一一四頁（圖）。

斯四五〇四背　八　敦煌百家姓抄

釋文

張、王、李、趙、陰、薛、唐、鄧、令狐、鄭、宋、安、康、石、吉、羅、白、米、史、曹、何、董、閻、索、韋、陽、⿰阝喬〔一〕、蘇、就、韓、温、高、擽、雷、消、燒、京、荆、慕容、周、武、翟、除、麴、郝、黑、祝、孫、孔、梁、盧、採、桑、郭、馬、景、憑〔二〕、譚、竇、龍、尹、吴、氾、魚、范、裴、社〔三〕、渾、白、陳。

説明

此件首尾完整，其内容爲敦煌百家姓，但未抄全，僅抄七十個姓。與後代百家姓以『趙錢孫李』起首不同，敦煌百家姓是以『張王李趙』開頭的。敦煌文獻中保存的『敦煌百家姓』寫本近二十個，可能形成於張氏歸義軍時期（參看《敦煌經部文獻合集》，四〇〇六至四〇一〇頁）。

校記

〔一〕『⿰阝喬』，《敦煌經部文獻合集》疑當作『橋』。

〔二〕『憑』，《敦煌經部文獻合集》疑當作『馮』。
〔三〕『社』，《敦煌經部文獻合集》疑當作『杜』。

參考文獻

《敦煌寶藏》三六册，臺北：新文豐出版公司，一九八二年，三七八頁（圖）；《英藏敦煌文獻》六卷，成都：四川人民出版社，一九九二年，一一四至一一五頁（圖）；《敦煌經部文獻合集》八册，北京：中華書局，二〇〇八年，四〇一一、四〇一五至四〇一六頁（録）。

斯四五〇四背　九　雜寫

釋文

東南西北，東南西北，陳。

説明

以上文字係時人隨手所寫。

參考文獻

《敦煌寶藏》三六册，臺北：新文豐出版公司，一九八二年，三七八頁（圖）；《英藏敦煌文獻》六卷，成都：四川人民出版社，一九九二年，一一五頁（圖）；《敦煌經部文獻合集》八册，北京：中華書局，二〇〇八年，四〇一一、四〇一五至四〇一六頁（録）。

斯四五〇四背　一〇　行人轉帖抄

釋文

行人轉帖。已上行人，次著上直三日，并弓箭、槍排、白棒，不得欠少壹色。帖至，限今月卅日卯時於東門外取齊。捉二人後到，決杖七下。全不來，官有處分。其帖各自是（示）名遞過者[一]。

七月三日，隊頭吳、副隊張。

王粉堆、閻藥子、趙阿朵、唐鉢令[二]、高阿聯、裴秀子、裴略忠、張瘦子、宋潘力、董畜子、蔣國堆、孔進晟、王通子、界再安、方達、荆醜子、令狐成官、李紹丘、徐祐信、張夜雞、劉三奴、緣支、張通兒、宋贊忠、康悉翁子、氾達兒、范犬子[三]、韓弅（衍）子[四]、梁慶宋、彭不藉、馮鍋鍋。

說明

此件首尾完整，其內容爲行人轉帖抄，事由爲上直三日。

校記

〔一〕「是」，當作「示」，《敦煌社會經濟文獻真蹟釋録》據文義改，「是」爲「示」之借字。
〔二〕「令」，《八世紀末期～十一世紀初期敦煌氏族人名集成・索引篇》釋作「會」，誤。
〔三〕「犬」，《敦煌社會經濟文獻真蹟釋録》釋作「友」。
〔四〕「衎」，當作「衍」，據文義改。

參考文獻

《敦煌寶藏》三六册，臺北：新文豐出版公司，一九八二年，三七八頁（圖）；《敦煌社會經濟文獻真蹟釋録》一輯，北京：書目文獻出版社，一九八六年，四一三頁（圖）（録）；《英藏敦煌文獻》六卷，成都：四川人民出版社，一九九二年，一一五頁（圖）；《八世紀末期～十一世紀初期敦煌氏族人名集成・索引篇》，東京：汲古書院，二〇一六年，二六三頁。

斯四五〇四背　一一　太子成道經抄

釋文

上從兜率降人間，託蔭王宮爲生相。
九龍齊温香和水，爭浴連（蓮）花葉上身〔一〕。
聖主摩耶往後園，彩女頻（嬪）肥（妃）奏樂喧〔二〕。

說明

此件首尾完整，所抄内容爲《太子成道經》中的六句吟文。敦煌文獻中保存的《太子成道經》共有八件，其中斯五四八背、斯二三五二、斯四六二六、伯二九九九、BD六七八〇收有此六句吟文。

以上釋文以斯四五〇四背爲底本，因相關各寫本之異同已見於斯二三五二『太子成道經』校記，故此件僅用本書第十一卷所收斯二三五二爲校本（稱其爲甲本）校補脱文、校改錯字，如甲本亦有脱、誤，則據其他相關文本補、改，各本異文不再一一出校。

校記

〔一〕『連』，當作『蓮』，據甲本改，『連』爲『蓮』之借字。

〔二〕『頻』，當作『嬪』，《敦煌變文集》據文義校改，『頻』爲『嬪』之借字；『肥』，當作『妃』，據甲本改，『肥』爲『妃』之借字。

參考文獻

《敦煌變文集》上，北京：人民文學出版社，一九五七年，二八五至三一六頁（録）；《敦煌寶藏》三六册，臺北：新文豐出版公司，一九八二年，三七八頁（圖）；《英藏敦煌文獻》六卷，成都：四川人民出版社，一九九二年，一一五頁（圖）；《英藏敦煌社會歷史文獻釋録》一一卷，北京：社會科學文獻出版社，二〇一四年，四六〇至五一六頁（録）。

斯四五〇四背　一二　乙未年三月七日押衙就弘子貸生絹契抄

釋文

乙未年三月七日立契，押衙就弘子往於西州充使，欠少絹帛，遂於押衙閻全子面上貸生絹壹疋，長肆拾尺，福闊壹尺捌寸叁分〔一〕。其絹彼（比）至西州迴來之日還〔二〕，絹裏（利）頭立機細緤壹疋〔三〕、官布壹疋，其絹限壹箇月還。若得壹箇月不還絹者，逐月於鄉原生裏（利）。若身東西不平善者，壹仰口承男某甲伍（祇）當〔四〕。但別取本絹，無裏（利）頭。兩共對面平章，不喜（許）悔者〔五〕，用爲後驗。

説明

此件首尾完整，末尾處有絶止符號，爲借貸生絹契約的抄件，榮新江認爲其中乙未年即清泰二年（公元九三五年）（參看《歸義軍大事紀年初稿》，《出土文獻研究》一九九八年一期，二四五頁）。《敦煌遺書總目索引》擬名作『乙未年押衙龍弘子借閻全子生絹契』，《敦煌遺書總目索引新編》從之，《英藏敦煌文獻》擬名作『乙未年三月七日押衙龍弘子貸生絹契』，此件中『龍』字底本實爲『就』字，故今改擬名作『乙未年三月七日押衙就弘子貸生絹契』。

校記

〔一〕『福』，《敦煌資料》校改作『幅』，按『福』通『幅』，不煩校改。
〔二〕『彼』，當作『比』，《敦煌契約文書輯校》據文義校改，『彼』爲『比』之借字。
〔三〕『裹』，當作『利』，《唐五代時期的高利貸——敦煌吐魯番出土借貸文書初探》據文義校改，『裹』爲『利』之借字。以下同，不另出校。
〔四〕『伍』，當作『衹』，《中國歷代契約會編考釋》據文義校改，《敦煌社會經濟文獻真蹟釋録》逕釋作『衹』。
〔五〕『喜』，當作『許』，《唐五代時期的高利貸——敦煌吐魯番出土借貸文書初探》據文義校改，『喜』爲『許』之借字。

參考文獻

《敦煌資料》一輯，北京：中華書局，一九六一年，三七〇頁（録）；《敦煌寶藏》三六册，臺北：新文豐出版公司，一九八二年，三七八頁（圖）；《敦煌遺書總目索引》，北京：中華書局，一九八三年，二〇三頁；《敦煌學輯刊》一九八五年二期，一八頁（録）；《隋唐五代經濟史料彙編校注》第一編下册，北京：中華書局，一九八七年，九二九頁（録）；《敦煌社會經濟文獻真蹟釋録》二輯，北京：全國圖書館文獻縮微複製中心，一九九〇年，一一〇頁（圖）（録）；《英藏敦煌文獻》六卷，成都：四川人民出版社，一九九二年，一一五頁（圖）；《中國歷代契約會編考釋》上册，北京大學出版社，一九九五年，三八六至三八七頁（録）；《出土文獻研究》一九九八年一期，二四五頁；《敦煌契約文書輯校》，南京：江蘇古籍出版社，一九九八年，一九七至一九八頁（録）；《敦煌遺書總目索引新編》，北京：中華書局，二〇〇〇年，一四〇頁；《語文學刊》二〇一五年六期，三一頁（録）；《西域研究》二〇一六年四期，一三頁（録）。

斯四五〇四背　　一三　乙未年正月一日靈圖寺僧善友貸生絹契抄

釋文

乙未年正月壹日，靈圖寺僧善友往於西州充使〔一〕，欠少絹帛，遂於押衙全子面上貸生絹壹疋〔二〕，長肆（以下原缺文）

説明

此件首尾完整，原未抄完，後面留有三十九行空白。

校記

〔一〕『僧』，《晚唐五代敦煌僧人在中西經濟活動中的作用》漏録。

〔二〕《晚唐五代敦煌僧人在中西經濟活動中的作用》在『衙』後補一『閻』字。

參考文獻

《敦煌寶藏》三六册，臺北：新文豐出版公司，一九八二年，三七八頁（圖）；《敦煌社會經濟文獻真蹟釋録》二輯，北京：全國圖書館文獻縮微複製中心，一九九〇年，一一〇頁（圖）（録）；《敦煌研究》一九九二年二期，七〇頁（録）；《英藏敦煌文獻》六卷，成都：四川人民出版社，一九九二年，一一五頁（圖）；《敦煌契約文書輯校》，南京：江蘇古籍出版社，一九九八年，一九六頁（録）；《敦煌學輯刊》二〇〇七年四期，五二頁（録）；《中國社會經濟史研究》二〇一〇年四期，一八頁（録）；《隴東學院學報》二〇一一年三期，五七頁（録）；《敦煌學輯刊》二〇一五年四期，八三頁（録）。

斯四五〇四背　一四　三界寺僧福員上仆射牒抄

釋文

三界僧　福員〔一〕

右福員　吞（忝）居緇侶〔二〕，謬在僧門，行藝全虧，又乖事業。今欲報
君臣之恩德，巡禮臺山〔三〕，懷不退之卑心〔四〕，隨伴頂謁。伏乞
僕射　台造不阻福門，特賜　允容，与満心願。伏聽　處分〔五〕。
牒件狀如前，謹牒。

說明

此件首尾完整，倒書，與上件間隔三十九行空白。其内容爲三界寺僧福員請求巡禮五臺山的牒文抄。敦煌文獻中保存的基本相同的牒文還有伯三九二八。伯三九二八首尾完整，起『右某乙忝居緇侶』，訖『伏聽處分』，後接另一篇狀文。

以上釋文以斯四五〇四背爲底本，用伯三九二八（稱其爲甲本）參校。

校記

〔一〕『福員』，甲本作『某乙』，以下同，不另出校。

〔二〕『右』，《鎮國與消災：曹氏歸義軍時期敦煌地區的五臺山文殊信仰研究》釋作『右僧』，誤；『吞』，當作『忝』，據甲本改。

〔三〕『臺』，甲本作『五臺』，《鎮國與消災：曹氏歸義軍時期敦煌地區的五臺山文殊信仰研究》逕釋作『五臺』；『山』，甲本無。

〔四〕『懷』，甲本作『内懷』。

〔五〕甲本止於此句。

參考文獻

《敦煌寶藏》三六册，臺北：新文豐出版公司，一九八二年，三八一頁（圖）；《英藏敦煌文獻》六卷，成都：四川人民出版社，一九九二年，一一七頁（圖）；《唐後期五代宋初敦煌僧尼的社會生活》，北京：中國社會科學出版社，一九九八年，四〇〇頁（録）；《敦煌學輯刊》二〇〇二年一期，八至九頁（録）；《敦煌學輯刊》二〇〇四年一期，八八頁（録）；《敦煌歸義軍史專題研究三編》，蘭州：甘肅文化出版社，二〇〇五年，二〇八至二〇九、二二五頁（録）；《五臺山研究》二〇一六年四期，二八頁（録）。

斯四五〇四背　一五　六波羅蜜關

釋文

六波羅蜜關〔一〕

問〔二〕：布施能潤生，許稱波羅蜜。持戒生（非）潤生〔三〕，云何波羅蜜？

答：布施能閏生〔四〕，潤生波羅蜜〔五〕。持戒生善因，善因波羅蜜。

問：持戒生善因，善因波羅蜜。忍辱非善因，云何波羅蜜？

答：持戒生善因，善因波羅蜜。忍辱伏嗔怒，亦名波羅蜜〔六〕。

問：忍辱伏嗔怒，任稱波羅蜜〔七〕。精進非伏怒，云何波羅蜜？

答：忍辱能伏怒，既稱波羅蜜〔八〕。精進除懈怠〔九〕，亦名波羅蜜〔一〇〕。

問：精進除懈怠，任稱波羅蜜〔一一〕。禪定非除慢〔一二〕，云何波羅蜜？

答：精進謂除慢〔一三〕，除慢波羅蜜〔一四〕。禪定離諸念，離念波羅蜜。

問：禪定離念故〔一五〕，離念波羅蜜。智惠非離念〔一六〕，云何波羅蜜？

答：禪定離諸念，許稱波羅蜜〔一七〕。智惠除癡愛〔一八〕，云何波羅蜜〔一九〕。

問：智惠能解癡，解癡波羅蜜。前五非解癡，云何波羅蜜？

答：智惠能解癡，解癡波羅蜜〔二〇〕。前五三事空，得名波羅蜜〔二一〕。

説明

此件首尾完整，倒書，首題『六波羅蜜關』。《敦煌遺書總目索引》《英藏敦煌文獻》均未對此件定名，《敦煌寶藏》擬名『六波羅蜜問答』，《敦煌遺書總目索引新編》從之。兹據首題擬名。此件内容爲六波羅蜜論義中，義端論畢後的『申關並』（參看侯沖《漢地佛教的論義——以敦煌遺書爲中心》，《世界宗教研究》二〇一二年一期，四二至五〇頁），同樣的内容還見於伯二八〇七。伯二八〇七首尾完整，中部略有殘缺，起『布施能潤生』，訖『亦稱波羅蜜』，前爲『設難問疑致語』，後接《瑜伽論略出十七地義及十支義》。

以上釋文以斯四五〇四背爲底本，用伯二八〇七（稱其爲甲本）參校。

校記

〔一〕『六波羅蜜關』，甲本無。

〔二〕『問』，甲本脱。

〔三〕『生』，當作『非』，據甲本改。

〔四〕『閏』，甲本作『潤』，按『閏』通『潤』。

〔五〕『潤』，甲本作『許』；『生』，甲本作『稱』。

〔六〕『亦』，甲本作『伏』；『名』，甲本作『努』。

〔七〕『任』，甲本作『伏』；『稱』，甲本作『怒』。

〔八〕『既』，甲本作『伏』；『稱』，甲本作『怒』。

〔九〕『怠』，甲本作『慢』，以下同，不另出校。

〔一〇〕『亦』，甲本作『解』；『名』，甲本作『慢』。

〔一一〕『任』，甲本作『解』；『稱』，甲本作『慢』；『蜜』，甲本脱。

〔一二〕『除』，甲本作『解』。

〔一三〕『謂』，甲本作『除』；『除』，甲本作『懈』。

〔一四〕『除』，甲本作『解』。

〔一五〕『念』，甲本作『諸』；『故』，甲本作『念』。

〔一六〕『惠』，甲本同，按『惠』通『慧』。以下同，不另出校。

〔一七〕『許』，甲本作『離』；『稱』，甲本作『念』。

〔一八〕『除』，甲本作『能』；『癡』，甲本作『懈』；『愛』，甲本作『癡』。

〔一九〕『云』，甲本作『解』；『何』，甲本作『癡』。

〔二〇〕『解』，甲本作『許』；『癡』，甲本作『稱』。

〔二一〕『得』，甲本作『亦』；『名』，甲本作『稱』。

參考文獻

《敦煌寶藏》三六册，臺北：新文豐出版公司，一九八二年，三八〇至三八一頁（圖）；《敦煌遺書總目索引》，北京：中華書局，一九八三年，二〇三頁；《英藏敦煌文獻》六卷，成都：四川人民出版社，一九九二年，一一六至一一七頁（圖）；《敦煌遺書總目索引新編》，北京：中華書局，二〇〇〇年，一四〇頁；《法藏敦煌西域文獻》一八册，上海古籍出版社，二〇〇一年，三三二頁（圖）；《世界宗教研究》二〇一二年一期，四二至五〇頁（録）。

釋文

以此開讚大乘不思議解脱法門，所生功德，無量無邊，先用莊嚴梵釋四王、龍天八部：伏願威光熾盛，福力逾增；十地果圓，五衰相滅。授如來囑〔一〕，弘廣大慈；不捨悲心，救人護國。即使經聲歷歷，上徹天宮；鍾梵鈴鈴，下臨地獄。刀山落刃，劍樹摧鋒；爐炭收煙，冰河息浪。針咽餓鬼，永絶虚羸；鱗甲畜生，莫相食噉。歌謡乾闥，絃管長鳴；鬪諍修羅，旌旗永折。懷胎難月，母子平安；征客遠行，鄉關早達。獄囚繫閉，枷鏁離身；病苦纏綿，起居輕利。亡（盲）者見道〔二〕，啞者能言；跛者能行，聾者得聽。天魔息怒，匡護法城；異見歸心，讚揚正道。惡星變怪，掃出天門；異獸靈禽，潛居地穴。四時順序，八表恒清；兩國一心，居人樂業；五穀豐稔，千相善盈。法輪常轉於三千，惠炬恒然於百憶（億）〔三〕。然後窮無窮之世界，盡無盡之蒼生，並沐良緣，登正覺路。

復持勝福，次用莊嚴當今大唐　聖主大中皇帝：伏願聖壽尅昌，皇風永播。金輪与法輪齊轉，舜日与佛日交耀。高視百王，長新萬劫。皇太子潛星永耀，少海澄闌（瀾）〔四〕；

盤（磐）石憎（增）高〔五〕，惟（維）城作鎮〔六〕。

又持勝善，次用莊嚴令六和尚：伏願長承帝澤，爲灌頂之國師，永鎮台堦，贊明王之治化。

次持勝善，次用莊嚴都僧統和尚：伏願智峰崇聳，德海洪深，命等松筠，福慶遐遠。即使長承國寵，永扇慈風。嘉聲溢於寰中，邪（雅）範流乎像季〔七〕。

次持勝善，復用莊嚴　尚書貴體：伏願福山永固，神壽無疆。功業高於雲山，德量深於巨海。出持旌節，以靜萬方；入座朝堂〔八〕，百寮取則。來逢元日，恒保上春；命等松筠，壽同劫石。

又持勝福，次用莊嚴安大夫：伏願形同大地，歷千載而常安；福比山河，跨萬齡而永固。然後振方（芳）聲於帝里〔九〕，翔翼雲衢；流雅譽於鸞池，濯鱗漢水。

又持勝善，次用莊嚴安、姚二侍御：伏願聳瓊臺於天外，飛紫蓋於雲衢。命与天長，福將地遠；保離凶寇，動止獲安；嚮震八方〔一〇〕，往還清吉。

又持勝福，次用莊嚴尚書孩子：惟願〔長〕紹千秋之寵〔一一〕，恒居萬代之榮。忠孝雙全，朱門繼襲。

又持勝福，次用莊〔嚴〕釋門索校授諸闍梨等〔一二〕：伏願榮貴轉新，香名霞（遐）布〔一三〕；入倍帝座〔一四〕，出統僧拳（衆）〔一五〕。群生因賴以昇高，苦海恒施於寶筏。

又持勝福，次用莊嚴翟法律闍梨等：伏願色力憎（增）固，壽命霞（遐）延。常爲苦海之津梁，鎮作法門之墻壍。

又持勝福，次用莊嚴都督公等：〔伏〕〔願〕壽命遐遠〔一六〕，日往月來；福慶相暉，天長地久。

又持勝福，次用莊嚴部落使等：惟願福禄唯永，歡悮（娛）日新〔一七〕；榮名尅昌，美譽霞（遐）徭（備）〔一八〕；城皇（隍）寮（僚）彩（寀）〔一九〕，盡赤盡忠；部落官寮，唯清唯直。

又持勝福，次用莊嚴尊宿大德等：〔惟〕〔願〕長垂像訓〔二〇〕，匡護法城；永耀慈燈，紀綱梵宇。

又持勝福，次用莊嚴諸法將大德等：伏願智山岌立，德水澄清；禪枝茂而覺花敷，戒香薰而惠林朗。

又持勝福，次用莊嚴諸尼大德等：惟願四依恒滿，六度專精。意樹恒春，心燈永耀。

又持勝福，次用莊嚴鄉官父丈等：惟願壽同椿柏，福比江湖；萬歲千秋，英風莫變。八功德水，去垢除災；七淨妙花，莊嚴法體。

又持福（勝）勝（福）〔二一〕，次用莊嚴諸父仗（丈）等〔二二〕：惟願一聞千悟，得大總持；罪垢不日而消除，功德善牙而增長。亦願春秋納慶，寒暑順宜；保富貴於千齡，演休祥於累劫。又〔二三〕。

又持勝福，次用莊嚴報恩寺李闍梨和尚等：但某乙久蒙示訓，虚接昇堂，恨生前不盡指撝，没後慚昇法座。以此思忖，倍益心摧。開讚之初，奉申迴向。惟願福遊柰苑，欽覺路以尋真；夕憩花臺，染戒香而奉聖。金轉（輪）展轉〔二四〕，常馳歡喜之園；寶筏斯遊，迴沉八功之水。

又持勝福，次用莊嚴某乙過往父母所生魂路：伏願足步金輪（蓮）〔二五〕，神遊寶界。遇慈舟於定水，永竭昏河；揮惠劍於稠林，長祛愛綱。所在親族，咸保良緣；遠近枝羅，俱霑勝益。

說明

此件首尾完整，倒書，起『以此開讚大乘不思議解脱法門』，訖『俱霑勝益』。《敦煌遺書總目索引》擬名『頌僧文』，《敦煌遺書總目索引新編》從之，《英藏敦煌文獻》擬名『發願文』。此件『次用莊嚴當今大唐聖主大中皇帝』之後『莊嚴』部分又見於斯一一六四+斯一一六四背（見本書第五卷），與這兩件内容結構相似的還有斯三二八七（一〇）（見本書第十五卷）、斯三八八一背（見本書第十七卷），當時我們將這幾件均擬名爲『開經文』。最近王子鑫檢出與此件内容結構相似的伯三七七〇原題『俗講莊嚴迴向文』、伯二〇九一背原題『讚釋文』，而類似内容亦見於俗講、僧講和其他涉及講經的文本中，是講經活動後的莊嚴迴向文字。這類文字或者是俗講、僧講和其他涉及講經活動的文本的組成部分，也經常作爲獨立的文本不斷被抄寫、流傳。荒見泰史將這一組單獨抄寫的文本定名爲『莊嚴文』（參看《敦煌本『莊嚴文』初探——唐代佛教儀式上的表白對敦煌變文的影響》，《文獻》二〇〇八年二期，四二至五二頁），性質是對的，但稍嫌寬泛。王子鑫則認爲應稱作『俗講莊嚴文』，雖有其依據，但有以偏概全之嫌，因爲僧講和其他涉及講經的佛教活動也會使用類似文字進行莊嚴迴向。基於以上認識，我們將此件和上列各件均擬名爲『講經莊嚴迴向文』。

按張議潮於大中五年（公元八五一年）至大中十二年（公元八五八年）以前一直被稱作尚書（參看榮新江《歸義軍史研究》，六五頁），則此件中之『尚書』應指張議潮，其創作年代應在公元八五一年至八五八年。

以上釋文以斯四五〇四背爲底本，因底本與斯一一六四＋斯一一六四背重複部分之異同已見於本書第五卷『開經文』校記，故此件僅用斯一一六四＋斯一一六四背爲校本（稱其爲甲本）校補脱文、校改錯誤，如甲本亦有脱、誤，則據其他相關文本補、改，各本異文不再一一出校。

校記

〔一〕按『授』通『受』。

〔二〕『亡』，當作『盲』，據文義改。

〔三〕按『然』爲『燃』之古字；『憶』，當作『億』，據文義改，『憶』爲『億』之借字。

〔四〕『闌』，當作『瀾』，《敦煌願文集》據文義校改，『闌』爲『瀾』之借字。

〔五〕「盤」，當作「磐」，據文義改，「盤」爲「磐」之借字；「憎」，當作「增」，據甲本改，以下同，不另出校。
〔六〕「惟」，當作「維」，據文義改，「惟」爲「維」之借字。
〔七〕「邪」，當作「雅」，據甲本改。
〔八〕按「座」同「坐」。
〔九〕「方」，當作「芳」，據甲本改，「方」爲「芳」之借字。
〔一〇〕「嚮」，通「響」，《敦煌願文集》校改作「響」，不必。
〔一一〕「長」，《敦煌願文集》據文義校補。
〔一二〕「嚴」，據甲本補。
〔一三〕「霞」，當作「遐」，《敦煌願文集》據文義校改，「霞」爲「遐」之借字。以下同，不另出校。
〔一四〕「倍」，當讀作「陪」，《敦煌願文集》指出「倍」爲「陪」之古字。
〔一五〕「拳」，當作「衆」，《敦煌願文集》據文義校改。
〔一六〕「伏願」，據文義補。
〔一七〕「俣」，當作「娱」，《敦煌願文集》據文義校改。
〔一八〕「搭」，當作「備」，據甲本改。
〔一九〕「皇」，當作「隍」，據甲本改，「皇」爲「隍」之借字；「寮」，當作「僚」，《敦煌願文集》據文義校改，「寮」爲「僚」之借字；「彩」，當作「寀」，《敦煌願文集》據文義校改，「彩」爲「寀」之借字。
〔二〇〕「惟願」，《敦煌變文集》據文義校補。
〔二一〕「福」，當作「勝」，據甲本改；「勝」，當作「福」，據甲本改。
〔二二〕「仗」，當作「丈」，《敦煌願文集》據文義校改，「仗」爲「丈」之借字。

〔二三〕『又』，據文義係衍文，當刪。

〔二四〕第一個『轉』，當作『輪』，據甲本改。

〔二五〕『輪』，當作『蓮』，據甲本改。

參考文獻

《敦煌寶藏》三六册，臺北：新文豐出版公司，一九八二年，三七九至三八〇頁（圖）；《敦煌遺書總目索引》，北京：中華書局，一九八三年，二〇三頁；《英藏敦煌文獻》六卷，成都：四川人民出版社，一九九二年，一一五至一一六頁（圖）；《敦煌願文集》，長沙：岳麓書社，一九九五年，三六六至三七〇頁（録）；《歸義軍史研究》，上海古籍出版社，一九九六年，六五頁；《敦煌遺書總目索引新編》，北京：中華書局，二〇〇〇年，一四〇頁；《英藏敦煌社會歷史文獻釋録》五卷，北京：社會科學文獻出版社，二〇〇六年，二四二至二五一頁（録）；《文獻》二〇〇八年二期，四二至五二頁。

斯四五〇四背　一七　千字文一卷抄

釋文

千〔字〕文一養（卷）〔一〕，千字文。勑員外散騎侍郎周興嗣次韻

天地玄黄，宇宙洪荒。日月盈昃，辰〔宿〕列張〔二〕。寒來暑往，秋收冬藏。潤（閏）餘成歳〔三〕，律吕調陽。雲騰致雨，露結爲霜。金生麗水，玉出崑崗。劍號巨闕，珠稱夜光。菓珍李柰，菜重芥薑。海鹹河淡，鱗潛羽翔。龍師火帝，鳥官人皇。始製文字〔四〕，乃服衣裳。推位讓國，有虞陶唐。吊民伐罪，周發殷湯。坐朝問道，垂拱平章。愛育黎首，臣伏戎羌。遐邇壹體，率賓歸王。鳴鳳在樹，白駒食場。化被草木，賴及萬方。蓋此身髮，四大五常。恭惟鞠養，豈敢毁傷。女慕貞潔，男效才良。知過必改，得能莫忘。罔談彼短，靡恃己長。信使可覆，器欲難量。墨悲絲染，詩讃羔羊。景行維賢，尅念作聖。德建名立，形端表正。空谷傳聲，虚堂習聽。禍因惡積，福緣善慶。尺璧非寶，寸陰是競。資父事君，曰嚴與敬。孝當竭力，忠則盡命。臨深履薄，夙興温清。

説明

此件首尾完整，倒書，起首題『千〔字〕文一養（卷）』，訖『夙興温凊』，原未抄完。其前有三行佛經注疏，亦爲倒書，不録。

敦煌文獻中涉及『千字文』的寫卷達一四〇件之多，對此件内容具有校勘價值的寫本有二十七件，有關情況請參看本書第十五卷斯三二八七及本書第十七卷斯三八三五『千字文』之『説明』。

以上釋文以斯四五〇四背爲底本，因相關各寫本之異同已見於斯三八三五『千字文』校記，故此件僅用斯三八三五（稱其爲甲本）校補脱文、校改錯誤，如甲本亦有脱、誤，則據其他相關文本補、改，各本異文不再一一出校。

校記

〔一〕『字』，據伯三四一六補；『養』，當作『卷』，據伯三四一六改。

〔二〕『宿』，據甲本補。

〔三〕『潤』，當作『閏』，據伯三四一六改，『潤』爲『閏』之借字。

〔四〕『始製』，據殘筆劃及甲本補。

參考文獻

《敦煌寶藏》三六册，臺北：新文豐出版公司，一九八二年，三七九頁（圖）；《英藏敦煌文獻》六卷，成都：四川人民出版社，一九九二年，一一五頁（圖）；《法藏敦煌西域文獻》二四册，上海古籍出版社，二〇〇二年，一三六頁

（圖）；《英藏敦煌社會歷史文獻釋録》一五卷，北京：社會科學文獻出版社，二〇一七年，三九〇至四一一頁（録）；《英藏敦煌社會歷史文獻釋録》一七卷，北京：社會科學文獻出版社，二〇二一年，二三八至二五二頁（録）。

斯四五〇五　結壇文

釋文

竊以三乘演妙〔一〕，功超色相之門；七覺明因，理出名言之際。佛日之日，懸大像於四衢；天中之天，導群生於淨域。威神自在，示現無方；玄風被於大千，實際光於不二。法雄利現，其大矣哉！厥今置淨壇於八表，敷佛像於四門，中央建佛頂之場，緇衆轉如來秘藏。香燈滿會〔二〕，樂梵啾流；散食清齋，披肝啓願者〔三〕，有誰施之？時則有我河西節度使令公〔四〕，先奉爲天龍八部〔五〕，護社禮（稷）以殄舊災〔六〕；梵釋四王，保邊方瑞呈新福。中興皇帝，以日月而齊明〔七〕；府主令公，等乾坤而合運；國母夫人〔八〕，永寵宫幃〔九〕；郎君〔一〇〕、小娘子延貞之福會也〔一一〕。伏惟我令公英籌夙著〔一二〕，道契神機〔一三〕；稟萬象之虚靈〔一四〕，藴四時之和氣。故得安邊靜塞，撫育以濟孤窮；羌虜歸心，慕仁風於戟佐。加以四弘啓想，假百秉以爲心；十信冥懷，廣竪三堅之會。是日也，寒光斂色，暄景思舒；結勝壇以殄千殃，捨珍財祈延萬福。所有辜恩負命、宿對雠怨，今日今時，來於此會，領斯功德，發歡喜心，絶跡人寰，隱居他界。以兹小善〔一五〕，謹奉莊嚴上界天仙、下方龍鬼：伏願威光熾盛，神力益昌，掃災萬（癘）〔離〕出玉關〔一六〕，逐妖邪遠飛蓮境。又持勝福，復用〔莊〕〔嚴〕我令公貴位〔一七〕：伏願寶興禄位〔一八〕，鎮靜遐方；福比山岳以濟（齊）高〔一九〕，壽等海泉而深遠〔二〇〕。國母夫人〔二一〕，長隆延泰之歡。郎君以小娘子芳蘭〔二二〕，並分分而盛葉〔二三〕。傾城寮佐，各盡節於轅門〔二四〕；闔群（郡）輸忠〔二五〕，保深誠而效主〔二六〕。然後三農運塞，四序調和；千家競力於東皋，萬户勸耕於南畝〔二七〕。西行北使，喜色來賓；在疾傾危，歡心速差〔二八〕。

説明

此件首尾完整，背面接續正面抄寫，起『竊以三乘演妙』，訖『歡心速差』，無題。其中有『置淨壇於八表』，其内容、結構與斯三八七五和斯六六三『結壇文』相似，兹據以擬名。翟理斯推測是十世紀的抄本（*Descriptive Catalogue of the Chinese Manuscripts from Tunhuang in the British Museum*, p. 200）。

現知敦煌遺書中保存的『結壇散食迴向發願文』有十幾件，可分爲五種（參看本卷斯四四五四『結壇散食迴向發願文·説明』），此件和斯四五三七、斯六六三、斯三八七五可歸爲一種，但這四件又可分爲兩箇系列，此件和斯四五三七文字大致相同，爲一系列；斯六六三和斯三八七五文字大致相同，爲另一系列。斯四五三七起『厥今置淨壇於八表』，迄『歡心速差』。

以上釋文以斯四五〇五爲底本，用斯四五三七（稱其爲甲本）參校。

校記

〔一〕此句至『理出名言之際』，《敦煌願文集》漏録。

〔二〕甲本始於此句。

〔三〕『披』，甲本作『被』，《敦煌願文集》釋作『彼』，誤；『肝』，底本作『扞』，係涉上文『披』而成之類化俗字，《敦煌願文集》釋作『衦』，誤。

〔四〕『有』，甲本脱；『令公』，甲本作『府主太保』。以下『令公』甲本均作『太保』，不再出校。

〔五〕『天龍』，甲本作『龍天』。

〔六〕『禮』，甲本同，當作『稷』，《敦煌願文集》據文義校改。

〔七〕『以』，甲本同，『以』同『與』。

〔八〕『母』，甲本作『奉』，誤。

〔九〕『幃』，甲本作『葦』，誤。

〔一〇〕『郎』，甲本作『刺使郎』。

〔一一〕『子』，甲本脱。

〔一二〕『我』，甲本無。

〔一三〕『神』，《敦煌願文集》釋作『袖』，誤。

〔一四〕『象』，《敦煌願文集》釋作『像』，誤。

〔一五〕『兹』，甲本作『慈』，誤。

〔一六〕『萬』，當作『癘』，據甲本改；『離』，據甲本補。

〔一七〕『莊嚴』，據甲本補。

〔一八〕『寶』，《敦煌願文集》校改作『保』；『興』，《敦煌願文集》釋作『崇』，誤。

〔一九〕『山岳』，《敦煌願文集》以爲底本殘，按底本實寫於行間；『濟』，當作『齊』，據甲本改，《敦煌願文集》以爲底本殘，按底本實寫於行間；『齊高』，《敦煌願文集》以爲底本殘，按底本實寫於行間。

〔二〇〕『深』，甲本脱。此句至『歡心速差』抄於卷背。

〔二一〕『母』，甲本作『太』。

〔二二〕『郎』，甲本作『刺使郎』；『以』，甲本無，『以』同『與』，《敦煌願文集》漏録；『子』，甲本脱。

〔二三〕『分分』，甲本作『芬芬』，『分』同『芬』。

〔二四〕『節』，甲本脱；『轅』，甲本作『軒』，誤。

〔二五〕『群』，當作『郡』，據甲本改。

〔二六〕『誠』，甲本作『城』，誤，『城』爲『誠』之借字。

〔二七〕『畝』，甲本脱。

〔二八〕『歡』，《敦煌願文集》釋作『勸』，誤。

參考文獻

Descriptive Catalogue of the Chinese Manuscripts from Tunhuang in the British Museum, London: The Trustees of the British Museum, 1957, p. 200；《敦煌寶藏》三六册，臺北：新文豐出版公司，一九八二年，三八一至三八二頁（圖）；《敦煌遺

書總目索引》，北京：中華書局，一九八三年，二〇三頁；《英藏敦煌文獻》六卷，成都：四川人民出版社，一九九二年，一一七至一一八頁（圖）；《敦煌願文集》，長沙：岳麓書社，一九九五年，五九八至六〇一頁（録）；《敦煌遺書總目索引新編》，北京：中華書局，二〇〇〇年，一四〇頁。

斯四五〇六　然燈文

釋文

然燈文〔一〕

仰啓蓮華藏界〔二〕，清淨法身；百億如來〔三〕，恆沙化佛〔四〕；清涼山頂〔五〕，大聖文殊；鷄足巖中〔六〕，得道羅漢〔七〕；龍宮秘典，就（鷲）領（嶺）徵（微）言〔八〕。道眼他心〔九〕，一切賢聖〔一〇〕。惟願發神足〔一一〕，證明功德。厥今則有座前施主，乃於新年上律〔一二〕，肇啓嘉晨〔一三〕，投仗金田，然燈啓願者，先奉〔爲〕國安民泰〔一四〕，障癘消災〔一五〕；次爲己躬，諸苦不侵，延祥甲子之福會也〔一六〕。惟公乃天生俊傑〔一七〕，文武全材。施主立孝道之風，奉國有捐軀之德。雖居白衣之内，心慕善因。祥（詳）修征（正）真〔一八〕，欽崇三教。遂則横開月殿，廣堅（竪）燈輪〔一九〕，建慈之（力）力（之）誓蹤〔二〇〕，契四弘之满願。其燈乃良霄發焰〔二一〕，若寶樹〔之〕花開〔二二〕；淨夜流暉，似天邊之布月。龍神夜覩，賢聖潛來。狀空裏之分星〔二三〕，對天堂之勝燭。以斯然燈功德〔二四〕，迴向〔福〕〔因〕〔二五〕，先用奉資上界天先（仙）〔二六〕，下方八部。惟願威光轉勝，福力彌增，國泰人安，永無正戰〔二七〕。又持勝福，次用莊嚴施主即體，爲（唯）願蕩千災〔二八〕，增萬福，善業長，惠芽開〔二九〕。月同種智之圓明〔三〇〕，等法身之堅固。然後散廓周法界〔三一〕，色（包）括塵沙〔三二〕，俱沐芳因〔三三〕，咸登佛果。摩訶般若，利樂無邊。

説明

此件首尾完整，起『然燈文』，訖『利樂無邊』，原有墨筆句讀，翟理斯推測其抄寫時間在十世紀（*Descriptive Catalogue of the Chinese Manuscripts from Tunhuang in the British Museum*, p. 197）。此卷中『國泰人安』，當係避『民』之諱。

燃燈文是用於佛教燃燈儀式的齋文，敦煌遺書中保存的『燃燈文』有五十多件，按佛教齋會的舉辦時間，這些燃燈文可分爲正月一日、上元日、臘八日等固定節日燃燈文以及諸如開窟等特殊時間燃燈文；按齋會舉辦者，這些燃燈文又可分爲官府燃燈文、寺院燃燈文、社邑燃燈文、私人燃燈文等。此件則屬於正月一日爲某人祈福所用燃燈文。敦煌遺書中與此件屬同一系統者，尚有伯二六六八、Дx. 一一〇六九。伯二六六八存兩通燃燈文，第一首尾完整，起『燃燈文』，訖『清涼山』；第二首亦尾完整，倒書，起『仰啓蓮花藏界』，訖『降臨（？）□張（場）』。Дx. 一一〇六九首全尾缺，起『然燈文』，訖『先奉爲國安』。

以上釋文以斯四五〇六爲底本，用伯二六六八（一）（稱其爲甲本）、伯二六六八（二）（稱其爲乙本）和Дх.一一〇六九（稱其爲丙本）參校。

校記

〔一〕『然』，丙本同，甲本作『燃』，《敦煌願文集》釋作『燃』，雖義可通而字誤。

〔二〕『仰』，甲、乙本同，丙本作『夫仰』；『華』，丙本同，甲本作『化』，誤，乙本作『花』，『華』通『花』。乙本始於此句。

〔三〕『來』，乙、丙本同，甲本作『來百億如來』。

〔四〕『化』，甲、丙本同，乙本作『花』，『花』爲『化』之借字。

〔五〕『清涼』，《敦煌願文集》認爲底本殘，並據伯二〇五八校補作『清涼』，按底本實不殘。甲本止於此句。

〔六〕『巖』，丙本同，乙本作『喦』。

〔七〕『得』，乙本同，丙本作『德』，『德』通『得』。

〔八〕『就』，乙、丙本同，當作『鷲』，據文義改，『就』爲『鷲』之借字，《敦煌願文集》認爲底本殘，據伯二〇五八校補作『就』，並校改作『鷲』，按底本實不殘；『領』，乙、丙本作『嶺』，《敦煌願文集》逕釋作『嶺』，按『領』有『嶺』義；『徵』，當作『微』，據乙、丙本改，《敦煌願文集》認爲底本殘，並據伯二〇五八校補作『微』，按底本實不殘。

〔九〕『道眼他』，《敦煌願文集》認爲底本殘，並據伯二〇五八校補作『道眼他』，按底本實不殘。

〔一〇〕『賢』，丙本同，乙本作『買』，誤。

〔一一〕此句後，乙本作『運悲心，降臨（？）□張（場）』，丙本作『運悲心，降臨道場』。乙本止於此句。

〔一二〕『於』，丙本同，《敦煌願文集》釋作『將』，誤。

〔一三〕『晨』，丙本同，《敦煌願文集》校改作『辰』，按『晨』通『辰』，不煩校改。
〔一四〕『爲』，據丙本補。丙本止於此句。
〔一五〕『障癘』，《敦煌願文集》未能釋讀。
〔一六〕『會』，《敦煌願文集》釋作『曾』，誤。
〔一七〕『天』，《敦煌願文集》釋作『朱』，誤；『生俊』，《敦煌願文集》認爲底本殘，並據文義校補作『門豪』，按底本實不殘。
〔一八〕『祥』，當作『詳』，《敦煌願文集》據文義校改，『祥』爲『詳』之借字；『征』，當作『正』，據文義改，《敦煌願文集》釋作『政』，校改作『正』，『征』爲『正』之借字。
〔一九〕『堅』，當作『竪』，《敦煌願文集》據文義校改。
〔二〇〕『之力』，當作『力之』，《敦煌願文集》據文義校改。
〔二一〕『發』，《敦煌願文集》釋作『燈』，誤。
〔二二〕『之』，《敦煌願文集》據文義校補。
〔二三〕『狀』，《敦煌願文集》釋作『扶』，校改作『狀』。
〔二四〕『然』，《敦煌願文集》釋作『燃』，雖義可通而字誤。
〔二五〕『福因』，據斯四四六〇《亡和尚文》補。
〔二六〕『先』，當作『仙』，《敦煌願文集》據文義校改，『先』爲『仙』之借字。
〔二七〕『正』，《敦煌願文集》校改作『征』，按『正』通『征』，不煩校改。
〔二八〕『爲』，當作『唯』，《敦煌願文集》據文義校改，『爲』爲『唯』之借字。
〔二九〕『惠』，《敦煌願文集》校改作『慧』，按『惠』通『慧』。

〔三〇〕「月」，據文義係衍文，當删。

〔三一〕「散」，《敦煌願文集》認爲係衍文，當删。

〔三二〕「色」，當作「包」，《敦煌願文集》據文義校改。

〔三三〕「倶」，《敦煌願文集》釋作「但」，校改作「倶」，底本實爲「倶」。

參考文獻

Descriptive Catalogue of the Chinese Manuscripts from Tunhuang in the British Museum, London: The Trustees of the British Museum, 1957, p. 197；《敦煌寶藏》三六册，臺北：新文豐出版公司，一九八二年，三八二頁（圖）；《敦煌遺書總目索引》，北京：中華書局，一九八三年，二〇三頁；《英藏敦煌文獻》六卷，成都：四川人民出版社，一九九二年，一一八頁（圖）；《敦煌遺書總目索引新編》，北京：中華書局，二〇〇〇年，一四〇頁；《敦煌願文集》，長沙：岳麓書社，一九九五年，五三五至五三六頁（録）。

斯四五〇七　願齋文

釋文

願齋文

蓋聞法身空寂，保之者莫側（測）其源〔一〕；佛性幽玄，思之者罕之（知）其意〔二〕。不生不滅，與庶品而作津梁〔三〕；色（即）即（色）色（即）空〔四〕，拔郡（群）生於彼岸〔五〕。澄心淨域，開八萬四千之法門，入五濁而救蒼生。分身百億〔六〕，覩三千之大地，如觀掌中〔七〕。曆（歷）萬劫而旬〔八〕，不離方寸。致使皓（浩）皓（浩）蕩蕩〔九〕，現無邊之法身〔一〇〕。妙有妙無，隱真如之法海。自非十方雄猛〔一一〕，是三界特尊。大聖峗峗〔一二〕，名言難可惻（測）矣〔一三〕！厥今座前齋主某乙，悟未來之有果，預造橋梁；識先世之無因，修兹白業。故於是日，請佛延僧設齋之所建也。齋主某公，遒後代俊德，英明哲良。治（至）孝居身〔一四〕，天知禮樂。常以信捨爲念，虔仰釋門〔一五〕。含君子之風懷，敬重福田。託三寶而作歸依，率一心如（而）崇萬善〔一六〕。所以年常發願，每歲獻僧；保護家門，無諸災障。於是庭羅百味，遠皎暎於天厨〔一七〕；爐散六銖，近芬芳於綺席〔一八〕。總斯多善，無限勝因，盡用莊嚴齋主合門居眷、表裏姻親等，惟願三寶覆護，衆善資持，災障不侵，功德圓滿，先亡遠代，悉得上生〔一九〕；人及非人，咸蒙吉慶。摩訶般若，利樂無邊。大衆虔誠，一切普誦。

説明

此件首尾完整，起『願齋文』，訖『一切普誦』，是在齋主舉行祈願平安齋會上念誦的文字。文中『先亡遠代』之『代』當係避諱『世』字。翟理斯推測其爲十世紀的抄本（*Descriptive Catalogue of the Chinese Manuscripts from Tunhuang in the British Museum*, p. 199）。

現知敦煌遺書中保存的以『願齋文』爲題的尚有伯二二三七背、伯三五四五和伯三五六六。伯三五四五與此件雖標題相同，但文字完全不同；伯二二三七背與此件僅『號頭』相同，其後文字差異較大；伯三五六六大部分與此件文字略同，僅『莊嚴』部分比此件繁複。

校記

〔一〕『側』，當作『測』，《敦煌願文集》據文義校改，『測』爲『側』之借字。

〔二〕『之』，當作『知』，《敦煌願文集》據文義校改，『之』爲『知』之借字。

〔三〕『梁』，《敦煌願文集》認爲底本殘，並據伯二〇五八校補作『梁』，按底本實不殘。

〔四〕『色即色』，當作『即色即』，據伯二三三七背、伯三五六六『願齋文』改。
〔五〕『郡』，當作『群』，《敦煌願文集》據文義校改。
〔六〕『百』，《敦煌願文集》釋作『萬』，校改作『百』，底本實爲『百』。
〔七〕『如觀』，據殘筆劃及伯二三三七背、伯三五六六『願齋文』補。
〔八〕『曆』，當作『歷』，據伯二三三七背『願齋文』改，『曆』爲『歷』之借字。
〔九〕『皓皓』，當作『浩浩』，《敦煌願文集》據文義校改，『皓』爲『浩』之借字；『蕩蕩』，《敦煌願文集》認爲底本殘，並據伯二〇五八校補作『蕩蕩』，按底本實不殘。
〔一〇〕『現』，《敦煌願文集》認爲底本殘，並據伯二〇五八校補作『現』，按底本實不殘。
〔一一〕『自非』，《敦煌願文集》漏録；『方』，《敦煌願文集》校改作『力』，誤。
〔一二〕『峗峗』，《敦煌願文集》校改作『巍巍』。
〔一三〕『側』，當作『測』，《敦煌願文集》據文義校改，『測』爲『側』之借字。
〔一四〕『治』，當作『至』，《敦煌願文集》據文義校改，『治』爲『至』之借字。
〔一五〕『釋』，《敦煌願文集》釋作『德』，誤。
〔一六〕『如』，當作『而』，據文義改，『如』爲『而』之借字，《敦煌願文集》認爲底本殘，並據伯二〇五八校補作『而』，按底本實不殘。
〔一七〕『暎』，《敦煌願文集》釋作『映』，雖義可通而字誤。
〔一八〕『綺』，《敦煌願文集》釋作『簡』，誤。
〔一九〕『生』，《敦煌願文集》釋作『坐』，誤。

參考文獻

Descriptive Catalogue of the Chinese Manuscripts from Tunhuang in the British Museum, London：The Trustees of the British Museum, 1957, p. 199；《敦煌寶藏》三六册，臺北：新文豐出版公司，一九八二年，三八三頁（圖）；《敦煌遺書總目索引》，北京：中華書局，一九八三年，二〇三頁；《敦煌遺書總目索引新編》，北京：中華書局，二〇〇〇年，一四〇頁；《敦煌願文集》，長沙：岳麓書社，一九九五年，三二七至三二八頁（録）。

斯四五〇八　一　雜寫

釋文

觀察
觀察處

族

筆匠康

族姓男

此筆占好並是疋　瓢　紙　印
辶　族興

説明

此卷紙張首尾均缺，存『雜寫』『不依聞道富如何詩』『莨菪不歸鄉曲子』『三歸依曲子』等。各件筆跡不同，非一人一時所寫。

此件爲時人隨手所寫，其前尚有『大唐三藏和尚得文一本』，已塗抹，未録。

參考文獻

《敦煌寶藏》三六册，臺北：新文豐出版公司，一九八二年，三八三頁（圖）；《英藏敦煌文獻》六卷，成都：四川人民出版社，一九九二年，一一九頁（圖）。

斯四五〇八　二　不依聞道富如何詩

釋文

不依聞道富如何？

守功（公）奉法貧也好〔一〕。

說明

以上兩句詩在雜寫中，筆跡與雜寫不同。似乎此詩是先寫的，後人又在其行間、前後和底端隨手寫了一些文字。

校記

〔一〕『功』，當作『公』，據文義改，『功』爲『公』之借字。

參考文獻

《敦煌寶藏》三六册，臺北：新文豐出版公司，一九八二年，三八三頁（圖）；《英藏敦煌文獻》六卷，成都：四川人民出版社，一九九二年，一一九頁（圖）。

斯四五〇八　三　莨若不歸鄉曲子

釋文

莨若不歸鄉，經今半夏薑，去他烏頭血傍傍〔一〕。他家附子毫（豪）强〔二〕，父母依意（薏）美（米）長短〔三〕，桂心日夜思量。砂〔四〕。

說明

此件首尾完整，無題，饒宗頤認爲係『藥名詞』，並認爲詞尾處『砂』猶言『煞』，爲曲之尾聲，（《敦煌曲》，《饒宗頤二十世紀學術文集》卷八《敦煌學》，七六六頁）。

校記

〔一〕『頭』，《敦煌曲》《敦煌歌辭總編》均釋作『頭了』，按『了』實爲『⻌』，書於『頭』之右側，筆跡與此件不同，乃雜寫；第二箇『傍』，《敦煌曲》釋作『了』《敦煌歌辭總編》釋作『弓』，均誤，按此筆劃應爲『傍』之重文符號。

〔二〕『毫』，當作『豪』，《敦煌曲》據文義校改，『毫』爲『豪』之借字。

〔三〕『意』，當作『薏』，《敦煌曲》據文義校改，『意』爲『薏』之借字；『美』，當作『米』，《敦煌曲》據文義校改。

〔四〕『砂』，《敦煌歌辭總編》認爲係衍文，誤。

參考文獻

《敦煌寶藏》三六册，臺北：新文豐出版公司，一九八二年，三八三頁（圖）；《敦煌歌辭總編》上册，上海古籍出版社，一九八七年，五〇三至五〇六頁（録）；《英藏敦煌文獻》六卷，成都：四川人民出版社，一九九二年，一一九頁（圖）；《饒宗頤二十世紀學術文集》卷八《敦煌學》，臺北：新文豐出版公司，二〇〇三年，七六五至七六七頁（録）。

斯四五〇八　四　三歸依曲子

釋文

歸依佛，大聖釋迦化主，興慈願，救諸苦，能宣妙法甚深言，聞者如霑甘露。慈悲主，接引衆生，同到淨土。到淨土，五色祥雲满路，雙童引，頻伽儛〔一〕，一迴風動向（響）珊珊〔二〕，聞者輕摟階鼓〔三〕。慈悲主，接引衆生，同到淨土。

歸依法，須發四弘誓願，捻經卷〔四〕，頻開轉，速須結取未來因，且要頻親月面聞身見（健）〔五〕，速須達取菩提彼岸。和同前。

歸依僧，手把念珠持課〔六〕。焚香火，除人我，速須出離捨娑婆。且要頻親法座，消災禍。速須結取未來因果。和同前。

説明

此件首尾完整，其内容爲歸依佛、歸依法、歸依僧之『三歸依』。敦煌遺書中保存的有關『三歸依』的歌讚甚多，但文字均有差異。現知僅有斯四八七八與此件文字大致相同，該件亦首尾完整。兩件均無題，《英藏敦煌文獻》擬名『三歸依曲子』，茲從之。

以上釋文以斯四五〇八爲底本，用斯四八七八（稱其爲甲本）參校。

校記

〔一〕『儛』，甲本同，《敦煌歌辭總編》釋作『儛』，校改作『舞』。

〔二〕『向』，甲本同，當作『響』，《敦煌曲》據文義校改，『向』爲『響』之借字。

〔三〕『摟』，甲本同，《敦煌曲》釋作『樓』，《敦煌歌辭總編》釋作『摟』，校改作『擂』。

〔四〕『捻』，甲本同，《敦煌曲》校改作『念』，按『捻』亦可通，不煩校改。

〔五〕『月』，《敦煌曲》《敦煌歌辭總編》均釋作『目』，誤；『見』，甲本同，當作『健』，《敦煌歌辭總編》據文義校改。

〔六〕『把』，甲本同，《敦煌歌辭總編》釋作『杷』，誤；『念』，甲本作『數』。

參考文獻

《敦煌寶藏》三六册，臺北：新文豐出版公司，一九八二年，三八三頁（圖）；《敦煌寶藏》三八册，臺北：新文豐出版公司，一九八二年，三九〇頁（圖）；《敦煌歌辭總編》中册，上海古籍出版社，一九八七年，九六三至九七一頁（録）；《英藏敦煌文獻》六卷，成都：四川人民出版社，一九九二年，一一九頁（圖）；《饒宗頤二十世紀學術文集》卷八《敦煌學》，臺北：新文豐出版公司，二〇〇三年，七六五至七六七頁（録）。

斯四五〇八　五　雜寫

釋文

（前缺）

蜜

説明

以上文字倒書，與前件文書中間有兩行空白。

參考文獻

《敦煌寶藏》三六册，臺北：新文豐出版公司，一九八二年，三八四頁（圖）；《英藏敦煌文獻》六卷，成都：四川人民出版社，一九九二年，一二〇頁（圖）。

斯四五〇八背　雜寫（乾興張法律等）

釋文

（前缺）
乾興張法律　乾興法律紙
乾興張法律紙
紙張華

説明

以上文字爲時人隨手所寫。

參考文獻

《敦煌寶藏》三六册，臺北：新文豐出版公司，一九八二年，三八四頁（圖）；《英藏敦煌文獻》六卷，成都：四川人民出版社，一九九二年，一二〇頁（圖）。

斯四五一一　一　結壇文抄

釋文

夫慈悲曠極（劫）〔一〕，願力難思〔二〕，功圓於十地十心，身生於千手千眼。莫不示迷徒於覺路〔三〕，拯顛墜於昏衢〔四〕。巡六道而普遍大千，曆（歷）三祇而行願如一〔五〕。四弘誓重，六度齊修。拔危難而与安，改苦源而獲樂〔六〕。加又（以）真言秘蜜〔七〕，持念者，滅惡死而得善生；神力無邊，歸依者，除禍患而成福利。至於邪魔魍魎，惑人妖精，聞號則盡皆消亡，得名則自然降伏。有求必應，無願不從。魏魏大聖〔八〕，雄威窮劫，不可測談者哉。

厥今信珠内發，志意外舒。備妙供而轉經結壇、供慈等（尊）而祈恩告福者〔九〕，某乙奉爲先發願力、報佛弘威之作也。伏惟我府主大王祥金耀菜（彩）〔一〇〕，瑞玉含輝；緯地經天，九（允）文懷武〔一一〕，威望素超於耿鄧〔一二〕，勳庸早萬（邁）於蕭張〔一三〕。符五百之休徵，膺千年之景祚。盛貌巍巍，疑梵天之降化；英姿蕩蕩，慮帝釋〔之〕分身〔一四〕。伏自撫育生靈，統臨龍（隴）右〔一五〕。愛宏（肱）旅（膂）而皆同赤子〔一六〕，恩民民而不異兒孫。故得弘化五乘，紹隆三寶〔一七〕，無一日而不興佛事，無一時而散亂身心〔一八〕。深悟真如，妙知法印。既曉浮生而有限，唯憑勝善而無餘。所以倍加懇意，種今身後世之良緣。年年而偏次安壇〔一九〕，件件〔而〕別捨珍玩〔二〇〕。今於三春肇律，四序初開，選歲首之加（嘉）晨〔二一〕，奉先願而姿（資）福〔二二〕。是以掛真容於内閣，結神壇於寶臺；守淨戒於三晨〔二三〕，供齋僧而二七〔二四〕。其壇乃安五佛之蜜鋪，嚴百花之秘方，益五趣之群生，解三塗之罪垢。而又唐言闡奥典之寶偈，梵音念蜜教之真言。聲聲不絕於晨昏，句句無休於晝夜。點銀燈而晶（明）朗〔二五〕，照無間之幽冥；散穀食之香花，施水陸之含識。火壇燒香物種種，呪印而想念般〔般〕〔二六〕。供一切之聖賢，救六道之苦厄〔二七〕。更乃去冬值相銜之月，遂邀釋衆之明僧。

（以下原缺文）

說明

此卷首尾完整，存『結壇文抄』和『金剛醜女因緣一本』。因正面空間不够，背面接續抄寫。卷背另一端則有倒書『金剛醜女因緣一本』卷題，筆跡與『金剛醜女因緣』相同。此外，卷背空白處尚有數字和寺名等。

此件起『夫慈悲曠極（劫）』，訖『遂邀釋衆之明僧』，原未抄完，無題。《敦煌遺書總目索引新編》擬名『願文』，《敦煌寶藏》《敦煌遺書總目索引新編》從之。《英藏敦煌文獻》擬名『文樣（結壇散食文)』。從内容、結構來看，此件應屬『結壇文抄』(參看本卷斯四四五四『結壇散食迴向發願文·説明』)。

此件中有『府主大王』，歸義軍時期，節度使稱『大王』者分别爲曹議金、曹元忠和曹延禄(《歸義軍史研究》，九五至一二七頁)，《敦煌願文集》疑文中府主大王指曹元忠(《敦煌願文集》，五九三頁)，但據此件中『唐言闡奥典之寶偈』之『唐言』，其年代似當在後唐時期，故此件中之『府主大王』當指曹議金。

校記

〔一〕『極』，當作『劫』，據斯四六五六《遺教經劉敬安題記》改。

〔二〕『願』，《敦煌願文集》釋作『資』，誤。

〔三〕『徒』，《敦煌願文集》釋作『從』，校改作『徒』，底本實爲『徒』。

〔四〕『拯』，《敦煌願文集》釋作『極』，校改作『接』。

〔五〕『暦』，當作『歷』，《敦煌願文集》據文義校改，『暦』爲『歷』之借字。

〔六〕『改』，《敦煌願文集》釋作『段』，校改作『斷』。

〔七〕『又』，當作『以』，《敦煌願文集》據文義校改；『蜜』，《敦煌願文集》釋作『蜜』，校改作『密』，按『蜜』可用同『密』，不煩校改，以下同，不另出校。

〔八〕『魏魏』，《敦煌願文集》校改作『巍巍』，按『魏』同『巍』，不煩校改。

〔九〕『等』，當作『尊』，《敦煌願文集》據文義校改。

〔一〇〕『菜』，當作『彩』，《敦煌願文集》據文義校改，『菜』爲『彩』之借字。
〔一一〕『九』，當作『允』，《敦煌願文集》校改作『究』。
〔一二〕『素』，《敦煌願文集》釋作『索』，校改作『素』，按寫本中『索』『素』形近易混，故可據文義逕釋作『素』。
〔一三〕『萬』，當作『邁』，《敦煌願文集》據文義校改。
〔一四〕『之』，《敦煌願文集》據文義校補。
〔一五〕『龍』，當作『隴』，《敦煌願文集》據文義校改，『龍』爲『隴』之借字。
〔一六〕『宏』，當作『肱』，據文義改；『旅』，當作『膂』，據文義改，『旅』爲『膂』之借字。
〔一七〕『隆』，《敦煌願文集》釋作『降』，誤。
〔一八〕『時』，《敦煌願文集》釋作『日』，誤。
〔一九〕『偏』，《敦煌願文集》釋作『偏』，校改作『徧』，按『偏』通『徧』，不煩校改。
〔二〇〕『而』，《敦煌願文集》據文義校補。
〔二一〕『加』，當作『嘉』，《敦煌願文集》據文義校改，『加』爲『嘉』之借字；『晨』，《敦煌願文集》校改作『辰』，
按『晨』通『辰』。
〔二二〕『姿』，當作『資』，《敦煌願文集》據文義校改，『姿』爲『資』之借字。
〔二三〕『晨』，《敦煌願文集》校改作『辰』，按『晨』通『辰』。
〔二四〕『而』，《敦煌願文集》釋作『於』，誤。
〔二五〕『晶』，當作『明』，據文義改，《敦煌願文集》逕釋作『明』。
〔二六〕『而』，《敦煌願文集》釋作『而不』，按底本實無『不』；『般』，《敦煌願文集》據文義校補。
〔二七〕『厄』，《敦煌願文集》釋作『死』，校改作『厄』，按底本實爲『厄』。

參考文獻

《敦煌寶藏》三六册，臺北：新文豐出版公司，一九八二年，三九八至三九九頁（圖）；《敦煌遺書總目索引》，北京：中華書局，一九八三年，二〇三頁；《英藏敦煌文獻》六卷，成都：四川人民出版社，一九九二年，一一〇至一一一頁（圖）；《敦煌願文集》，長沙：岳麓書社，一九九五年，五九二至五九三頁（録）。

斯四五一一　二　金剛醜女因緣一本

釋文

金剛醜女因緣一本

我佛當日，爲求（救）門徒[一]，六道輪迴，猶如載船，般蓮（運）衆生[二]，達於彼岸。〔此〕〔時〕總得見佛[三]，今世足衣足食。修行時至，懃須發願。布施有多種因緣，一一不及廣讚，設齋歡喜，果報圓滿。若人些子攢眉，來世必當醜面。

佛在之日，有一善女，他曾供養辟支佛，雖有布施之緣，心裏便生輕賤，不得三五日間，此女當時身死。向何處託生？向於波斯匿王宮内託生。此是布施因緣，生於王家。輕慢賢聖之業，〔感〕〔得〕果報[四]，元在於我大王夫人。

纔生三日，進与大王，大王纔見之時，非常驚雅（訝）[五]，世間醜陋，生於貧賤。前世修甚因緣，今生形容醜乍（差）[六]，觀世音菩薩。〔大〕〔王〕〔道〕[七]：

只守思量也大奇，朕今王種豈如斯？
醜陋世間人總有，未見今朝惡相儀。

彎山倉縕縮如龜，渾身恰似野豬皮。
任你丹青心裏巧，蒜（綵）色千般畫不成〔八〕。
獸頭渾是可增（曾）見〔九〕？國内計應無並比。
若輪（論）此女形貌相〔一〇〕，長大將身娉阿誰？

於是大王處分宫人，不得唱説，便遣送在深宫，更莫將來，休交朕見云云〔一一〕。

女緣醜陋世間希，遮莫身上掛羅衣。
雙脚跟頭酸（皴）又䏶（躃）〔一二〕，髮如總（棕）樹一枝枝〔一三〕。
看人左右和身轉，舉步何曾會禮儀？
十指懺（纖）懺（纖）如路柱〔一四〕，一雙眼似木堆（槌）梨〔一五〕。
公主全無窈窕，實是非常不少。
上脣有半斤有餘〔一六〕，鼻孔竹同（筒）渾少〔一七〕。
生來已雀（省）歡喜〔一八〕，見説三年一笑。
覓他行步風流，卻是趙十襪襟。
大王見女醜形骸，常以夫人手託顋〔一九〕。
憂念没心求駙馬，慚惶須臾覓良謀〔二〇〕。
雖然富貴居樓殿，恥辱房（緣）卧（無）傾國容〔二一〕。

勑下十年令鏁閉，深宮門户不曾開。

於是金剛醜女，日來月往，年漸長大。夫人宿夜憂愁，恐怕大王不發遣。後因遊戲之次，大（夫）王（人）殿（斂）容進步向前〔二二〕，咨白大王云云：

賤妾常⿰忄暫（慚）醜質身〔二三〕，虚霑宫宅与王親。
日日眼前多富貴，朝朝惟是用珠珍。
宫人侍婢常隨後，使喚東西是大臣。
慚耻這身無〔得〕解〔二四〕，大王寵念赴乾坤。
妾今有事須親奏，願王歡喜莫生嗔。
金剛醜女年成長，爭忍令交不仕人〔二五〕？

於是大王良〔久〕沉音（吟）〔二六〕，未容發言，夫人又奏云云：

姊妹三人共一〔般〕〔二七〕，端正醜陋結因緣。
並是大王親骨肉，願王一納賜恩憐。
向今成長深宫内，發遣令交使向前。
十指從頭長与短，各各從頭施（使）交（咬）看〔二八〕。

大王見夫人奏勸再三，不免咨告夫人云云：

我緣一國帝王身，眷屬由來宿業因。

爭那就〔中〕容貌乍（差）〔二九〕，交奴恥見國朝臣。
心知是朕親生女，醜乍（差）都來不似人。
説著上（尚）由皆驚怕〔三〇〕，如何竹（囑）娉向他門〔三一〕？

〔夫〕〔人〕〔道〕〔三二〕：大王若無意發遣，妾也不敢再言。有心令遣仕人〔三三〕，聽妾今朝一計，私地朝（詔）一宰相〔三四〕，交覓薄落兒郎，官職金玉与伊，祝娉爲夫婦。於是大王取其夫〔人〕之計〔三五〕，即招一臣，交作良謀，便即私地發遣。臣下速赴内廳，面對處分天勑，受王進旨。王告臣曰：

卿今聽朕語，子細説來由處〔三六〕：
緣是國夫人，有一親生女。
天生貌不强，只要直（且）䁯眝〔三七〕。
覓取好兒郎，娉与爲夫婦。
卿爲臣下我爲君，今日商量只兩人。
朝（召）慕（募）切須看聽（穩）審〔三八〕，惆悵莫交外人聞。
相當莫厭無才藝，莽路何嫌徹骨貧？
萬計事須相就取，倍些房卧莫爭論。

於是宰相拜辭出内，便即私行坊市諸州，處處求覓，朝朝尋覓。後忽經行街巷，〔見〕

貧生子〔三九〕，性（姓）王〔四〇〕。施問再三，當時便肯，令到内門。〔先〕〔入〕〔見〕〔王〕〔四一〕，〔言〕〔奏〕尋得〔四二〕。皇帝大悦龍顔，遂朝（詔）宰相〔四三〕，速令引到。

皇帝座想（向）寶殿〔四四〕，宰相曲弓（躬）如來見〔四五〕。
前時奉獻（勑）覓人〔四六〕，今日得衣王願〔四七〕。
門前有一兒郎，性行不坊（方）慈善〔四八〕。
出來好哥面貌，只是有些些舌短。云云。
大王聞説喜徘徊，倦（捲）上珠簾御帳開〔四九〕。
既强聖〔人〕〔心〕裏事〔五〇〕，也兼皇后樂嘵（咳）嘵（咳）〔五一〕。
嬪妃婇女令詔入，内監忙忙迤邐催。
便把被衫揩式面〔五二〕，打扳精身（神）强入來〔五三〕。

王郎登時見皇帝，道何言語：

於是貧仕蒙詔〔五四〕，跪拜大王已了〔五五〕。
叉手又説寒温，直下令人失笑。
更道下情無任，得仕丈母阿嫂〔五六〕。
超（起）居進步向前〔五七〕，下情不勝恰好。

其是（時）大王處分〔五八〕：俳備燕會〔五九〕，屈請王郎。既到座筵，遣宮人引其公主

〔見〕對王郎〔六〇〕。當爾之時，道何言語：

新婦出來見〔王〕郎〔六一〕，都緣面貌多不强。
婇女嬪妃左右擁，前頭掌扇閑（鬧）芬芳〔六二〕。
金釵玉釧滿頭粧，錦繡羅衣複（馥）鼻香〔六三〕。
王郎纔見公主面，聞來魂魄轉飛傷。

於是王郎既彼（被）誮到（倒）〔六四〕，左右宮人，一時扶接，已〔水〕灑面〔六五〕，良久乃蘇。宮人道何言語？

女緣前生貌不敷，每看恰似獸頭牟。
天然既没紅桃色，遮莫七寶叫身鋪。
夫主誮來身以到（倒）〔六六〕，宮人侍婢一時扶。
多少內人噴水求（救）〔六七〕，須臾得活卻醒蘇。

於是兩箇阿姊，恐被王郎恥嫌醜陋不肯，左右宮人，合皆總急〔六八〕。〔阿〕〔姊〕無計〔六九〕，思寸且著卑辭，報答王郎云云：

王郎不用怪笑，只緣新婦嫌幼少。
朱（妹）子〔雖〕不端正〔七〇〕，手頭裁絳（縫）最巧〔七一〕。
官職王郎莫愁，從此富貴到老。

些些醜陋不嫌，新婦正當年少。

王郎道苦：彼謀人悟（誤）我將來〔七二〕，今日目前，見這箇弱事，乃可不要富貴，亦不藉你官職！然相合之時，爭忍其醜貌？思寸再三，沉疑不語。阿姊又道：

不要爯（稱）怨道苦〔七三〕，卑（早）晚言（得）新婦〔七四〕？

雖則容貌不强，且是國王之女。

向今正直年少，色（索）得唐（當）朝公主〔七五〕。

鬼神大矖僂儸，不敢猥（偎）門傍户〔七六〕。

於是王郎恥嫌不得，兩箇相合，作爲夫婦。阿姊見成親，心裏喜歡非常，到於宮中，拜賀父母。當時甚道云云：

小娘子如今娉了，免得父孃煩惱。

總惟（推）得精怪出門〔七七〕，任他到舍相抄（吵）〔七八〕。

王郎咨申大姊：萬事今朝總了，

恐怕朋友怪笑，小娘子莫顛倒。

且須遣妻不出莫怪〔七九〕，不要出要出頭〔出〕惚（腦）〔八〇〕。

王郎心裏不嫌，前世業遇須要。

於是貧仕既蒙駙馬〔八一〕，与高品知聞，書題往來，已（以）相敫（邀）會〔八二〕。遂赴朝官之宴，同拜玉皆（階）〔八三〕，侍御郎中，共相出入。州官縣宰，相伴駙馬之筵，〔僕〕〔射〕尚書〔八四〕，同歡一座。已前諸官，蜜計相宜〔八五〕，要〔看〕公主〔八六〕。遞互傳局，流行屈到家中，事須妻出勸酒。説（既）無形積（跡）〔八七〕，例皆見女出妻，盡接座筵。日日不備歡樂，次第漸到王郎〔八八〕，俳備酒饌。雉（唯）憂妻貌不强〔八九〕，思慮恥於往還，遂乃精〔神〕不安〔九〇〕，宿夜憂愁。

妻見兒婿怨煩，不免〔再〕〔三〕盤問〔九一〕。王郎被問，遂乃於實諮告妻曰：

今日將身赴會筵，家家妻女作周旋。
玉貌細看花一採（朵）〔九二〕，蟬鬢窈窕似神仙。
朝官次第相敫（邀）會〔九三〕，飲食朝朝數千般。
後日我家俳備酒饌，也須娘子見朝官。

王郎遂向公主具説根由：我倒他家中〔九四〕，盡見妻妾，數巡勸酒，對坐周（歡）娱〔九五〕。若〔諸〕朝官赴我延（筵）會〔九六〕，小娘子事須出來相見，我此事恥，所以憂愁，怨根（恨）自身〔九七〕，尋相不樂。

王郎道云云：

我無怨恨亦無嗔，自嗟前生惡業因。
只爲思君多醜貌，我今恥辱會諸賓。

來朝若也朝官至，還須娘子勸酒巡。
出到坐延（筵）相見了〔九八〕，交著（我）恥辱没精身（神）〔九九〕。

公主既聞此事，哽噎不可發言，慚見醜質，燕（嚥）氣淚落〔一〇〇〕：『前世種何因果，今生之中，感得醜陋。』夫主去後，便捻香爐，向於靈山，禮拜發〔願〕〔一〇一〕。

醜女纔見淚數行，聲中哽噎轉非（悲）傷〔一〇二〕。
豈料我無端正相，致令闇地苦商量。
粈（胭）粇（脂）合子捻拊却〔一〇三〕，釵朵籠鏵（鏤）拔一傍〔一〇四〕。
雨淚落燒香思法會〔一〇五〕，遥告靈山大法王。

佛已通心，遥見金剛醜女燒香發願，遂於醜〔女〕居處階前〔一〇六〕，〔從〕〔地〕〔涌〕〔出〕〔一〇七〕，〔親〕〔垂〕〔加〕〔護〕〔一〇八〕。〔醜〕〔女〕〔忽〕〔見〕〔大〕〔聖〕〔世〕〔尊〕〔一〇九〕，〔舉〕〔身〕〔階〕〔前〕〔一一〇〕，〔渾〕〔搥〕〔自〕〔撲〕〔一一一〕，〔起〕〔來〕〔禮〕〔拜〕〔一一二〕，〔咽〕〔哽〕悲泣〔一一三〕，恰似四鳥而分離，思念自身，不恨滅没而入堆〔地〕〔一一四〕，願世尊，願垂加備云云：

珠淚連連怨傷嗟，一種爲人面貌嗟（差）〔一一五〕。
玉葉不生端正樹，金騰（藤）結朵野田花〔一一六〕。
見說牟尼長仗（丈）六〔一一七〕，八十隨形號釋迦。

惟願慈悲加護我，三十二相与些些。
佛有他心道眼，當時遂遥觀見。
珠（現）身向醜女前頭〔一一八〕，令交懺悔發願。
醜女佛前懺罪愆，所以（爲）恶自業自招然〔一一九〕。
懺悔纔中（終）兼發願〔一二〇〕，願今果報福周圓。
公主見佛至，容貌世無比。
〔髮〕紺玄（旋）縲（螺）文〔一二一〕，眉如雙日（月）翠〔一二二〕。
口似頻婆果，四十二牙齒。
兩目海澄澄，胸前題『萬』字。

金剛醜女歎佛已了，右繞三匝，退座一面〔一二三〕。佛已慈悲之力〔一二四〕，逓（垂）金色臂〔一二五〕，指醜女身，醜女形容，當時變改。

歎佛了，求加備，低頭禮拜心專志。
容貌頓改舊時儀，百醜遍（變）作千嬌美〔一二六〕。

醜女既得世尊加備，換舊時醜質，作今日之面旋；醜陋形軀，變端嚴之相好。敢（感）得王郎入來不識〔一二七〕。妻云道：識我否？夫云道：不識！我是你妻，如何不識？夫道：

娘子天生似獸頭，交我人前見便羞。
今日因何頭（端）正相[一二八]，請君与我説來由。

妻語夫曰：

自君前時[一二九]，憂我身醜。妾生煩惱，再三禱況（祝）[一三〇]。靈山世尊，深起慈悲，便須加祐。云：

我本前生貌不强，深慚日夜辱王郎。
遥想釋迦三界主，不捨慈悲降此方。
便禮拜，再添香，不覺形容頓改張。
我得今朝端正相，感賀靈山大法王。

王郎既見妻端正，入宫奏上大王云云。

王郎拍手歡喜，走報大王宫裏云云。
丈人丈母不知，今日具見喜事。
小娘子如今改變，不是舊時精魅。
欲説醜女此時容，一似佛前菩薩子。
大王聞説喜徘徊，火急忙然尋女來。
夫人傢（隊）仗離宫殿[一三一]，大王御輂（輦）到長街[一三二]。

纔見顔面，灼灼桃花滿面開。

大王夫人見了，因兹特地送資財。

父王道：

我女因佛端正，事須慚謝大聖。

明朝速往祇園，禮拜至心恭敬。

於是槍旗耀日，皂毒千般〔一三三〕，七寶珍財，奉獻其佛。百官從駕如（而）行〔一三四〕，千官咸命從後，同赴祇園，謝女端正。經於一宿，已届祇園，謝佛重恩，再三請問：

下御輩（輦）〔一三五〕，禮金人，便將你（珍）〔寶〕獻慈親（尊）〔一三六〕。

我女前生修何業，一傷（場）醜陋卒難陳〔一三七〕。

賴爲如來相加備，還同枯木再生枝。

惟願慈悲加念力，爲説前生脩底因。

佛告波斯匿王：諦聽諦聽，汝當有事悟汝，与説宿世因緣。佛道此女前生，曾供養辟支佛，雖然供養，唯道面醜。供養因緣生王家，輕慢賢聖之業，感得面貌醜陋。信心布施，直須歡喜，若人些些酸（皴）眉〔一三八〕，則知果報不遂。

前生爲傍（謗）辟支迦〔一三九〕，所以形容面貌差。

爲〔緣〕不識阿羅漢〔一四〇〕，不（百）般笑效苦芬拏〔一四一〕。

將爲惡言發便了，他交業報更不嗟。
得見世尊親懺悔，當時卻似一團花。
只爲前生發惡言，今朝果報不虛專（傳）[一四二]。
毀謗阿羅漢果報，致令人貌不周旋。
兩腳出來如路柱，一雙膇（胳）膊似枯椽[一四三]。
纔禮世尊三五拜，當時白淨輕如綿。

說明

此件首尾完整，起『金剛醜女因緣一本』，訖『當時白淨輕如綿』，背面接續正面抄寫。此件上有三塊裱補紙，其上原抄有《四分律》卷二經文，抄寫者是將有字的一面黏貼在紙張殘破處，利用其背面的空白抄寫『金剛醜女因緣一本』。

現知敦煌遺書中保存的『金剛醜女因緣』共有五件，各件情況可參看本書第十一卷斯二一一四『說明』（《英藏敦煌社會歷史文獻釋録》十一卷，北京：社會科學文獻出版社，二〇一四年，六五頁）。

由於本書在對斯二一一四進行釋録時，曾以此件爲校本，故相關異文可參看斯二一一四校記。以上釋文以斯四五一一爲底本，僅用斯二一一四（稱其爲甲本）校改錯誤、校補缺文。如甲本亦有脱、誤，則用他本補、改。

校記

〔一〕『求』，當作『救』，據甲本改。
〔二〕『般』通『搬』；『蓮』，當作『運』，據甲本改。
〔三〕『此時』，據甲本補。
〔四〕『感得』，據伯三〇四八補。
〔五〕『雅』，當作『訝』，據伯三〇四八改，『雅』爲『訝』之借字。
〔六〕『乍』，當作『差』，據伯三〇四八改，『乍』爲『差』之借字。以下同，不另出校。
〔七〕『大王道』，據伯三〇四八補。
〔八〕『蒜』，當作『綵』，據甲本改，『蒜』爲『綵』之借字。
〔九〕『增』，當作『曾』，據文義改，『增』爲『曾』之借字。
〔一〇〕『輪』，當作『論』，據甲本改，『輪』爲『論』之借字。
〔一一〕『交』，可用同『教』，以下同，不另出校。
〔一二〕『酸』，當作『皴』，據甲本改；『腨』，當作『蹡』，據文義改。
〔一三〕『總』，當作『棕』，據文義改，『總』爲『棕』之借字。
〔一四〕『懺懺』，當作『纖纖』，據甲本改。
〔一五〕『堆』，當作『槌』，據伯三〇四八改。
〔一六〕第一箇『有』，據文義係衍文，當删。
〔一七〕『同』，當作『筒』，據伯三五九二背改，『同』爲『筒』之借字；『少』，同『小』。
〔一八〕『雀』，當作『省』，據甲本改。

〔一九〕「以」，通「與」。
〔二〇〕「謀」，通「媒」。
〔二一〕「房」，當作「緣」，據甲本改；「臥」，當作「無」，據伯三〇四八改。
〔二二〕「大王」，當作「夫人」，據甲本改；「殿」，當作「斂」，據伯三〇四八改。
〔二三〕「慚」，當作「慚」，據甲本改。
〔二四〕「得」，據伯三〇四八補。
〔二五〕「仕」，通「事」。
〔二六〕「久」，據甲本補；「音」，當作「吟」，據伯三〇四八改，「音」爲「吟」之借字。
〔二七〕「般」，據甲本補。
〔二八〕「施」，當作「使」，據甲本改，「施」爲「使」之借字；「交」，當作「咬」，據甲本改。
〔二九〕「中」，據甲本補。
〔三〇〕「上」，當作「尚」，據文義改，「上」爲「尚」之借字；「由」，通「猶」。
〔三一〕「竹」，當作「囑」，據伯三〇四八改，「竹」爲「囑」之借字。
〔三二〕「夫人道」，據甲本補。
〔三三〕「仕」，通「事」。
〔三四〕「朝」，當作「詔」，據甲本改，「朝」爲「詔」之借字。
〔三五〕「人」，據甲本補。
〔三六〕「由」，據文義係衍文，當删。
〔三七〕「直」，當作「且」，據甲本改。

〔三八〕「朝」，當作「召」，據甲本改，「朝」爲「召」之借字；「慕」，當作「募」，《敦煌變文校注》據文義校改，「慕」爲「募」之借字；「聽」，當作「穩」，據甲本改。
〔三九〕「見」，據甲本補。
〔四〇〕「性」，當作「姓」，據甲本改，「性」爲「姓」之借字。
〔四一〕「先入見王」，據伯三〇四八補。
〔四二〕「言奏」，據伯三〇四八補。
〔四三〕「朝」，當作「詔」，據甲本改，「朝」爲「詔」之借字。
〔四四〕「座」，同「坐」；「想」，當作「向」，據文義改，「想」爲「向」之借字。
〔四五〕「弓」，當作「躬」，據甲本改，「弓」爲「躬」之借字；「如」，據甲本係衍文，當删。
〔四六〕「獻」，當作「勑」，據甲本改。
〔四七〕「衣」，同「依」。
〔四八〕「坊」，當作「方」，據甲本改，「坊」爲「方」之借字。
〔四九〕「倦」，當作「捲」，據甲本改，「倦」爲「捲」之借字。
〔五〇〕「人心」，據甲本補。
〔五一〕「哓哓」，當作「咳咳」，據伯三〇四八改。
〔五二〕「式」，同「拭」。
〔五三〕「身」，當作「神」，據甲本改，「身」爲「神」之借字。
〔五四〕「仕」，通「士」。
〔五五〕「跪」，底本作「詭」，係涉上文「詔」而成之類化俗字。

〔五六〕『仕』，通『事』。
〔五七〕『超』，當作『起』，據甲本改。
〔五八〕『是』，當作『時』，據甲本改，『是』爲『時』之借字。
〔五九〕『俳』，可用同『排』。以下同，不另出校。
〔六〇〕『見』，據甲本補。
〔六一〕『王』，據甲本補。
〔六二〕『閑』，當作『鬧』，據甲本改。
〔六三〕『複』，當作『馥』，據伯三〇四八改，『複』爲『馥』之借字。
〔六四〕『彼』，當作『被』，據甲本改；『到』，當作『倒』，據伯三〇四八改。
〔六五〕『已』，同『以』；『水』，據甲本補。
〔六六〕『以』，通『已』；『到』，當作『倒』，據伯三〇四八改。
〔六七〕『求』，當作『救』，據甲本改。
〔六八〕『合』，底本似『令』，按寫本時代，『合』『令』形近易混，故可據文義逕釋作『合』。
〔六九〕『阿姊』，據甲本補。
〔七〇〕『朱』，當作『妹』，據甲本改；『雖』，據甲本補。
〔七一〕『絳』，當作『縫』，據甲本改。
〔七二〕『悟』，當作『誤』，據文義改，『悟』爲『誤』之借字。
〔七三〕『爯』，當作『稱』，據伯三〇四八改。
〔七四〕『皁』，當作『早』，據甲本改；『言』，當作『得』，據甲本改。

〔七五〕『色』，當作『索』，據甲本改，『色』爲『索』之借字；『唐』，當作『當』，據甲本改，『唐』爲『當』之借字。
〔七六〕『猥』，當作『偎』，據甲本改，『猥』爲『偎』之借字。
〔七七〕『總』，據甲本係衍文，當删；『惟』，當作『推』，據甲本改。
〔七八〕『抄』，當作『吵』，據文義改，『抄』爲『吵』之借字。
〔七九〕『莫怪』二字疑衍，當删。
〔八〇〕『出要』二字疑衍，當删；『出』，據甲本補；『惚』，當作『腦』，據文義改。
〔八一〕『仕』，通『士』。
〔八二〕『已』，當作『以』，據伯三〇四八改，『已』爲『以』之借字；『敫』，當作『邀』，據甲本改。
〔八三〕『皆』，當作『階』，據甲本改，『皆』爲『階』之借字。
〔八四〕『僕射』，據甲本補。
〔八五〕『蜜』，同『密』。
〔八六〕『看』，據甲本補。
〔八七〕『説』，當作『既』，據甲本改；『積』，當作『跡』，據伯三〇四八改，『積』爲『跡』之借字。
〔八八〕『第』，底本作『弟』，按寫本中『弟』『第』形近易混，故據文義逕釋作『第』。
〔八九〕『雉』，當作『唯』，據甲本改。
〔九〇〕『神』，據甲本補。
〔九一〕『再三』，據甲本補。
〔九二〕『採』，當作『朵』，據甲本改，『採』爲『朵』之借字。
〔九三〕『第』，底本作『弟』，按寫本中『弟』『第』形近易混，故據文義逕釋作『第』；『敫』，當作『邀』，據甲本改。

〔九四〕『倒』，可用同『到』。
〔九五〕『周』，當作『歡』，據甲本改。
〔九六〕『諸』，據甲本補；『延』，當作『筵』，據甲本改。
〔九七〕『根』，當作『恨』，據甲本改。
〔九八〕『延』，當作『筵』，據伯三〇四八改，『延』爲『筵』之借字。
〔九九〕『著』，當作『我』，據甲本改；『身』，當作『神』，據甲本改，『身』爲『神』之借字。
〔一〇〇〕『燕』，當作『嚥』，據甲本改，『燕』爲『嚥』之借字。
〔一〇一〕『願』，據甲本補。
〔一〇二〕『非』，當作『悲』，據甲本改。
〔一〇三〕『䊆』，當作『胭』，據文義改，『䊆』爲『胭』之借字；『粎』，當作『脂』，據甲本改，『粎』爲『脂』之借字。
〔一〇四〕『鏵』，當作『鏤』，據甲本改。
〔一〇五〕『落』，據文義係衍文，當删。
〔一〇六〕『女』，據甲本補。
〔一〇七〕『從地涌出』，據甲本補。
〔一〇八〕『親垂加護』，據甲本補。
〔一〇九〕『醜女忽見大聖世尊』，據甲本補。
〔一一〇〕『舉身』，據甲本補；『階』，據伯三〇四八補；『前』，據甲本補。
〔一一一〕『渾搥自撲』，據甲本補。

〔一一二〕『起來禮拜』，據甲本補。
〔一一三〕『咽哽』，據甲本補。
〔一一四〕『堆』，當作『地』，據甲本改。
〔一一五〕『嗟』，當作『差』，據甲本改。
〔一一六〕『騰』，當作『藤』，據甲本改，『騰』爲『藤』之借字。
〔一一七〕『仗』，當作『丈』，據甲本改，『仗』爲『丈』之借字。
〔一一八〕『珠』，當作『現』，據甲本改。
〔一一九〕『以』，當作『爲』，據甲本改；第一箇『自』，據甲本係衍文，當刪。
〔一二〇〕『中』，當作『終』，據甲本改，『中』爲『終』之借字。
〔一二一〕『髮』，據甲本補；『玄』，當作『旋』，據伯三〇四八改，『玄』爲『旋』之借字；『縲』，當作『螺』，據甲本改。
〔一二二〕『日』，當作『月』，據甲本改。
〔一二三〕『座』，同『坐』。
〔一二四〕『已』，同『以』。
〔一二五〕『通』，當作『垂』，據甲本改。
〔一二六〕『遍』，當作『變』，據甲本改，『遍』爲『變』之借字。
〔一二七〕『敢』，當作『感』，據文義改，『敢』爲『感』之借字。
〔一二八〕『頭』，當作『端』，據甲本改。
〔一二九〕『君』，底本作『居』，按寫本中『君』『居』形近易混，故據文義逕釋作『君』。

〔一三〇〕「況」，當作「祝」，據甲本改。
〔一三一〕「倸」，當作「隊」，據甲本改，「倸」係涉下字「仗」類化之俗字。
〔一三二〕「輩」，當作「輋」，據文義改。
〔一三三〕「毒」，可用同「纛」。
〔一三四〕「如」，當作「而」，據文義改，「如」爲「而」之借字。
〔一三五〕「輩」，當作「輋」，據文義改。
〔一三六〕「你」，當作「珍」，據伯三〇四八改；「寶」，據伯三〇四八補；「親」，當作「尊」，據伯三〇四八改。
〔一三七〕「傷」，當作「場」，據伯三〇四八改。
〔一三八〕「酸」，當作「皴」，據文義改。
〔一三九〕「傍」，當作「謗」，據伯三〇四八改，「傍」爲「謗」之借字。
〔一四〇〕「緣」，據伯三〇四八補。
〔一四一〕「不」，當作「百」，據伯三〇四八改。
〔一四二〕「専」，當作「傳」，據文義改。
〔一四三〕「膪」，當作「胳」，據文義改。

參考文獻

《敦煌變文彙録》（增訂本），上海出版公司，一九五五年，二四三至二五二頁；《敦煌變文集》（下），北京：人民文學出版社，一九五七年，七八七至八〇六頁（録）；《敦煌古籍叙録》，北京：中華書局，一九七九年，三八一至三八三頁；*Chinoperl Papers* No. 10（1981），p. 50；《敦煌寶藏》一六册，臺北：新文豐出版公司，一九八一年，二三五至二三七頁（圖）；《變文因緣類研究》，臺北：中國文化大學中國文學研究所碩士論文，一九八一年，一四二至一八一、二二九至二三二頁（録）；《敦煌變文論文録》，上海古籍出版社，一九八二年，五〇九至五一七、五一九至五二一頁；《敦煌遺書總目索引》，北京：中華書局，一九八三年，一五一頁；《敦煌變文集新書》（下），臺北：文津出版社，一九八三年，七七一至八〇一、一三七〇至一三七三頁（録）；《敦煌古籍叙録新編》一八册，臺北：新文豐出版公司，一九八六年，三〇七至三一四、三五一至三七〇頁；《敦煌變文選注》，成都：巴蜀書社，一九九〇年，七二二至七五七頁（録）；《敦煌變文集校議》，長沙：岳麓書社，一九九〇年，四〇五至四一二頁（録）；《英藏敦煌文獻》四卷，成都：四川人民出版社，一九九一年，一一至一二頁（圖）；《英藏敦煌文獻》六卷，成都：四川人民出版社，一九九二年，一二一至一二三頁（圖）；《南京大學學報》一九九三年四期，八六至九二頁；《敦煌論稿》，蘭州：甘肅文化出版社，一九九五年，四〇九至四一二頁；《俗語言研究》，京都：禪文化研究所，一九九五年二期，五二至七七頁；《西北師大學報》一九九六年六期，五〇頁；《敦煌變文校注》，北京：中華書局，一九九七年，一一〇二至一一三〇頁（録）；《敦煌變文講經文因緣輯校》，南京：江蘇古籍出版社，一九九八年，九四九至九八九頁（録）；《中國敦煌學百年文庫·語言文字卷》（二），蘭州：甘肅文化出版社，一九九九年，二頁；《敦煌遺書總目索引新編》，北京：中華書局，二〇〇〇年，六四頁；《英藏敦煌社會歷史文獻釋録》一一卷，北京：社會科學文獻出版社，二〇一四年，五四至八二頁。

斯四五一一背　一　寺名

釋文

五十七

六　　七

五十七　　乾

五十一

説明

以上文字分别寫於第四、第六、第九紙左下角，從紙幅以及内容和格式來看，『五十七』『五十一』當係經卷帙號，而『六』『七』則係卷帙内的卷號，如『五十七　六』指第五十七帙内的第六卷；『乾』爲收藏該卷的寺院之簡稱，即敦煌乾元寺。標有卷帙號的這幾張紙最初當係經卷的護首，脱落後被重新黏接用來抄寫『金剛醜女因緣』。此件《英藏敦煌文獻》未收，現予增收。

參考文獻

《敦煌寶藏》三六册，臺北：新文豐出版公司，一九八二年，四〇四頁（圖）。

斯四五一一背　二　雜寫

釋文

般若多

說明

以上文字係時人隨手寫於背末紙上端，《英藏敦煌文獻》未收，現予增收。

參考文獻

《敦煌寶藏》三六册，臺北：新文豐出版公司，一九八二年，四〇五頁（圖）。

斯四五一一背　三　背題（金剛醜女因緣一本）

釋文

金剛醜女因緣一本

説明

以上文字倒書，係此卷主要内容之背題，《英藏敦煌文獻》漏收，現予增收。

參考文獻

《敦煌寶藏》三六册，臺北：新文豐出版公司，一九八二年，四〇五頁（圖）。

斯四五一四　禮懺文

釋文

一切恭敬，敬禮常住三寶。

是諸衆等，人各𨄔跪。嚴持香花，如法供養一切佛。化佛并菩薩，無數聲聞衆，受此香花雲，以爲光明臺。廣於無邊界，無邊無量作佛事。

一切恭敬，一切普誦，如〔來〕妙色身〔一〕，世間無餘（與）等〔二〕，無比不思議，是故今敬禮；如來色無盡，智惠亦復然，一切法常住，是故我歸依。敬禮常住三寶。

歎佛功德

如來、應供、正遍知、明行足、善逝、世間解、無上士、調御丈夫、天人師、佛、世尊。佛有如是功德，歎不可盡。以此歎佛，善根已集。當集現集，一切善根。以此善根，資益法界衆生，悉得離苦解脱，捨邪歸正，發菩提心，永除三障。常見一切諸佛，菩薩及善知識，恆聞正法，福智具足，一時作佛。

五十三佛名

以前佛名，乃是過去久遠舊住娑婆世界，成就衆生而般涅槃。若有善男子、善女人及餘一切衆生，得聞是五十三佛名者，是人於百千萬憶（億）阿僧祇劫不墮西（惡）道〔三〕。若傷（復）有人〔四〕，能持是五十三佛名者，生生之處，常得值遇十方諸佛〔五〕。若復有人，能至心敬禮五十三佛名者，除滅四重五逆及謗方等經，皆悉清淨。以是諸佛本誓願故，於念念中，即得除滅如上諸罪。

罪垢不住，去來金（全）不在兩間及内外〔六〕。惠眼明照，非有無塵勞。本來常清淨，良由妄識起分別，種種顛倒□

説明

此件首全尾缺，失題，起『一切恭敬』，訖『種種顛倒』。《敦煌遺書總目索引》擬名『敬禮常住三寶文』，《敦煌寶藏》《敦煌遺書總目索引新編》從之。《英藏敦煌文獻》擬題『禮懺文』，茲暫從之，但此件『歎佛功德』以後之内容與現知『禮懺文』不同。

校記

〔一〕『來』，據斯二三六『禮懺文』補。

〔二〕『餘』，當作『與』，據伯三八四二『禮懺文』改，『餘』爲『與』之借字。

〔三〕『憶』，當作『億』，據文義改，『憶』爲『億』之借字；『西』，當作『惡』，據文義改。
〔四〕『傷』，當作『復』，據文義改。
〔五〕『遇』，底本作『偶』，係涉上文『值』而成之類化俗字。
〔六〕『金』，當作『全』，據文義改。

參考文獻

《敦煌寶藏》三六册，臺北：新文豐出版公司，一九八二年，四一七頁（圖）；《敦煌遺書總目索引》，北京：中華書局，一九八三年，二〇三頁；《英藏敦煌文獻》六卷，成都：四川人民出版社，一九九二年，一二五頁（圖）；《敦煌遺書總目索引新編》，北京：中華書局，二〇〇〇年，一四一頁；《英藏敦煌社會歷史文獻釋録》一卷（修訂版）下册，北京：社會科學文獻出版社，二〇一八年，五八七頁（録）。

斯四五二〇　華嚴經卷第卌七題記

釋文

開皇十七年四月一日，清信優婆夷袁敬姿，謹減身口之費，敬造此經一部，永劫供養。願從今已去，災障殄除，福慶臻集，國界永隆，萬民安泰，七世久遠，一切先靈，並願離苦獲安，遊神淨刹，罪滅福生，無諸障累，三界六道，怨親平等，普共含生，同昇佛地。

説明

此件題於《華嚴經》卷第卌七尾部，開皇十七年即公元五九七年，《英藏敦煌文獻》未收，現予增收。

現知伯二一四四、上海圖書館三三號、斯二五二七、上海圖書館三一號、斯六六五〇、上海圖書館三〇號、斯一五二九、日本書道博物館藏、大谷家二樂莊舊藏《華嚴經》不同卷數的卷尾題記中，施主、日期和題記的内容與此件大致相同，應屬同一人同一時期的抄經題記。

參考文獻

Descriptive Catalogue of the Chinese Manuscripts from Tunhuang in the British Museum, London：The Trustees of the British Museum, 1957, p. 42；《敦煌寶藏》三六册，臺北：新文豐出版公司，一九八二年，四四八頁（圖）；《敦煌學要籥》，臺北：新文豐出版公司，一九八二年，一四七頁（録）；《敦煌遺書總目索引》，北京：中華書局，一九八三年，二〇三頁（録）；《中國古代寫本識語集録》，東京大學東洋文化研究所，一九九〇年，一五〇頁（録）；《敦煌願文集》，長沙：岳麓書社，一九九五年，八五六至八五七頁（録）；《敦煌遺書總目索引新編》，北京：中華書局，二〇〇〇年，一四一頁（録）；《英藏敦煌社會歷史文獻釋録》一二卷，北京：社會科學文獻出版社，二〇一五年，二七七至二七八頁。

斯四五二五　都司（？）支付什物歷

釋文

堂内敷置花氈肆領，又花氈壹領，白氈肆領，付大娘勝美。

付官健阿朶子、曹順德与氈數目：于闐花氈兩領、又花氈壹領，曹家于闐花氈兩領，閻家花氈兩領，張家花氈兩領，張法律花氈壹領，鄧都知花氈壹領，陰家花氈壹領，又鄧都知白氈兩領、盤伎（？）壹箇〔一〕，又氾都牙花氈兩領。

付官健石達子、康富昌椀楪數目：花椀子十五箇，楪子三十四箇，盛子六箇〔二〕，木筯七雙。

付白山銀楪子壹雙、銀筯壹雙〔三〕、銀盛子壹、大銀椀壹枚、盤盞壹副、丹地木杌壹箇，付岳富定銀椀四枚，孔員昌壹枚，米永興壹枚，張章兒壹枚，史殘友壹枚。

鄧家願連阿師子布壹疋，宋家八娘子布壹疋，王女、阿張布兩疋〔四〕，紫錦壹疋付車社，又付綊纈縛壹條〔五〕，又車社大紅錦壹疋，又大紅錦壹疋，又付車社舉（轝）屋紫繡禮巾六條〔六〕，大錦三疋。（印）〔七〕

紫繡禮巾壹條，又禮巾兩條。

阿朵悉難錦壹疋。

拴都督綺壹疋。曹家紫綿綾壹疋。使君紫錦壹疋。

陳都牙綺壹疋。龍家阿機（？）大紅錦壹疋〔八〕。衙内叫（繳）壁一〔九〕；銀角壹，欠聯珠兩節〔一〇〕。密略丁紅綺壹疋，官大錦兩疋，綺三疋。獨俄大錦壹疋。苟奴都知錦壹疋。

永安寺傘、乾元寺傘、大雲寺香鑪付轝子社〔一一〕。

龍興寺辱（褥）壹條〔一二〕。

付轝子社金綿繡裙五福（幅）〔一三〕，綺兩疋付李保子，又付保子黃畫被子兩條（押？）〔一四〕。

付遞生社叫（繳）壁〔一五〕，付車社銀角，其角付戒果。又付福昌大錦壹疋，又付鄧願千轝屋綺三疋、青錦壹疋、繡禮巾三條。又付遞轝社人鄧福昌于闐花氈壹領，紅錦繡壹條。

付鄧流定大錦壹疋。

付車社陰家官健郭山昌花氈壹領。

又付遞轝社緑綾裙壹，碧綫裙壹，并帶具全。錦襦襠壹〔一六〕，貼金衫子壹，貼金禮巾壹，紫繡禮巾壹，緁纈縛壹〔一七〕。（押）

説明

此件首尾完整，正反兩面連續抄寫，正面從『堂内敷置花氈肆領』至『大錦三疋』，背面從『紫繡禮巾壹條』至『綊纈縛壹』。從内容看，爲某機構付什物歷，其中頗有一些如于闐花氈、綊纈縛、紫繡禮巾、金綿繡裙、貼金禮巾等稀見物品。《英藏敦煌文獻》擬名『都司（？）支付什物歷』（《英藏敦煌文獻》六卷，一二五頁），兹暫從之。

此件不同條目之間，書寫者留有空行，一些交付記録是補寫於行間，一些交付記録上還有墨筆點勘符號或墨印、畫押，所以這一支付什物歷是當時交付記録的原件。

校記

〔一〕『盤伎（？）』，《敦煌社會經濟文獻真蹟釋録》未能釋讀；『箇』，《敦煌社會經濟文獻真蹟釋録》未能釋讀。

〔二〕此句《敦煌社會經濟文獻真蹟釋録》未能釋讀。

〔三〕『餝』，底本作『鋤』，係涉上文『銀』而成之類化俗字。

〔四〕『張』後《敦煌社會經濟文獻真蹟釋録》認爲底本殘，按底本實不殘。

〔五〕『綊』，底本作『纈』，係涉下文『纈』而成之類化俗字。

〔六〕『舉』，當作『畢』，據文義改；『六條』，《敦煌社邑文書輯校》未能釋讀。

〔七〕其下有墨印，《敦煌社會經濟文獻真蹟釋録》漏録。

〔八〕『機』，《敦煌社會經濟文獻真蹟釋録》釋作『柟』。

〔九〕『叫』，當作『繳』，據文義改，『叫』爲『繳』之借字，《敦煌社會經濟文獻真蹟釋録》釋作『門』，誤；『壁』，

《敦煌社會經濟文獻真蹟釋録》釋作『簷』，誤。
〔一〇〕『欠聯』，《敦煌社會經濟文獻真蹟釋録》釋作『勾駿』，誤。
〔一一〕『香鑛』，《敦煌社邑文書輯校》釋作『繡錦』，誤。
〔一二〕『辱』，當作『褥』，據文義改，《敦煌社會經濟文獻真蹟釋録》未能釋讀，『辱』爲『褥』之借字。
〔一三〕『福』，當作『幅』，據文義改，『福』爲『幅』之借字。
〔一四〕第二箇『子』，《敦煌社會經濟文獻真蹟釋録》未能釋讀。
〔一五〕『叫』，當作『缴』，據文義改，『叫』爲『缴』之借字。
〔一六〕『壹』，《敦煌社會經濟文獻真蹟釋録》漏録。
〔一七〕『縛』，《敦煌社會經濟文獻真蹟釋録》釋作『綺』。

參考文獻

Descriptive Catalogue of the Chinese Manuscripts from Tunhuang in the British Museum, London : The Trustees of the British Museum, 1957, p. 263；《西域出土漢文文獻分類目録初稿·古文書類》一卷，東京：敦煌文獻研究委員會，一九六七年，六六頁；《敦煌寶藏》三六册，臺北：新文豐出版公司，一九八二年，四五九至四六〇頁（圖）；《敦煌社會經濟文獻真蹟釋録》三輯，北京：全國圖書館文獻縮微複製中心，一九九〇年，五〇至五一頁（圖）（録）；《敦煌研究》一九九二年四期，八一頁；《英藏敦煌文獻》六卷，成都：四川人民出版社，一九九二年，一二五至一二六頁（圖）；《敦煌社邑文書輯校》，南京：江蘇古籍出版社，一九九七年，七七八至七七九頁（録）。

斯四五二八　仁王般若波羅蜜經卷下題記

釋文

大代建明二年四月十五日，佛弟子元榮，既居末劫，生死是累，離鄉已久，歸慕常心。是以身及妻子、奴婢、六畜，悉用爲比（毗）沙門天王[一]，布施三寶，以銀錢千文贖：錢一千文贖身及妻子，一千文贖奴婢，一千文贖六畜。入法之錢，即用造經，願天王成佛[二]，弟子家眷、奴婢、六畜，滋益畩命[三]，乃至菩提，悉蒙還闕[四]，所願如是。

説明

此件寫於《仁王經》卷下卷尾，建明二年即公元五三一年。《英藏敦煌文獻》未收，現予增收。

校記

〔一〕『比』，當作『毗』，據文義改，『比』爲『毗』之借字，《唐代長安與西域文明》《敦煌學要籥》逕釋作『毗』，《敦煌遺書總目索引》釋作『彼』，誤。

〔二〕『王』，《中國古代寫本識語集録》釋作『生』，誤。

〔三〕『滋』，《敦煌遺書總目索引新編》釋作『所』，誤；『蔭』，《中國古代寫本識語集録》釋作『護』，誤。

〔四〕『悉蒙』，《敦煌遺書總目索引新編》未能釋讀。

參考文獻

Descriptive Catalogue of the Chinese Manuscripts from Tunhuang in the British Museum, London：The Trustees of the British Museum, 1957, p. 33（録）；《唐代長安與西域文明》，北京：生活·讀書·新知三聯書店，一九五七年，三九六頁（録）；《敦煌寶藏》三六册，臺北：新文豐出版公司，一九八二年，四七二頁（圖）；《敦煌學要籥》，臺北：新文豐出版公司，一九八二年，一四七頁（録）；《敦煌遺書總目索引》，北京：中華書局，一九八三年，二〇三頁（録）；《中國古代寫本識語集録》，東京大學東洋文化研究所，一九九〇年，一一五頁（録）；《敦煌遺書總目索引新編》，北京：中華書局，二〇〇〇年，一四一頁（録）；《歷史文獻研究》四一輯，揚州：廣陵書社，二〇一八年，一四三頁（録）。

斯四五三〇　閻羅王授記經題記

釋文

戊辰（？）二月廿四日。八十五□傳〔一〕。

說明

此件題於《閻羅王授記經》尾題之後，池田温推測『戊辰』係公元九〇八年（《中國古代寫本識語集録》，四五三頁）。《英藏敦煌文獻》未收，現予增收。

校記

〔一〕『傳』，《敦煌遺書總目索引》《敦煌學要籥》《敦煌遺書總目索引新編》均未能釋讀。

參考文獻

Descriptive Catalogue of the Chinese Manuscripts from Tunhuang in the British Museum, London: The Trustees of the British

Museum, 1957, p. 163（録）；《敦煌寶藏》三六册，臺北：新文豐出版公司，一九八二年，四七五頁（圖）；《敦煌學要籥》，臺北：新文豐出版公司，一九八二年，一四七頁（録）；《敦煌遺書總目索引》，北京：中華書局，一九八三年，二〇三頁（録）；《中國古代寫本識語集録》，東京大學東洋文化研究所，一九九〇年，四五三頁（録）；《敦煌遺書總目索引新編》，北京：中華書局，二〇〇〇年，一四二頁（録）。

斯四五三四（一）+斯九四三四+斯四五三四（二）　新修本草（果部、菜部、米部等）

釋文

（前缺）

□宜蒸曝之〔一〕。□療肭骨斷碎〔二〕、疼痛、腫瘀有效，其皮多（名）扶〔三〕。擣爲散，蜜和涂肉〔四〕，療丹火，療毒腫。寡（實）飴孩兒〔五〕，令齒不生。樹白皮，水煮汁，主溪毒也。

櫻桃，味甘，主調中，益脾氣，令人好色，美志。此即今朱櫻桃〔六〕，味甘酸〔七〕，可食，而所主又与前櫻桃相似〔八〕，恐醫〔家〕〔濫〕載之〔九〕，未必是今者耳。

又，胡頹子陵（淩）冬不周（凋）〔一〇〕，子亦應益人〔一一〕。或云：寒熱病不可食。

謹案：擣葉封〔一二〕，主蛇〔毒〕〔一三〕。絞汁服〔一四〕，防蛇毒汶（攻）内也〔一五〕。

果中〔一六〕梅實，味酸，平，無毒。主療下氣〔一七〕，除熱煩滿〔一八〕，安心〔一九〕，支體痛〔二〇〕，偏枯不仁，死肌，去青黑誌〔二一〕，惡⫽疾⫽。⫽止下利〔二二〕⫽，⫽好唾⫽，⫽口乾⫽，⫽生漢⫽中川谷/，/五月採/，/火乾/。/此火於是今⫽烏梅也⫽〔二三〕。⫽用去核〔二四〕，熬之〔二五〕⫽，傷寒煩熱⫽，水⫽漬飲汁。生⫽梅子及白梅，亦應相似⫽，⫽人今多用白梅⫽和〔藥〕/〔二六〕，/以點〔痣〕/〔二七〕，/食惡肉也/〔二八〕。/服黃精人/，/云禁食梅⫽

實〃。〃《別録》云〔二九〕〃：梅根〃，〃療風痺〔三〇〕〃，出土者煞人〔三一〕〃。〃梅實〃，利筋脈〃，〃去痺〃。

□〃平〃〔三二〕，〃主卒啘不止〃，〃下氣〃。〃〔其〕〔葉〕不暇煮者〔三三〕〃，〃但嚼食〃，〃亦差〔三四〕〃。〃人以作飲〔三五〕〃，〃乃冷〃。〃謹案〔三六〕〃：〃用枇杷葉〃，〃須炙〃，〃而拭去毛〃，〃毛

（中缺）

□種〔三七〕，云今□

□主蠼螋溺瘡〔三八〕，多食令人氣喘〔三九〕。俗傳言〔四〇〕，食蕺不利人腳〔四一〕，恐由閉氣故也〔四二〕。今小兒食之，便覺腳痛，謹案：此物葉似蕎麥〔四三〕，□肥地亦能蔓生，紫赤色〔四四〕，多生濕地，生谷陰處。山南、江左人□好生食，關中胃之葅菜也〔四五〕。

葫，味辛，温，有毒。主散癰腫、䘌瘡、除風邪〔四六〕，煞毒氣〔四七〕。獨子者亦佳。辛歸五藏〔四八〕，久食傷人，損目明，五月採之〔四九〕。今人謂葫爲大蒜，謂蒜爲小蒜，以其氣類相似也〔五〇〕。性最薰臭〔五一〕，不可食。俗人作齏〔五二〕，以噉膾〔五三〕，損性伐命，莫此之甚。此物唯不中煮〔五四〕。以今（合）青魚鮓食〔五五〕，令人發黄。取其條上子，初種之，成獨子葫，明年則復本〔五六〕。謹案：此物煮爲羹臛，極俊美，薰氣亦微〔五七〕，下氣消穀〔五八〕，除風破陰。足爲饌中之〔俊〕〔五九〕。而注云不中煮用〔六〇〕，當是未經試用也。

蒜，味辛，温，無毒。歸脾腎，主霍亂，腹中不安，消穀〔六一〕，理胃，温中，除邪痹毒〔氣〕〔六二〕，五月五日採之。小蒜生菜（葉）時〔六三〕，可煮，利（和）食〔六四〕。至五月葉枯，取根名亂子〔六五〕，正爾噉之〔六六〕，亦甚薰臭〔六七〕。性辛熱〔六八〕，〔主〕中冷〔六九〕、霍亂，煮飲之，主溪毒〔七〇〕。食之損人〔七一〕，不可長〔服〕〔七二〕。謹案：此蒜与胡葱相得，主惡蕺毒，山溪中沙虱、水毒大效。山人俚獠時用之也〔七三〕。

菫汁，味甘，寒，無毒。主馬毒瘡，擣汁洗之，并服之。菫，采（菜）也〔七四〕，出《小品方》。《萬畢方》云：除蛇蠍毒及癰腫〔七五〕。〔謹〕〔案〕〔七六〕：此菜謂之野生〔七七〕，非人所種，俗謂之菫蔡（菜）〔七八〕。葉似蕺，花紫色者。新附。

芸薹，味辛，温，無毒，主風游丹腫，乳癰。《别録》云：擣食之，能發膝病，人鬬（間）所噉藥（菜）也〔七九〕。新附。

《新修本草》米部卷第十九

上：胡麻　青蘘　麻蕡（蕡）〔八〇〕　麻子　飴糖。

中：大豆　赤小豆　豉　大麥　穬麥　小麥　青粱（粱）米〔八一〕　黄粱（粱）米〔八二〕　白粱（粱）米　粟米　丹〔黍〕米〔八三〕　米蘗（櫱）〔八四〕　秫米　陳廩（廩）米〔八五〕　酒。

下：腐婢　藊豆〔八六〕　黍米　粳米　稻米　稷米　酢　醬　鹽等

右米等部廿八種。六種《神農本經》，廿二種《名醫别録》。

米上〔八七〕　胡麻，味甘，平，無毒。主傷中虛羸，補五内，益氣力，長肌肉，慎（填）髓腦〔八八〕，堅筋骨。〔療〕金創〔八九〕，止痛及傷寒温瘧，大吐後虛熱羸困。久服輕身，不老，明耳目，耐飢，延年。以作油，微寒，利大腸，胞衣不落。生者磨瘡腫〔九〇〕，生禿髮，一名巨勝，一名狗虱，一名方莖，一名鴻藏。葉名青蘘。生上黨川澤。八穀之中，唯此爲良。淳黑者，名巨勝。巨者，大〔也〕〔九一〕，是爲大勝。本生大宛，故名胡麻，又莖方名巨勝，莖圓名胡麻〔九二〕，□、九曝〔九三〕、熬〔九四〕、擣，餌之。斷穀，長生，甘肥，易得，俗中學者〔九五〕（下缺）

説明

此卷由斯四五三四和斯九四三四綴合而成，綴合之後仍是首尾均缺。其中斯四五三四亦已斷裂爲兩片，兩片間有缺失，不能直接綴合，但從筆跡、紙張和内容來看，應爲同一寫本。斯九四三四可直接綴合於斯四五三四（一）之後。此卷背面爲《玄女宅經》。

與傳世《新修本草》佚文（《證類本草》）相對照，可知此件均係《新修本草》正文部分。斯四五三四（一）和斯九四三四係《新修本草》卷一七果部殘文，斯四五三四（二）係《新修本草》卷一八菜部之末及卷一九米部之首的殘文。此件之抄寫格式，正文是單行大字，注釋則採用雙行夾注格式。從現存内容看，注釋分爲原注和後人補注。後人補注以『謹案』起始，以與原注區分，亦用雙行夾注格式。注釋中或用略稱，如《別録》係指《名醫別録》。

此件避唐太宗名諱『世』，『葉』改爲『𦯀』；避唐高宗名諱『治』，改爲『主』。可知抄於公元六五〇年後，即《新修本草》刊行後十年以内。

因斯四五三四（一）和斯九四三四綴合處呈不規則形狀，爲便於區分，在釋録綴合處的文字時，以標點爲單位，用『〃』表示保存在斯四五三四（一）上的文字，即兩箇『〃』之間的文字，是保存在斯九四三四上的文字。

校記

〔一〕『宜』，據殘筆劃及《證類本草》補；『蒸』，據殘筆劃及《證類本草》補，《敦煌中醫藥全書》逕釋作『蒸』；

〔一〕「曝」，據殘筆劃及《證類本草》補；「之」，據《證類本草》補。

〔二〕「療」，據《證類本草》補；「觔」，《敦煌中醫藥全書》《敦煌醫藥文獻輯校》釋作「筋」，雖義可通而字誤，《英藏敦煌醫學文獻圖影與注疏》《敦煌醫藥文獻真跡釋録》校改作「筋」，按「觔」同「筋」，不煩校改。

〔三〕「多」，當作「名」，據《證類本草》改，《敦煌中醫藥全書》逕釋作「名」。

〔四〕「涂」，《敦煌醫藥文獻輯校》未能釋讀，《英藏敦煌醫學文獻圖影與注疏》釋作「塗」，《敦煌醫藥文獻真跡釋録》認爲底本殘，並據《證類本草》校補作「塗」，按底本實不殘；「肉」，據《證類本草》補。《英藏敦煌醫學文獻圖影與注疏》在「肉」後補有「令急縮。毛殻」。

〔五〕「寡」，當作「實」，據文義改，《敦煌中醫藥全書》《敦煌醫藥文獻輯校》《敦煌醫藥文獻真跡釋録》均逕釋作「實」。

〔六〕「此即」，《敦煌醫藥文獻真跡釋録》認爲底本殘，並據《證類本草》校補，按底本實不殘；「櫻」，據殘筆劃及《證類本草》補，《敦煌中醫藥全書》《敦煌醫藥文獻輯校》逕釋作「櫻」；「桃」，據《證類本草》補，《敦煌中醫藥全書》《敦煌醫藥文獻輯校》逕釋作「桃」。

〔七〕「味甘」，據《證類本草》補，《敦煌中醫藥全書》逕釋作「味甘」。

〔八〕「所」，據殘筆劃及《證類本草》補，《敦煌醫藥文獻輯校》逕釋作「所」；「主又」，據《證類本草》補，《敦煌醫藥文獻輯校》逕釋作「主又」。

〔九〕「家濫」，據《證類本草》補。

〔一〇〕「陵」，當作「淩」，據文義改，「陵」爲「淩」之借字，《敦煌中醫藥全書》《敦煌醫藥文獻真跡釋録》逕釋作「淩」；「周」，當作「凋」，《敦煌醫藥文獻輯校》據文義校改，《敦煌中醫藥全書》《敦煌醫藥文獻真跡釋録》逕釋作「凋」。

〔一一〕『亦』，據殘筆劃及《證類本草》補；『應』，據《證類本草》補。

〔一二〕『葉封』，《敦煌醫藥文獻真跡釋録》認爲底本模糊，並據《證類本草》校補，按底本此二字尚可辨識。

〔一三〕『主蛇』，《敦煌醫藥文獻真跡釋録》認爲底本模糊，並據《證類本草》校補，按底本此二字尚可辨識；『毒』，據《證類本草》補，《敦煌中醫藥全書》《敦煌醫藥文獻輯校》逕釋作『毒』。

〔一四〕『絞汁服』，《敦煌醫藥文獻真跡釋録》認爲底本模糊，並據《證類本草》校補，按底本此三字大致可辨。

〔一五〕『汶』，當作『攻』，據《證類本草》改，《敦煌中醫藥全書》逕釋作『攻』，《敦煌醫藥文獻輯校》釋作『淩』，校改作『攻』。

〔一六〕『果中』，《敦煌中醫藥全書》《敦煌醫藥文獻輯校》《英藏敦煌醫學文獻圖影與注疏》《敦煌醫藥文獻真跡釋録》均漏録。

〔一七〕『氣』，據殘筆劃及《證類本草》補。

〔一八〕『除』，據殘筆劃及《證類本草》補；『熱煩满』，《敦煌醫藥文獻真跡釋録》認爲底本模糊，並據《證類本草》校補，按此三字在兩紙綴合處，被分爲兩半，綴合後大致可辨。

〔一九〕『安心』，《敦煌醫藥文獻真跡釋録》認爲底本模糊，並據《證類本草》校補，按此二字亦在兩紙綴合處，被分爲兩半，綴合後大致可辨。

〔二〇〕『支』，《英藏敦煌醫學文獻圖影與注疏》《敦煌醫藥文獻真跡釋録》均校改作『肢』，按『支』有『肢』義，不煩校改。

〔二一〕『誌』，《敦煌醫藥文獻真跡釋録》釋作『志』，校改作『痣』，按『誌』同『痣』。

〔二二〕『利』，《敦煌醫藥文獻真跡釋録》校改作『痢』，按『利』有『痢』義，不煩校改。

〔二三〕『火』，據文義係衍文，當刪，《英藏敦煌醫學文獻圖影與注疏》釋作『大』，《敦煌醫藥文獻輯校》《敦煌醫藥文獻真跡釋録》釋作「亦」，誤；「於」，《英藏敦煌醫學文獻圖影與注疏》校改作「亦」，《敦煌醫藥文獻輯校》認爲係衍文，當删。

〔二四〕「用」字後，《敦煌醫藥文獻真跡釋録》據《證類本草》校補有「之當」。

〔二五〕「熬」字前，《敦煌醫藥文獻真跡釋録》據《證類本草》校補有「微」。

〔二六〕「藥」，《敦煌醫藥文獻真跡釋録》據《證類本草》校補。

〔二七〕「痣」，《敦煌醫藥文獻真跡釋録》據《證類本草》校補，《敦煌中醫藥全書》逕釋作「痣」。

〔二八〕「食」，《敦煌醫藥文獻輯校》《敦煌醫藥文獻真跡釋録》校改作「蝕」，按「食」有「蝕」義，不煩校改。

〔二九〕此句前，《敦煌醫藥文獻真跡釋録》釋有「謹案」二字，按底本實無。

〔三〇〕「風痺」，據《證類本草》補。

〔三一〕「煞」，《敦煌醫藥文獻真跡釋録》校改作「殺」，按「煞」同「殺」，不煩校改。

〔三二〕「平」，據殘筆劃及《證類本草》補，《敦煌醫藥文獻真跡釋録》據《證類本草》校補作「毒」，按底本殘筆劃絶非「毒」。

〔三三〕「其葉」，據《證類本草》補。

〔三四〕「差」，《敦煌醫藥文獻真跡釋録》釋作「瘥」，雖義可通而字誤。

〔三五〕「作」，《敦煌醫藥文獻真跡釋録》釋作「佐」，校改作「作」，誤。

〔三六〕「謹」，據殘筆劃及《證類本草》補，《敦煌醫藥文獻真跡釋録》逕釋作「謹」。

〔三七〕「種」，《英藏敦煌醫學文獻圖影與注疏》據殘筆劃及《新修本草（輯復本）》校補。

〔三八〕「主蠷」，據《證類本草》補；「螋溺」，據殘筆劃及《證類本草》補；「瘡」，《敦煌醫藥文獻真跡釋録》認爲底本殘，並據《證類本草》校補作「瘡」，按底本此字殘存大半，略可辨識。

〔三九〕『令人』，《敦煌醫藥文獻真跡釋録》認爲底本殘，並據《證類本草》校補作『多食令人』，按底本實不殘。

〔四〇〕『俗傳言』，據殘筆劃及《證類本草》補。

〔四一〕『利人腳』，據《證類本草》補。

〔四二〕『恐由閉』，據《證類本草》補；『氣』，《敦煌醫藥文獻真跡釋録》認爲底本殘，並據《證類本草》校補作『氣』，按底本此字殘存大半，略可辨識；『故』，《敦煌醫藥文獻真跡釋録》認爲底本殘，並據《證類本草》校補，按底本實不殘。

〔四三〕『⿰麥喬』，《敦煌醫藥文獻輯校》認爲係『蕎麥』合文，《敦煌醫藥文獻真跡釋録》釋作『麵』，並據《證類本草》在此字前校補作『蕎』，均誤；『麥』，據《證類本草》補。

〔四四〕『紫』，《敦煌醫藥文獻真跡釋録》認爲底本脱，並據《證類本草》校補作『莖紫』，按『紫』字底本實不脱。

〔四五〕『胃』，《敦煌醫藥文獻輯校》《敦煌醫藥文獻真跡釋録》均校改作『謂』，按『胃』通『謂』，不煩校改；『葅』，《敦煌醫藥文獻真跡釋録》釋作『爼』，並校改作『葅』，按底本實是『葅』，《英藏敦煌醫學文獻圖影與注疏》釋作『葅』，並校改作『菹』，按『葅』同『菹』，不煩校改。

〔四六〕『邪』，《敦煌醫藥文獻輯校》《敦煌醫藥文獻真跡釋録》《英藏敦煌醫學文獻圖影與注疏》均釋作『耶』，校改作『邪』，按『邪』可俗作『耶』。

〔四七〕『煞』，《敦煌醫藥文獻輯校》《敦煌醫藥文獻真跡釋録》均釋作『殺』，雖義可通而字誤。

〔四八〕『藏』，《敦煌中醫藥全書》《敦煌醫藥文獻輯校》釋作『臓』，雖義可通而字誤，《英藏敦煌醫學文獻圖影與注疏》校改作『臓』，按『藏』有『臓』義，不煩校改。

〔四九〕『月』後，《敦煌醫藥文獻真跡釋録》據《證類本草》校補有『五日』二字。

〔五〇〕『以』，《敦煌醫藥文獻真跡釋録》認爲底本殘，並據《證類本草》校補，按底本實不殘。

〔五一〕『薰』，《敦煌醫藥文獻輯校》《英藏敦煌醫學文獻圖影與注疏》《敦煌醫藥文獻真跡釋録》均釋作『熏』，雖義可通而字誤。

〔五二〕『壂』，當作『癰』，《英藏敦煌醫學文獻圖影與注疏》據文義校改。

〔五三〕『噉』，《敦煌醫藥文獻真跡釋録》認爲底本脱，並據《證類本草》校補，按底本實不脱。

〔五四〕『唯』後，《敦煌醫藥文獻真跡釋録》據《證類本草》校補有『生食』二字；『中』，《敦煌醫藥文獻真跡釋録》認爲底本脱，並據《證類本草》校補，按底本實不脱。

〔五五〕『今』，當作『合』，據《證類本草》改，《敦煌中醫藥全書》《敦煌醫藥文獻輯校》《敦煌醫藥文獻真跡釋録》均逕釋作『合』。

〔五六〕『本』前，《敦煌醫藥文獻真跡釋録》據《證類本草》校補有『其』字。

〔五七〕『薰』，《敦煌醫藥文獻輯校》《英藏敦煌醫學文獻圖影與注疏》《敦煌醫藥文獻真跡釋録》均逕釋作『熏』，雖義可通而字誤。

〔五八〕『穀』，《敦煌醫藥文獻真跡釋録》釋作『谷』，誤。

〔五九〕『俊』，據《證類本草》補，《敦煌中醫藥全書》《敦煌醫藥文獻輯校》《敦煌醫藥文獻真跡釋録》均逕釋作『俊』。

〔六〇〕『而注云』，《敦煌醫藥文獻真跡釋録》認爲底本模糊不清，據《證類本草》校補，按底本此三字可以辨識。

〔六一〕『穀』，《敦煌醫藥文獻真跡釋録》釋作『谷』，誤。

〔六二〕『邪』，《敦煌中醫藥全書》《敦煌醫藥文獻真跡釋録》釋作『耶』，校改作『邪』，按『邪』可俗作『耶』；『氣』，《敦煌醫藥文獻真跡釋録》據《證類本草》校補。

〔六三〕『菜』，當作『葉』，《英藏敦煌醫學文獻圖影與注疏》據《證類本草》校改，《敦煌中醫藥全書》《敦煌醫藥文獻輯校》《敦煌醫藥文獻真跡釋録》均逕釋作『葉』。

〔六四〕『利』，當作『和』，《敦煌醫藥文獻真跡釋録》據文義校改。

〔六五〕『取』，據殘筆劃及《證類本草》補；『根名薊』，據《證類本草》補。

〔六六〕『噉』，《敦煌醫藥文獻真跡釋録》釋作『敢』，校改作『噉』，按底本實是『噉』。

〔六七〕『薰』，《敦煌中醫藥全書》《敦煌醫藥文獻真跡釋録》均釋作『熏』，雖義可通而字誤。

〔六八〕『性』，《敦煌醫藥文獻輯校》《敦煌醫藥文獻真跡釋録》均釋作『味』，誤。

〔六九〕『主』，據《證類本草》補，《敦煌醫藥文獻輯校》《敦煌醫藥文獻真跡釋録》均逕釋作『主』。

〔七〇〕『主』前，《敦煌醫藥文獻真跡釋録》據《證類本草》校補作『亦』。

〔七一〕『食之損人』，據《證類本草》補。

〔七二〕『不』，據《證類本草》補；『服』，據《證類本草》補，《英藏敦煌醫學文獻圖影與注疏》據傅雲龍影刻《新修本草》校補作『用之』。

〔七三〕『俚』，底本原作『狸』，係涉下文『獠』而成之類化俗字，《敦煌醫藥文獻輯校》釋作『狸』，校改作『俚』；『也』，《敦煌醫藥文獻真跡釋録》漏録。

〔七四〕『釆』，當作『菜』，《敦煌醫藥文獻輯校》據文義校改，『釆』爲『菜』之借字。

〔七五〕『臃』，《英藏敦煌醫學文獻圖影與注疏》校改作『癰』，按『臃』同『癰』，不煩校改，《敦煌醫藥文獻真跡釋録》釋作『癰』，雖義可通而字誤。

〔七六〕『謹案』，據《證類本草》補。

〔七七〕『菜』，《敦煌醫藥文獻真跡釋録》釋作『釆』，校改作『菜』，按底本實是『菜』。

〔七八〕『蔡』，當作『菜』，據文義改，《敦煌醫藥文獻輯校》逕釋作『菜』，『蔡』爲『菜』之借字，《敦煌中醫藥全書》《敦煌醫藥文獻真跡釋録》釋作『葵』，誤，《英藏敦煌醫學文獻圖影與注疏》釋作『蔡』，校改作『葵』。

〔七九〕「闕」，當作「間」，據文義改，《敦煌醫藥文獻輯校》《敦煌醫藥文獻真跡釋録》《英藏敦煌醫學文獻圖影與注疏》均逕釋作「間」；「噉」，《敦煌醫藥文獻真跡釋録》釋作「敢」，校改作「噉」，按底本實是「噉」；「藥」，當作「菜」，《英藏敦煌醫學文獻圖影與注疏》據《證類本草》校改，《敦煌醫藥文獻輯校》逕釋作「菜」。

〔八〇〕「賁」，當作「蕡」，《敦煌醫藥文獻輯校》據文義校改，《敦煌中醫藥全書》逕釋作「蕡」。

〔八一〕「粱」，底本作「粿」，係涉下文「米」而成之類化俗字，當作「粱」，《英藏敦煌醫學文獻圖影與注疏》據文義校改。

〔八二〕「梁」，當作「粱」，《英藏敦煌醫學文獻圖影與注疏》據文義校改，「梁」爲「粱」之借字，《敦煌醫藥文獻輯校》逕釋作「粱」，以下同，不另出校。

〔八三〕「黍」，據《證類本草》補。

〔八四〕「孼」，當作「蘗」，據《證類本草》改，「孼」爲「蘗」之借字，《敦煌醫藥文獻輯校》逕釋作「蘗」。

〔八五〕「亶」，當作「廪」，《敦煌醫藥文獻輯校》據文義校改，《敦煌中醫藥全書》《敦煌醫藥文獻真跡釋録》逕釋作「廪」。

〔八六〕「藊」，《敦煌醫藥文獻真跡釋録》校改作「扁」，《敦煌中醫藥全書》釋作「萹」，《敦煌醫藥文獻輯校》釋作「扁」，按「藊豆」即扁豆。

〔八七〕「米上」，《敦煌中醫藥全書》《敦煌醫藥文獻輯校》《敦煌醫藥文獻真跡釋録》均漏録。

〔八八〕「慎」，當作「填」，《敦煌醫藥文獻輯校》據文義校改，《敦煌中醫藥全書》逕釋作「填」。

〔八九〕「療」，據《證類本草》補。

〔九〇〕「磨」，《英藏敦煌醫學文獻圖影與注疏》校改作「摩」。

〔九一〕「也」，據《證類本草》補。

〔九二〕『圓名胡麻』，據《證類本草》補。

〔九三〕『九』，據《證類本草》補；『曝』，據殘筆劃及《證類本草》補，《英藏敦煌醫學文獻圖影與注疏》釋作『暴』。

〔九四〕『熬』至『易得』，《敦煌中醫藥全書》《敦煌醫藥文獻輯校》《敦煌醫藥文獻真跡釋録》均未能釋讀。

〔九五〕『俗』，《敦煌中醫藥全書》《敦煌醫藥文獻輯校》《敦煌醫藥文獻真跡釋録》均未能釋讀；『中學者』，據《證類本草》補。

參考文獻

《圖書季刊》新一卷一期（一九三四年），九頁；《敦煌寶藏》三六册，臺北：新文豐出版公司，一九八二年，四九一至四九二頁（圖）；《敦煌古籍叙録新編》八册，臺北：新文豐出版公司，一九八六年，一三三至一三八頁；《敦煌古醫籍考釋》，南昌：江西科學技術出版社，一九八八年，三八七至三九二頁（録）；《敦煌醫粹》，貴陽：貴州人民出版社，一九八八年，一九八至二〇七頁（録）；《敦煌研究》一九九一年四期，一〇一頁；《英藏敦煌文獻》六卷，成都：四川人民出版社，一九九二年，一二六至一二七頁（圖）；《證類本草》，北京：華夏出版社，一九九三年，五五六至五六三、五七八、六二六至六二七、六三二頁；《敦煌中醫藥全書》，北京：中醫古籍出版社，一九九四年，三六二至三六七頁（録）；《英藏敦煌文獻》一二卷，成都：四川人民出版社，一九九五年，二三五頁（圖）；《敦煌醫藥文獻輯校》，南京：江蘇古籍出版社，一九九八年，六一三至六二一頁（録）；《英國收藏敦煌漢藏文獻研究：紀念敦煌文獻發現一百周年》，北京：中國社會科學出版社，二〇〇〇年，三八二頁；《英藏敦煌醫學文獻圖影與注疏》，北京：人民衛生出版社，二〇一二年，三四至四〇、一八三至一八九頁（圖）（録）；《敦煌醫藥文獻真跡釋録》，北京：中醫古籍出版社，二〇一五年，一二三至一二八頁（圖）（録）。

斯四五三四背（一）+斯九四三四背+斯四五三四背（二）　玄女宅經一卷

釋文

宅經一卷
□形勢安置法第一〔一〕
宅舍所用法第四〔二〕　宅神伏龍所在第五〔三〕
宅所見以知法第七　治宅謝厭解法第八
宅十（？）神異處法第十〔四〕

⫽玄女曰⫽：⫽能知吾道遊（上）清⫽〔五〕，⫽不⫽⫽知吾道入幽冥/，/功曹傳送臨⫽⫽亭亭⫽，⫽騰蛇清龍記虞城〔六〕⫽。/神靈能受者〔七〕/，/所以長生/。⫽皇帝受無上尊神⫽，⫽要⫽⫽文（六）丁玄女受虞成（城）〔八〕/，/虞成（城）赤松子⫽⫽受行之⫽〔九〕，⫽乃知有自然數⫽。⫽道⫽⫽無形像/，/何愚者不知/，/謂⫽⫽之自然⫽？⫽明者獨得道端⫽，⫽可受《玄女天法》一卷⫽，⫽可作人之（？）〔一〇〕⫽；⫽《止由來符》一卷⫽，⫽可以具生⫽，⫽令所求即得⫽，⫽須酒食自□⫽；⫽《□股食光》一卷〃〔一一〕，〃可以長生〃，〃《宅橈》一卷〃，〃可以知吾吉無至患害〃〔一二〕。

（中缺）

痕（？）。

凡人居窮欲到宅〔一三〕，即到宅〔一四〕。

凡人居住，不用故邪〔一五〕，陌是鬼之□妨小口〔一六〕，大凶。

凡人居在職不遷〔一七〕，欲得稱大，得□□□上造屋，即高遷。

凡人初造基，欲得錢廿五文〔一八〕，著銅器中，向西地，請令（？）賢精寒〔一九〕，著庭中安。瓦盛之，埋深三尺，家富千年，無貧，吉利。

人初造宅，取用上塼〔二〇〕，安著開（門）中〔二一〕，埋深三尺，可十年無口舌、盜賊、呪咀，大吉。

初造宅舍，取〔卯〕上土一升〔二二〕、田（巳）上土一升〔二三〕、未上土一升、酉上土一升、亥上土一升。凡處土五〔二四〕，安北堂北二步。師曰〔二五〕：長宜牛馬羊豬及神鷄〔二六〕。此是皇帝之法。埋深三尺，吉利，有驗。

諸家起樓法：欲得在少陰，東名日照，武王地名王臺，盜賊不入。樓厥陰成〔二七〕，天不足西北。戌起樓，□□富貴，宜六□〔二八〕。□□堂西連於堂，名曰輔樓，在〔二九〕，大吉。

樓在太陰未丑（？），宜□□。□得築六十尺〔三〇〕，令人富貴壽命長，口數衆多，家無逸逆死者〔三一〕。西（？）地外皆凶〔三二〕，樓在東，賈人利。樓在南，海也，使臣（？）日利〔三三〕。樓在在西〔三四〕，是天倉，大富貴，宜子孫。樓高三丈五尺，並在北，大吉。人家不得無何造樓〔三五〕，大凶甚，須師占得所。樓當門害□□〔三六〕。樓安門上，婦守孤。□維有樓〔三七〕，大禍入門。樓与溷厠連，煞牛馬；樓連堂，子孫死。又梁（？）續柱〔三八〕，出嫿婦〔三九〕，例（裂）柱傷胎〔四〇〕。奴婢臥東南，不利子孫。舍形禍上起樓〔四一〕，煞人。宅欲得三陽，子孫富昌。三楊（陽）者〔四二〕，謂日出見日，日中見日，日入見日〔四三〕，此名三楊（陽）之宅〔四四〕，後有夷實〔四五〕，前正平，流水如清。右長左短不邪傾，在申有卿相。諸起大墟無南方、北方西行，此爲大逆。舍梁頭長出垣外，令人貧窮之者〔四六〕。

宅中置處所法第三〔四七〕　甲徵井　乙商井　丙羽井　丁宮井　庚商井　辛羽井　壬角井　癸商井　子徵井　丑宮井　寅羽井　卯角井　辰宮井　巳角井　午徵井　未宮井〔四八〕　酉角井　戌宮井〔四九〕　宮食羽井　貧出溺死人。宮食角（？）井（？），女子病傷惡瘡。

（以下原缺文）

說明

此件由斯四五三四背（一）+斯九四三四背+斯四五三四背（二）綴合而成，綴合後首部上角略殘，斯九四三四背和斯四五三四背（二）之間有殘缺，尾部完整，但原未抄完。原題『宅經一卷』，以往多據以定名爲『宅經一卷』，但『宅』字前似有殘筆劃。王卡據卷中有『玄女』傳授道法之説及伯三八六五《黄帝宅經》序所載唐代宅經目録中有《玄女宅經》，擬題『玄女宅經』（《敦煌道教文獻研究——綜述·目録·索引》，一四九頁），兹從之。

因斯四五三四背（一）和斯九四三四背綴合處呈不規則形狀，爲便於區分，在釋録綴合處的文字時，以標點爲單位，用『//』表示保存在斯四五三四背（一）上的文字，即兩箇『//』之間的文字，是保存在斯九四三四背上的文字。

校記

〔一〕此句後空半行，《敦煌本堪輿文書研究》認爲是抄手所據抄之本有殘泐而致。

〔二〕『四』字後，《敦煌本堪輿文書研究》認爲有似『八』字筆劃即殘泐筆跡，疑爲『宅入』二字，按底本僅有一雜筆劃。

〔三〕此句後，底本留有空白而未抄写『第六』，《敦煌本堪輿文書研究》認爲是抄手所據抄之本有殘泐而致。

〔四〕第一箇『十』，《敦煌寫本宅經校録研究》未能釋讀，《敦煌本堪輿文書研究》釋作『中』。

〔五〕『上』，《敦煌道教文獻研究——綜述·目録·索引》據文義校補。

〔六〕『記』，《敦煌本堪輿文書研究》釋作『記』，校改作『託』。

〔七〕『靈』後，《敦煌本堪輿文書研究》疑脱一字；『能』，《敦煌寫本宅經校録研究》《敦煌寫本宅經葬書校注》《敦煌本堪輿文書研究》《敦煌本數術文獻輯校》均釋作『然』，誤。

〔八〕『文』，當作『六』，據文義改，《敦煌本堪輿文書研究》《敦煌本數術文獻輯校》逕釋作『六』；『成』，當作『城』，據文義改，《敦煌本堪輿文書研究》《敦煌本數術文獻輯校》逕釋作『城』，『成』爲『城』之借字。

〔九〕『成』，當作『城』，據文義改，《敦煌本數術文獻輯校》逕釋作『城』，『成』爲『城』之借字。

〔一〇〕『之』，《敦煌本堪輿文書研究》疑爲『主』。

〔一一〕『股』，《敦煌本堪輿文書研究》《敦煌本數術文獻輯校》均釋作『服』，誤。

〔一二〕『吉』，《敦煌本數術文獻輯校》據殘筆劃及文義校補。

〔一三〕『到』，《敦煌寫本宅經葬書校注》釋作『到』，校改作『得』。

〔一四〕『即』，據殘筆劃及文義補，《敦煌寫本宅經校録研究》《敦煌寫本宅經葬書校注》釋作『良』。

〔一五〕『邪』，《敦煌寫本宅經校録研究》釋作『所』，《敦煌寫本宅經葬書校注》釋作『耶』，《敦煌本堪輿文書研究》《敦煌本數術文獻輯校》釋作『即』。

〔一六〕『陌』，《敦煌寫本宅經校録研究》釋作『當』，《敦煌寫本宅經葬書校注》釋作『間』，《敦煌本堪輿文書研究》《敦煌本數術文獻輯校》釋作『害』，均誤。

〔一七〕『不』，《敦煌寫本宅經葬書校注》《敦煌本堪輿文書研究》《敦煌本數術文獻輯校》釋作『職』，誤。

〔一八〕『文』，《敦煌寫本宅經校録研究》釋作『令』，《敦煌寫本宅經葬書校注》《敦煌本堪輿文書研究》《敦煌本數術文獻輯校》釋作『入』，均誤。

〔一九〕『令』，《敦煌寫本宅經校録研究》釋作『舍』，《敦煌寫本宅經葬書校注》釋作『合』；『寒』，《敦煌寫本宅經校録研究》釋作『異』，《敦煌本堪輿文書研究》《敦煌本數術文獻輯校》釋作『靈』，誤。

〔二〇〕『上』，《敦煌本堪輿文書研究》《敦煌本數術文獻輯校》釋作『上』，校改作『土』。

〔二一〕『開』，當作『門』，據文義改，《敦煌寫本宅經校録研究》《敦煌寫本宅經葬書校注》《敦煌本堪輿文書研究》《敦煌本數術文獻輯校》逕釋作「門」。

〔二二〕「取」，《敦煌寫本宅經校録研究》釋作「卯」，《敦煌本堪輿文書研究》《敦煌本數術文獻輯校》釋作「丑」，均誤；「卯」，據文義補。

〔二三〕「田」，當作「巳」，據文義改，《敦煌寫本宅經校録研究》《敦煌寫本宅經葬書校注》《敦煌本堪輿文書研究》《敦煌本數術文獻輯校》釋作「一」，校改作「巳」，誤。

〔二四〕「處」，《敦煌寫本宅經葬書校注》校改作「取」；「五」，《敦煌寫本宅經葬書校注》校改作「升」。

〔二五〕「曰」，《敦煌寫本宅經葬書校注》釋作「日」。

〔二六〕「宜」後，《敦煌本堪輿文書研究》《敦煌本數術文獻輯校》釋有「置」字，按底本實無此字；「豬」與「及」之間，底本留有數字空格，《敦煌本堪輿文書研究》認爲是抄手所據抄之本有殘泐而致；「神」，《敦煌寫本宅經校録研究》認爲係衍文。

〔二七〕「厥」，《敦煌寫本宅經葬書校注》《敦煌本堪輿文書研究》《敦煌本數術文獻輯校》釋作「取」，《敦煌寫本宅經校録研究》釋作「用」，均誤；「成」，《敦煌本堪輿文書研究》《敦煌本數術文獻輯校》釋作「歲」，誤。

〔二八〕「□」，《敦煌寫本宅經葬書校注》據文義校補作「畜」。

〔二九〕「在」，《敦煌本堪輿文書研究》《敦煌本數術文獻輯校》認爲係衍文。

〔三〇〕「得」，據殘筆劃及文義補。

〔三一〕「逆」，《敦煌本堪輿文書研究》《敦煌本數術文獻輯校》釋作「匿」，誤；「者」，據殘筆劃及文義補。

〔三二〕「酉」，《敦煌寫本宅經校録研究》釋作「丑」，《敦煌本堪輿文書研究》《敦煌本數術文獻輯校》釋作「富」；「地」，《敦煌寫本宅經葬書校注》《敦煌本堪輿文書研究》《敦煌本數術文獻輯校》釋作「此」。

〔三三〕「臣」，《敦煌寫本宅經葬書校注》釋作「正」；「日」，《敦煌本數術文獻輯校》釋作「曰」。

〔三四〕第二箇「在」，《敦煌寫本宅經校録研究》認爲係衍文，當删。

〔三五〕「人」前，有筆劃，《敦煌寫本宅經校録研究》釋作「利」，《敦煌寫本宅經葬書校注》釋作「門」，《敦煌本數術文獻輯校》釋作「門」，校改作「利」。

〔三六〕「害」，據殘筆劃及文義補；第一箇「□」，《敦煌寫本宅經葬書校注》釋作「後」。

〔三七〕「□」，《敦煌寫本宅經校録研究》釋作「四」；「維」，《敦煌寫本宅經葬書校注》釋作「雖」。

〔三八〕「又」，《敦煌寫本宅經校録研究》《敦煌寫本宅經葬書校注》《敦煌本數術文獻輯校》均釋作「交」，誤。

〔三九〕「嫤」，《敦煌寫本宅經校録研究》釋作「嬗」，《敦煌寫本宅經葬書校注》釋作「淫」，《敦煌本數術文獻輯校》釋作「漌」，校改作「淫」。

〔四〇〕「例」，當作「裂」，《敦煌本數術文獻輯校》據文義校改，《敦煌寫本宅經校録研究》校改作「立」。

〔四一〕「舍」，《敦煌本堪輿文書研究》《敦煌本數術文獻輯校》認爲當位於「奴婢卧東南」之後；「形」，《敦煌寫本宅經校録研究》釋作「刑」，《敦煌本堪輿文書研究》《敦煌本數術文獻輯校》校改作「刑」，按「形」通「刑」，不煩校改。

〔四二〕「楊」，當作「陽」，《敦煌寫本宅經校録研究》據文義校改，「楊」爲「陽」之借字。

〔四三〕第二箇「日」後，《敦煌本數術文獻輯校》釋有「也」，按底本實無此字。

〔四四〕「楊」，當作「陽」，《敦煌寫本宅經校録研究》據文義校改，「楊」爲「陽」之借字。

〔四五〕「夷」，《敦煌寫本宅經葬書校注》釋作「戌」；「實」，《敦煌寫本宅經葬書校注》釋作「口」。

〔四六〕「之者」，《敦煌寫本宅經校録研究》《敦煌寫本宅經葬書校注》《敦煌本堪輿文書研究》《敦煌本數術文獻輯校》釋作「亡去」，誤。

〔四七〕「處」，《敦煌寫本宅經葬書校注》校改作「井」。

〔四八〕此句後《敦煌本堪輿文書研究》據伯二六一五《諸雜推》校補有『申商井』。
〔四九〕此句後《敦煌本堪輿文書研究》據伯二六一五《諸雜推》校補有『亥徵井』。

參考文獻

《敦煌寶藏》三六册，臺北：新文豐出版公司，一九八二年，四九三至四九四頁（圖）；《敦煌遺書總目索引》，北京：中華書局，一九八三年，二〇三頁；《國立民族學博物館研究報告別册》一四册，大阪：國立民族學博物館，一九九一年，二五二頁；《英藏敦煌文獻》六卷，成都：四川人民出版社，一九九二年，一二八至一二九頁（圖）；《敦煌民俗資料導論》，臺北：新文豐出版公司，一九九三年，一三〇、一四六頁；《英藏敦煌文獻》一二卷，成都：四川人民出版社，一九九五年，二三五頁（圖）；《敦煌遺書總目索引新編》，北京：中華書局，二〇〇〇年，一四一頁；《英國收藏敦煌漢藏文獻研究：紀念敦煌文獻發現一百周年》，北京：中國社會科學出版社，二〇〇〇年，三八二至三八三頁；《敦煌占卜文書與唐五代占卜研究》，北京：學苑出版社，二〇〇一年，七七頁；《敦煌道教文獻研究——綜述·目録·索引》，北京：中國社會科學出版社，二〇〇四年，一四八至一四九頁；《敦煌寫本宅經校録研究》，北京：民族出版社，二〇〇七年，五七至五八、四三〇至四三三頁（録）；《敦煌寫本宅經葬書校注》，北京：民族出版社，二〇〇七年，一六五至一六九頁（録）；《敦煌本堪輿文書研究》，北京：中華書局，二〇一三年，三九五至四〇四頁（録）；《敦煌本數術文獻輯校》，北京：中華書局，二〇一九年，八〇五至八一〇頁（録）。

斯四五三六　一　慶幡文抄

釋文

嘗文（聞）法身凝寂〔一〕，非色相之可觀〔二〕；實智圓明，豈人天之所測〔三〕。不生不滅〔四〕，越三界已居尊〔五〕；無去無來，運六通而自在。歸依者，遐超苦海〔六〕；迴向者，永離蓋纏〔七〕。大聖巍巍〔八〕，名言罕測者矣！

厥今傾心佛日〔九〕，虔敬福門。割其（奇）異之珍財〔一〇〕，造銀翻（幡）而滿會慶家（嘉）願者〔一一〕，爲誰施作？時則有聖天公主，先奉爲龍天八部，雍護壇場〔一二〕；梵釋四王，安邊靜塞。當今帝主，聖壽尅昌；將相百寮〔一三〕，盡邦刑國。司空鴻壽，同五岳而治河煌（湟）〔一四〕；　內外宗親，比麻姑而受蔭；　天公主已躬吉慶，叶慈範已利蒼生；　陰家小娘安和〔一五〕，百病不侵〔於〕玉體〔一六〕。　道路開泰，五穀豐盈；更無不順之聲，行路有歌遥（謡）之樂之福會也〔一七〕。

伏惟　聖天公主，馳聲蘭蕙，德（洽）洽（懿）懿（德）於坤儀〔一八〕；闡逾温柔〔一九〕，夾（浹）嘉聲於異秀〔二〇〕。故德母儀騰曜〔二一〕，溢理播於七州；女範肅宮，芳名傳於帝族。加以傾心三寶，攝念無生，憑福力以安邦家，建神翻（幡）蕩除災勵（癘）〔二二〕。傾心數日，今已畢功。懸寶殿以焚香，就金田而啓告。其翻（幡）乃龍駒高曳，直至於梵宮；寶刹懸垂，似飛鵝（鶴）而挺綵〔二三〕。遊絲颺於霞外，連翻（幡）散於雲天。一轉，龍王之位自生；再轉，福超塵界。以斯造翻（幡）功德、慶讚迴向福因，先用奉資梵釋四王、龍天八部，伏願威光盛運，千秋無蟲冷之災；福力彌增，萬性（姓）有豐盈之喜〔二四〕。又持勝福，次用莊嚴我府主貴位，伏願福同海岳，無竭無傾；命等松筠，長光大業；四路伏首，八表傾心；萬理（里）來降〔二五〕，城煌（隍）泰樂〔二六〕。又持勝福，次用莊嚴天公主貴位，伏願福禄之山〔二七〕，益增益峻〔二八〕；壽命之海，爲（唯）廣爲（唯）深〔二九〕。長爲社稷之深慈，永作蒼生之父母〔三〇〕。諸郎君等出將入相，長爲人主之股公（肱）〔三一〕。萬子千孫〔三二〕，永作河西之柱石〔三三〕。又持勝福，次用莊嚴陰家小娘子貴位〔三四〕，伏願閨顔轉茂，四德含彰。四大伏（休）宜〔三五〕，六根調浪（朗）〔三六〕。病消疾散，長聞歡喜之聲；貴體安和，日有歌遥（謡）之樂〔三七〕。故得東西路泰，使人不滯於關山；夏順秋調，濃（農）夫賀兩歧之樂〔三八〕。同心榮（營）造〔三九〕，各獲福田。隨喜見聞，亦霑小分〔四〇〕。然後上通三界，塝（旁）括十方〔四一〕。俱沐勝因，齊登佛果。摩訶〔四二〕。

説明

此卷首尾完整，正反面接續抄有『慶幡文』『小祥文』『河西節度使曹元德慶窟文』，前後筆跡一致，當是同一人所抄。

此件正反兩面連續抄寫，無題，據其内容應爲『慶幡文』。《敦煌願文集》認爲文中『司空』即指曹議金，『聖天公主』『天公主』均指曹議金夫人——回鶻可汗之女（《敦煌願文集》，三一三頁）。

校記

〔一〕『嘗』，《敦煌願文集》認爲底本殘，並據文義校補作『願』，按底本實不殘；『文』，當作『聞』，據文義改，『文』爲『聞』之借字。

〔二〕『相』，《敦煌願文集》釋作『明』，校改作『相』，按底本實是『相』。

〔三〕『測』，《敦煌願文集》釋作『聞』，誤。

〔四〕『生』，《敦煌願文集》認爲底本殘，並據斯六四一七《社邑文》校補作『生』，按底本實不殘。

〔五〕『已』，《敦煌願文集》釋作『已』，校改作『以』，按『已』同『以』，不煩校改。以下同，不另出校。

〔六〕『遐』，《敦煌願文集》認爲底本殘，並據文義校補作『咸』，按底本實不殘；『超』，據殘筆劃及文義補，《敦煌願文集》校補作『出』。

〔七〕『永』，《敦煌願文集》釋作『唯』，誤。

〔八〕『魏魏』，《敦煌願文集》校改作『巍巍』，按『魏』同『巍』，不煩校改。

〔九〕『傾心』，《敦煌願文集》認爲底本殘，按底本實不殘。

〔一〇〕『其』，當作『奇』，據文義改，『其』爲『奇』之借字；『異之』，《敦煌願文集》漏録。《敦煌願文集》疑此句之前或之後脱一四字句。

〔一一〕『翻』，當作『幡』，《敦煌願文集》據文義校改，『翻』爲『幡』之借字，以下同，不另出校；『慶』，《敦煌願文集》釋作『度』，誤；『家願』，《敦煌願文集》認爲底本殘五字，並據文義認爲前三字似可校補作『衆生於』，按底本實不殘；『家』，當作『嘉』，據文義改，『家』爲『嘉』之借字。

〔一二〕『雍』，《敦煌願文集》釋作『雍』，校改作『擁』，按『雍』通『擁』，不煩校改。

〔一三〕『寮』通『僚』。

〔一四〕『煌』，當作『湟』，《敦煌願文集》據文義校改，『煌』爲『湟』之借字。

〔一五〕『陰』，《敦煌願文集》釋作『合』，誤。

〔一六〕『於』，《敦煌願文集》據文義校補。

〔一七〕『遥』，當作『謡』，《敦煌願文集》據文義校改，『遥』爲『謡』之借字。

〔一八〕『德』，當作『洽』，《敦煌願文集》據文義校改；『洽』，當作『懿』，《敦煌願文集》據文義校改；『懿』，當作『德』，《敦煌願文集》據文義校改。

〔一九〕『闌』，《敦煌願文集》釋作『闌』。

〔二〇〕『夾』，當作『浹』，《敦煌願文集》據文義校改，『夾』爲『浹』之借字；『秀』，底本原作『秀秀』，一在行末，一在次行行首，此爲當時的一種抄寫習慣，可以稱作『提行添字例』，第二箇『秀』應不讀，故未録。

〔二一〕『德』，《敦煌願文集》釋作『德』，校改作『得』，按『德』通『得』，不煩校改。

〔二二〕『勵』，當作『癘』，《敦煌願文集》據文義校改，『勵』爲『癘』之借字。

〔二三〕『鵝』，當作『鶴』，《敦煌願文集》據文義校改；『挺』，《敦煌願文集》釋作『持』，誤。

〔二四〕『性』，當作『姓』，《敦煌願文集》據文義校改，『性』爲『姓』之借字。

〔二五〕『理』，當作『里』，《敦煌願文集》據文義校改，『理』爲『里』之借字；『降』，《敦煌願文集》釋作『孺』，校改作『歸』，誤。

〔二六〕『煌』，當作『隍』，《敦煌願文集》據文義校改，『煌』爲『隍』之借字。

〔二七〕『山』，《敦煌願文集》釋作『道』，誤。

〔二八〕第一箇『益』，《敦煌願文集》認爲底本殘，並據文義校補作『益』，按底本實不殘。

〔二九〕兩箇『爲』，當作『唯』，《敦煌願文集》據文義校改，『爲』爲『唯』之借字。

〔三〇〕『作』，《敦煌願文集》認爲底本殘，並據文義校補作『作』，按底本實不殘。

〔三一〕『公』，當作『肱』，《敦煌願文集》據文義校改，『公』爲『肱』之借字。

〔三二〕『子』，《敦煌願文集》未能釋讀；『孫』，《敦煌願文集》釋作『使』，誤。

〔三三〕『永』，《敦煌願文集》釋作『來』，誤。

〔三四〕『陰家小娘』，《敦煌願文集》認爲底本殘，並據文義校補作『諸小娘』，按底本實不殘。

〔三五〕『伏』，當作『休』，《敦煌願文集》據文義校改。

〔三六〕『浪』，當作『朗』，《敦煌願文集》據文義校改，『浪』爲『朗』之借字。

〔三七〕『遥』，當作『謡』，《敦煌願文集》據文義校改，『遥』爲『謡』之借字。

〔三八〕『濃』，當作『農』，《敦煌願文集》據文義校改，『濃』爲『農』之借字；『歧』，《敦煌願文集》釋作『岐』，校改作『歧』，按底本實爲『歧』。

〔三九〕『榮』，當作『營』，《敦煌願文集》據文義校改，『榮』爲『營』之借字。

〔四〇〕『亦』，《敦煌願文集》校改作『一』，似不必。

〔四一〕『塝』，當作『旁』，據文義改，《敦煌願文集》逕釋作『旁』。

〔四二〕其下有終止符。

參考文獻

《敦煌寶藏》三六册，臺北：新文豐出版公司，一九八二年，五〇三頁（圖）；《敦煌遺書總目索引》，北京：中華書局，一九八三年，二〇三頁；《英藏敦煌文獻》六卷，成都：四川人民出版社，一九九二年，一三〇頁（圖）；《敦煌願文集》，長沙：岳麓書社，一九九五年，三一二至三一四頁（録）；《敦煌遺書總目索引新編》，北京：中華書局，二〇〇〇年，一四一頁。

斯四五三六　二　小祥文抄

釋文

厥今開像廓（閣）〔一〕，儼（嚴）真場〔二〕，常隆十善之因，每叶莊嚴之念。爐焚百寶，供備七珍，罄捨資財，故造經巾供養。亦使灰魂被祐，頓超三有之身，殄障消災，廣竪良緣者矣。時則有持爐某公，奉爲故小娘子小祥追念之福會也。惟小娘子乃云云，至孝等自惟，情同地陷，意重天崩〔三〕。恆懷結髮之恩（深）深（恩）〔四〕，乃念劬勞之厚德。無處控告，惟福是憑；薦拔幽靈，經巾轉念。其經巾乃綾羅間錯，錦繡分暉〔五〕；天仙對對而翔空，寶女雙雙而化出。文殊菩薩，超十地已初來〔六〕；普賢真身，等就（鷲）峰之聖會〔七〕。是以一敷則千光蔽日〔八〕，一獻則萬佛雲臻。承斯罪滅福生〔九〕，永拔淤泥之逕。是時也〔一〇〕，爽氣澄秋，高風戒節。故得金經罷啓，玉軸還終〔一一〕，延百福則造此經巾〔一二〕，殄千殃則設齋轉念。

（以下原缺文）

説明

此件無題，《敦煌願文集》擬題『追福發願文』（《敦煌願文集》，三一五頁），但據文中『奉爲故小娘子小祥追念之福會也』，知其爲『小祥文』。其内容有省略，不僅開頭省略了『號頭』，中間之『小娘子乃云云』，『乃』字後的『云云』表示省略了描述小娘子品德的文字。

校記

〔一〕『廓』，當作『閣』，《敦煌願文集》據文義校改。

〔二〕『儼』，當作『嚴』，《敦煌願文集》據文義校改，『儼』爲『嚴』之借字。

〔三〕『崩』，《敦煌願文集》釋作『關』，校改作『開』，誤。

〔四〕『恩』，當作『深』，據文義改；『深』，當作『恩』，據文義改。

〔五〕『錦』，《敦煌願文集》釋作『舒』，誤；『繡』，《敦煌願文集》釋作『綵』，誤。

〔六〕『已』，《敦煌願文集》釋作『已』，校改作『以』，按『已』同『以』，不煩校改。

〔七〕『就』，當作『鷲』，《敦煌願文集》據文義校改，『就』爲『鷲』之借字。

〔八〕『光』，《敦煌願文集》釋作『花』，誤。

〔九〕『斯』後，《敦煌願文集》疑脱『勝因』二字。

〔一〇〕『時』，《敦煌願文集》認爲底本殘，並據文義校補作『日』，按底本實不殘。

〔一一〕『還』，《敦煌願文集》校改作『環』；『終』，《敦煌願文集》釋作『絡』，校改作『終』，按底本實爲『終』。

〔一二〕『延』，《敦煌願文集》釋作『趣』，誤。

參考文獻

《敦煌寶藏》三六册，臺北：新文豐出版公司，一九八二年，五〇三頁（圖）；《敦煌遺書總目索引》，北京：中華書局，一九八三年，二〇三頁；《英藏敦煌文獻》六卷，成都：四川人民出版社，一九九二年，一三〇頁（圖）；《敦煌願文集》，長沙：岳麓書社，一九九五年，三一五至三一六頁（録）；《敦煌遺書總目索引新編》，北京：中華書局，二〇〇〇年，一四一頁。

斯四五三六　　三　河西節度使曹元德慶窟文抄

釋文

厥今廣崇釋〔教〕〔一〕，固褐（謁）靈巖〔二〕。捨珍財於萬像之前，炳金燈於千龕之內。爐焚百寶，香氣遍谷而翔空；樂奏八音，妙響遐通於林藪。國母聖天公主，親詣彌勒之前；閨宅娘子、郎君，同增上願；傾城道俗，設淨信於雲崖；異〔域〕專人〔三〕，念鴻恩於寶閣者，有誰施作？時則有〔我〕〔河〕〔西〕節度使司空〔四〕，先奉爲龍天八部，護塞表而恒昌；社稷無危，應法輪而常轉。刀兵罷散，四海通還，疾疫不侵，欃槍永滅。三農秀實，民歌來暮之秋；霜疽無期，誓絶生蝗之患。亦願當今皇帝

（以下原缺文）

説明

此件乃斯四二四五『河西節度使曹元德慶窟文』的同文異本，但未抄完。文中『民』字缺筆。因本書十九卷在釋録斯四二四五時曾用此件參校，故此件與斯四二四五之異同可見斯四二四五之校

記。以上釋文以斯四五三六爲底本，僅用斯四二四五（稱其爲甲本）校改錯誤、校補缺文。

校記

〔一〕『教』，據甲本補。
〔二〕『褐』，當作『謁』，據甲本改。
〔三〕『域』，據甲本補。
〔四〕『我河西』，據甲本補。

參考文獻

《敦煌寶藏》三六册，臺北：新文豐出版公司，一九八二年，五〇三頁（圖）；《敦煌遺書總目索引》，北京：中華書局，一九八三年，二〇三頁；《英藏敦煌文獻》六卷，成都：四川人民出版社，一九九二年，一〇、一三〇頁（圖）；《敦煌遺書總目索引新編》，北京：中華書局，二〇〇〇年，一四一頁；《英藏敦煌社會歷史文獻釋録》一九卷，北京：社會科學文獻出版社，二〇二二年，七五至七八頁。

斯四五三七　一　結壇文抄

释文

厥今置淨壇於八表，敷佛像於四門。中央建謁（？）諦（？）道場，緇衆轉如來密藏〔一〕，香燈满會，樂梵啾流；散食清齋，被肝啓願者，有誰施之？時則〔有〕我河西節度使府主太保〔二〕，先奉爲龍天八部，護社禮（稷）以殄舊災〔三〕；梵釋四王，保邊方瑞呈新福。中興皇帝，以日月而齊明〔四〕；府主太保，等乾坤而合運；國奉（母）夫人〔五〕，永寵宫葦（闈）〔六〕；刺使（史）郎君〔七〕、小娘〔子〕延貞之福會也〔八〕。伏惟太保英籌夙著，道契神機，稟萬象之虛靈，藴四時之和氣〔九〕，故得安邊靜塞，撫育以濟孤窮；羌虜歸心，慕仁風於戟佐。加以四弘啓想，假百秉以爲心；十信冥懷，廣竪三堅之會。是日也，寒光斂色，暄景思舒〔一〇〕；結勝壇以殄千殃，捨珍財祈延萬福。所有辜恩負命、宿對讎怨，今日今時，來於此會，領斯功德，發歡喜心，絶跡人寰，隱居他界。以慈（兹）小善〔一一〕，謹奉莊嚴上界天仙，下方龍鬼：伏願威光熾盛，神力益昌，掃災癘離出玉關，逐妖邪遠飛蓮境。又持勝福，復用莊嚴　我太保貴位，伏願寶（保）興禄位〔一二〕，鎮靜遐方〔一三〕；福比山岳以齊高，壽等海泉而〔深〕遠〔一四〕。國太夫人，長隆延泰之歡。刺使（史）郎君〔一五〕、小娘〔子〕芳蘭〔一六〕，並芬芬而盛葉。傾城寮佐，各盡〔節〕於軒（轅）門〔一七〕；闔郡輸忠，保深城（誠）而效主〔一八〕。然後三農運塞，四序調和；千家競力於東皋，萬户勸耕於南〔畝〕〔一九〕。西行北使，喜色來賓；在疾傾危，歡心速差。

説明

此卷由四紙黏連而成，第一紙首缺，第四紙尾缺，但這兩紙所抄内容没有缺失。以上四紙每紙抄一篇文字，依次是『結壇文』『節度使太保患文』『結壇文』『講經莊嚴迴向文』。從筆跡和紙張粘連處文字疊壓關係以及不同紙張上的折痕看，當係不同人抄寫，後被某人搜集並將四紙黏在一起，以備後用。卷背抄有『天福九年（公元九四四年）正月僧政善光爲巡禮西天上太傅乞公驗牒』。

此件首尾完整，起『厥今置淨壇於八表』，訖『歡心速差』，其中『厥今置淨壇於八表』至『緇衆轉如來密藏』抄於紙背左側末端，其餘内容抄於正面。以往所見正背接續抄寫者，多爲正面抄寫不下時，轉到背面抄寫。此件卻將開頭一行抄於卷背，前所未見，原因不明。

此件無題，現知敦煌文獻中保存的與此件内容屬於同類的文本有十幾件。這十幾件雖主題相同，結構相似，但文字詳略不同，内容差異也比較大。此件與斯六六三、斯三八七五、斯四五〇五，以及斯四五一一屬於該類文獻的第五種，被稱爲『結壇文』。『結壇文』雖亦是與結壇散食法會有關的文字，但内容較『結壇散食迴向發願文』簡略，没有奉請諸佛諸神和懺悔部分，亦無咒語，其重點是對施主的褒揚和莊嚴（詳見本卷斯四四五四『結壇散食迴向發願文』之『説明』）。現知敦煌文獻中，與此件内容相同者還有斯四五〇五第二篇，起『竊以三乘演妙』，訖『歡心速差』。根據研究，此件可能是曹延録時期對曹元忠時期齋文的沿用，時間當在開寶九年（公元九七六年）之後（參看《敦煌文書中的『國太』夫人考》，《敦煌學輯刊》二〇一七年三期，四四頁）。

由於本書在對斯四五〇五進行釋録時，曾以此件爲校本，故相關異文可參看斯四五〇五校記。以上釋文以斯四五三七爲底本，僅用斯四五〇五（稱其爲甲本）校改錯誤、校補缺文。

校記

〔一〕以上内容抄於卷背。

〔二〕『有』，據甲本補。

〔三〕『禮』，當作『稷』，《敦煌願文集》據文義校改。

〔四〕『以』，《敦煌願文集》釋作『以』，校改作『與』，按『以』有『與』義，不煩校改。

〔五〕『奉』，當作『母』，據甲本改。

〔六〕『葦』，甲本作『幃』，當作『闈』，據文義改，『葦』『幃』均爲『闈』之借字。

〔七〕『使』，當作『史』，據文義改，『使』爲『史』之借字。

〔八〕『子』，據甲本補。

〔九〕『氣』，《敦煌願文集》釋作『榮』，誤。

〔一〇〕『暄』，《敦煌願文集》釋作『昏』，誤。

〔一一〕『慈』，當作『茲』，據甲本改。

〔一二〕『寶』，當作『保』，《敦煌願文集》據文義校改，『寶』爲『保』之借字。

〔一三〕『鎮』，《敦煌願文集》釋作『謨』，誤。

〔一四〕『深』，據甲本補。

〔一五〕『使』，當作『史』，據文義改，『使』爲『史』之借字。

〔一六〕『子』，據甲本補。

〔一七〕『節』，據甲本補；『軒』，當作『轅』，據甲本改。

〔一八〕『城』，當作『誠』，據甲本改，『城』爲『誠』之借字。

〔一九〕『户』，《敦煌願文集》釋作『方』，誤；『畝』，據甲本補。

參考文獻

《敦煌寶藏》三六册，臺北：新文豐出版公司，一九八二年，五〇四頁（圖）；《敦煌遺書總目索引》，北京：中華書局，一九八三年，二〇三頁；《英藏敦煌文獻》六卷，成都：四川人民出版社，一九九二年，一三一頁（圖）；《敦煌願文集》，長沙：岳麓書社，一九九五年，五九八至六〇一頁（録）；《敦煌遺書總目索引新編》，北京：中華書局，二〇〇〇年，一四〇頁。

斯四五三七　二　節度使太保患文抄

釋文

厥今傾心佛日，欽暮（慕）蓮宮〔一〕，請柰苑之僧徒，轉龍宮之教典。財施七寶，香散六珠（銖）〔二〕。仰仗三尊，乞祈福祐者，爲誰施作？時則有我節度使太保〔三〕，奉爲己躬患病，乞祈滅損之所建也〔四〕。伏惟我太保有天庭之貌，負日角之姿〔五〕，孝義兩全，文武雙備。故得安邊定國，一方早詠於還珠；治物臨人，五郡皆歌於去獸。遂因寒暑氣候，攝養乖方，忽值微痾〔六〕，乖違動止，服靈方而未損；軫慮辰宵〔七〕，仰法藥而痊除〔八〕，是投三寶。於是高敷法會〔九〕，廣備齋筵，三辰暢念而無虧，兩上祈求而不闕。以斯轉讀設齋功德〔一〇〕、捨施迴向福因，先用奉資上界四王、下方八部，伏願威光熾盛云云，當今皇帝云云。又持是福，伏（復）用莊嚴我太保病患即體〔一一〕，惟願四百四病，藉此雲消〔一二〕；五蓋十纏，因兹斷滅。藥王藥上，灑甘露之清漿；觀音妙音，灑（施）提（醍）胡（醐）之妙藥〔一三〕。身病心病，即目（日）消除〔一四〕；卧安覺安，起居輕利〔一五〕。又持是福，次用莊嚴夫人即體，惟願云云〔一六〕。

説明

此件首尾完整，無題，從内容看爲節度使太保患文抄，但首、尾和中間都有省略。首部省略了『號頭』，尾部則省略了『夫人』及其他各類人等的『莊嚴』内容，中間的兩處『云云』也都是省略了莊嚴的具體内容。文中原有墨圈句讀，間有文字修改。

校記

〔一〕『暮』，當作『慕』，據文義改，『暮』爲『慕』之借字，《敦煌願文集》釋作『墓』，校改作『慕』，《敦煌佛學・佛事篇》逕釋作『慕』。

〔二〕『珠』，當作『銖』，《敦煌願文集》據文義校改，『珠』爲『銖』之借字，《敦煌佛學・佛事篇》逕釋作『銖』。

〔三〕『我』，《敦煌願文集》釋作『我河西』，按底本實無『河西』。

〔四〕『滅』，《敦煌願文集》釋作『搣』，校改作『滅』。

〔五〕『日』，《敦煌願文集》認爲底本殘缺，並據文義校補作『山』，按底本實不殘；『角』，《敦煌佛學・佛事篇》釋作『月』，誤，《敦煌願文集》認爲底本殘缺，並據文義校補作『岳』，按底本實不殘。

〔六〕『痾』，《敦煌願文集》釋作『疴』，雖義可通而字誤。

〔七〕『軫』，《敦煌佛學・佛事篇》釋作『軚』，誤；『辰』，《敦煌願文集》校改作『晨』，按『辰』通『晨』，不煩校改。

〔八〕『痊』，《敦煌願文集》釋作『疼』，誤。

〔九〕『敷』，《敦煌佛學·佛事篇》釋作『邀』，誤。

〔一〇〕『設齋』，《敦煌佛學·佛事篇》漏録。

〔一一〕『伏』，當作『復』，據文義改，『伏』爲『復』之借字，《敦煌佛學·佛事篇》逕釋作『復』。

〔一二〕『藉』，《敦煌佛學·佛事篇》釋作『籍』。

〔一三〕『灑』，當作『施』，據文義改，《敦煌佛學·佛事篇》逕釋作『施』，《敦煌願文集》漏録，並據伯二八五四《患文》校補作『施』；『提』，當作『醍』，《敦煌願文集》據文義校改，『提』爲『醍』之借字，《敦煌佛學·佛事篇》逕釋作『醍』；『胡』，當作『醐』，《敦煌願文集》據文義校改，『胡』爲『醐』之借字，《敦煌佛學·佛事篇》逕釋作『醐』。

〔一四〕『目』，當作『日』，《敦煌願文集》據文義校改，《敦煌佛學·佛事篇》逕釋作『日』。

〔一五〕『輕利』，《敦煌佛學·佛事篇》釋作『吉祥』，誤。

〔一六〕此件後有倒書『沙州』二字，從位置關係來看，此二字書寫時間當在本件文書之前，但與此件無關，未録。

參考文獻

《敦煌寶藏》三六册，臺北：新文豐出版公司，一九八二年，五〇四至五〇五頁（圖）；《英藏敦煌文獻》六卷，成都：四川人民出版社，一九九二年，一三一頁（圖）；《敦煌願文集》，長沙：岳麓書社，一九九五年，六七二至六七三頁（録）；《敦煌佛學·佛事篇》，蘭州：甘肅人民出版社，一九九五年，二八頁（録）。

斯四五三七　三　結壇文抄

釋文

厥今傾心三寶，皈命十方，置淨壇於九宮，滿五辰於此日。爐焚百和〔一〕，財獻七珍，拜首玉毫，披陳求願者，爲誰施作？時則有我節度使太保，乃見城中疾病，已曆（歷）三春〔二〕。伏恐死損不休，引入九夏，所以先陳至懇，希佛力以蕩煩痾〔三〕；仰仗福門，藉神方救療病苦之所建也。伏惟太保神資直氣，岳瀆呈祥〔四〕，蘊韓白之宏才〔五〕，抱玄黃之盛略。安人定國，一方早詠於堯湯；控握山河，十道來賓而顙謁。加以欽崇釋教，敬奉真宗，憑聖賢以靜欃槍〔六〕，仗玄津潤沾品物。遂於年初春季〔七〕，九會結壇，轉經願死損休行，唱佛保病疾消散。於是經開貝葉，課念不暇於時須；佛禮金仙，唱懺無虧於漏滴〔八〕。五辰兩上迴向〔九〕，歌讚上徹於天宫；日別散食行檀〔一〇〕，分施遍霑於鳥獸〔一一〕。燈光共星辰競朗〔一二〕，香煙与雲霧爭馳。道樹將夏蘂齊榮，惡葉等秋蓬並散〔一三〕。是時也，景當姸媚〔一四〕，氣屬清明〔一五〕，蕙蘭爭茂於亭中〔一六〕，桃李馳芳於林裏。以斯結壇捨施功德，轉經唱佛，迴向福因，先用奉資上界四王、下方八部，伏願威光熾盛，福力彌增，興運慈悲，救人護國，願使藥王藥上，灑甘露之清漿〔一七〕；觀音妙音，施提（醍）胡（醐）之妙藥〔一八〕。勵（癘）疾消散〔一九〕，疫瘴不行〔二〇〕，萬户無虞，千家有慶。又持〔二一〕（以下原缺文）

説明

此件首尾完整，無題，文中有墨筆句讀，原未抄完。《敦煌遺書總目索引新編》擬題『太保見城中疾病以歷三春而祈願文』，《英藏敦煌文獻》擬題『結壇散食文』。從内容看與此號第一件性質相同，即屬於『結壇散食迴向發願文』之第五種，簡稱『結壇文』（詳見本卷斯四四五四『結壇散食迴向發願文』和此號第一件『結壇文』之『説明』）。

校記

〔一〕『爐』，《敦煌佛學·佛事篇》釋作『香』，誤。

〔二〕『曆』，當作『歷』，據文義改，『曆』爲『歷』之借字。

〔三〕『痾』，《敦煌願文集》釋作『疴』，雖義可通而字誤。

〔四〕『岳』，《敦煌佛學·佛事篇》釋作『垂』，誤。

〔五〕『白』，《敦煌佛學·佛事篇》釋作『非』，誤。

〔六〕『欃』，底本原寫作『攙』，按寫本中『扌』『木』形近易混，故可據文義逕釋作『欃』。

〔七〕『於』，《敦煌佛學·佛事篇》釋作『乃』，誤。

〔八〕『懺』，《敦煌佛學·佛事篇》釋作『念』，誤；『漏滴』，《敦煌佛學·佛事篇》漏録。

〔九〕『上』，《敦煌佛學·佛事篇》釋作『邊』，誤。

〔一〇〕『檀』，《敦煌佛學·佛事篇》釋作『壇』，誤。

〔一一〕『霑』，《敦煌佛學·佛事篇》釋作『沾』，誤。

〔一二〕『共』，《敦煌佛學·佛事篇》釋作『共明』，按底本中『明』已塗删。

〔一三〕『蓬』，《敦煌佛學·佛事篇》釋作『逢』，誤。

〔一四〕『妍』，《敦煌佛學·佛事篇》釋作『艷』，誤。

〔一五〕『屬』，《敦煌佛學·佛事篇》釋作『遇』，誤。

〔一六〕『蕙』，《敦煌佛學·佛事篇》釋作『穡』，誤。

〔一七〕『清』，《敦煌佛學·佛事篇》釋作『瓊』，誤。

〔一八〕『提』，當作『醍』，據文義改，《敦煌佛學·佛事篇》逕釋作『醍』，『提』爲『醍』之借字；『胡』，當作『醐』，據文義改，《敦煌佛學·佛事篇》逕釋作『醐』，『胡』爲『醐』之借字。

〔一九〕『勵』，當作『癘』，據文義改，《敦煌佛學·佛事篇》逕釋作『癘』，『勵』爲『癘』之借字；『疾』，《敦煌佛學·佛事篇》釋作『病』，誤。

〔二〇〕『瘴』，《敦煌佛學·佛事篇》釋作『障』，雖義可通而字誤。

〔二一〕『持』，《敦煌佛學·佛事篇》釋作『持云云』，按底本實無『云云』。

參考文獻

《敦煌寶藏》三六册，臺北：新文豐出版公司，一九八二年，五〇五頁（圖）；《英藏敦煌文獻》六卷，成都：四川人民出版社，一九九二年，一三二頁（圖）；《敦煌願文集》，長沙：岳麓書社，一九九五年，六七四至六七五頁（録）；《敦煌佛學·佛事篇》，蘭州：甘肅人民出版社，一九九五年，二八至二九頁（録）；《敦煌遺書總目索引新編》，北京：中華書局，二〇〇〇年，一四一頁。

斯四五三七　　四　講經莊嚴迴向文抄

釋文

以此開讃大乘不思議解脱法門，所生功德，無量無邊。先將資益梵釋四王、龍天八部，伏願威光轉盛，福力彌增。興運慈悲，救人護國。使四時順序，八表無虞，九横不侵，萬人安樂。法輪常轉，佛日恒明，刀兵不興，疫毒休息。願經聲歷歷，上徹天宫；鍾梵鈴鈴〔一〕，下臨地獄；刀山落刃，劍樹摧峰（鋒）〔二〕；爐炭收煙，冰河息浪〔三〕。針咽餓鬼，永絶虚羸；鱗甲畜生，莫相食噉。歌謡乾闥〔四〕，弦管長鳴；鬪諍脩羅，旌旗永折。散諸（支）大將〔五〕，護國誰（護）人〔六〕；歡喜龍王〔七〕，調風調雨。惡星變怪，掃出天門；異獸靈檎（禽）〔八〕，潛藏地穴；懷胎難月〔九〕，母子平安；征客遠遊，鄉關早達；獄囚繫閉，枷鏁離身；病卧纏綿，起居輕利；亡過眷囑（屬）〔一〇〕，俱拜彌陀。合道場人，恒聞王（正）法〔一一〕。亦願盲者能道（見）〔一二〕，啞者能言，聾者再聞，愚者得智。如斯不完具者〔一三〕，願承此法力因緣，悉得諸相具足〔一四〕。然後天成地平，河清海晏；五稼豐稔，千厢美盈。官補恩波〔一五〕，人和（知）樂節〔一六〕。仰希大衆，齊竭精誠。奉爲龍天八部及土地靈祇，大聲稱念。

又持勝福，次用莊嚴我使臣、殿下、官寮貴位〔一七〕，伏願慈深蠢動，子育利（黎）甿〔一八〕；懷仁自納其嘉祥，副聖獨標其忠謹。（以下原缺文）

説明

此件紙張首全尾缺，但文字没有殘缺，只是原未抄完。原文無題，《敦煌遺書總目索引新編》擬題『願文』，《敦煌願文集》擬題『開經文』，本書在收録與此件内容結構相似的斯一一六四+斯一一六四背（第五卷）、斯三二八七（一〇）（第十五卷）、斯三八八一背（第十七卷）中之相關文本時，亦均擬名『開經文』。最近王子鑫撿出與此件内容結構相似的伯三七七〇原題『俗講莊嚴迴向文』、伯二〇九一背原題『讚釋文』，而類似内容亦見於俗講、僧講和其他涉及講經的文本中，是講經活動後的莊嚴迴向文字。這類文字或者是俗講、僧講和其他涉及講經活動的文本的組成部分，也經常作爲獨立的文本不斷被抄寫、流傳。荒見泰史將這一組單獨抄寫的文本定名爲『莊嚴文』（參看《敦煌本『莊嚴文』初探——唐代佛教儀式上的表白對敦煌變文的影響》，《文獻》二〇〇八年二期，四二至五二頁），性質是對的，但稍嫌寬泛。王子鑫則認爲應稱作『俗講莊嚴文』，雖有其依據，但有以偏概全之嫌，因爲僧講和其他涉及講經的佛教活動也會使用類似文字進行莊嚴迴向。基於以上認識，茲將此件擬名爲『講經莊嚴迴向文』。

校記

〔一〕『鍾』，《敦煌願文集》校改作『鐘』，按『鍾』可通，不煩校改；『鈴鈴』，《敦煌願文集》校改作『泠泠』。

〔二〕『峰』，當作『鋒』，《敦煌願文集》據文義校改，『峰』爲『鋒』之借字。

〔三〕『冰』，《敦煌願文集》釋作『水』，校改作『冰』，按底本實是『冰』。

〔四〕『闉』，《敦煌願文集》釋作『開』，誤。

〔五〕『諸』，當作『支』，據文義改，『諸』爲『支』之借字。

〔六〕『誰』，當作『護』，《敦煌願文集》據文義校改。

〔七〕『喜』，《敦煌願文集》認爲底本殘，並據斯三八八一《開經文》校補，按底本實不殘。

〔八〕『異』，《敦煌願文集》認爲底本殘，並據斯三八八一《開經文》校補，按底本實不殘；『擒』，當作『禽』，《敦煌願文集》據文義校改，『擒』爲『禽』之借字。

〔九〕『胎』，《敦煌願文集》認爲底本殘，並據斯三八八一《開經文》校補，按底本實不殘。

〔一〇〕『囑』，當作『屬』，《敦煌願文集》據文義校改，『囑』爲『屬』之借字。

〔一一〕『王』，當作『正』，《敦煌願文集》據文義校改。

〔一二〕『道』，當作『見』，據文義改，《敦煌願文集》認爲底本殘，並據文義校補作『見』，按底本實不殘。

〔一三〕『完』，《敦煌願文集》釋作『寬』，誤。

〔一四〕『悉』，《敦煌願文集》釋作『志』，校改作『悉』，按底本實是『悉』。

〔一五〕『官』，《敦煌願文集》釋作『穴』，校改作『官』，按底本實是『官』；『補』，《敦煌願文集》認爲底本殘，並據BD三一二九《佛説諸經雜喻因由記》校補作『補』，按底本實不殘；『恩』，《敦煌願文集》釋作『居』，校改作『恩』，按底本實是『恩』；『波』，《敦煌願文集》認爲底本殘，並據BD三一二九《佛説諸經雜喻因由記》校補作『波』，按底本實不殘。

〔一六〕『和』，當作『知』，《敦煌願文集》據文義校改。

〔一七〕『寮』同『僚』。

〔一八〕『利』，當作『黎』，《敦煌願文集》據文義校改，『利』爲『黎』之借字；『甿』，《敦煌願文集》釋作『⿰田巳』，校改作『甿』，按底本實是『甿』。

參考文獻

BSOS, 10.2（1940），p. 343；《敦煌寶藏》三六册，臺北：新文豐出版公司，一九八二年，五〇五頁（圖）；《英藏敦煌文獻》六卷，成都：四川人民出版社，一九九二年，一三二頁（圖）；《敦煌願文集》，長沙：岳麓書社，一九九五年，四七八至四八七頁（録）；《敦煌遺書總目索引新編》，北京：中華書局，二〇〇〇年，一四一頁；《文獻》二〇〇八年二期，四二至五二頁。

斯四五三七背　天福九年（公元九四四年）正月僧政善光爲巡禮西天上太傅乞公驗牒

釋文

（前缺）

太傅之恩，敢賀□

合，不犯威儀，先有鴻願之期，巡禮西天之境。今者

向西路峩〔一〕，般次往行。雖有此心，不能前進。伏望

太傅鴻造，特賜去住之由。比此般次迴時，容捨方求

道具〔二〕。伏聽　裁下　處分。

牒件狀如前，謹狀。

天福九年正月　日釋門僧政沙門善光牒

説明

此件首缺尾全，係後晉天福九年（公元九四四年）僧政善光爲巡禮西天向歸義軍節度使請求公驗的牒文，表明僧人如欲離境巡遊，需要得到歸義軍政權的批准。文中之『太傅』指歸義軍節度使曹元深。

校記

〔一〕『𢧐』，《絲綢之路與東西文化交流》釋作『發』。

〔二〕『捨』，《絲綢之路與東西文化交流》校改作『設』，不必。

參考文獻

BSOS, 10. 2（1940）, pp. 342-343；《西域文化研究》，京都：法藏館，一九五八年，二七九頁；《講座敦煌・二・敦煌の歴史》，東京：大東出版社，一九八〇年，二六五頁；《敦煌寶藏》三六册，臺北：新文豐出版公司，一九八二年，五〇六頁（圖）；《敦煌學論集》，蘭州：甘肅人民出版社，一九八五年，四七至四八頁（録）；《敦煌學園零拾》上册，臺北：臺灣商務印書館，一九八六年，二二四至二二五頁（録）；《季羨林教授八十華誕紀念論文集》（下），南昌：江西人民出版社，一九九一年，九五九頁（録）；《英藏敦煌文獻》六卷，成都：四川人民出版社，一九九二年，一三三頁（圖）；《歸義軍史研究》，上海古籍出版社，一九九六年，二三、一一二頁；《唐後期五代宋初敦煌僧尼的社會生活》，北京：中國社會科學出版社，一九九八年，四〇〇頁；《絲綢之路與東西文化交流》，北京大學出版社，二〇一五年，一〇六頁（録）。

斯四五三九背　雜寫

釋文

□社司轉帖右

知，飢不曾受

小小黄（皇）弓（宫）養[一]，萬事未曾

説明

此件抄於《金光明最勝王經》卷三卷背，爲時人隨手所寫。

校记

〔一〕『黄』，當作『皇』，據斯一四九七『小小皇宫養讚』改，『黄』爲『皇』之借字；『弓』，當作『宫』，據斯一四九七『小小皇宫養讚』改，『弓』爲『宫』之借字。

參考文獻

Chinperl Papers, No. 10（1981）, p. 60；《敦煌寶藏》三六册，臺北：新文豐出版公司，一九八二年，五一三頁（圖）；《英藏敦煌文獻》六卷，成都：四川人民出版社，一九九二年，一三四頁（圖）；《敦煌社邑文書輯校》，南京：江蘇古籍出版社，一九九七年，三六一頁。

斯四五四四　竪幢傘文

釋文

夫大覺弘慈，多門吸（汲）引〔一〕，能仁演教，感應隨機，皆稱解脱之功，莫非能濟者也。今囑（屬）三春令月〔二〕，四序初分，延百福以竪勝幢，殄千災而征白傘。將奉保休家國，子育黎元，四方宴靜無衰變之憂〔三〕，郡牧有康寧之慶。總斯多善，莫限良緣。先用莊嚴我當今皇帝貴位，伏願永垂闡化，四海一家，廣扇人（仁）風〔四〕，三邊晏靜。伏（復）持勝善〔五〕，次用莊嚴我河西節度使　大王貴位，伏願南山等壽，北極標尊，長爲菩薩之人（仁）王，永〔作〕河西之父母〔六〕。又持勝福，次用莊嚴我都僧統　大師貴位，伏願激揚智述（術）〔七〕，鎮遏玄門，色力堅於丘山，惠命逾於遐劫〔八〕。又持勝福，次用莊嚴都官某公等，〔伏〕〔願〕榮班歲厚〔九〕，寵位時增。勲　王之智轉明，幹箭之端益遠。然後河清海晏，永罷干戈，五稼豐登，人民安樂。

說明

此件首尾完整，無題。《敦煌遺書總目索引》擬題《願文》，《英藏敦煌文獻》將其定爲願文範本，《敦煌願文集》擬題『置傘文』。按此件對設齋目的表述是『延百福以竪勝幢，殄千災而征白傘』，與有原題的伯二八五四『竪幢傘文』相關表述一致，故應與該件標題相同。

校記

〔一〕『吸』，當作『汲』，《敦煌願文集》據文義校改。

〔二〕『囑』，當作『屬』，《敦煌願文集》據文義校改，『囑』爲『屬』之借字。

〔三〕『宴靜』，據文義係衍文，當删。

〔四〕『人』，當作『仁』，《敦煌願文集》據文義校改，『人』爲『仁』之借字。以下同，不另出校。

〔五〕『伏』，當作『復』，據文義改，『伏』爲『復』之借字，《敦煌願文集》釋作『四』，誤；『持』，《敦煌願文集》釋作『海』，誤。

〔六〕『作』，《敦煌願文集》據文義校補。

〔七〕『揚』，底本原寫作『楊』，按寫本中『扌』『木』形近易混，故據文義逕釋作『揚』，《敦煌願文集》逕釋作『揚』；『述』，當作『術』，《敦煌願文集》據文義校改，『述』爲『術』之借字。

〔八〕『惠』，《敦煌願文集》釋作『惠』，校改作『慧』，按『惠』通『慧』，不煩校改。

〔九〕『伏願』，《敦煌願文集》據文義校補。

參考文獻

BSOS, 8.1（1935）, p. 3；《敦煌寶藏》三三册，臺北：新文豐出版公司，一九八二年，五一九頁（圖）；《敦煌遺書總目索引》，北京：中華書局，一九八三年，二〇四頁；《英藏敦煌文獻》六卷，成都：四川人民出版社，一九九二年，一三四頁（圖）；《敦煌願文集》，長沙：岳麓書社，一九九五年，四五七至四五八頁（録）；《敦煌遺書總目索引新編》，北京：中華書局，二〇〇〇年，一四二頁。

斯四五五一　妙法蓮華經卷第四題記

釋文

咸亨三年八月廿九日，門下省群書手劉大慈寫〔一〕。
用　紙　貳　拾　貳　張。
裝　潢　手　解　善　集。
初　校　書　手　劉　大　慈〔二〕。
再　校　勝　光　寺　僧　行　禮。
三　校　勝　光　寺　僧　惠　沖。
詳　閱　太　原　寺　大　德　神　苻。
詳　閱　太　原　寺　大　德　嘉　尚。
詳　閱　太　原　寺　主　慧　立。
詳　閱　太　原　寺　上　座　道　成。
判　官　少　府　監　掌　冶　署　令　向　義　感。

使太中大夫守工部侍郎永興縣開國公虞昶監。

説明

此件題於《妙法蓮華經》卷第四尾題之後，《英藏敦煌文獻》未收，現予增收。咸亨三年即公元六七二年。

校記

〔一〕『慈』，《敦煌遺書總目索引新編》釋作『悲』，誤。
〔二〕『慈』，《敦煌遺書總目索引新編》釋作『悲』，誤。

參考文獻

Descriptive Catalogue of the Chinese Manuscripts from Tunhuang in the British Museum, London：The Trustees of the British Museum, 1957, p. 74；《敦煌寶藏》三六册，臺北：新文豐出版公司，一九八二年，五四五頁（圖）；《敦煌學要籥》，臺北：新文豐出版公司，一九八二年，一四八頁（録）；《敦煌遺書總目索引》，北京：中華書局，一九八三年，二〇三至二〇四頁（録）；《中國古代寫本識語集録》，東京大學東洋文化研究所，一九九〇年，二一六頁（録）；《敦煌遺書總目索引新編》，北京：中華書局，二〇〇〇年，一四二頁（録）。

斯四五五二　一　禮懺文抄

釋文

一切供敬〔一〕，〔敬〕禮常住三寶〔二〕。

是諸衆等人各𨄔跪〔三〕，嚴持香華〔四〕，如法供養。願此香華雲〔五〕，扁滿十方界〔六〕。供養一切佛，化佛并菩薩，無數聲聞衆，受此香花雲〔七〕，以爲光明臺。廣於無邊界，無量作佛事〔八〕。

梵唄文〔九〕

如來妙色身〔一〇〕，世問（間）無與等〔一一〕。無比不思議，是故令（今）敬禮〔一二〕。如來色無盡，智慧亦復然〔一三〕。一切法常住，是故我歸依。敬禮常住三寶。

歎佛〔一四〕

如來、應供、正扁知〔一五〕、明行足〔一六〕、善逝、〔世〕〔間〕〔解〕〔一七〕、〔無〕〔上〕〔士〕〔一八〕、〔調〕〔御〕〔丈〕〔夫〕〔一九〕、〔天〕〔人〕〔師〕〔二〇〕、〔佛〕〔世〕〔尊〕〔二一〕，〔佛〕〔有〕〔如〕〔是〕〔無〕〔量〕〔功〕德〔二二〕，歎不可盡〔二三〕。以□歎佛善根〔二四〕，已集、當集、現集一切善根〔二五〕，以此善根〔二六〕，資答益法界衆生〔二七〕，悉得離苦解脱〔二八〕，捨邪歸正〔二九〕，發菩提心，永除三障〔三〇〕，常見一切諸佛菩薩及善知識，恒問（聞）正法〔三一〕，福智具足，一切時作佛〔三二〕。

南無東方須彌燈光明如來十方佛等一切諸佛〔三三〕

南無毗婆尸如來過去七佛〔等〕一切諸佛〔三四〕

南無普光如來五十三佛等一切諸佛〔三五〕

南無普光佛　南無普明佛　南無〔普〕淨佛〔三六〕

南無多摩羅跋旃檀香佛　南無旃檀光佛

南無摩尼幢佛　南無歡喜藏摩尼寶積佛

南無一切世間樂見上大積（精）進佛〔三七〕　南無摩尼幢登（燈）光佛〔三八〕

南無慧怇（炬）照佛〔三九〕　南無海德光明佛

南無金剛牢强普散金光〔佛〕〔四〇〕　南無大强精進勇猛〔佛〕〔四一〕

南無悲光佛〔四二〕　南無慈力王佛

南無慈藏佛　南無旃檀窟莊嚴勝佛〔四三〕

南無賢善首佛〔四四〕　南無廣莊嚴王佛

南無金華光佛〔四五〕　南無寶蓋照空自在王佛〔四六〕

南無虛空寶華光佛〔四七〕　南無琉離莊嚴王佛〔四八〕

（以下原缺文）

説明

此件首尾完整，無題，原未抄完，起『一切供敬』，訖『南無琉離莊嚴王佛』，其内容出自『七階佛名經』，存請佛、歎佛、禮佛等部分。《敦煌寶藏》擬名『禮懺文』，兹從之。此件《英藏敦煌文獻》未收，現予增收。

現知敦煌文獻中保存的與此件大致相同的文本有六件。其中斯五九，首尾完整，起首題『七階佛名』，訖尾題『七階佛名經』；BD 二二一六，首全尾缺，起首題『佛説觀藥王藥上二菩薩經等略禮七階佛懺悔法一卷』，訖『云何樂睡眠，睡』；BD 二八四四，首缺尾全，起『是諸衆等』，訖『和南一切賢聖』；BD 八四一五，首尾均缺，起『嚴持香華』，訖『南無一切世間樂見上大精進佛』；BD 六三一八，首缺尾全，起『供養已，恭敬一切』，訖尾題『柒皆佛名一卷，一切普誦』；BD 一三四〇，首尾均缺，起『行足，善逝』，訖『是故衆等勤心行道』。

以上釋文以斯四五五二爲底本，用斯五九（稱其爲甲本）、BD 二二一六（稱其爲乙本）、BD 二八四四（稱其爲丙本）、BD 八四一五（稱其爲丁本）、BD 六三一八（稱其爲戊本）、BD 一三四〇（稱其爲己本）參校。

校記

〔一〕『供』，甲、乙本作『恭』，『供』通『恭』。

〔二〕『敬』，據甲、乙本補。

〔三〕『衆』，甲、丙本同，乙本脱。丙本始於此句。

〔四〕『華』，丁本同，甲、乙本作『花』，均可通。丁本始於此句。

〔五〕『華』，乙本同，甲本脱，丙本作『花』，均可通。

〔六〕『扁』，甲、乙本作『遍』，按『扁』通『徧』，『徧』爲『遍』之古字。此句至『受此香花雲』，丙本無。

〔七〕『花』，甲本同，乙、丁本作『華』，均可通。

〔八〕此句甲本後有『供養以，一切恭敬普誦』，戊本後有『供養已，恭敬一切，普誦摩訶不（般）若婆（波）羅蜜』。

〔九〕此句乙、丁本同，甲、戊本無。戊本始於此句。

〔一〇〕『身』，甲、乙、丙、丁本同，戊本脱。

〔一一〕『問』，當作『間』，據甲、乙、丁、戊本改。

〔一二〕『令』，丙本作『金』，當作『令』，據甲、乙、丁、戊本改，『金』爲『令』之借字。

〔一三〕『慧』，甲、乙、丁本同，戊本作『惠』，『惠』通『慧』。

〔一四〕『歎』，甲、丙、丁、戊本同，乙本無；『佛』，甲本同，乙本無，丙本作『佛功德』，丁、戊本作『佛文』。

〔一五〕『扁』，甲、乙、丙、丁、戊本作『遍』，按『扁』通『徧』，『徧』爲『遍』之古字。

〔一六〕己本始於此句。

〔一七〕『世間解』，據甲、乙、丙、丁、戊、己本補。

〔一八〕『無』，據甲、乙、丙、丁、戊、己本補；『上』，據甲、乙、丙、丁、己本補，戊本脱；『士』，據甲、乙、丙、丁、戊、己本補。

〔一九〕『調』，據甲、乙、丙、丁、戊、己本補；『御丈夫』，據甲、乙、丙、丁、戊本補。

〔二〇〕『天人師』，據甲、乙、丙、丁、戊本補。

〔二一〕『佛世』，據甲、乙、丙、丁、戊本補；『尊』，據甲、乙、丙、丁、戊、己本補。

〔二二〕『佛有』，據甲、乙、丙、丁、戊、己本補；『如是』，據甲、乙、丙、丁、己本補，戊本無；『無量』，據乙、丙、丁、戊、己本補，甲本無；『功』，據甲、乙、丙、丁、戊、己本補。

〔二三〕『歎』，乙、丙、丁、戊、己本同，甲本作『無量無邊』；『盡』，乙、丙、丁、戊本同，甲本作『窮盡』。

〔二四〕『以』，甲、乙、丙、丁本同，戊本作『已』，『已』通『以』。

〔二五〕『現』，甲、乙、丙、丁、戊本同，己本作『見』，『見』通『現』。

〔二六〕此句乙、丙、丁、戊、己本同，甲本無。

〔二七〕『答』，甲、乙、丙、丁、戊、己本無，據文義係衍文，當删；『法』，甲、乙、丁、戊、己本同，丙本脱；『衆』，甲、乙、丙、丁、戊本同，己本脱；『生』，甲、乙、丁、戊本同，丙、己本脱。

〔二八〕『得』，甲、乙、丙、丁、己本同，戊本作『德』，『德』通『得』。

〔二九〕『正』，甲、乙、丁、戊、己本同，丙本脱。

〔三〇〕『除』，甲、乙、丁、戊、己本同，丙本作『得』，誤。

〔三一〕『問』，當作『聞』，據甲、乙、丙、丁、戊、己本改，『問』爲『聞』之借字。

〔三二〕『切』，甲、乙、丙、丁、戊、己本無，據文義係衍文，當删；『作』，甲、乙、丙、丁本同，戊、己本作『成』。

〔三三〕第二箇『方』，甲、乙、丙、丁、己本同，戊本作『方無量』。

〔三四〕『無』，甲、乙、丁、戊、己本同，丙本脱；『尸』，乙、丙、丁、戊、己本同，甲本作『施』；『等』，據甲、乙、丙、丁、戊、己本補。

〔三五〕第二箇『佛』，甲、乙、丙、丁、己本同，戊本脱。

〔三六〕『普』，據甲、乙、丙、丁、戊、己本補。

〔三七〕『世間』，甲、乙、丙、丁、己本同，戊本脱；『積』，當作『精』，據甲、乙、丙、丁、戊、己本改。丁本止於此句。

〔三八〕『登』，當作『燈』，據甲、乙、丙、戊、己本改，『登』爲『燈』之借字。

〔三九〕『慧』，乙、丙、己本同，甲、戊本作『惠』，『惠』通『慧』；『恒』，丙、戊本同，當作『炬』，據甲、乙、己本改，『恒』爲『炬』之借字。

〔四〇〕『剛』，甲、乙、丙、己本同，戊本作『光』；『佛』，據甲、乙、丙、戊、己本補。

〔四一〕『大』，甲、乙、己本同，丙本脱，戊本作『天』，誤；『佛』，據甲、乙、丙、戊、己本補。

〔四二〕『悲』，甲、乙、丙、戊、己本作『大悲』。

〔四三〕『旃』，底本及乙、己本作『栴』，係涉下文『檀』而成之類化俗字；『檀』，甲、乙、丙、己本同，戊本作『壇』，『壇』爲『檀』之借字。

〔四四〕此句後甲、乙、丙、戊、己本有『南無善意佛』。

〔四五〕『金』，甲、乙、戊、己本同，丙本脱；『華』，甲、乙、己本同，丙、戊本作『花』，均可通。

〔四六〕『自』，甲、乙、戊、己本同，丙本作『白』，誤。此句後丙本有『南無普現色身光佛　南無不動光佛』。

〔四七〕『虚』，甲、乙、戊、己本同，丙本脱；『華』，甲、乙、丙、己本同，戊本作『花』，均可通。

〔四八〕『離』，甲、乙、丙、戊、己本作『璃』，均可通。

參考文獻

Descriptive Catalogue of the Chinese Manuscripts from Tunhuang in the British Museum, London：The Trustees of the British Museum, 1957, p. 203；《敦煌寶藏》一册，臺北：新文豐出版公司，一九八一年，三〇〇至三〇一頁（圖）；《敦煌寶藏》三六册，臺北：新文豐出版公司，一九八二年，五四六頁（圖）；《英國國家圖書館藏敦煌遺書》一册，桂林：廣西師範大學出版社，二〇一一年，三二二至三二三頁（圖）；《國家圖書館藏敦煌遺書》四册，北京圖書館出版社，二〇〇五年，一〇二頁（圖）；《國家圖書館藏敦煌遺書》二〇册，北京圖書館出版社，二〇〇六年，一四九頁（圖）；《國家圖書館藏敦煌遺書》三八册，北京圖書館出版社，二〇〇六年，二七二至二七三頁（圖）；《國家圖書館藏敦煌遺書》八四册，北京圖書館出版社，二〇〇八年，一五三頁（圖）；《國家圖書館藏敦煌遺書》一〇二册，北京圖書館出版社，二〇〇八年，三一九至三二〇頁（圖）。

斯四五五二　二　雜寫（佛）

釋文

佛　佛　佛　佛

佛

佛　佛

説明

以上文字抄寫於『禮懺文抄』諸佛名下或行間，《英藏敦煌文獻》未收，現予增收。

參考文獻

《敦煌寶藏》三六册，臺北：新文豐出版公司，一九八二年，五四六頁（圖）。

斯四五五三　　大通方廣經卷上題記

釋文

大隋仁壽三年二月十四日，清信女令狐妃仁，發心減割衣資之分，敬寫大乘方廣經一部。願令七世父母及所生父母、見在家眷，所生之處，值佛聞法，与善知識共相值遇。命過已後，託生西方無量壽國，及法界衆生，同沾斯願。

清信女任是是，亦勸化助寫供養。

妃仁息男呂勝遵持心供養。

息女阿謾存心供養，並願同上願。

説明

以上題記書寫於《大通方廣經》卷上尾題之後，《英藏敦煌文獻》未收，現予增收。隋仁壽三年，即公元六〇三年。

參考文獻

《微妙聲》三期，一九三七年，八〇頁（録）；*Descriptive Catalogue of the Chinese Manuscripts from Tunhuang in the British Museum*, London: The Trustees of the British Museum, 1957, pp. 161-162（録）；《敦煌寶藏》三六册，臺北：新文豐出版公司，一九八二年，五五四頁（圖）；《敦煌學要籥》，臺北：新文豐出版公司，一九八二年，一四八至一四九頁（録）；《敦煌遺書總目索引》，北京：中華書局，一九八三年，二〇四頁（録）；《中國古代寫本識語集録》，東京大學東洋文化研究所，一九九〇年，一六八至一六九頁（録）；《敦煌願文集》，長沙：岳麓書社，一九九五年，八六八頁（録）；《中國敦煌學百年文庫·宗教卷（四）》，蘭州：甘肅文化出版社，一九九九年，二三九頁（録）；《敦煌遺書總目索引新編》，北京：中華書局，二〇〇〇年，一四二頁（録）；《敦煌學輯刊》二〇〇六年一期，一三二頁（録）。

斯四五五五　聲聞唱道文

釋文

聲聞唱道文〔一〕

羅嘆（漢）〔聖〕僧集〔二〕，凡夫衆和合。惟願香湯黑（沐）淨籌〔三〕，布薩度衆生〔四〕。大德僧聽，外清淨大沙門入〔五〕。大德僧聽〔六〕，中（衆）衆（中）誰少〔七〕，少者收護〔八〕。三説〔九〕。大德僧聽〔一〇〕，外清淨大沙門已入。内外寂淨〔一一〕，無諸難事。堪可行籌，廣作布薩。我比丘某乙〔一二〕，爲布薩故行籌〔一三〕。惟願上中不（下）坐〔一四〕，各各端身正意〔一五〕，如法受籌〔一六〕，并受囑（受）人籌〔一七〕。大德僧聽，次行沙彌籌。三説〔一八〕。大德僧〔聽〕〔一九〕，以一住處一布〔薩〕〔二〇〕。大僧若干人，沙彌若干人，蔀（都）合若干人〔二一〕，各於佛法中，清轉（淨）出家〔二二〕，和合布薩。上順佛教，中報四恩〔二三〕，下爲含誠（識）〔二四〕，各誦經中清淨妙謁（偈）〔二五〕。大德僧聽，衆清（請）比丘某甲〔二六〕，爲衆誦戒〔二七〕。比丘某甲〔二八〕。壬申年十一月二日高法律寫記訖（？）〔二九〕。

説明

此件首尾完整，起首題『聲聞唱道文』，訖『壬申年十一月二日高法律寫記訖（？）』。『唱道』，傳世文獻作『唱導』。『聲聞唱道文』又稱聲聞文、聲聞布薩文，是在佛教布薩儀式上使用的唱導文。壬申年，翟理斯疑爲公元九七二年（參看 *Descriptive Catalogue of the Chinese Manuscripts from Tunhuang in the British Museum*, p. 196），池田温認爲是公元九一二年（參看《中國古代寫本識語集録》，四五六頁）。

現知敦煌文獻中保存的『聲聞唱道文』還有七件，與此件大致相同者有三件。其中伯二六八〇背和伯三三三四，均首尾完整，起首題『聲聞唱道文』，訖『梵音戒師昇高座』；羽二二，首尾完整，有烏絲欄，起首題『聲聞昌道文一本』，訖『梵音律師昇高座』。另有藤井四八號，圖版尚未公布。

以上釋文以斯四五五五爲底本，用伯二六八〇背（稱其爲甲本）、伯三三三四（稱其爲乙本）、羽二二（稱其爲丙本）參校。

校記

〔一〕『唱』，甲、乙本同，丙本作『昌』，『昌』通『唱』；『文』，甲、乙本同，丙本作『文一本』。

〔二〕『嘆』，當作『漢』，據甲、乙、丙本改；『聖』，據甲、乙、丙本補。

〔三〕『惟願』，甲、乙、丙本無；『黑』，甲本作『沬』，當作『沐』，據乙、丙本改，『沬』爲『沐』之借字。

〔四〕此句後甲本有『大德僧聽！衆中誰小，小者收護。三説』，丙本有『大德僧聽！衆中誰小，小者守護。稱三』。

〔五〕此句甲、丙本同，乙本無。此句後甲本有小字『三説』，丙本有小字『稱三』。

〔六〕此句甲、丙本同，乙本無。

〔七〕『中』，當作『衆』，據甲、丙本改，『中』爲『衆』之借字，乙本作『種』，誤；『衆』，當作『中』，據甲、丙本改，『衆』爲『中』之借字，乙本作『種』，誤；『誰』，甲、丙本無，乙本作『殊』，誤；『少』，乙本同，甲、丙本無。
〔八〕『少』，乙本同，甲、丙本作『小』，均可通；『收』，甲本作『已收』，乙本作『守』，丙本作『已守』。
〔九〕『三説』，乙本同，甲、丙本無。
〔一〇〕此句乙本同，甲、丙本無。
〔一一〕『淨』，甲本同，乙、丙本作『静』。
〔一二〕『我』，乙、丙本同，甲本作『衆差我假名菩薩』；『乙』，甲、乙、丙本作『甲』。
〔一三〕『爲』，乙、丙本同，甲本作『謂』，『謂』爲『爲』之借字。
〔一四〕『惟』，乙本同，甲、丙本作『唯』；『不』，當作『下』，據甲、乙、丙本改；『坐』，甲、乙本同，丙本作『座』，均可通。
〔一五〕『正』，丙本同，甲、乙本作『政』，『政』通『正』；『意』，甲、丙本同，乙本作『依』，『依』爲『意』之借字。
〔一六〕『受』，甲、乙本同，丙本作『授』，『授』通『受』。此句後甲、乙、丙本有小字『三説』。
〔一七〕第二箇『受』，據甲、乙、丙本補。
〔一八〕『三説』，甲、乙本同，丙本作『稱三』。
〔一九〕『聽』，據甲、乙、丙本補。
〔二〇〕『以』，甲、乙、丙本作『此』；『薩』，據甲、乙、丙本補。
〔二一〕『斱』，當作『都』，據乙、丙本改。此句甲本無。

〔二二〕「轉」，當作「淨」，據甲、乙、丙本改。

〔二三〕「報」，甲、乙本同，丙本作「寶」，「寶」爲「報」之借字。

〔二四〕「爲」，甲、丙本同，乙本作「謂」，「謂」爲「爲」之借字；「誠」，當作「識」，據甲、乙、丙本改。

〔二五〕「謁」，當作「偈」，據甲、乙、丙本改。

〔二六〕「清」，當作「請」，據甲、乙、丙本改，「清」爲「請」之借字；「比」，甲、乙本同，丙本作「律師比」；「丘」，乙、丙本同，甲本作「丘律師」。

〔二七〕「爲」，甲、乙本同，丙本作「謂」，「謂」爲「爲」之借字。

〔二八〕「丘」，甲、丙本同，乙本作「丘律師」。此句後甲、乙本作「梵音戒師昇高座」，丙本作「梵音律師昇高座」。

〔二九〕此句甲、乙、丙本無。

參考文獻

Descriptive Catalogue of the Chinese Manuscripts from Tunhuang in the British Museum, London：The Trustees of the British Museum, 1957, p. 196；《敦煌寶藏》三六册，臺北：新文豐出版公司，一九八二年，五五六頁（圖）；《中國古代寫本識語集録》，東京大學東洋文化研究所，一九九〇年，四五六頁；《英藏敦煌文獻》六卷，成都：四川人民出版社，一九九二年，一三五頁（圖）；《敦煌研究》一九九四年三期，九八頁；《華學》一輯，上海古籍出版社，一九九五年，一六〇頁；《敦煌研究》一九九九年一期，一二〇至一三二頁；《法藏敦煌西域文獻》一七册，上海古籍出版社，二〇〇一年，二二六頁（圖）；《法藏敦煌西域文獻》二三册，上海古籍出版社，二〇〇二年，二一〇頁（圖）；《敦煌秘笈》一册，大阪：武田科學振興財團，二〇〇九年，一八二至一八三頁（圖）；《甘肅社會科學》二〇一二年四期，二四五頁。

釋文

（前缺）

□理護贏劣〔一〕，忠言善諫，寬心大意〔二〕，忠孝奉上〔三〕，慈仁接下。迮伏恣態，非道不動〔四〕，無自專擅。篤於一切，厚施四海〔五〕，愛惠衆生〔六〕。信施朋友，尊師敬道。忘珍未寶，棄財遺欲〔七〕。不爲所動，知有應無，唯無爲壽。勤心苦行，無虧孝敬。晝則勤受，夜則心誦。奉行無失，不虧分數。思神念道，畏法慎誡。生門之中，生道有一，死道有九，九一之法，求生之本。吾昔命老子於域外天竺維衛，教化胡人居象脩法，以五誡十善，童蒙始涉，十誡廿誡，捐棄骨血，捨家爲道者，加於五二百五十誡，威儀有三千之法。積累功德，亡身没命，魂神受福，累劫蒙祐。此教雖權，獲福亦大，但求之左僻，得之難也。道有大法，得之甚易，是謂三一。三一之道，自有重法，奉而行之，道立可得。但當奉受其誡，勤行其事。吾當遣衛誡將軍吏兵、廿四大神，以相衛護，斷絶惡道，度著善地，動遇吉祥，不遭凶横，早絶死路，速致仙真。曉空無決，明虚無意，必獲上道，如我今也。

第一誡曰：身不得貪濁狼戾，嬌奢放逸，蒙冒身禍，誕縱自恣，甘惡爲非。琦麗華飾，所便細滑，濡軟自適，無有厭足。不知動入罪目，不能自覺身之罪大，不可稱計。不得身犯，不得教令於人。攝意持誡，終身奉行。是吾太上太一第一誡也。

第二誡曰：心不得興惡想惡念，不得形想評想，貪欲務得，蒙冒財利，貪毒陰賊，謀議非法〔八〕，邪淫偏僻，意不平等，嫉妒恚癡。自是鬲戾，濁〔欲〕饕味〔九〕，無有厭足。不知動入罪網，不能自覺心過之罪，大無有極。不自心興，不得教令於人。攝意持誡，終身奉行。是吾太上大一第二誡也〔一〇〕。

第三誡曰：口不得妄言善惡〔一一〕，呪咀罵詈，欺誑妄語〔一二〕，幻惑兩舌，鬭訟告訴，持人長短，自作是非，生災造害，興生無端。鬻衒道法，歌誦嗟詠，吟嘯歎息。貪美嗜味，無有厭足。不知動入罪網，不能自覺口過之罪，大無有極。不得口犯，不得教令於人。攝意持誡，終身奉行。是吾太上太一第三誡。

第四誡曰：手不得煞害衆生〔一三〕。蚑行蠕動〔一四〕，含血之屬，皆不得煞。劫略强取，奪盜偷竊，取非其物，拾遺取施，執持兵器，興用非法。不知動入罪網，不能自覺手過之罪，罪之莫大。不自手犯，不得教令於人。攝意持戒，終身奉行。是吾太上太一第四誡也〔一五〕。

第五誡曰：自（目）不得視非道非法非義〔一六〕，榮華容飾，淫視女色，照曜盈目，貪欲洋溢，琦麗珍寶，淫邪妖孽，不正之色。目爲心候，主收百凶，來致禍毒，罪疊臻集，一皆目致。心目口手，致殃禍主，動爲禍端，收罪之首。心目口手，致罪之府，不可不迮，不可不伏，不可不慎，不可恣之。不知動入罪網，不能自覺目過之罪，罪之莫大。當宣目誡，勸化一切，一能誡目，心想自滅。想滅意空，空意無著，無著入無，便得道慧。攝意持誡，奉行勿癈。是吾太上太一第五誡也〔一七〕。

第六誡曰：耳不得聽八音五樂，淫聲妖孽，辭正亡國，妖僞之樂，無有厭足。不知動入罪網，不能自覺耳過之罪，罪亦復大。不自耳犯，不得教令於人。攝意持誡，終身奉行。是吾太上太一第六誡也。

第七誡曰：鼻不得貪香惡臭，妄察善惡。不知動入罪網，不能自覺鼻過之罪，罪亦爲次。不自鼻犯，不得教令於人。攝意持誡，終身奉行，是吾太上太上太一第七誡也。

第八誡曰：足不得妄蹈非義，不踐非法，不涉惡履非、妖淫境界。不知動入罪網，不能自覺足過之罪，罪亦爲次。不自足犯，不得教令於人。攝意持誡，終身奉行。是吾太上太上太一第八誡也。

第九誡目（曰）〔一八〕：身不得放情任意，强興神器，攻非其敵〔一九〕，精散神消，三炁亡逸。放情縱恣，無有厭足。不知動入罪網，傾宗滅族，不能自覺如斯之罪，罪之莫大。不自身犯，不得教令於人。攝意持誡，終身奉行。是吾大上太上太一第九誡也[二〇]。

遠身行，離口過，除惡念，拔逮根。

絶聲色，檢愛欲，放翫習，洗垢穢。

寬斗局，開迫迮，廣心性，緩促促。

勿的（適）莫[二一]，省諸勞，卻諸辱，無疑想。

迮動作，伏吸吸，厭諸端，斷諸際。

滅諸跡，寬諸見，闇諸智，遏諸蔽。

原諸厭，止諸病，掃諸患，愈諸疹。

去諸計，罷諸求，伐諸株，斬諸種。

刈貪曹[二二]，盡沉吟，散結束，脱煩惱。

制意移，無諸可，無不可，爲無爲。

無諸我，無不我，無彼我，無空想。

無昏惑，無淫想，勤可行，不疑空。

平好醜，不邪還，常住無，絶心想。

習勝意，善防言，不亂轉，不吾念。

不彼念，不悠想，無常准，不常的。
無遺顧，不追懷，無猒預，忍不〔可〕忍〔二三〕。
知無是道，絶無想，常住無，爲無爲。
行無行，作無作，想無想，興無興。
無際心，無際行，無際作，無際想。
無際住，察諸性，了無根，知無根不可滿。
以不可滿而自勤，常無想以過上。觀一切皆虛空，心無欲而常仁。
不以有諍無，已知一能除一〔二四〕。不於一而起想，知因一人無際。
智滅度入虛無〔二五〕，知因虛無爲滅盡，知因滅盡成爲道，知//因成道爲最大//。
知安爲安，知安爲樂，知樂不復憂，知無憂爲//泰//〔二六〕。
[捐]附著〔二七〕，蕩意能〔二八〕，休是非，不嫌貳。
[棄衆累]〔二九〕，度諸蓋，割諸連，剋因緣。
[ ]事無事，無親疏，等善惡。
[ ][不我想]〔三〇〕，無常住，一生於無。
[ ][無際]與〔三一〕，縷觀法爲同無。

□□知因最大爲了無[三二]，知泰無爲極。

□□成滿具足滅度一百廿九大誡[三三]，

（後缺）

説明

此件由斯四五六一和BD一一二四四綴合而成，綴合後的文本仍是首尾均缺，失題，起『劣，忠言善諫』，訖『滿具足滅』。大淵忍爾確定斯四五六一爲《太上洞玄靈寶昇玄内教經》卷九（參看《敦煌道經·目録篇》，一二五頁），王卡將之與BD一一二四四綴合（參看《敦煌道教文獻研究：綜述·目録·索引》，一二二頁）。關於《昇玄内教經》的情況，請參看本書第一卷（修訂版）斯一〇七號之『説明』。

現知敦煌文獻中保存的《太上洞玄靈寶昇玄内教經》卷九寫本還有五件，與此件有重合者三件，其中伯二七五〇+伯二四三〇，首尾完整，有折疊欄，起首題『太上靈寶昇玄内教無極九誡妙經第九』，訖尾題『太上靈寶昇玄内教經第九』；Дx.五三八五+Дx.五三九二，首尾均缺，起『不得煞害』，訖『知無憂爲泰』；Дx.五四五二，首尾均缺，起『言善惡，呪』，訖『蚑行蠕動』。

以上釋文以斯四五六一+BD一一二四四爲底本，用伯二七五〇+伯二四三〇（稱其爲甲本）、Дx.

五四五二（稱其爲乙本）、Дх. 五三八五＋Дх. 五三九二（稱其爲丙本）參校。因綴合處呈不規則形狀，爲便於區分，在釋録綴合處的文字時，以標點爲單位，用『//』表示保存在斯四五六一上的文字，即兩箇『//』之間的文字，是保存在斯四五六一上的文字。

校記

〔一〕『理護羸』，據甲本補。

〔二〕『大意』，據甲本補。

〔三〕『忠孝奉』，據甲本補。

〔四〕『非道不』，據甲本補；『動』，據殘筆劃及甲本補。

〔五〕『施四海』，據甲本補。

〔六〕『愛惠衆』，據甲本補；『生』，據殘筆劃及甲本補。

〔七〕『棄財遺』，據甲本補；『欲』，據殘筆劃及甲本補。

〔八〕『謀』，甲本脱。

〔九〕『欲』，據甲本補。

〔一〇〕『大』，甲本作『太』，『大』通『太』。

〔一一〕乙本始於此句。

〔一二〕『妄』，甲本作『忘』，『忘』通『妄』。

〔一三〕丙本始於此句。

〔一四〕乙本止於此句。
〔一五〕『也』後甲本另筆寫有一『聞』字，與此件内容無關，故不録。
〔一六〕『自』，當作『目』，據甲、丙本改。
〔一七〕第二箇『太』，甲、丙本脱。
〔一八〕『目』，當作『曰』，據甲、丙本改。
〔一九〕『攻』，甲本作『功』，『功』爲『攻』之借字。
〔二〇〕『大』，甲、丙本作『太』，『大』通『太』。
〔二一〕『的』，當作『適』，據文義改，『的』爲『適』之借字。
〔二二〕『曹』，甲本作『遭』，『遭』爲『曹』之借字。
〔二三〕『可』，據甲、丙本補。
〔二四〕『除』，甲、丙本作『際』。
〔二五〕此句及以下文字，書寫於BD 一一二四四上。
〔二六〕丙本止於此句。
〔二七〕『捐』，據殘筆劃及甲本補。
〔二八〕『能』，甲本作『態』。
〔二九〕『棄衆』，據甲本補；『累』，據殘筆劃及甲本補。
〔三〇〕『不我』，據甲本補；『想』，據殘筆劃及甲本補。
〔三一〕『無際』，據殘筆劃及甲本補。
〔三二〕『知因最大爲了』，據甲本補。

〔三二〕『成』，據甲本補；『滿』，據殘筆劃及甲本補；『度一百廿九大誡』，據甲本補。

參考文獻

《敦煌道經·目録編》，京都：福武書店，一九七八年，一二五頁；《敦煌寶藏》三六册，臺北：新文豐出版公司，一九八二年，五六五至五六七頁（圖）；《英藏敦煌文獻》六卷，成都：四川人民出版社，一九九二年，一三五至一三七頁（圖）；《唐研究》一卷，北京大學出版社，一九九五年，六七至八六頁；《道家文化研究》一三輯，北京：生活·讀書·新知三聯書店，一九九八年，二六七至二九四頁；《俄藏敦煌文獻》一二册，上海古籍出版社，二〇〇〇年，一一一至一一二、一四四頁（圖）；《法藏敦煌西域文獻》一八册，上海古籍出版社，二〇〇一年，七一至七四頁（圖）；《敦煌道教文獻研究：綜述·目録·索引》，北京：中國社會科學出版社，二〇〇四年，一二三頁；《國家圖書館藏敦煌遺書》一〇九册，北京圖書館出版社，二〇〇九年，九五頁（圖）；《敦煌道教文獻合集》二册，北京：社會科學文獻出版社，二〇二〇年，二二一至二二三頁（圖）。

斯四五六六　水散食

釋文

水散食
先要真香五味，寶五般，心五般，藥五般，甜物五般，具會合和。然後安心淨坐〔一〕，念第一道真言〔二〕，結合掌除垢印。
又念第二道真言〔三〕，結含掌寶珠印〔四〕。
又念第三道真言，結大母指相構左押右展手印〔五〕。
又念第四道真言，握右拳，展頭指在心印〔六〕。
又念第五道真言，右手握跋日羅柱心〔七〕，左手垂膝無畏印。
又念第六道真言，叉手向内，二母指押降伏印。

説明

此件首尾完整，起首題『水散食』，訖『二母指押降伏印』，内容爲密教散食所用真言與手印。

校記

〔一〕『淨』，可用同『靜』，《敦煌密教文獻論稿》釋作『靜』，誤。

〔二〕『第』，底本原寫作『弟』，按寫本中『第』『弟』形近易混，故可據文義逕釋作『第』。以下同，不另出校。

〔三〕『又』，《敦煌密教文獻論稿》漏録。

〔四〕『含』，《敦煌密教文獻論稿》釋作『合』。

〔五〕『構』，《敦煌密教文獻論稿》釋作『鉤』，誤。『構』後《敦煌密教文獻論稿》校補一『印』字。

〔六〕『頭』，《敦煌密教文獻論稿》釋作『欣』，校改作『食』，誤。

〔七〕『柱』，《敦煌密教文獻論稿》釋作『拄』。

參考文獻

Descriptive Catalogue of the Chinese Manuscripts from Tunhuang in the British Museum, London：The Trustees of the British Museum, 1957, p. 209；《敦煌寶藏》三六册，臺北：新文豐出版公司，一九八二年，五七八頁（圖）；《英藏敦煌文獻》六卷，成都：四川人民出版社，一九九二年，一三七頁（圖）；《敦煌密教文獻論稿》，北京：人民文學出版社，二〇〇三年，二六六頁（録）。

斯四五六九　九九乘法歌訣

釋文

九九八十一，八九七十二〔一〕，七九六十三，六九五十四〔二〕，五九四十五〔三〕，四九三十六，三九二十七〔四〕，二九一十八〔五〕，一九如九〔六〕。八八六十四〔七〕，七八五十六〔八〕，六八四十八，五八四十〔九〕，四八三十二〔一〇〕，三八二十四〔一一〕，二八一十六〔一二〕，一八如八。七七四十九〔一三〕，六七四十二〔一四〕，五七三十五〔一五〕，四七二十八〔一六〕，三七二十一〔一七〕，二七一十四〔一八〕，一七如七〔一九〕。六六三十六〔二〇〕，五六三十〔二一〕，四六二十四〔二二〕，三六一十八〔二三〕，二六一十二〔二四〕，一六如六。五五二十五〔二五〕，四五二十〔二六〕，三五一十五〔二七〕，二五一十〔二八〕，一五如五〔二九〕。四四一十六〔三〇〕，三四一十二〔三一〕，二四如八，一四如四。三三如九〔三二〕，二三如六〔三三〕，一三如三〔三四〕。二二如四，一二如二〔三五〕。一一如一。

說明

此件首尾完整，起『九九八十一』，訖『一一如一』，其内容爲九九乘法歌訣。先秦秦漢時期的九九表或爲三十六句，或爲三十八句，多數情況下不見『一乘三』至『一乘九』等七句。宋代以後普遍使用八十一句的九九表。而敦煌所出九九表均爲四十五句，係漢代以後方始流行，唐代普遍採用（參看《敦煌學大辭典》，六〇一頁）。

敦煌文獻中的九九表分兩種。一種是繁表，九九歌搭配自相乘積、『分之』或乘積累加的數字，如斯一九＋Дх. 三九〇三《算經》、斯九三〇《立成算經一卷》等。另一種是包括此件在内的簡表，只有歌訣部分。除此件外，還有七件。其中BD 一〇八二〇，首尾完整，起『九九八十一』，訖『一一如一』；伯二五〇二背，首尾完整，原未抄完，起『九九八十一』，訖『一三如三』；斯六一六七背，首尾完整，原未抄完，起『九九八十一』，訖『一九如九』；BD 五六七三背，從左至右倒書，起『九九八十一』，訖『七八五』；Дх. 二一四五背，首尾均缺，起『八十一』，訖『一三如三』；斯八三三六背，首尾均缺，倒書，起『六九五十四』，訖『五六』；Дх. 二九〇四，爲一小殘片，存五行，起『廿，三五一十五』，訖『一二如二』。

以上釋文以斯四五六九爲底本，用BD 一〇八二〇（稱其爲甲本）、伯二五〇二背（稱其爲乙本）、斯六一六七背（稱其爲丙本）、BD 五六七三背（稱其爲丁本）、Дх. 二一四五背（稱其爲戊本）、斯八三三六背（稱其爲己本）、Дх. 二九〇四（稱其爲庚本）參校。

校記

〔一〕『十』，甲、丙、丁、戊本同，乙本無。

〔二〕己本始於此句。

〔三〕『四十』，甲、丙、丁、戊、己本同，乙本作『卌』。

〔四〕『二』，丙、丁、戊本同，甲本作『如』，『如』爲『二』之借字，乙本作『廿』；『十』，甲、丙、丁、戊本同，乙本無。

〔五〕『一』，甲、丙、丁、戊本同，乙本無。

〔六〕『如』，甲、乙、丙本同，丁本脱，戊本作『二如』，誤。丙本止於此句。

〔七〕『四』，甲、乙、丁、戊本同，己本作『三』，誤。

〔八〕丁本止於此句。

〔九〕『四十』，甲、戊本同，乙本作『卌』。

〔一〇〕『三十』，甲本同，乙、戊本作『卅』。

〔一一〕『二』，甲本作『如』，『如』爲『二』之借字，乙、戊本作『廿』；『十』，甲、己本同，乙、戊本無。

〔一二〕『十』，甲、戊、己本同，乙本無。

〔一三〕『四十』，甲、戊本同，乙本作『卌』。

〔一四〕『四十』，甲、戊本同，乙本作『卌』。

〔一五〕『三十』，甲、戊、己本同，乙本作『卅』。

〔一六〕『二』，戊、己本同，甲本作『如』，『如』爲『二』之借字，乙本作『廿』；『十』，甲、戊、己本同，乙本無。

〔一七〕『二』，甲本作『如』，『如』爲『二』之借字，乙、戊本作『廿』；『十』，甲本同，乙、戊本無。

〔一八〕「一」，甲、戊本同，乙本無。

〔一九〕「一七」，甲、戊本同，乙本脱；「如七」，甲、戊、己本同，乙本脱。

〔二〇〕「三十」，甲、戊、己本同，乙本作「卅」。

〔二一〕「三」，甲本同，乙、戊本作「卅」；「十」，甲、戊本同，乙本無。己本止於此句。

〔二二〕「二」，甲本作「如」，「如」爲「二」之借字，乙、戊本作「廿」；「十」，甲、戊本同，乙本無。

〔二三〕「一」，甲、戊本同，乙本無。此句後乙本有一「四」字，據文義係衍文，當删。

〔二四〕「一」，甲、戊本同，乙本無。

〔二五〕「二」，甲本作「如」，「如」爲「二」之借字，乙本作「廿」；「十」，甲本同，乙本無。

〔二六〕「二」，甲本作「如」，「如」爲「二」之借字，乙、庚本作「廿」；「十」，甲本同，乙、庚本無。庚本始於此句。

〔二七〕「一」，甲、戊本同，乙本無。

〔二八〕「一」，甲、戊本同，乙本脱。

〔二九〕第二箇「五」，甲、戊本同，乙本脱。

〔三〇〕「一」，甲、戊本同，乙本無。

〔三一〕「一」，甲本同，乙本無。

〔三二〕「如」，甲、乙本同，戊本作「二」，「二」爲「如」之借字。

〔三三〕「如」，甲、乙本同，戊本作「二」，「二」爲「如」之借字。

〔三四〕「一」，乙、戊本同，甲本作「二」，誤；第二箇「三」，乙、戊本同，甲本脱。乙、戊本止於此句。

〔三五〕第二箇「二」，庚本同，甲本脱。庚本止於此句。

參考文獻

Descriptive Catalogue of the Chinese Manuscripts from Tunhuang in the British Museum, London：The Trustees of the British Museum, 1957, p. 266；《敦煌寶藏》三六册，臺北：新文豐出版公司，一九八二年，五八一頁（圖）；《英藏敦煌文獻》六卷，成都：四川人民出版社，一九九二年，一三八頁（圖）；《英藏敦煌文獻》一〇卷，成都：四川人民出版社，一九九四年，一二六至一二七頁（圖）；《英藏敦煌文獻》一二卷，成都：四川人民出版社，一九九五年，一一三頁（圖）；《俄藏敦煌文獻》九册，上海古籍出版社，一九九八年，四七頁（圖）；《俄藏敦煌文獻》一〇册，上海古籍出版社，一九九八年，一一九頁（圖）；《敦煌學大辭典》，上海辭書出版社，一九九八年，六〇一頁；《法藏敦煌西域文獻》一四册，上海古籍出版社，二〇〇一年，三五六頁（圖）；《敦煌蒙書研究》，蘭州：甘肅教育出版社，二〇〇二年，二七九至二八〇頁；《國家圖書館藏敦煌遺書》七六册，北京圖書館出版社，二〇〇八年，一四五頁（圖）；《國家圖書館藏敦煌遺書》一〇八册，北京圖書館出版社，二〇〇九年，一六七頁（圖）。

斯四五七〇　優婆塞戒經卷六題記

釋文

仁壽四年四月八日，楊維珍爲亡父〔寫〕《灌頂》一部〔一〕、《五百問事》一部、《千五百佛名》。造觀世音像一軀，造卌九尺幡一口，爲法界衆生，一時成佛。

説明

以上題記書寫於《優婆塞戒經》卷六尾題之後，《英藏敦煌文獻》未收，現予增收。『楊維珍』或爲『楹維珍』，這組寫經的情況可參見本書第十八卷斯四一六二號之『説明』。仁壽四年，即公元六〇四年。

校記

〔一〕『楊』，《中國古代寫本識語集録》《敦煌寫本〈優婆塞戒經〉版本研究》釋作『楹』；『維』，《敦煌寫本〈優婆塞戒經〉版本研究》釋作『雅』，誤；『寫』，據斯四一六二《優婆塞戒經》卷三楹維珍題記補，《敦煌學要籥》《敦煌遺書總目索引》《敦煌遺書總目索引新編》校補作『敬寫』。

參考文獻

《微妙聲》四期，一九三七年，七五頁（録）；*Descriptive Catalogue of the Chinese Manuscripts from Tunhuang in the British Museum*, London: The Trustees of the British Museum, 1957, p. 117（録）；《敦煌寶藏》三六册，臺北：新文豐出版公司，一九八二年，五八三頁（圖）；《敦煌學要籥》，臺北：新文豐出版公司，一九八二年，一四九頁（録）；《敦煌遺書總目索引》，北京：中華書局，一九八三年，二〇四頁（録）；《中國古代寫本識語集録》，東京大學東洋文化研究所，一九九〇年，一六九至一七〇頁（録）；《敦煌願文集》，長沙：岳麓書社，一九九五年，八六九至八七〇頁（録）；《敦煌遺書總目索引新編》，北京：中華書局，二〇〇〇年，一四二頁（録）；《文獻》二〇〇八年二期，三六頁（録）。

釋文

（前缺）

□有何所□者〔一〕，[慈]恩有十[般]解信〔二〕，不敢廣談，[聊]陳五種〔三〕。且第一〔四〕，依《顯揚論》，信爲七聖財之元胎。謂信是一數，爲七聖財。若世財爲生死之本，能沉溺有情，出世財者，得菩薩解脱之樂。夫欲求寶，先有其信，如世商人入海求寶，喻修行人於真如法中求寶，即知佛身體上，有河沙萬德法寶。□衆□究竟可證之處〔五〕，先須有信，信有七聖財〔六〕。所[以]《淨名經》云〔七〕：資財無量，攝諸貧民。此性七聖財，能於現在、未來俱益。若世財但利現在，不能濟嶮道。

第二〔八〕，依《唯識論》云：信如水清珠，能清於濁水，能治不信。自性渾濁〔九〕，意云：□信自性渾濁〔一〇〕，如泥秋（鰍）魚〔一一〕，將身入清水，水亦變爲泥。若將珠投之，隨珠濁水便清。

第三〔一二〕，依《俱舍論》云：信拔衆生〔一三〕，出生死泥。意云：正法爲佛手，信爲衆生手，即序分也，兩手相接，出生死泥。

第四〔一四〕，信者，如人泛大溟海，假手行舟，渡生死河，信爲其手。

第五，如《華嚴經》云：如人有手，自在採取珍寶；若無手者，空無所獲〔一五〕。入佛法者，亦復如是。已下不能廣解也。

若論經首置『如是』兩字，已表信者〔一六〕，若據慈恩解信，理有十般，不敢廣談，聊申五種。且第一，依《顯揚論》，解信是七聖財之元胎，所謂信、戒、聞、捨、惠〔一七〕、慚、愧爲七聖財，信爲一數。且信名除疑財，既能發信，除蕩疑心，悟身邊有出世之財，知經内有成佛之路。遂除懈怠〔一八〕，便即進修。喻如入海無殊，恰似求珠不異。若能入海，必遇金銀；解聽經文，之（定）獲聖果〔一九〕。世上七珍之寶，偏除現在貧窮；身中七聖之財，能救當來嶮道。兼由起信差与諫（揀）擇〔二〇〕，所已經云〔二一〕：勸令悟解。

第二，依《唯識論》云：信如水清珠，能清於濁水者。喻若一池淨水，徹底澄清，觀瞻而（如）鏡面無殊〔二二〕，體瑩而（如）瑠璃不異〔二三〕，自然清淨，豈有灰塵。忽被箇泥秋（鰍）之魚〔二四〕，抛入水池之内，渾身不淨，遍體腥䏆（臊）〔二五〕，滿池之清水渾濁，徹底之澄泉臭穢。未委作何計較〔二六〕，令水體而再伏（復）本源〔二七〕；不知有甚因依，遣池内之卻令清淨。幸有明珠一顆，精光之皎潔無假（瑕）〔二八〕，但將放在池中，其水自然清淨。煩惱喻如濁水，信心便是明珠，信心若堅勞（牢）〔二九〕，煩惱自然清淨。

第三〔三〇〕，依《俱舍論》云：解信能拔衆生出生死泥。意云：正法爲佛手〔三一〕，信爲衆生手，兩手既能相接，定出生死之泥，永抛三界之中，不住四生之内，改愚癡而卻爲智惠，變懈怠而令作精勤。量（良）由自己信心〔三二〕，認得人間善惡。所已論云〔三三〕：能拔衆生〔出〕〔生〕死泥〔三四〕。

第四，論云：信者，如入（人）泛大溟海〔三五〕，假自手已行舟者〔三六〕，且如人將投大海，願泛洪波，不揮篙（篙）而難已行舟〔三七〕，不舉棹而如何進步。須憑自手，方可施爲。若無手而沉溺滄波，自有手而必達彼岸。經内信心爲首，人間生死爲河，信心識内不堅勞（牢）〔三八〕，生死河中□晚出〔三九〕。今則既於經首，勸發信心，聽如來指示之言，是我輩修持之處。

第五，《華嚴經》中解信者，如人有手，自在採取珍寶，若無手者，空無所獲〔四〇〕。喻我輩將看經教，須發信心，信心生而智惠生，信心滅而愚癡盛。聽聞經教，如逢七寶之山，解起信心，認得一乘之理。如或信心不起，似無手足一般，直饒得到寶山，空手並無所獲。今於經首故安『如是』之（者）〔四一〕，一爲結集之詞，二要勸人生信。五般道理，各有教文，以非虛謬之詞〔四二〕，總是如來之語。

信心若解修持得，必定行藏没疏失。

惡事長時与破除，善緣未省教沉屈。
尋常舉動見聞深，凡所施爲功行密。
是故經中廣讚揚，萬般一切由心識。
信心最上説功能，七聖財中爲第一。
休向頭頭作妄緣，直須處處行真（斟）酌〔四三〕。
斷除邪見絶施爲，莫把經文起違逆。
是故經中廣讚揚，萬般一切由心識〔四四〕。
信心喻似水精珠，濁水偏能爲（？）令變易〔四五〕。
直使流泉染渾時，方知珠寶功勳力。
還須念念發精勤，莫遣頭頭行遊逸。
智惠愚癡咫尺間，萬般一切由心識。
衆生煩惱被纏縛，生死泥中久涉曆（歷）〔四六〕。
我等若能發信心〔四七〕，如萊（來）引接令教出〔四八〕。
便令證得解脱身，抛卻形軀虚幻質〔四九〕。
是故如來廣讚揚〔五〇〕，萬般一切由心識。

如人泛海欲行舟，萬里波瀾看咫尺。
有手方能避嶮希（巇）〔五一〕，無時必定遭沉溺。
能將機櫓兩邊揉，解把僪（篙）撐來往撼〔五二〕。
喻似門徒起信心，萬般一切由心識。
如人得到寶山中，百種珠珍遍尋覓。
有手方能採得他，無時空往終無益。
經文深妙理難過（遇）〔五三〕，無上菩提從此出。
只要門徒發信根，萬般一切由心識。
既聞時，須發側〔五四〕，勤把經文与尋[覓]〔五五〕。
好向情田自覺知，休將心行成慳僻〔五六〕。
惡緣須向意中除，善事莫臨苦上憶。
所以如來說此經，總教平穩行心識。
平
經文止（指）引好修行〔五七〕，只是徒心發志誠〔五八〕。
拂攕（拭）意珠令皎潔〔五九〕，洗磨心鏡自分明。
慈悲作用勤修進，懈怠施爲[旋]改更〔六〇〕。

總遣信生教悟解，從頭皆与斷擬□〔六一〕。
信心若解聽真經，智惠心頭旋旋生。
心上莫令教執著，心中勤与斷無明。
心能了處頭頭了，心若精時事事精。
一念信心堅固得，菩提心裏自然成。
邪心不要亂施程〔六二〕，邪見直須旋改更。
邪行思量頻与斷，邪婬斟酌早宜停。
邪癡多是愚人作，邪曲爭教智者行。
邪諂若能除戒得，菩提心裏自然成。
休教煩惱久纏縈，休把貪嗔起戰爭。
休遣信根沉愛網，休令迷性長愚情。
休於世上求榮貴，休向人間覓利名。
休得百般愚見解，菩提心裏自然成。
聽經只要信心開，切怕門徒起妄猜。
迷了菩提多諫斷〔六三〕，悟時生死免輪迴。
休貪愛戀人間寶，須是希求出世財。

「如是」与君解了也，「我聞」次第處唱將來。

經曰「我聞」。此唱分兩段，先問答「我」義，後「我聞」合擇（釋）〔六四〕。問：諸教之中，皆破我執，如何經首卻標「我」名〔六五〕？問〔六六〕：《智度論》云：有五種不淨，皆破我執〔六七〕。且第一，種子不淨。内即諸業煩惱〔六八〕，外種父母遺體。《智論》云：是身種不淨，非由妙寶物。不從白淨生，但從穢道出。

第二，住處不淨，於母腹中。《智論》云：是身如臭穢，不從花開（間）生〔六九〕，不因薝蔔生，又不出寶山。

第三，自體不淨，爲四大變成爲段（斷）食〔七〇〕。《資（智）論》云〔七一〕：地水火風質，能變成不淨，傾海洗此身，不能令香潔。

第四，外相不淨，九孔常流。《智論》云：種種不淨物，充滿於身内〔七二〕，常流出不止，如漏囊成物〔七三〕。

第五，究竟不淨，終歸敗壞。《智論》云：審諦觀此身，必歸於死處，難禦無返覆，背恩如小兒。

意云：供事百年，豈知恩義壽暖？及識三法，□慚注報恩酬德。《智論》偈云：

□暖乾（？）且失時〔七四〕。

（中缺）

去時豈能□

□哉泡幻身，畢竟□□□。□□□□□，終是蠅蛆咂。

裝（壯）色熾盛時〔七五〕，處處逐榮樂〔七六〕。但暢眼前歡，寧知没後惡。

送屍荒野山，兩眼烏鷲啗。切思如此身，何處有貪著。

問：如此之身，豈有我耶？答：我六種，所謂：一、横計我；二、俱生我；三、慢我；四、五藴假我；五、世流布我，謂西國人相見，□□稱於我；六、八自在我〔七七〕。今阿難所稱，是第四，五藴假我，第五，世流布我。謂順世教化，故問（向）凡夫稱『我』〔七八〕，已順世流〔七九〕。阿難聖人，何不順教，稱『無我』耶？答：若稱『無我』，恐衆生生怖畏心〔八〇〕。謂凡夫執身有我〔八一〕，方乃隨順，各懷勝心，願求當果〔八二〕。若言無我，使云〔八三〕：既身無我〔八四〕，修行爲誰？恐衆生生於退心，故向衆生稱『我』。後合釋『我聞』者。『我聞』兩字，是阿難所稱，我從佛邊聞如是法，故曰『我聞』。問：阿難是佛得道夜生，廿〔五〕方爲侍者〔八五〕，從前教法未曾聞，故何稱『我聞』〔八六〕？答：一若依諸部律中，佛爲再説。問：何故再説？答：准《報恩經》云：佛令阿難爲侍者，阿難就佛乞於三願：一、不願著故衣；二、不得誠別請；三、廿五年前教法，爲我再説。

又有解云：阿難得佛受記之時〔八七〕，自然悟解。《法花經》云〔八八〕：世尊甚希有，令我念過去，無量諸佛法，如今日所聞。已下不能廣解〔八九〕。總因適來所唱經文道『如是我聞』。

經曰『我聞』者〔九〇〕，是阿難所稱之語，因迦棄（葉）結集之時〔九一〕，說妙法於畢鉢羅窟中，擊揵植向須彌山頂上〔九二〕，這日阿難昇座，現三十二相之身，衆聖觀瞻，有八十端嚴之貌，皆生異念，咸起擬心〔九三〕，阿難纔唱於『我聞』，羅漢盡除於錯見。而又阿難稱『我聞』者〔九四〕，有何道理？意云〔九五〕：一切諸經律部，選甚大乘小乘，皆於往日之時，親向佛邊聽受。或在毗耶國内，或於王舍城中，鷲峰之大闡三乘，祇樹之廣談四諦。自後或於壙野，或在山林，金言而句句親聞，玉偈而行〔行〕聽受〔九六〕。三藏教法，無不通明；一曆（歷）耳根〔九七〕，未曾妄（忘）失〔九八〕。今則傳持末代，利益衆生，爲於佛處親聞，故唱『我聞』之字。問：阿難言一切衆經，稱『我聞』者，事亦不然。且世尊初成正覺，阿難方始誕生〔九九〕，後乃年至廿〔五〕，方与佛爲弟子，已前教法，何得聞之？今稱『如是我聞』，應莫經中虚謬？答：今據諸部律中，佛爲再說。又問：何爲再說？答：《報恩經》云：佛向大圓鏡上後德智中〔一〇〇〕，觀阿難而久已根熟，与世尊而堪爲侍者。佛乃頻過御苑，數到王宮，設方便之言音，開誘化之門路，与談三界，爲說四生，令知幻質之非堅，遣悟榮花之不久〔一〇一〕。時阿難既聞佛語，遂即發心，雖諦受已歸依，乞世尊之三願：一、不願著佛故衣；二、不得誡我別請；三、廿〔五〕年前所談之教，爲我再宣。阿難啓告，佛起慈悲，尋時便度出家，證得須陀洹果。廿〔五〕年前已談教法，佛爲再宣。今於經首之前，敢唱『我聞』二字〔一〇二〕。又難云：一切衆經，皆破我執，阿難何得稱於我名？答：若言無我，恐衆生起退敗之心，權順世流，從我輩興進修之意，已除我執〔一〇三〕，賈（假）立其名〔一〇四〕。經中雖道於『我聞』，聖上全無於我見。聊申略解，不備廣談，聽時速起信心〔一〇五〕，聞者早生於悟解。側吟：

阿難欲擬宣佛語，羅漢之中傳美譽。
昔日多聞衆共推，此時聰惠人皆許。
當時窟内結集時，不計高低相贊舉。
忽現三十二相形，教他滿會生疑慮。
忽然聽唱『我聞』名，會下喧喧方指（止）住〔一〇六〕。
滿窟高僧始信知，一筵羅漢皆開悟。
此時結集正經文，總是如來金口語。
今日分明説似君，途（圖）教人衆除疑慮〔一〇七〕。
萬千經典息（悉）通達〔一〇八〕，聞者咸能生戀募（慕）〔一〇九〕。
往日皆於法會中，親曾聽受如來處。
三乘五姓遠流通，八難四生令離苦。

後代傳持事不虛，從（圖）教人衆除疑慮〔一一〇〕。
釋迦尊，悲願主，説法頭頭蒙告御（諭）〔一一一〕。
悉遣虔心聽受持，令於末代流傳取。
聲聞數内獨稱吾，大衆筵中長囑付。
今日經中道我聞，總教各各無疑慮。
佛威神，令曉悟，未省經文生厭募（慕）〔一一二〕。
聽受身心法法（會）中〔一一三〕，未曾妄（忘）失於行句〔一一四〕。
長時事事發精勤，不向頭頭生指據〔一一五〕。
今日分明説似君，總教各各除疑慮。
平
當日牟尼大世尊，每於法會説經文。
阿難名字頭頭喚，囑付言音處處陳。
我要流傳於末代，汝須記當莫因循。
今朝結集如來教，所以經中道我聞。
遣佛入滅爲波旬，愚癡見解豈堪論。
只緣自己多邪曲，剛著言詞請世尊。
今日結集當日法，昔時經教此時陳。

阿難受得如來語，所以經中道『我聞』。
處處如來説法門，阿難佛囑最殷勤。
只緣智惠過人解，爲有聰明出衆群。
見解自知無拙惡，情田爭不感深恩。
今朝結集三乘教，所以經文道『我聞』。
珍重牟尼主，黄金丈六身。面圓如皎月，螺髻若青雲〔一一六〕。
蕩蕩應難及，巍巍莫比輪（倫）〔一一七〕。鷲峰親説法，一一我曾聞。
當日菴園會，相隨佛世尊。聖賢多示現，長者化王孫。
各各抛三殿，人人捨六塵。毗耶親説法，一一我曾聞。
廣讚西方事，彌陀化主身。金繩金界道，寶殿寶香動（薰）〔一一八〕。
遣衆生虔敬，教人發志勤。祇園親説法，一一我曾聞。
每共常隨衆，經行諸國頻。有時談四諦，或即讚三乘。
教化群生類，令抛虚幻身。鹿園親説法，一一我曾聞。
帝釋皆來請，開張六度因。總齊心悟解，布施佛珠珍。
説富貴如風燭，言榮花似電雲〔一一九〕。天宫親説法，一一我曾聞。
更被修羅衆，皆來請益頻。和平令苑（宛）順〔一二〇〕，除蕩劫貪嗔〔一二一〕。

教發慈悲行，休興鬬戰軍。須彌山說法，一一我曾聞。
龍衆來相請，齊將願力申。笙歌聲遼遶，花雨落芬芬。
地振山川動，風吹草木春。龍宮親說法，一一我曾聞。
哀愍衆生類，閑於地獄巡。刀山青似鏡，劍樹白如銀。
爐炭停煙焰，鑊湯罷沸騰。冥司親說法，一一我曾聞。
總是經中說，殊非謬剸裁。我聞羅漢唱，如是佛親開。
聽受除煩惱，聞經滅妄猜。我聞解了也，次第處唱將來。

經曰『一時』。一時者，諫（揀）異餘時〔一二二〕，故曰『一時』。又解云：說者聽者，共相會遇，更無前後，啐啄同時，故曰『一時』。

經云『一時』者，於是我佛在毗耶城內，菴羅園中，將興方便之門，欲啓慈悲之願。爲救四生熱惱，愍傷三界含靈。說法而廣度有緣，利益而不論高下。這日地摇六振，天雨四花，十方之聖賢俱臻，八部之龍神盡至。於是人天皓皓〔一二三〕，聖衆喧喧，空中散新色之衣，地上排七珍之寶。帝釋梵王之衆，捧玉案於師子座前；龍王夜叉之徒，執寶幢於世尊四面。各各盡辭於天界，一時總到菴園〔一二四〕。螺鈸擊掙（琤）摐（瑽）之聲〔一二五〕，音樂奏嘈囋之曲。更有阿修羅等，調飋玲玲之琵琶〔一二六〕；緊那羅王，敲駿犖犖之羯鼓。乾闥婆衆，吹妙曲於雲中；迦樓羅王，動簫韶於空裏。齊來聽法，盡願結緣，遶紫磨之身形，禮黃金之面貌。皆焚龍腦，競爇檀栴，虔恭者憶（億）憶（億）垓垓〔一二七〕，贊歎者千千萬萬。一時總到菴園會中，覩大聖之希逢，候如來之説法。更有幾多羅漢，無限聖人，皆到筵中，盡臨法會。並乃神情爽朗，儀貌孤標，持五掇而此土化緣〔一二八〕，杖六鐶而他〔方〕遊曆（歷）〔一二九〕。三衣異越（趣）〔一三〇〕，和雲水已隨身〔一三一〕；五德超倫，共温恭而淡佇（泞）〔一三二〕。身堅離染，身爲相貌之身；行解行時，行作出塵之行。三明曉了，八解周圓，以出離於娑婆〔一三三〕，不沉埋於生死。當初佛會，欲擬説經，無前後而趨筵，盡一時而赴會。如雞附卵〔一三四〕，啐啄同時，所以經云，故曰『一時』。

龍天這日威儀矖，隊仗神通實可愛。
帝釋忙忙掛寶衣，仙童各各離宮内。
遥知我佛説真經，各發情誠來禮拜。
盡向空中散妙花，一時總到菴園會。
就中更有梵天王，相貌巍巍多自在。
各各拋離妙寶宮，人人略到娑婆界。
皆持花果足威光，盡是神通無障礙。
聞佛欲説大乘經，一時總到菴園會。
阿修羅衆聖偏殊，覆海移山功力大。

止住須彌福德强，手扶日月威神矖。
可於意地發精虔，只是心田興妬害。
當日遥聞法義開，一時總到菴園會。
乾闥婆衆亦歸依，歌樂長於心上愛。
每向佛前奏五音，恰如人得真三昧。
琵琶絃上韻春鶯，羯鼓杖頭敲玉碎。
當日遥聞法義開，一時總到菴園會。
諸天人衆莫知涯，各向空中持傘蓋。
百寶冠中惹瑞霞，六殊（銖）衣上饒光彩〔一三五〕。
皆陳異寶表殷勤，盡獻香花申懇戴。
當日遥聞欲説經，一時總到菴園會。
百千釋梵聖賢身，咸具威儀皆廣大。
一志修行絶四流，網羅割斷拋三界。
住山中，居窟内，或即坐禪或歎唄。
知佛欲説大乘經，一時總到菴園會。
久修因，兼奉戒，苦切練麽（磨）心不退〔一三六〕。

誓出煩籠生死河，　已達智惠真如海。
能持五掇入王城，　解執六鐶他界外。
知佛欲説大乘經，　一時總到菴園會。
平
當日如來欲説經，　幾多賢聖譽（預）先知〔一三七〕。
忙忙天上抛歡樂，　浩浩雲中整寶衣。
帝釋虚徐誇隊仗，　梵王行里（李）逞威儀〔一三八〕。
高低總到菴園會，　所以經文道『一時』。
無限龍神遍四唯（維）〔一三九〕，　百千音樂滿空吹。
爲逢賢聖趋筵速，　只見天花到處飛。
雲内唯觀人闐塞，　空中不見日光輝。
逡巡總到菴園會，　所已經文道『一時』〔一四〇〕。
羅漢忙忙逞變威，　罷（擺）鋪針毳補田衣〔一四一〕。
察（刹）那恐怕呈（程）途遠〔一四二〕，　傾剋（刻）由疑赴會遲〔一四三〕。
身上一條雲作被〔一四四〕，　面門兩點雪成眉。
神通總到菴園内，　所已經中道『一時』〔一四五〕。
百千聖衆鬧喧喧，　各各身心發志虔。

念念盡來趨寶座，人人皆欲禮金僊。
雲中只見天花墜，室内唯聞龍腦煙。
只是如今撣（彈）止（指）傾〔一四六〕，一時總到法王前。
若凡若聖遠徘徊，總向菴園法會排。
滿意盡希傾法雨，一心專望振春雷。
虔恭各各言希有，合掌顒顒贊善哉。
當日一時齊赴會，在何處所説也唱將[來]〔一四七〕。

（中缺）

□衆所知識』，乃至『已□是位登十地，法究一乘，□四弘誓之願心未滿，背□穢邦。助釋迦之視現身形〔一四八〕，[位]娑婆而化諸群品〔一四九〕。河沙界而衆知衆識，憶（億）萬土而響德聞名〔一五〇〕。智惠頗彰，神通大建，作法門之墻塹，爲佛使之護持。師子吼而天地鳴，名聞遠而十方衆。應四生之根器，便爲施張；向三寶之良田，紹隆不絶。普使於魔冤稽首〔一五一〕，悉令於外道[傾]心〔一五二〕。清淨之皎月無殊，纏蓋之塵昏□深〔一五三〕。心常安樂（住）〔一五四〕，住（樂）無礙之解脱〔一五五〕；念定總持，使辨才而不斷〔一五六〕。布施誘慳貪之見（兒）〔一五七〕，持戒除毁禁之徒。行忍辱而屏跡貪嗔，發精進而全忘懈怠。禪定乃一心不亂，狂迷者覩相皆除；智惠使萬法不移，愚暗者教招曉會。巧施方便，勤行憐愍之情；善用和平，接引愛憎之輩。於化道之能令隨順，自發心而轉不退輪，得法相之淺深〔一五八〕，認衆生之根力。於大衆有仰瞻之懇，或説法無怖畏之懷，智惠豈彈（憚）於化緣〔一五九〕，功德每修於心識。色像本來之好醜，形軀豈在於莊嚴。名稱之遠遠皆聞，須彌之高高不異。信心不退，堅牢而喻若金剛；法寶閏澤〔一六〇〕，利益而何殊甘露。言音柔耎，微妙正真，深入化緣，離諸邪見，歸向菩提之一路，斷除空有之兩邊。講法如師子吼聲，談論似春雷震響。教化等量於高下，根機取捨於淺深。集衆寶而巧會法門，似道師之能諳海路〔一六一〕。珍寶而道師取得〔一六二〕，妙義而菩薩能詮。見衆生之生死往來，入惡道之修羅地獄。盡河沙界之人心差護（互）〔一六三〕，一念皆知；可塵億數之煩惱踦驅〔一六四〕，分毫弁（辨）別〔一六五〕。惡趣之門窗永閉，菩提之道路非遥。而又變現難窮，神工罕測。攬長河爲蘇（酥）洛（酪）〔一六六〕，只在逡巡；變大地爲黄金，都來傾剋（刻）〔一六七〕。化肉山之魚米〔一六八〕，救飢餓之衆生。須彌山向手中擎，大海水於毛内吸。視慈雲則普垓三界〔一六九〕，施利濟即廣度四生。無邊之智惠悉成，諸佛之威儀皆悟。善别三乘之理，巧施六度之門。瓔珞珊珊，頭冠耀耀。相嚴清淨，如蓮開碧沼之中；皎潔圓明，似月處清霄之内。如斯功行，皆欲進修，大數標三萬二千，總在於菴園會裏。

菩薩神通衆，都三萬二千。威光多種種，祥序百般般〔一七〇〕。
項臂垂瓔珞，珠珍鬬寶冠。心心希聽受，當日到菴園。
衆所皆知識，文殊及普賢。神通修具足，功德悉周圓。
巨海毛中吸，須彌掌内安。如斯功力大，當日到菴園。
盡此娑婆界〔一七一〕，黄金變不難。或逢飢饉劫，化出米魚山。
善豁三乘理，能開六度關。如斯功行力，當日到菴園。
化物門門入，名聞遠遠傳。調柔諸外道，伏練衆魔冤〔一七二〕。
智鏡能清淨，心珠離蓋纏。如斯功行足，當日在菴園。
三界無拘繫〔一七三〕，十方去又還。如雲寧障礙，似日没遮攔〔一七四〕。
皎皎波中月，澄澄水上蓮。幾多功行足，皆已到菴園。
隨順衆生意，慈心滿大千。凡夫多惡相，弁（辨）認得根□〔一七五〕。
戒定心心進，菩提念念攀。如斯功行足，當日在菴園。
智解無多種，修持盡一般。莊嚴皆光耀，相好越人天。
聽法金臺泮〔一七六〕，經行寶樹間。如斯功行足，當日在菴園。
甘露時時洒，能除熱惱煎。金剛堅固力，摧破衆邪山。

□□談中道〔一七七〕，頭頭去二邊。如斯功行足，當日在菴園。

接引無辭憚，高低未省偏〔一七八〕。降魔師子吼，講論電雷喧。

千力勳來就〔一七九〕，三乘會得全。如斯功行足，當日在菴園。

法寶皆能雨，人求要不難。早達滄海路，已到七珍灘。

地獄憂心切，浮生救苦專。如斯功行足，當日在菴園。

當日菴園會，高低集聖賢。如花攢碧落，似錦□□□。

競覩千珍座，頻捻七寶冠〔一八〇〕。珠珍聲磿（歷）磿（歷）〔一八一〕，珂珮響珊珊〔一八二〕。

或執琉瑠（璃）搲（瓩）〔一八三〕，或擎虎珀盤。象牙金殿蔟〔一八四〕，龍腦□□□〔一八五〕。

各各興剋仰〔一八六〕，人人發志虔〔一八七〕。心心緣妙法，默默想慈顏。

步步齊瞻禮，行行列座前〔一八八〕。顒顒傾禱祝，切切望開宣。

儡儡排龍腦，班班集鳳鸞〔一八九〕。凝凝圍大覺，耀耀滿三千。

擠擠威光異，鏘鏘道貌端。仙衣紅閃閃，光炎赫漫漫。

奏樂聲幽噎，吹螺響韻連。意情懷躍躍，佛會遶旋旋〔一九〇〕。

隱隱舒毫相，頻頻現笑顔。瑞雲籠密密，彩霧色研研。
日照朱軒側，風瑶（摇）寶網偏〔一九一〕。萬餘菩薩衆，浩浩滿菴園。
英彦千千數，菴園落落排。低頭瞻禮禮，合掌笑哈哈。
兩兩趨花座，人人躡癬（蘚）苔〔一九二〕。磬螺聲了（繚）遶〔一九三〕，幡蓋鬧徘徊。
盡是三賢位，皆修七聖才。菩提看即證，法網不遥開。
久住娑婆界〔一九四〕，長時作道媒。有何方便力，便請唱將來。

經云『以現其身，爲大醫王，善寮（療）衆病』〔一九五〕，乃至『如是等三萬二千〔人〕』〔一九六〕。

第一，世間醫〔王〕〔一九七〕。偈：

縱得爲人苦惱拘，忽遭纏染染形軀。
眼深豈易剜來減〔一九八〕，骨瘦寧□刮劫枯〔一九九〕。
百脉酸疼思臊椃（？）〔二〇〇〕，四支沉□□□□〔二〇一〕。
若能點藥求醫療〔二〇二〕，日夜何愁病不除。

第二，世間父母，憂其男女病。偈：

父母人間恩最深，憂男憂女不因循。
那堪疾瘵虺（尪）軀（羸）苦〔二〇三〕，豈謂纏疴惹患迍。

藥餌未逢痊減得，呻吟難止怨愁聞。
為於兒子心心切，恨不將身替病身。

菩薩憂念三界衆生，愛如若子〔二〇四〕。所以向下經云『譬如長者，唯有一子，子若得病，父母亦病』云云。菩薩施於法藥，所以《觀音經》云『應以佛身得度者』云云，乃至『地獄衆生病者，内有三毒病』，乃至『五苦』『八苦』。若是世間醫者能醫身病，菩薩法藥能醫得身心二病，永出離於生死〔二〇五〕，是名痊愈。衆生病愈，菩薩亦愈〔二〇六〕。

經云『為大醫王，若（善）療衆病〔二〇七〕，應病与藥，令得服行』者。

喻似世間恩愛，莫越眷屬之情，父母繫心最切，是腹生之子。小時愛護〔二〇八〕，看如掌上之珠；到大憂憐，惜似家中之實。抱持養育，不彈（憚）劬勞〔二〇九〕；咽苦吐甘，豈辭嫌厭。迴乾就濕，恐男女之片時不安；洗浣濯時，怕癡騃之等閑失色。臨河傍井，常憂漂溺之危；弄犬捻刀，每慮嚙傷之苦。世間之事，都未諳知。父母憂心，漸令誘引。年才長大，稍會東西，不然遺學經營，或即令習文筆。男須如此，女又別論。每交不出閨幃〔二一〇〕，長使調脂弄粫，或親歌樂，曲調分明；或倣裁縫，針頭巧妙。男及弱冠，女及笄年〔二一一〕，屬娉婚姻〔二一二〕，盡皆次第〔二一三〕。頭頭憂念，種種□

（中缺）

推□遺斷。頻燒錢紙〔二一四〕，向[祖廟中啓告]□□〔二一五〕；數爇名香〔二一六〕，於寺院内許僧齋設。男女未校，轉切憂疑。父容日日尪龜（羸）〔二一七〕，母貌朝朝憔悴。纔聞減損，稍獲痊平。渾家頓改憂愁，父母當時歡悦。菩薩心意亦復如然，愍含識而意似親生，憐凡夫而愛如赤子。不欲見四生流浪，長行撈摝之心；歎常於三界輪迴，但作救拔之願。愚情未悟，被六塵鎮昧於情田；真理難分，致三毒長時於染污。菩薩每觀於我輩，恰同病患之無殊；聖人常見於凡流，一似纏疴之不異。所以擣羅法藥，應病根機，總令誡斷於貪嗔，悉遺修持於智惠。四流波上，遣不憂沉泛之危；六道輪中，教永斷去來之逕。捨無常之五蘊，獲五分之法身；證無漏之菩提，拋有爲之相貌。方稱菩薩，始號醫王。河砂煩惱病消除〔二一八〕，菩薩慈悲方願滿。所以經云『以現其身爲大醫王，善療衆病，應病与藥，令得服行』，乃至『如是等三萬二千人』。

若論菩薩修持行，喜捨功能堪讚詠。
三大僧祇捨愛憎，四弘願力難相並。
愛慈悲，嫌諂佞，救療衆生終未定。
愍恤長時繫在心，恰如父母憂憐病。
在凡夫，長暗暝，鎮染貪嗔難制整。
事事貪婪似線牽，頭頭忘念如針釘〔二一九〕。

縱交有漏恣狂迷〔二二〇〕，鬭騁無明誇拗硬。
菩薩慈悲繫在心，恰如父母憂憐病。
爲凡夫，聲色媚，虚忘攀緣逐矯僞〔二二一〕。
萬種歌中悦愛情，三春境上迷真性。
人間恣縱悟心田，地獄如何謾業鏡。
菩薩慈悲与藥醫，恰如父母憂憐病。
每胸（凶）毫（豪）〔二二二〕，多諍競〔二二三〕，善事聞時都不聽。
設使迴心只暫時，不曾貯意能長永。
贖香錢滅兩三文，買笑銀潘（拌）七八挺〔二二四〕。
菩薩慈悲与藥醫，恰如父母憂憐病。
厭善緣，貪惡境，早晚情田能戒省〔二二五〕。
萬種隨心没感慚，纖毫爲（違）意嫌災横〔二二六〕。
鎮壞（禳）宅舍覓高榮〔二二七〕，卜問邪師求喜慶。
菩薩慈悲与藥醫，爲君耽染愚癡病。
没尊卑，少遵敬〔二二八〕，我慢貢高今古映。
倣習胸（凶）麤惡紹名〔二二九〕，不歸禮樂謙恭令。

唯於見解縱乖愚，早晚行藏能撥淨。
菩薩慈悲与藥醫，爲君耽染剛强病。
狂癡心，煎似鍋，焰焰添莘（薪）烺天猛〔二三〇〕。
虛忘波瀾徹底渾〔二三一〕，貪婪山岳侵天迥。
有人告託解楊（佯）聾〔二三二〕，邪路求財能似聖。
菩薩慈悲与藥醫，爲君纏染貪嗔病。
自貧窮，不歎命，豈料榮枯皆分定。
覩物情懷發惡心，見人於色行蛆佞〔二三三〕。
夜叉行解幾時拋，羅刹機籌何日屏。
菩薩慈悲与藥醫，爲君纏染狂迷病。
背真原，驀邪逕，誇俊誇能頭上騁。
少盛當年説我强，傳杯弄盞相邀請。
風前月下掇新詩，水畔花間翻惡（耍）令〔二三四〕。
菩薩慈悲与藥醫，爲君放逸邪癡病。
忘緣情〔二三五〕，難比娉（並）〔二三六〕，百歲爭知如電影。
好箇聰明人相全，忍交鬼使牛頭領。

凡夫遇境處昏衢，不弁（辨）迷途驀坑井〔二三七〕。
菩薩慈悲与藥醫，總交痊瘉（愈）衆生病〔二三八〕。
平
處處垂慈不偶然，還如男女一般看。
提攜總出娑婆界，救度皆抛苦惱原。
病眼未開怯矓染，患身難喻（愈）解纏綿〔二三九〕。
人人盡遣休生滅，菩薩悲憐始得安。
傷嗟病患久縈沉，賢聖憂憐行願深。
解應根機相勸誘，能將法藥与醫針。
菩提道路教登涉，嶮惡門窗斷去尋。
箇箇總令齊悟了，慈悲方始稱身心。
如斯功行救輪迴，廣發悲憐起慇哀。
手内楊枝除障惱，瓶中甘露滅迍災。
豈辭利濟勞兼倦，不憚辛勤去又來。
長向娑婆興救度，總交病眼豁然開。
鏘鏘穧（濟）穧（濟）狀嵬嵬〔二四〇〕，總在菴園會裏排。
只候覺皇傾法雨，專希大聖振春雷。

頭冠耀處黃金蔟，衣縷褺成錦葉堆。
萬萬層層光瑞彩，似一林寶樹放花開。
菴園浩浩聖賢催，瑞色祥雲遍九垓。
菩薩周圍三萬衆，聲聞遶壞百千迴〔二四一〕。
梵螺奏唄音寮亮〔二四二〕，鈸磬轟敲韻響催。
當日世尊欲説法，因更有甚人來也唱將來。

經云『復有萬二千天帝，亦從餘四天下來詣佛所而聽法』，乃至『俱來會座』。偈：

浩浩轟轟隊仗排，梵王天衆下天階。
分分空裏絃歌鬧〔二四三〕，蔟蔟雲中錦繡堆。
龍惱氤氲香撲撲〔二四四〕，玉爐蓆（旋）捧色皚皚〔二四五〕。
總抛宮殿嬌奢事，入向菴園聽法來。

第二，萬二千天帝釋來。偈：

瓊樓玉殿整遨翔，彩女雙雙烈隊行〔二四六〕。
雜寶樹林珍果美，六殊（銖）衣惹異花香。
流泉屈曲瑠璃砌，臺檻高低翠（翡）翡（翠）莊〔二四七〕。

聞道我佛宣妙法，總來瞻禮白毫光。

第三，天龍鬼神等來。偈：

闐塞虛空烈（列）鼓旗〔二四八〕，奔雷掣電走分非。

修羅展臂掯雙眼〔二四九〕，龍神降（胮）顋努兩眉〔二五〇〕。

監（藍）電（靛）似身呈忿怒〔二五一〕，血盆如口震雄威。

忙忙雲裏相催促，猶怕菴園聽法遲。

第四，比丘、比丘尼等四衆來。偈：

四衆迸波意似催，曉雞纔暑（曙）禁宮開〔二五二〕。

六和似月孤高仕〔二五三〕，八敬如蓮冰雪裁（材）〔二五四〕。

一國綺羅闐塞路，萬門英信滿長街。

高低隊隊如雲雨，總到菴園會裏來。

所以經云『復有萬梵天王尸棄等』，乃至『天龍、夜叉、比丘尼等，俱來會座』。

於是四天大梵，思法會而散下雲頭；六欲諸天，相（想）菴園而趋瞻聖主〔二五五〕。各將侍從，天女天男；盡擁嬪妃，逶迤搖拽〔二五六〕。別天宮而雲中苑（宛）轉〔二五七〕，離上界而霧裏盤旋〔二五八〕。頂戴珠珍〔二五九〕，身嚴玉珮，執金幢者分分雲墜〔二六〇〕，擎寶節者苒苒煙籠。布樂器於青霄，散祥花於碧落，皆呈法曲，盡捧名衣〔二六一〕，思大聖之情專，想慈尊而意切。總發難遭之解，咸伸敬禮之猶〔二六二〕。瑪瑙杯中琥珀傾，象牙盤裏真珠撒。栴檀靄靄，龍麝勳（薰）勳（薰）〔二六三〕，情田早啓於虔祈，雅旨倍生於翹仰。更有諸天人衆，向大覺以歸心；八部龍神，望金僊而啓首〔二六四〕。龍王龍獸，赫亦威光〔二六五〕；龍子龍孫，騰身自在。跳躑踴躍，廣現神通，不施忿怒之容，盡發慈悲之願。更有三頭八臂，五眼六通，掣霜劍而夜月藏光，掛金甲而朝霞斂耀。呼吸毒氣，鼓擊狂風，得海底之沙飛，使天邊之霧卷。擲崑崙山於背上，納滄海水於腹中。眼舒走電之光，只（口）寫血河之色〔二六六〕。總來聽法，皆願結緣，一群群矓日曼（漫）空〔二六七〕，一隊隊遮雲滿霧。咸離寶殿，下到娑婆，只如彈指中間，已入菴園會裏。更有毗耶城内，無限聽流，高低之仕女兩徒〔二六八〕，凡聖之僧尼二種（衆）〔二六九〕。咸持花果，也捧珠珍。車軒之紫陌喧喧，羅綺之紅塵壤（攘）壤（攘）〔二七〇〕。乾坤晃耀，日月光輝〔二七一〕，滿園如萬種花敷，遍野似千般障展，皆趨聖會，齊赴法筵。邀白玉之蓮花，上黄金之講殿，傾瞻化主，翹仰慈尊。同渴士欲飲於瓊將（漿）〔二七二〕，比旱畝待沾於春雨〔二七三〕。滿意望宣於妙法，誠心願證於春雷〔二七四〕。闐塞菴園烈聖賢〔二七五〕，駢闐佛會排龍鬼。

所以經云道『復有萬梵天王尸棄等，從餘四天下，來詣佛所而聽法』，乃至『俱來會座』云云。

大梵諸天衆，遥聞法會張。喧喧皆囋歎，浩浩總談揚。

彩霧呈佳瑞，霞雲現吉祥。摐摐排隊仵〔二七六〕，瞻禮法輪王。
帝釋離宮殿，儀容喜倍常。磬螺聲響亮，珂珮韻玎璫。
競捧瑠璃寳，齊擎龍腦香。摐摐排隊仵〔二七七〕，瞻禮法輪王。
無限天龍衆，相催更又忙。心中傾懇志，雲内禮毫光。
身色皆藍淀〔二七八〕，情田盡虎狼。摐摐排隊仵〔二七九〕，瞻禮法輪王。
無限羅叉衆，跳躑喜一場〔二八〇〕。高高雲上湧，閃閃電中藏。
頭髮比沙森，身毛摘色狂。摐摐排隊仵〔二八一〕，瞻禮法輪王。
無限乾闥衆，爭捻樂器行。瑟（琵）琶絃上急〔二八二〕，揭（羯）鼓杖頭忙〔二八三〕。
競奏簫兼笛，齊吹笙与篁〔二八四〕。摐摐排隊仵〔二八五〕，瞻禮法輪王。
無限修羅衆，皆擎日月光。嗔心迴躍躍，喜色改鏘鏘。
旋遶須彌畔，趨臻寳坐傍〔二八六〕。摐摐排隊仵〔二八七〕，瞻禮法輪王。
無限迦樓衆，雄雄氣宇長。毒龍由被喫〔二八八〕，猛獸等閑傷。
口眼喊喲哈，筋拳怒健剛。摐摐排隊仵〔二八九〕，瞻禮法輪王。
無限那羅衆，神通解湧鄉。乾坤推吸（岌）峇〔二九〇〕，日月手闌彰〔二九一〕。
盡欲菴園聽，皆焚海岸香。摐摐排隊仵〔二九二〕，瞻禮法輪王。
人与非人等，清霄闖塞排。一時空裏降，齊總下雲來。

瑞彩千般擁，祥花萬種堆。象牙攢㔶匝，龍腦熱徘徊。
更有毗耶衆，遶波百萬垓〔二九三〕。六和持寶鉢，八敬捧金臺。
羅綺攜香印，英賢掌寶槐（魁）〔二九四〕。滿街填塞鬧，喜遇覺花開。
競到菴園會，駢填卒莫裁。稠盈難下腳，闐塞坐莓苔。
各各稱希有，人人讚善哉。
世尊現何祥瑞也？便請唱將來。

（中缺）

賢聖同□
滿園菩薩星冠簇〔二九五〕，一會□□□□。
魚梵奏時聲了（繚）遶〔二九六〕，金幢搖處韻釘鐺〔二九七〕。
顒顒翹仰心專切，萬萬千層禮覺皇。

第二，辟如須彌山王顯於大海〔二九八〕，〔安〕〔處〕〔衆〕〔寶〕師子之坐〔二九九〕。偈：

佛力難思變現强，迥於群衆獨超詳。
巍巍岳色沖天淨，蕩蕩金容比日光。
三界鎮時爲巨燭，四生長是□□□。

　　須彌高廣將爲喻，顯我[如]來大法王〔三〇〇〕。

第三，弊於一切諸來大衆〔三〇一〕。偈：

　　盛德巍巍迥不群，此時方顯相儀真。
　　黄金足下千花印，紫磨胸前萬字新。
　　青眼似蓮澄碧沼，[白]毫如鍊（練）照乾坤〔三〇二〕。
　　菴園聖會河沙衆〔三〇三〕，没一箇端嚴似世尊。

所以經云：『弊於一切諸來大衆。』〔三〇四〕

於是巍巍聖主，蕩蕩慈尊，居賢聖之中，處菴園會裏。聲聞可八千之衆，道貌鏘鏘；菩薩乃三萬餘人，威儀濟濟。梵王之獻花獻果，合掌勤勤；帝釋之持蓋持鬘，虔誠切切。天龍及夜叉之輩，想金容而翹注不移；修羅与羅刹之徒，瞻玉毫而志心暮（慕）戀〔三〇五〕。更有迦羅樓羅衆〔三〇六〕，奏瑟瑟之清音；緊那羅王，調鈴鈴〔之〕雅樂〔三〇七〕。簫笛弦管〔三〇八〕，螺鈸鉑銅，齊聲而競演宫商，合韻而皆吟法曲。更有六和上士，坐竹徑而遥視如[來]〔三〇九〕；□□□□〔三一〇〕，躡莓苔之仰瞻大覺。萬千英彥，無數綺羅，心貞志而躍躍興興，體逶迤而遥（摇）遥（摇）拽拽〔三一一〕。滿延（筵）大衆〔三一二〕，合會天人，圍世尊而百匝千[重]〔三一三〕，在菴園而駢填闐塞。如衆星攢於夜月，似群岳蔟於須彌。落落無倫，堂堂〔三一四〕，菩薩迴然之相好，天人多種而莊嚴。梵王威德故難論，帝釋形儀渾不及。若對我佛福相，無漏真容，狀螢火敵於日輪，同丘土齊於山岳。實難疋喻，莫已等量〔三一五〕，難將有相之身，陪厠無爲之體。致使佛光最勝，掩耀群霞；聖力獨超，遮闌宇宙〔三一六〕。今則菴園演唱，法會開宣，如須彌迴聳於千峰，似巨海淹流於萬派。所以龍天仰望，賢聖瞻攀，人人歌希有之歎〔三一七〕，箇箇稱善哉之字。這日何砂意之稽首〔三一八〕，塵數心之歸依，只希大振於春雷，咸願廣沾法雨〔三一九〕。聖心未測，聖意難思；聖貌忻忻，聖顏躍躍。放白毫之眉相，閃爍東西；舒紫磨之身光，超過南北。山川響振，天地傾遥（摇）〔三二〇〕，盈空之花雨四般，滿會之光分五彩。遥遥璨爛，遠遠鮮凝，乾坤如把繡屏揁〔三二一〕，世界似將紅錦展。日月廣呈於瑞色，江河大變於佳祥。菴園衆聖罕希逢，莫測此時神妙力。

所以經云：『辟如須彌山王顯於大海〔三二二〕，安處衆寶師子之坐〔三二三〕，弊於一切諸來大衆。』〔三二四〕

菴園聽衆如雲赴，浩浩聖凡難止御〔三二五〕。
菩薩周圍三萬餘，比丘圍遶千千數。
盡神通，皆衆具，道貌鏘鏘無比喻。
大矖威儀十相全，端嚴爭似牟尼主。
比須彌，滄海竪，金玉諸山總朝聚。

迴聳清霄突屼高，接連碧海天臺柱。
千珍合就鎖煙雲，衆寶裝成籠瑞霧。
萬岳群峰盡不如，端嚴將喻牟尼主〔三二六〕。
梵天王，天衆部，福德威光咸仰輔。
百寶冠新盡戀瞻，六殊（銖）衣晃皆談許。
巍巍人相比金蓮，傴傴形身如玉柱。
恰到菴園佛會中，端嚴爭似牟尼主。
諸天人，帝釋侶，也在如來説法處。
曜曜衣裝白玉紋，遥遥寶彩黄金縷。
威儀滿足盡欽逢〔三二七〕，福相周圓咸戀暮（慕）〔三二八〕。
及至菴園佛會中，端嚴爭似牟尼主。
滿菴園，菩薩數，各各神通足祥序。
幾劫修持福惠彰，無邊練行功勳普。
降魔除黨每勤勤，運智興慈長楚楚。
大矖威儀十相全，端嚴爭似牟尼主。
比丘僧，羅漢數，雅淡風標人歎譽。

公子停車馬上瞻，非（飛）禽點羽空中覷〔三二九〕。
雪眉染染宴松巒，雲帔輕輕沾彩霧。
大曬威儀十相全，端嚴爭似牟尼主。
天龍神，烈旗鼓〔三三〇〕，八臂三頭多忿怒。
忽爾崑崙把動摇，等閑滄海捻傾注。
有時踴躍會中來，或即跳躑空裏去。
總到菴園大聖前，威光難似牟尼主。
聖賢圍，神鬼護，執劍擎槍相左助〔三三一〕。
只爲如來演法音，徒交凡衆沾甘露〔三三二〕。
梵王持果獻金僊，帝釋捻香添玉注（炷）〔三三三〕。
總向菴園會下排，高低歸仰牟尼主。
佛慈悲，心願赴覆〔三三四〕，累劫僧祇修六度。
每使和平離愛憎，任持智惠令堅固。
巍巍相貌白蓮花，蕩蕩身形紫金柱。
萬種威光總不如，方稱三界神通主。
平
聖賢羅烈百千强〔三三五〕，旋遶如來紫磨光。

瞻視玉毫無暫捨，只希金口早宣揚。
衆於會裏伸翹仰，佛向眉間現吉祥。
浩浩菴園皆贊歎，方稱三界法輪王。
大覺巍巍寶焰裝，迴於花坐獨芬芳。
丹唇似果頻婆色，雙眼如蓮戒定香。
昔日威神咸啓（企）仰〔三三六〕，此時人相倍尋常。
眉間毫彩分明現，閉卻菴園萬種光。
黄金丈六處花臺，將欲敷揚法義開。
面上五條光彩彩，眉間兩道色鎧鎧〔三三七〕。
乾坤似把紅羅展，世界如鋪錦繡堆。
廣現百般希有事，看看便是振春雷。
菴園這日遶徘徊，浩浩傾瞻贊善哉。
天雨四花空閃閃，地摇六振響㠑㠑〔三三八〕。
聖心未委宣何法，人意難思莫測猜。
高下此時皆作念，阿誰爲衆請如來。
牟尼愍察衆情懷，花坐顒顒喜色開。

欲應根機傾法寶，擬嗟群品雨珍才。
朱脣啓處紅蓮坼，皓齒凝時白玉排。
大覺世尊纔説法，更有阿誰後到也〔唱〕〔將〕〔來〕〔三三九〕。

經云：『爾時毗耶離大城中，有長者子名曰寶積，与五百長者子，俱持七寶蓋來詣佛所。』

問：爾五百長者皆是國王之子，即合戀募（慕）王宮〔三四〇〕，嬌奢快樂，因甚厭棄奢花（華）〔三四一〕，也來聞法？答：緣毗耶城内，有一居士，名號維摩，他緣是東方無垢世界金粟如來，意欲助佛化人，暫住娑婆穢境。緣國無二王，世無二佛，所以權爲長者之身，示現有妻子男女，在毗耶城内。頭頭接物，處處利生，處城中無不歸依，在皇闕尋常教化。毗耶國王，禮爲國老。知道我佛世尊，在菴園説法，欲彰利濟之心，遂入王宮教化得五百太子。第一，王宮教化：

知道菴園演正真，入王宮内化王孫。
如煙柳下排公子，似錦花前烈婇嬪〔三四二〕。
畫舸信從流水去，白醪擕得滿杯斟。
維摩直到貪歡處，教化令交禮世尊。

時寶積等聞維摩此語，卻問居士曰：不委菴園世尊，何時説法？居士曰：汝速排比〔三四三〕，今整（正）是時〔三四四〕。居士遣。偈：

　　貪在王宫取意爲，花蔭柳影從嬪妃。
　　紫雲樓上排絲竹，白玉庭前舞柘枝〔三四五〕。
　　空戀笙歌嫌景促，不憂虛幻悟心遲。
　　汝須火急相摧去〔三四六〕，筭得宣揚整（正）是時〔三四七〕。

爾時居士種種説法，教化王孫，令往菴園，禮佛聽法。當時五百王子寶積等，請居士同去。偈：

　　既沐慈悲化不才，衷心感激百千迴。
　　若非勸誘迷徒切，爭得舟航嶮浪開。
　　願借光陰与引道，全憑巨力作梯媒〔三四八〕。
　　弟兄五百殷勤請〔三四九〕，居士相隨也去來。

居士曰：比欲相隨，今願倍從〔三五〇〕。偈：

　　深謝蒙邀賜挈倍〔三五一〕，自然清眼眼雙開〔三五二〕。
　　菩提道徑希逢遇，嶮路舟船罕得楳（媒）〔三五三〕。
　　似玉磨籠（礱）多巧妙〔三五四〕，如雞負卵應時墔（摧）〔三五五〕。
　　畢（必）期（其）有意親聞法〔三五六〕，情願相隨也去來。

於是五百長者，各持七寶傘蓋，遂与居士相隨，皆出王宮去也。偈：

維摩倍從禮金僊〔三五七〕，宝蓋裝持色樣鮮。
白玉鬬成龍鳳巧，黄金縷（鏤）出象牙邊〔三五八〕。
煙霞飛晃光明耀，珠網玎璫響韻連。
浩浩滿街人總看，此時王子往菴園。

時五百長者与居士，相隨出毗耶離城，行至路邊，忽然染患，壘成方丈。偈問：

徐行恰好騁威儀，驀地維摩染病羸。
窗透遠風衣半蓋，門開秋月枕斜欹。
迴身往往合雙眼，喘息頻頻皺兩眉。
居士患從何事得？交吾兄弟總懷疑。

維摩良久爲王孫説法云：永抛不久亭〔三五九〕，陽焰非真實。

我今略説汝須聽，吾此身軀幻化成。
死未到頭何處覺，病來侵體恐誰爭。
一堆壞質爲根本，三尺荒墳是去呈（程）〔三六〇〕。
四大違和常日事，不勞君等驀然驚。

居士曰：汝等五百弟兄，但往菴茵（園）禮佛聽法〔三六一〕，吾縁染患，寸步難移，

遂即將别，吟成數偈：　七首

王孫不用苦籌良（量）〔三六二〕，早入菴園道理長。
我命恰如凝草露，吾身也似綴花霜。
蟬聲返覆穿疏牖〔三六三〕，柳影彫殘對病牀〔三六四〕。
屈指筭伊金（今）古了〔三六五〕，從來誰是免無常？
今朝大（待）欲禮空王〔三六六〕，直爲纏眠（綿）又歎傷〔三六七〕。
無力整衣甘寂寞，有心開户受恓惶。
千般羅綺能簽眼，萬種笙歌解割腸。
汝等弟兄聽我語，從來誰是免無常？
休誇英彦會文章，令格清詞韻雪霜。
揵（健）筆也曾施造化〔三六八〕，冥搜幾度勘陰陽。
螢窗苦志何方去，雪嶠工（功）勳甚處藏〔三六九〕？
汝等弟兄聽我語，從來誰是免無常？
直宜早去禮空王，寶蓋莊嚴莫改張。
日照珠珍光燦爛，風敲金玉韻玎璫。
九種（重）陌上爲佳瑞〔三七〇〕，一國人中作吉祥。

汝等好須參聖主，卻來應是我無常。
吾身稍似得安康，未肯慵於禮法王。
方丈且無慈鏡照，菴園純有覺花香。
稜層岳色多羸枕〔三七一〕，慘淡人煙到病牀。
汝等觀吾形狀劣，參差應見我無常。
直須更改舊行藏，莫戀紅樓宴會昌。
若重慈尊能説法，不憐嬪婇解琉（梳）粧〔三七二〕。
真珠簾外停絲竹，玳瑁筵中罷令章。
記取今朝相勸語，這身看即是無常。
分襟此處最恓惶，不得倍隨入道場〔三七三〕。
深羡九宮清信士，歡忻先禮白毫光。
金枝一一排龍象，寶蓋雙雙鬭鳳凰。
唯我此時難去得，逡巡定是我無常。

時寶積等旨受維摩勸誘〔三七四〕，記當居士教招，重整威儀，再排隊仵〔三七五〕，皆往菴園，禮佛去也。於是宝積等聞維摩勸切，見居士病深，聽處分而一一依從，取教招而人人稟受。遂即安排寶蓋，整頓金冠，專心而待赴菴園，愴戀而難別方丈。宝積爲居士曰〔三七六〕：暫時分首，傾剋（刻）别離，辭居士兮千難萬難，禮大聖兮任去便去。伏望居士善爲將息，好自調和，紅爐温長子之湯，渌醑下公卿之藥。況已時光寂莫〔三七七〕，窗前之蕭洒清風；節序彫零〔三七八〕，砌畔之芬菲黄葉。滿枕之蟬聲聒聒，盈門之秋色濃濃。偃卧高牀，尫羸壞室。居士之病容轉盛，喘息微微；吾曹之愁色倍深，呼嗟急急。我等蒙維摩提持恩切，法乳情深，誰知居士纏眠（綿），變作王孫病苦。臨臨取别，低迴而愁結雙眉；漸漸分襟，攀仰而淚垂丹臉。看天失色，望日無光，凝思而惆悵盈懷，暗想而嗚呼滿抱。皆和淚語，總帶愁顔，切須保攝精勤，莫使纏眠（綿）更甚。我等暫瞻大聖，略禮慈尊，逡巡便出菴園，傾剋（刻）卻看居士。由是停移寶盖，整頓金冠，玲瓏而牢（窣）地朱瓔〔三七九〕，敲磕而塞階珂珮。琉璃頂上，煙霄而一片秋天；水玉稜頭，香榭而半輪明月。摩（磨）瓏（礱）虎珀〔三八〇〕，彫剋珊瑚〔三八一〕，祥風由動於馨香〔三八二〕，瑞霧上凝於光彩〔三八三〕。半千寶蓋，行行而總已擎持；一國英賢，浩浩而齊聲讚歎。行也行也，去時去時，萬家之鄰女後隨，滿路之簫韶前引。喧天絲竹，驚迴碧落之雲；匝地綺羅，映榭（謝）青春之蘂〔三八四〕。變毗耶國爲極樂城，九衢裝凝日之樓，萬户展長春之障。漸辭方丈，已遠毗耶。看看欲到於菴園，盡禮於花臺聖主。

凡事皆依居士裁，俱持寶蓋意徘徊。

臨辭室内愁眉結，頻被階前日影催。

啼樹晚鶯同助哭，語簷秋燕共添哀。
分襟頃刻又惆悵，待禮牟尼對寶臺。
且希居士好調和，不得因循縱病多。
驀被命終難脱免，忽然身教大婁羅〔三八五〕。
煎湯幸有黄金銚，熬藥寧無白玉鍋。
善惡兩般須攝治，莫交迴迴見蹉跎。
況當時景已秋深，刮（聒）地蟬聲出晚林〔三八六〕。
露綴晚花千滴玉，菊摇寒砌一叢金。
清風冷淡牽愁思，黄葉凋零打病心。
居士切須勤攝治，莫教死相便來侵。
我重維摩法乳情，一從得病我愁生。
如今方丈英賢卧，有似秋天皓月傾〔三八七〕。
愁色聚眉長不散，淚痕垂臉更分明。
心中又待菴園去，和喜和悲步步行。
收拾寶蓋整威儀，玉佩玎璫滿路歧。
闘闞車渠光燦爛，摩（磨）瓏（礱）琥珀色參差〔三八八〕。

真珠網，白雲濛，寶蓋光明照晚空。
一國仕流春色内〔三八九〕，半千王子玉花中。
人浩浩，語喧喧，雲疊重重映碧天。
手撼珊瑚鸚鵡動，風摇珂珮鳳凰偏〔三九〇〕。
名隊丈（仗）〔三九一〕，實難逢，百萬人民作一叢。
寶蓋手持光慢慢，金冠頂戴色融融。
滿堤羅綺裝紅日，塞地笙歌聒（刮）瑞風〔三九二〕。
帝子庶人生踴躍，一時遥禮玉毫中。
稱美譽，實奇哉，五百王孫禮寶臺。
貪愛水波因此竭，菩提花樹當時開。
聖賢嗟歎千千遍，凡庶歌揚萬萬迴。
總到菴園齊禮佛，作何禮敬也唱將來。

（後缺）

說明

此卷由斯四五七一和斯八一六七綴合而成，綴合後的文本仍是首尾均缺，殘存部分在入藏時已斷裂爲十箇斷片，其中斯四五七一有九箇斷片，斯八一六七爲一箇斷片，但從紙張、筆跡、内容來看，這十箇斷片原應屬於同一件文書。各片之間有的可以綴合，有的中間亦有殘缺，已不能直接綴合。正面的内容經《敦煌變文集》考定爲『維摩詰經講經文』。背面有雜寫兩行，第二七至三二紙的紙縫處有中文標號二、三、四、五、六，最後兩紙抄寫謝狀兩通，筆跡與正面不同。

此件失題，各斷片的現存部分仍有七十三紙，八百多行。起『有何所』，訖『作何禮敬也唱將來』。所存部分演繹的是《維摩詰所説經·佛國品第一》之上半部分，演繹的經文内容始於『如是，我聞』，訖於『持七寶蓋，來詣佛所，頭面禮足，各以其蓋共供養佛』。

由於此件多數斷片間有殘缺，所以，如果不瞭解其内容，如何排列各斷片的先後次序就成爲難題。二十世紀六十年代英國國家博物館在修復斯四五七一時，曾對各斷片進行了黏接。因當時的編目者翟理斯未能確定此件爲『維摩詰經講經文』，只將其著録爲中國僧人的作品（參看 *Descriptive Catalogue of the Chinese Manuscripts from Tunhuang in the British Museum*, p. 185.），致使修復者在黏貼各斷片時造成錯簡。這一時期斯四五七一的各斷片排序錯亂的圖版見於縮微膠片和據縮微膠片影印的《敦煌寶藏》。《敦煌變文集》的作者在確定此件爲『維摩詰經講經文』的前提下，依據各斷片所演繹之《維摩詰經》經文之先後，對斯四五七一各斷片進行了重新排序，將原件（即後來縮微膠片和《敦煌寶藏》圖版）的一至九斷片先後次序，調整爲七、九、八、五、一、三、二、四、六。二十世紀七〇年代以後，英國國家博物館以及後來的英國國家圖書館對斯四五七一進行了二次修復和黏貼，分別綴合了其中的五箇斷片，即將原件（即後來縮微膠片和《敦煌寶藏》圖版）的第二斷片和第四斷片綴合，第九斷片和第八、第五斷片綴合，這樣斷片總數縮減至六片，這就是我們現在看到的《英藏敦煌文獻》與 IDP 圖版（參看張鑫媛、普慧《敦煌遺書 S. 4571〈維摩詰經講經文〉考論》，《西南民族大學學報》二〇二一年一〇期，五九頁），也是目前斯四五七一在收藏地實際保存並被黏接爲一卷的物理狀態。

由於收藏者在第二次綴合和黏接過程中仍未注意《敦煌變文集》對各斷片正確排序，所以其綴合雖然減少了斷片的數量，但黏接卻仍然存在錯簡。目前我們看到的《英藏敦煌文獻》和 IDP 圖版將綴合後斯四五七一的斷片按一至六次序排序，第一斷片，即縮微膠片第一斷片；第二斷片，即縮微膠片第六斷片；第三斷片，即縮微膠片第七斷片；第四斷片，即縮微膠片第九＋八＋五斷片；第五斷片，即縮微膠片第三斷片；第六斷片，即縮微膠片第二＋四斷片。如果依據此件所詮釋的《維摩詰經》經文之先後，各斷片先後排列的正確次序應是：《英藏敦煌文獻》圖版的第三斷片（即縮微膠片和《敦煌寶藏》第七斷片）、第四斷片（即縮微膠片和《敦煌寶藏》第九＋八＋五斷片）、第一斷片（即縮微膠片和《敦煌寶藏》第一斷片）、斯八一六七、第五斷片（即縮微膠片和《敦煌寶藏》第三斷片）、第六斷片（即縮微膠片和《敦煌寶藏》第二＋四斷片）、第二斷片（即縮微膠片《敦煌寶藏》第六斷片），其中第一斷片、斯八一六七、第五斷片可直接綴合。此件之釋文係按以上次序排列。

此件筆跡不一，有的斷片末留有空白，推測是截取了不同人抄寫的《維摩詰所説經》講經文黏貼成卷，後在流傳的過程中發生斷裂、脱落。此件之年代，何劍平認爲其寫作在文體等方面均參照了窺基的《説無垢稱經疏》，由此推測創作時間當在盛、中唐之際（參看《〈維摩詰經講經文〉的撰寫年代》，《敦煌研究》二〇〇三年四期，六五頁）。

敦煌文獻中保存的『維摩詰經講經文』還有伯二二九二、伯三〇七九、斯三八七二、Ф.一〇一、Ф.二五二、BD 五三九四和 BD 一五二四五等，但内容與此件均不重合。

校記

〔一〕『者』前，《敦煌變文集》釋作『□表□□□□□』，《〈維摩詰經講經文〉（S. 4571）補校》校補作『□應，所表何題？今□□□』。

〔二〕『慈』，據殘筆劃及文義補，《敦煌變文集》《〈維摩詰經講經文〉（S. 4571）補校》《敦煌變文集新書》《敦煌變文校注》《敦煌變文講經文因緣輯校》均未能釋讀，《敦煌遺書 S. 4571〈維摩詰經講經文〉考論》校補作『廣』；『恩』，《敦煌變文集》未能釋讀，《〈維摩詰經講經文〉（S. 4571）補校》《敦煌變文集新書》《敦煌變文校注》《敦煌變文講經文因緣輯校》釋作『題』，誤；『般』，《敦煌變文講經文因緣輯校》據殘筆劃及文義校補，《敦煌遺書 S. 4571〈維摩詰經講經文〉考論》逕補作『般』。

〔三〕『聊』，《〈維摩詰經講經文〉（S. 4571）補校》據殘筆劃及文義校補，《敦煌變文集新書》校補作『輒』。

〔四〕『第』，底本原寫作『弟』，按寫本中『第』『弟』形近易混，故可據文義逕釋作『第』。

〔五〕『衆』，《敦煌變文集》《敦煌變文集新書》《敦煌變文校注》《敦煌變文講經文因緣輯校》均未能釋讀。

〔六〕『有』，《敦煌變文校注》《敦煌變文講經文因緣輯校》釋作『爲』。

〔七〕『以』，《敦煌變文集新書》據文義校補。

〔八〕『第』，底本原寫作『弟』，按寫本中『第』『弟』形近易混，故可據文義逕釋作『第』。

〔九〕『自』前《敦煌變文校注》據文義校補『不信』二字。

〔一〇〕『□』，《敦煌變文校注》認爲應校補作『不』。

〔一一〕『秋』，當作『鍬』，《敦煌變文集》據文義校改，『秋』爲『鍬』之借字。以下同，不另出校。

〔一二〕『第』，底本原寫作『弟』，按寫本中『第』『弟』形近易混，故可據文義逕釋作『第』。

〔一三〕『信』後《敦煌變文講經文因緣輯校》校補一『能』字。

〔一四〕『第』，底本原寫作『弟』，按寫本中『第』『弟』形近易混，故可據文義逕釋作『第』。

〔一五〕『空』，《敦煌變文校注》《敦煌變文講經文因緣輯校》釋作『定』。

〔一六〕『已』，《敦煌變文校注》校改作『以』，按『已』通『以』，不煩校改。

〔一七〕『惠』，《敦煌變文講經文因緣輯校》校改作『慧』，按『惠』通『慧』，不煩校改。以下同，不另出校。

〔一八〕『怠』，底本原寫作『憶』，係涉上文『懈』而成之類化俗字。

〔一九〕『之』，當作『定』，《敦煌變文校注》據文義校改。

〔二〇〕『兼』，《敦煌變文集》釋作『急』，《敦煌變文集新書》釋作『良』；『諫』，當作『揀』，《〈維摩詰經講經文〉（S. 4571）補校》據文義校改，『諫』爲『揀』之借字，《敦煌變文集》《敦煌變文集新書》逕釋作『揀』。

〔二一〕『已』，《敦煌變文校注》校改作『以』，按『已』通『以』，不煩校改。

〔二二〕『而』，當作『如』，據文義改，『而』爲『如』之借字。

〔二三〕『而』，當作『如』，據文義改，『而』爲『如』之借字。

〔二四〕『秋』，當作『鍬』，《〈維摩詰經講經文〉（S. 4571）補校》據文義校改，『秋』爲『鍬』之借字，《敦煌变文集》逕釋作『鍬』。

〔二五〕『膭』，當作『臊』，《〈維摩詰經講經文〉（S. 4571）補校》據文義校改，『膭』爲『臊』之借字。

〔二六〕『較』，底本原寫作『訬』，係涉上文『計』而成之類化俗字。

〔二七〕『伏』，當作『復』，《敦煌變文集》據文義校改，『伏』爲『復』之借字；『源』，《〈維摩詰經講經文〉（S. 4571）

補校》校改作『原』，按『源』可通，不煩校改。

〔二八〕『精』，《〈維摩詰經講經文〉（S. 4571）補校》釋作『積』，校改作『精』，《敦煌變文集新書》釋作『積』，校改作『精』；『假』，當作『瑕』，《敦煌變文集》據文義校改，『假』爲『瑕』之借字。

〔二九〕『勞』，當作『牢』，《『敦煌變文集』校記再補》據文義校改，『勞』爲『牢』之借字。

〔三〇〕『第』，底本原寫作『弟』，按寫本中『第』『弟』形近易混，故可據文義逕釋作『第』。以下同，不另出校。

〔三一〕『爲』，《敦煌變文集》《敦煌變文集新書》《敦煌變文校注》《敦煌變文講經文因緣輯校》釋作『如』。

〔三二〕『量』，當作『良』，《敦煌文學叢考》據文義校改，『量』爲『良』之借字。

〔三三〕『已』，《敦煌變文校注》校改作『以』，按『已』通『以』，不煩校改。

〔三四〕『出生』，《〈維摩詰經講經文〉（S. 4571）補校》據文義校補。

〔三五〕『入』，當作『人』，《敦煌變文集新書》據文義校改。

〔三六〕『已』，《敦煌變文校注》校改作『以』，按『已』通『以』，不煩校改。

〔三七〕『⿰亻膏』，當作『篙』，《敦煌文學叢考》據文義校改；『已』，《敦煌變文集新書》校改作『以』，按『已』通『以』，不煩校改。

〔三八〕『勞』，當作『牢』，《『敦煌變文集』校記再補》據文義校改，『勞』爲『牢』之借字。

〔三九〕『□』，《〈維摩詰經講經文〉（S. 4571）補校》校補作『定』，《敦煌變文講經文因緣輯校》校補作『難』。

〔四〇〕『空』，《敦煌變文校注》《敦煌變文講經文因緣輯校》釋作『定』。

〔四一〕『故』，《敦煌變文集》疑作『得』，《敦煌變文集新書》釋作『放』，《敦煌變文校注》《敦煌變文講經文因緣輯校》釋作『得』；『之』，當作『者』，《敦煌變文集》據文義校改，《敦煌變文校注》在『之』後校補『者』字。

〔四二〕『以』，《敦煌變文講經文因緣輯校》校改作『似』。

〔四三〕「真」，當作「斟」，《敦煌變文集》據文義校改，「真」爲「斟」之借字。

〔四四〕「萬般」，據殘筆劃及文例補，《敦煌變文集》《敦煌變文集新書》《敦煌變文校注》《敦煌變文講經文因緣輯校》均逕釋作「萬般」。

〔四五〕此句當衍一字。

〔四六〕「曆」，當作「歷」，《敦煌變文集》據文義校改，「曆」爲「歷」之借字。

〔四七〕「若」，《敦煌變文講經文因緣輯校》據文義校補，《「敦煌變文集」校記再補》校補作「如」；「能」，《敦煌變文集》據殘筆劃及文義校補；「發」，《敦煌變文集新書》據殘筆劃及文義校補。

〔四八〕「萊」，當作「來」，據文義改，「萊」爲「來」之借字，《敦煌變文集》《敦煌變文集新書》《敦煌變文校注》《敦煌變文講經文因緣輯校》均逕釋作「來」。

〔四九〕「幻」，《敦煌變文集》釋作「幼」，校改作「幻」。以下同，不另出校。

〔五〇〕「是」，《敦煌變文集》據殘筆劃及文義校補。

〔五一〕「希」，當作「巇」，《敦煌變文集》據文義校改，「希」爲「巇」之借字。

〔五二〕「[亻+膏]」，當作「篙」，《敦煌變文講經文因緣輯校》據文義校改，《敦煌變文校注》釋作「槁」，認爲是「篙」的换旁俗字；「撐」，《敦煌變文校注》釋作「樸」，認爲「樸」同「撲」，「撲」爲「撐」的俗字，《敦煌變文講經文因緣輯校》釋作「樸」，校改作「撐」。

〔五三〕「過」，當作「遇」，《〈維摩詰經講經文〉（S. 4571）補校》據文義校改。

〔五四〕「側」，《〈維摩詰經講經文〉（S. 4571）補校》疑當校改作「誓（矢）」；《敦煌變文校注》疑當讀作「惻」。

〔五五〕「覓」，《〈維摩詰經講經文〉（S. 4571）補校》據殘筆劃及文義校補。

〔五六〕「僻」，《敦煌變文集》釋作「擗」，校改作「僻」。

〔五七〕『止』，當作『指』，《〈維摩詰經講經文〉（S. 4571）補校》據文義校改，『止』爲『指』之借字。

〔五八〕『徒』，《敦煌變文校注》認爲通『圖』，《敦煌變文講經文因緣輯校》校改作『圖』；『志』，《敦煌變文集》《敦煌變文集新書》《敦煌變文校注》釋作『赤』，《敦煌變文講經文因緣輯校》釋作『亦』，均誤。

〔五九〕『熾』，當作『拭』，《敦煌變文集》據文義校改，『熾』爲『拭』之借字。

〔六〇〕『旋』，《敦煌變文集》據殘筆劃及文義校補。

〔六一〕『擬』，《敦煌變文集》校改作『疑』，按『擬』通『疑』，不煩校改；『□』，《『敦煌變文集』校記再補》校補作『情』。

〔六二〕『程』，《敦煌變文講經文因緣輯校》校改作『逞』，按『程』有『逞』義，不煩校改。

〔六三〕『諫』，《敦煌文學叢考》校改作『間』，按不改亦可通。

〔六四〕『擇』，當作『釋』，《敦煌變文集》據文義校改。

〔六五〕『卻』，《〈維摩詰經講經文〉（S. 4571）補校》據殘筆劃及文義校補。

〔六六〕『問』，《〈維摩詰經講經文〉（S. 4571）補校》認爲係衍文，當删，《敦煌變文集新書》疑爲『答』字之誤。

〔六七〕『破』，《敦煌變文集》據殘筆劃及文義校補。

〔六八〕『業』，《敦煌變文集》釋作『葉』，校改作『業』。

〔六九〕『開』，當作『間』，《『敦煌變文集』校記再補》據文義校改。

〔七〇〕『段』，當作『斷』，據文義改，『段』爲『斷』之借字，《敦煌變文集》《敦煌變文集新書》釋作『改』，《敦煌變文校注》釋作『假』，《敦煌變文講經文因緣輯校》釋作『叚』，校改作『假』。

〔七一〕『資』，當作『智』，《敦煌變文集》據文義校改，『資』爲『智』之借字。

〔七二〕『身』，《『敦煌變文集』校記再補》據殘筆劃及文義校補；『内』，《『敦煌變文集』校記再補》據文義校補。

〔七三〕「成」，《敦煌變文集》校改作「盛」，按「成」通「盛」，不煩校改。

〔七四〕「乾」，《敦煌變文集》《敦煌變文集新書》《敦煌變文校注》《敦煌變文講經文因緣輯校》均釋作「氣」；「時」，據殘筆劃及文義補，《敦煌變文集》《敦煌變文集新書》《敦煌變文校注》《敦煌變文講經文因緣輯校》均釋作「待」。

〔七五〕「裝」，當作「壯」，據文義改，「裝」爲「壯」之借字。

〔七六〕「樂」，《〈維摩詰經講經文〉（S. 4571）補校》據殘筆劃及文義校補。

〔七七〕「八」，《敦煌變文集》《敦煌變文校注》《敦煌變文集新書》《敦煌變文講經文因緣輯校》均釋作「人」，誤。

〔七八〕「問」，當作「向」，《敦煌變文校注》據文義校改，《敦煌變文講經文因緣輯校》逕釋作「向」。

〔七九〕「已」，《敦煌變文校注》校改作「以」，按「已」通「以」，不煩校改。

〔八〇〕「畏」，底本原寫作「偎」，係涉上文「怖」而成之類化俗字。

〔八一〕「夫」，《敦煌變文集》據殘筆劃及文義校補。

〔八二〕「願」，《敦煌變文集》據殘筆劃及文義校補；「求」，《俗字及古籍文字通例研究》據殘筆劃及文義校補。

〔八三〕「云」，《敦煌遺書 S. 4571〈維摩詰經講經文〉考論》釋作「之」，誤。

〔八四〕「無」，《敦煌遺書 S. 4571〈維摩詰經講經文〉考論》釋作「色」，誤。

〔八五〕「五」，《〈維摩詰經講經文〉（S. 4571）補校》據文義校補。以下同，不另出校。

〔八六〕「故何」，《敦煌變文講經文因緣輯校》校改作「何故」，按不改亦可通。

〔八七〕「受」，《敦煌變文校注》校改作「授」，按「受」有「授」義，不煩校改。

〔八八〕「花」，《敦煌變文講經文因緣輯校》校改作「華」，按「花」可通，不煩校改。

〔八九〕「已」，《敦煌變文講經文因緣輯校》校改作「以」，按「已」通「以」，不煩校改。

〔九〇〕『曰』，《敦煌變文校注》《敦煌變文集新書》《敦煌變文講經文因緣輯校》均釋作『云』，誤。
〔九一〕『棄』，當作『葉』，《敦煌變文校注》據文義校改。
〔九二〕『捜植』，《敦煌變文講經文因緣輯校》校改作『犍稚』。
〔九三〕『擬』，《敦煌變文集》校改作『疑』，按『擬』通『疑』，不煩校改。
〔九四〕『而又』，《敦煌變文講經文因緣輯校》疑當作『又問』。
〔九五〕『意』，《敦煌變文講經文因緣輯校》疑當作『答』。
〔九六〕第二箇『行』，《敦煌變文集》據文義校補。
〔九七〕『曆』，當作『歷』，《敦煌變文集》據文義校改，『曆』爲『歷』之借字。
〔九八〕『妄』，當作『忘』，《敦煌變文集》據文義校改，『妄』爲『忘』之借字。
〔九九〕『誕』，底本原寫作『娫』，係涉上文『始』而成之類化俗字。
〔一〇〇〕『德』，《敦煌變文講經文因緣輯校》校改作『得』，按『德』通『得』，不煩校改。
〔一〇一〕『花』，《敦煌變文講經文因緣輯校》校改作『華』，按『花』可通，不煩校改。
〔一〇二〕『敢』，《『敦煌變文集』校記再補》疑爲『故』字之誤。
〔一〇三〕『已』，《敦煌變文校注》校改作『以』，按『已』通『以』，不煩校改。
〔一〇四〕『賈』，當作『假』，《敦煌變文集》據文義校改，『賈』爲『假』之借字。
〔一〇五〕『起』後《敦煌變文校注》校補一『於』字。
〔一〇六〕『指』，當作『止』，《〈維摩詰經講經文〉（S. 4571）補校》據文義校改，『指』爲『止』之借字。
〔一〇七〕『途』，當作『圖』，《敦煌文學叢考》據文義校改，『途』爲『圖』之借字。
〔一〇八〕『息』，當作『悉』，《敦煌變文集》據文義校改，『息』爲『悉』之借字。

〔一〇九〕「募」，當作「慕」，《敦煌變文集》據文義校改，「募」爲「慕」之借字。

〔一一〇〕「從」，當作「圖」，《敦煌變文講經文因緣輯校》據文義校改，《敦煌變文校注》認爲「從」係「徒」之訛，「徒」當讀作「圖」。

〔一一一〕「御」，當作「諭」，《敦煌變文講經文因緣輯校》據文義校改，「御」爲「諭」之借字，《敦煌變文集》校改作「喻」或「語」。

〔一一二〕「募」，當作「慕」，《敦煌變文集》據文義校改，「募」爲「慕」之借字。

〔一一三〕第二箇「法」，當作「會」，據文義改，《敦煌變文校注》認爲係上文「會」之省書，逕釋作「會」。

〔一一四〕「妄」，當作「忘」，《〈維摩詰經講經文〉（S. 4571）補校》據文義校改，「妄」爲「忘」之借字。

〔一一五〕「指」，《〈維摩詰經講經文〉（S. 4571）補校》《敦煌變文校注》《敦煌變文講經文因緣輯校》均釋作「楨」。

〔一一六〕「螺」，底本原寫作「騾」，係涉下文「髻」而成之類化俗字。

〔一一七〕「輪」，當作「倫」，《敦煌變文集》據文義校改，「輪」爲「倫」之借字。

〔一一八〕「勳」，當作「薰」，《敦煌變文集》據文義校改，「勳」爲「薰」之借字。

〔一一九〕「花」，《敦煌變文講經文因緣輯校》校改作「華」，按「花」可通，不煩校改。

〔一二〇〕「苑」，當作「宛」，《敦煌變文集》據文義校改，「苑」爲「宛」之借字。

〔一二一〕「劫」，《敦煌變文講經文因緣輯校》校改作「戒」。

〔一二二〕「諫」，當作「揀」，《敦煌文學叢考》據文義校改，「諫」爲「揀」之借字。

〔一二三〕「皓皓」，《敦煌變文：石窟裏的老傳説》校改作「浩浩」。

〔一二四〕「到」後《敦煌變文校注》據文例校補「於」字。

〔一二五〕「掙」，當作「琤」，《敦煌變文講經文因緣輯校》據文義校改，「掙」爲「琤」之借字；「摐」，當作「瑽」，

《敦煌變文講經文因緣輯校》據文義校改，『摐』爲『瑽』之借字。

〔一二六〕『玲玲』，《敦煌變文講經文因緣輯校》校改作『泠泠』。

〔一二七〕『憶憶』，當作『億億』，《敦煌變文集》據文義校改，『憶』爲『億』之借字。

〔一二八〕『掇』，《敦煌變文校注》校改作『綴』，按『掇』通『綴』，不煩校改。以下同，不另出校。

〔一二九〕『方』，《敦煌變文集》據文義校補；『曆』，當作『歷』，《敦煌變文集新書》據文義校改，『曆』爲『歷』之借字。

〔一三〇〕『越』，當作『趣』，《敦煌變文講經文因緣輯校》據文義校改。

〔一三一〕『已』，《敦煌變文集》校改作『以』，按『已』通『以』，不煩校改。

〔一三二〕『佇』，當作『泞』，據文義改，『佇』爲『泞』之借字。

〔一三三〕『以』，《敦煌變文講經文因緣輯校》校改作『已』，按『以』通『已』，不煩校改。

〔一三四〕『附』，《敦煌變文講經文因緣輯校》校改作『孵』，按『附』同『孚』，有『孵化』義，不煩校改。

〔一三五〕『殊』，當作『銖』，《敦煌變文集》據文義校改，『殊』爲『銖』之借字。以下同，不另出校。

〔一三六〕『麼』，當作『磨』，《敦煌文書校讀研究》據文義校改，『麼』爲『磨』之借字。

〔一三七〕『譽』，當作『預』，《〈敦煌變文集〉校記再補》據文義校改，『譽』爲『預』之借字。

〔一三八〕『里』，當作『李』，《敦煌變文字義通釋》據文義校改，『里』爲『李』之借字。

〔一三九〕『唯』，當作『維』，《敦煌變文集》據文義校改，『唯』爲『維』之借字。

〔一四〇〕『已』，《敦煌變文校注》校改作『以』，按『已』通『以』，不煩校改。

〔一四一〕『罷』，當作『擺』，《敦煌變文講經文因緣輯校》據文義校改，『罷』爲『擺』之借字。

〔一四二〕『察』，當作『刹』，《敦煌變文集》據文義校改，『察』爲『刹』之借字；『呈』，當作『程』，《敦煌變文集》

據文義校改，『呈』爲『程』之借字。

〔一四三〕『傾』，《敦煌變文集》校改作『頃』，按『傾』通『頃』，不煩校改；『剋』，當作『刻』，《敦煌變文集》據文義校改，『剋』爲『刻』之借字；『由』，《敦煌變文集》校改作『猶』，按『由』通『猶』，不煩校改。

〔一四四〕『被』，《〈維摩詰經講經文〉（S. 4571）補校》校改作『帔』，按『被』同『帔』，不煩校改。

〔一四五〕『已』，《敦煌變文校注》校改作『以』，按『已』通『以』，不煩校改。

〔一四六〕『撣』，當作『彈』，《敦煌變文集》據文義校改，『撣』爲『彈』之借字；『止』，當作『指』，《敦煌變文集》據文義校改，『止』爲『指』之借字；『傾』，《敦煌變文集》校改作『頃』，按『傾』通『頃』，不煩校改。

〔一四七〕『處』，《敦煌變文校注》《敦煌變文講經文因緣輯校》均釋作『所』，誤；『所』，《敦煌變文集》《敦煌變文集新書》《敦煌變文校注》《敦煌變文講經文因緣輯校》均釋作『聽』，誤；『來』，《敦煌變文集》據文例校補。

〔一四八〕『視』，《『敦煌變文集』校記再補》校改作『示』，按『視』通『示』，不煩校改。

〔一四九〕『位』，《敦煌變文集》據殘筆劃及文義校補。

〔一五〇〕『憶』，當作『億』，《敦煌變文集》據文義校改，『憶』爲『億』之借字；『響』，《敦煌變文講經文因緣輯校》校改作『嚮』。

〔一五一〕『寃』，《敦煌變文校注》校改作『怨』，按『寃』有『怨』義，不煩校改。

〔一五二〕『道』，《敦煌變文集》《敦煌變文集新書》《敦煌變文校注》《敦煌變文講經文因緣輯校》置於上文『法究一乘』後，係所據縮微膠卷誤植所致；『傾』，《敦煌變文集新書》據文義校補。

〔一五三〕『昏』，《敦煌變文集》《敦煌變文集新書》《敦煌變文校注》《敦煌變文講經文因緣輯校》置於上文『四弘誓之願心未滿，背』後，係所據縮微膠卷誤植所致；『昏□深』，《敦煌變文校注》《敦煌變文講經文因緣輯校》校補作『網永離』，誤。

〔一五四〕『樂』，當作『住』，《敦煌變文校注》據《維摩詰所説經》校改。

〔一五五〕『住』，當作『樂』，《敦煌變文校注》據《維摩詰所説經》校改。

〔一五六〕『辨』，《敦煌變文校注》認爲當讀作『辯』，《敦煌變文講經文因緣輯校》校改作『辯』，按『辨』通『辯』，不煩校改。

〔一五七〕『見』，當作『兒』，據文義改，《敦煌變文校注》《敦煌變文講經文因緣輯校》均逕釋作『兒』。

〔一五八〕『得』，《敦煌變文集》據殘筆劃及文義校補。

〔一五九〕『彈』，當作『憚』，據文義改，『彈』爲『憚』之借字，《敦煌變文集》校改作『殫』，《敦煌變文校注》《敦煌變文講經文因緣輯校》釋作『但』，校改作『憚』，誤。

〔一六〇〕『閏』，《敦煌變文集》《敦煌變文集新書》《敦煌變文校注》《敦煌變文講經文因緣輯校》均釋作『潤』。

〔一六一〕『道』，《敦煌變文講經文因緣輯校》校改作『導』，按『道』有『導』義，不煩校改。

〔一六二〕『道』，《敦煌變文講經文因緣輯校》校改作『導』，按『道』有『導』義，不煩校改。

〔一六三〕『護』，當作『互』，《敦煌變文校注》據文義校改，『護』爲『互』之借字，《敦煌變文講經文因緣輯校》疑當校補作『殊』，誤。

〔一六四〕『踦驅』，《〈敦煌變文集〉校記再補》校改作『崎嶇』。

〔一六五〕『弁』，當作『辨』，《敦煌變文集》據文義校改，『弁』爲『辨』之借字。

〔一六六〕『蘇』，當作『酥』，《敦煌變文講經文因緣輯校》據文義校改，『蘇』爲『酥』之借字；『洛』，當作『酪』，《敦煌變文集新書》據文義校改，『洛』爲『酪』之借字，《敦煌變文集》逕釋作『酪』，《敦煌變文講經文因緣輯校》釋作『落』，誤。

〔一六七〕『傾』，《敦煌變文集》校改作『頃』，按『傾』通『頃』，不煩校改；『剋』，當作『刻』，《敦煌變文集》據文義校改，「剋」爲「刻」之借字，以下同，不另出校。

〔一六八〕「化」，《〈維摩詰經講經文〉（S. 4571）補校》據殘筆劃及文義校補。

〔一六九〕「視」，《敦煌變文校注》認爲當讀作「示」，《敦煌變文講經文因緣輯校》校改作「示」，按「視」通「示」，不煩校改；「垓」，《敦煌變文校注》認爲當讀作「該」，《敦煌變文講經文因緣輯校》校改作「該」，按「垓」字可通，不煩校改。

〔一七〇〕「般般」，《敦煌變文集新書》據殘筆劃及文義校補。

〔一七一〕「娑」，《敦煌變文集新書》據殘筆劃及文義校補。

〔一七二〕「寃」，《敦煌變文校注》校改作「怨」，按「寃」有「怨」義，不煩校改。

〔一七三〕「拘」，《敦煌變文集》釋作「俱」，校改作「拘」，按底本原寫作「俱」，在行間改作「拘」。

〔一七四〕「攔」，《敦煌變文集新書》據殘筆劃及文義校補。

〔一七五〕「弁」，當作「辨」，《敦煌變文集》據文義校改，「弁」爲「辨」之借字；「□」，《敦煌變文校注》疑爲「源」字。

〔一七六〕「泮」，《敦煌變文集》《敦煌變文集新書》《敦煌變文校注》《敦煌變文講經文因緣輯校》均釋作「畔」，誤。

〔一七七〕「□□」，《敦煌變文校注》校補作「處處」。

〔一七八〕「未」，《敦煌變文講經文因緣輯校》釋作「末」。

〔一七九〕「千」，《敦煌變文集》據殘筆劃及文義校補。

〔一八〇〕「捻」，《〈維摩詰經講經文〉再探》釋作「撚」，誤。

〔一八一〕「聲」，《〈維摩詰經講經文〉再探》釋作「齊」，誤；「曆曆」，當作「歷歷」，《敦煌文學叢考》據文義校改，「曆」爲「歷」之借字。

〔一八二〕『珊珊』，《敦煌變文集新書》據殘筆劃及文義校補。

〔一八三〕『瑠』，當作『璃』，《〈維摩詰經講經文〉再探》據文義校改；『琉』，當作『琉』，《敦煌變文校注》據文義校改，《〈維摩詰經講經文〉再探》校改作『梳』。

〔一八四〕『金殿蔟』，《敦煌變文作品校録二種》《〈維摩詰經講經文〉再探》均未能釋讀。

〔一八五〕『龍』，《〈維摩詰經講經文〉再探》未能釋讀；『腦』，《敦煌變文作品校録二種》《〈維摩詰經講經文〉再探》均未能釋讀。

〔一八六〕第二箇『各』，《英國圖書館藏敦煌遺書目録（斯06981號–08400號）》《敦煌變文作品校録二種》《〈維摩詰經講經文〉再探》均漏録。

〔一八七〕『人人』，《英國圖書館藏敦煌遺書目録（斯06981號–08400號）》《敦煌變文作品校録二種》《〈維摩詰經講經文〉再探》均未能釋讀。

〔一八八〕『烈』，通『列』，《英國圖書館藏敦煌遺書目録（斯06981號–08400號）》校改作『列』。

〔一八九〕『班班』，《英國圖書館藏敦煌遺書目録（斯06981號–08400號）》《敦煌變文作品校録二種》《〈維摩詰經講經文〉再探》均釋作『斑斑』，誤。

〔一九〇〕『旋旋』，《英國圖書館藏敦煌遺書目録（斯06981號–08400號）》未能釋讀，《敦煌變文作品校録二種》《〈維摩詰經講經文〉再探》均釋作『龍□』。

〔一九一〕『瑶』，當作『摇』，《敦煌變文作品校録二種》據文義校改，『瑶』爲『摇』之借字，《英國圖書館藏敦煌遺書目録（斯06981號–08400號）》逕釋作『摇』。

〔一九二〕『癬』，當作『蘚』，據文義改，『癬』爲『蘚』之借字，《英國圖書館藏敦煌遺書目録（斯06981號–08400號）》逕釋作『蘚』，《敦煌變文作品校録二種》《〈維摩詰經講經文〉再探》均校改作『鮮』。

〔一九三〕『聲』，《英國圖書館藏敦煌遺書目録（斯06981號–08400號）》《敦煌變文作品校録二種》《〈維摩詰經講經文〉再探》均釋作『齊』；『了』，當作『繚』，據文義改，『了』爲『繚』之借字。

〔一九四〕『婆』，《敦煌變文作品校録二種》《〈維摩詰經講經文〉再探》均釋作『娑』，誤。

〔一九五〕『寮』，當作『療』，據《維摩詰所説經》改，『寮』爲『療』之借字，《英國圖書館藏敦煌遺書目録（斯06981號–08400號）》逕釋作『療』。

〔一九六〕『人』，據《維摩詰所説經》補。

〔一九七〕『王』，據《維摩詰所説經》補，《〈維摩詰經講經文〉再探》逕釋作『王』。

〔一九八〕『豈易』，《英國圖書館藏敦煌遺書目録（斯06981號–08400號）》《敦煌變文作品校録二種》《〈維摩詰經講經文〉再探》均未能釋讀。

〔一九九〕『刮』，《英國圖書館藏敦煌遺書目録（斯06981號–08400號）》未能釋讀，《敦煌變文作品校録二種》《〈維摩詰經講經文〉再探》均釋作『萬』，誤。

〔二〇〇〕『疼』，據殘筆劃及文義補；『思』，《敦煌變文集》《敦煌變文集新書》《敦煌變文校注》《敦煌變文講經文因緣輯校》《〈維摩詰經講經文〉再探》均釋作『因心』，誤；『滕桄』，《〈維摩詰經講經文〉再探》未能釋讀。

〔二〇一〕『支』，《〈維摩詰經講經文〉再探》未能釋讀。

〔二〇二〕『療』，《〈維摩詰經講經文〉再探》釋作『源』，誤。

〔二〇三〕『尫』，當作『尪』，《敦煌變文集》據文義校改，『尫』爲『尪』之借字；『龜』，當作『羸』，《敦煌變文字義通釋》據文義校改。

〔二〇四〕『若』，《敦煌文學叢考》校改作『弱』。

〔二〇五〕『死』，《敦煌變文集》據殘筆劃及文義校補。

〔二〇六〕「亦」，《敦煌變文集》《敦煌變文集新書》《敦煌變文校注》《敦煌變文講經文因緣輯校》均釋作「亦病」，按「病」底本已塗去。

〔二〇七〕「若」，當作「善」，據《維摩詰所説經》改。

〔二〇八〕「小」，《敦煌變文講經文因緣輯校》校改作「少」，按「小」通「少」，不煩校改。

〔二〇九〕「彈」，當作「憚」，《敦煌變文集》據文義校改，「彈」爲「憚」之借字。

〔二一〇〕「交」，通「教」；「幃」，《敦煌變文字義通釋》校改作「闈」，按「閨幃」即「閨闈」，不煩校改。

〔二一一〕「笄」，《敦煌變文集》據殘筆劃及文義校補；「年」，《敦煌變文集》據文義校補。

〔二一二〕「屬」，《敦煌變文校注》據文義校補；「娉」，《敦煌變文校注》據殘筆劃及文義校補；「婚姻」，《敦煌變文集》據殘筆劃及文義校補。

〔二一三〕「盡皆」，《敦煌變文集》據殘筆劃及文義校補。

〔二一四〕「錢」，《敦煌變文集新書》《敦煌變文校注》《敦煌變文講經文因緣輯校》均釋作「方」。

〔二一五〕「祖廟」，據殘筆劃及文義補；「中」，《敦煌變文校注》據殘筆劃及文義校補；「啓告」，《敦煌變文集新書》據殘筆劃及文義校補。

〔二一六〕「爇」，《敦煌變文講經文因緣輯校》釋作「焚」，誤。

〔二一七〕「龜」，當作「羸」，《敦煌變文字義通釋》據文義校改。

〔二一八〕「砂」，《敦煌變文集》《敦煌變文集新書》《敦煌變文校注》《敦煌變文講經文因緣輯校》均釋作「沙」，誤。

〔二一九〕「忘」，《敦煌變文集》校改作「妄」，按「忘」通「妄」，不煩校改。

〔二二〇〕「交」，通「教」；「恣」，《敦煌變文集》《敦煌變文集新書》《敦煌變文校注》《敦煌變文講經文因緣輯校》均釋作「姿」，校改作「恣」，誤。

〔二二一〕『忘』，《敦煌變文集》《敦煌變文集新書》《敦煌變文校注》《敦煌變文講經文因緣輯校》均釋作『妄』，誤。

〔二二二〕『胸』，當作『凶』，《〈敦煌變文集〉校記再補》據文義校改，『胸』爲『凶』之借字；『毫』，當作『豪』，《〈敦煌變文集〉校記再補》據文義校改，『毫』爲『豪』之借字。

〔二二三〕『静』，《敦煌變文講經文因緣輯校》校改作『爭』，按『静』通『爭』，不煩校改。

〔二二四〕『潘』，當作『拌』，《敦煌變文講經文因緣輯校》據文義校改，『潘』爲『拌』之借字。

〔二二五〕『田』，《敦煌變文講經文因緣輯校》釋作『由』，誤。

〔二二六〕『爲』，當作『違』，《敦煌變文集》據文義校改，『爲』爲『違』之借字。

〔二二七〕『壤』，當作『禳』，《敦煌變文集》據文義校改，『壤』爲『禳』之借字。

〔二二八〕『遵』，《敦煌變文講經文因緣輯校》校改作『尊』，按『遵』可用同『尊』，不煩校改。

〔二二九〕『胸』，當作『凶』，《敦煌變文集新書》據文義校改，『胸』爲『凶』之借字；『麤』，《敦煌變文校注》《敦煌變文講經文因緣輯校》均釋作『鹿』，校改作『麤』。

〔二三〇〕『莘』，當作『薪』，《敦煌變文集》據文義校改，『莘』爲『薪』之借字；『烺』，《敦煌變文字義通釋》認爲當校改作『炬』，《敦煌變文校注》認爲當校改作『烺』，《敦煌變文『烺』字新釋》認爲當校改作『悵』。

〔二三一〕『忘』，《敦煌變文集》校改作『妄』，按『忘』通『妄』，不煩校改。

〔二三二〕『楊』，當作『佯』，《敦煌變文講經文因緣輯校》據文義校改，『楊』爲『佯』之借字。

〔二三三〕『於』，《敦煌變文講經文因緣輯校》疑當作『顔』。

〔二三四〕『惡』，當作『要』，《〈維摩詰經講經文〉新校》據文義校改。

〔二三五〕『忘』，《敦煌變文集》校改作『妄』，按『忘』通『妄』，不煩校改，《敦煌變文講經文因緣輯校》釋作『妄』，誤。

〔二三六〕『娉』，當作『並』，《敦煌變文講經文因緣輯校》據文義校改，『娉』爲『並』之借字。

〔二三七〕『弁』，當作『辨』，《〈維摩詰經講經文〉（S. 4571）補校》據文義校改，『弁』爲『辨』之借字；『途』，底本右側寫一『徒』字，《敦煌變文校注》認爲係異文，當以『途』字爲是。

〔二三八〕『瘉』，當作『愈』，據文義改，《敦煌變文集》《敦煌變文集新書》《敦煌變文校注》《敦煌變文講經文因緣輯校》均釋作『癒』。

〔二三九〕『喻』，當作『愈』，《敦煌文學叢考》據文義校改，『喻』爲『愈』之借字。

〔二四〇〕『穧穧』，當作『濟濟』，《敦煌變文講經文因緣輯校》據文義校改，『穧』爲『濟』之借字。

〔二四一〕『壤』，《敦煌變文講經文因緣輯校》校改作『攘』。

〔二四二〕『寮』，《敦煌變文集》校改作『嘹』，按『寮』通『嘹』，不煩校改。

〔二四三〕『分』，《敦煌變文講經文因緣輯校》校改作『紛』，按『分』同『紛』，不煩校改，以下同，不另出校；『絃』，《敦煌變文集》《敦煌變文集新書》《敦煌變文校注》《敦煌變文講經文因緣輯校》均釋作『弦』，雖義可通而字誤。

〔二四四〕『惱』，《〈敦煌變文集〉校記再補》校改作『腦』，按『龍惱』即『龍腦』，不煩校改。

〔二四五〕『蔙』，當作『旋』，《敦煌變文校注》據文義校改，『蔙』爲『旋』之借字。

〔二四六〕『烈』，通『列』，《敦煌變文校注》校改作『列』。

〔二四七〕『翠』，當作『翡』，《敦煌變文校注》據文義校改，《敦煌變文集》《敦煌變文集新書》《敦煌變文講經文因緣輯校》均逕釋作『翡』；『翡』，底本原寫作『⿱非卒』，係涉上文『翠』而成之類化俗字，當作『翠』，《敦煌變文校注》據文義校改，《敦煌變文集》《敦煌變文集新書》《敦煌變文講經文因緣輯校》均逕釋作『翠』；『莊』，《敦煌變文講經文因緣輯校》校改作『妝』，按『莊』有『裝飾』義，不煩校改。

〔二四八〕『烈』，當作『列』，《敦煌變文集》據文義校改，『烈』爲『列』之借字。
〔二四九〕『掯』，《敦煌變文集》《敦煌變文集新書》《敦煌變文校注》均釋作『楨』，《敦煌變文講經文因緣輯校》釋作『楨』，校改作『瞪』。
〔二五〇〕『降』，當作『肨』，《敦煌變文字義通釋》據文義校改。
〔二五一〕『監』，當作『藍』，《敦煌僧詩校輯》據文義校改；『靛』，當作『靛』，《敦煌僧詩校輯》據文義校改，『電』爲『靛』之借字。
〔二五二〕『暑』，當作『曙』，《敦煌變文集》據文義校改，『暑』爲『曙』之借字。
〔二五三〕『仕』，《敦煌變文校注》認爲當讀作『士』，《敦煌變文講經文因緣輯校》校改作『士』，按『仕』通『士』，不煩校改。
〔二五四〕『裁』，當作『材』，《敦煌變文講經文因緣輯校》據文義校改，『裁』爲『材』之借字，《敦煌文學叢考》校改作『才』。
〔二五五〕『相』，當作『想』，《敦煌變文講經文因緣輯校》據文義校改，『相』爲『想』之借字。
〔二五六〕『揺』，底本原寫作『遥』，係涉上文『迤』而成之類化俗字，《敦煌變文講經文因緣輯校》釋作『遥』，校改作『揺』。
〔二五七〕『苑』，當作『宛』，《敦煌變文集》據文義校改，『苑』爲『宛』之借字。
〔二五八〕『盤』，《敦煌變文集》據殘筆劃及文義校補。
〔二五九〕『頂』，《敦煌變文講經文因緣輯校》釋作『頭』，誤。
〔二六〇〕『分分』，《敦煌變文集》校改作『紛紛』，按『分』同『紛』，不煩校改。
〔二六一〕『衣』，《敦煌變文講經文因緣輯校》校改作『花』。

〔二六二〕『猶』，《敦煌變文講經文因緣輯校》校改作『由』，按『猶』通『由』，不煩校改。

〔二六三〕『勳勳』，當作『薰薰』，《敦煌變文集》據文義校改，『勳』爲『薰』之借字。

〔二六四〕『啓』，《〈敦煌變文集〉校記再補》校改作『稽』，按『啓首』即『稽首』，不煩校改。

〔二六五〕『亦』，《敦煌變文集新書》校改作『奕』，按『亦』通『奕』，不煩校改。

〔二六六〕『只』，當作『口』，《『敦煌變文集』校記補正》據文義校改。

〔二六七〕『曼』，當作『漫』，《〈維摩詰經講經文〉（S. 4571）補校》據文義校改，『曼』爲『漫』之借字。

〔二六八〕『仕』，《敦煌變文講經文因緣輯校》校改作『士』，按『仕』通『士』，不煩校改。

〔二六九〕『種』，當作『衆』，《敦煌變文講經文因緣輯校》據文義校改，『種』爲『衆』之借字。

〔二七〇〕『壞壞』，當作『攘攘』，《敦煌變文講經文因緣輯校》據文義校改，『壞』爲『攘』之借字。

〔二七一〕『輝』，《敦煌變文集》據殘筆劃及文義校補。

〔二七二〕『將』，當作『漿』，《敦煌變文集》據文義校改，『將』爲『漿』之借字。

〔二七三〕『畝』，《敦煌變文集》釋作『畆』，校改作『苗』，《敦煌變文講經文因緣輯校》釋作『苗』。

〔二七四〕『證』，《敦煌變文講經文因緣輯校》校改作『振』。

〔二七五〕『烈』，通『列』，《敦煌變文講經文因緣輯校》校改作『列』。

〔二七六〕『仵』，《敦煌變文集》校改作『伍』，按『仵』通『伍』，不煩校改。

〔二七七〕『仵』，《敦煌變文集》校改作『伍』，按『仵』通『伍』，不煩校改。

〔二七八〕『淀』，《敦煌變文集》校改作『靛』，按『淀』有『藍靛』義，不煩校改。

〔二七九〕『仵』，《敦煌變文集》《敦煌變文集新書》《敦煌變文校注》《敦煌變文講經文因緣輯校》均釋作『伍』，誤。

〔二八〇〕『一』，《敦煌變文集》《敦煌變文集新書》《敦煌變文校注》《敦煌變文講經文因緣輯校》均釋作『三』。

〔二八一〕『仵』，《敦煌變文集》《敦煌變文集新書》《敦煌變文校注》《敦煌變文講經文因緣輯校》均釋作『伍』，誤。

〔二八二〕『瑟』，當作『琵』，據文義改，《敦煌變文集》《敦煌變文集新書》《敦煌變文校注》《敦煌變文講經文因緣輯校》均逕釋作『琵』。

〔二八三〕『揭』，當作『羯』，《〈敦煌變文集〉校記補正》據文義校改，『揭』爲『羯』之借字。

〔二八四〕『篁』，《敦煌變文集》校改作『簧』，按不改亦可通。

〔二八五〕『仵』，《敦煌變文集》《敦煌變文集新書》《敦煌變文校注》《敦煌變文講經文因緣輯校》均釋作『伍』，誤。

〔二八六〕『坐』，《敦煌變文集》《敦煌變文集新書》《敦煌變文校注》《敦煌變文講經文因緣輯校》均釋作『座』，雖義可通而字誤。

〔二八七〕『仵』，《敦煌變文集》《敦煌變文集新書》《敦煌變文校注》《敦煌變文講經文因緣輯校》均釋作『伍』，誤。

〔二八八〕『由』，《〈維摩詰經講經文〉（S. 4571）補校》校改作『猶』，按『由』通『猶』，不煩校改。

〔二八九〕『仵』，《敦煌變文集》《敦煌變文集新書》《敦煌變文校注》《敦煌變文講經文因緣輯校》均釋作『伍』，誤。

〔二九〇〕『吸』，當作『岌』，《敦煌文學叢考》據文義校改，『吸』爲『岌』之借字。

〔二九一〕『闌』，《〈維摩詰經講經文〉（S. 4571）補校》校改作『攔』，按『闌』有『阻攔』義，不煩校改；『彰』，《〈維摩詰經講經文〉（S. 4571）補校》校改作『障』，按『彰』通『障』，不煩校改。

〔二九二〕『仵』，《敦煌變文集》《敦煌變文集新書》《敦煌變文校注》《敦煌變文講經文因緣輯校》均釋作『伍』，誤。

〔二九三〕『逩』，《敦煌變文集》《敦煌變文集新書》《敦煌變文校注》《敦煌變文講經文因緣輯校》均釋作『奔』，雖義可通而字誤。

〔二九四〕『槐』，當作『魁』，《敦煌變文字詞考釋四則》據文義校改，《敦煌文學叢考》《敦煌變文校注》釋作『槐』，校改作『槐』。

〔二九五〕「冠」，《敦煌變文集新書》據殘筆劃及文義校補。

〔二九六〕「了」，當作「繚」，《〈維摩詰經講經文〉（S. 4571）補校》據文義校改，「了」爲「繚」之借字。

〔二九七〕「鐺」，《敦煌變文集》據殘筆劃及文義校補。

〔二九八〕「辟」，《敦煌變文講經文因緣輯校》校改作「譬」，按「辟」通「譬」，不煩校改。

〔二九九〕「安處衆寶」，據《維摩詰所説經》補；「坐」，《敦煌變文講經文因緣輯校》校改作「座」，按「坐」有「座」義，不煩校改。

〔三〇〇〕「如」，《敦煌變文集》據殘筆劃及文義校補。

〔三〇一〕「弊」，《〈維摩詰經講經文〉（S. 4571）補校》校改作「蔽」，按「弊」通「蔽」，不煩校改。

〔三〇二〕「白」，《「敦煌變文集」校記補正》據殘筆劃及文義校補；「鍊」，當作「練」，《「敦煌變文集」校記補正》據文義校改，「鍊」爲「練」之借字。

〔三〇三〕「河」，《敦煌變文校注》釋作「何」，校改作「河」。

〔三〇四〕「弊」，《敦煌變文校注》校改作「蔽」，按「弊」通「蔽」，不煩校改，《敦煌變文講經文因緣輯校》釋作「敝」，校改作「蔽」，誤。

〔三〇五〕「暮」，當作「慕」，《敦煌變文集》據文義校改，「暮」爲「慕」之借字。

〔三〇六〕第一箇「羅」，《〈維摩詰經講經文〉（S. 4571）補校》認爲係衍文，當删。

〔三〇七〕「鈴鈴」，《敦煌變文講經文因緣輯校》校改作「泠泠」；「之」，《敦煌變文校注》據文義校補。

〔三〇八〕「弦」，《敦煌變文集》《敦煌變文集新書》《敦煌變文校注》《敦煌變文講經文因緣輯校》釋作「絃」，雖義可通而字誤。

〔三〇九〕「來」，《敦煌變文集》據殘筆劃及文義校補。

〔三一〇〕前兩箇「□」，《敦煌變文校注》疑作「八敬」。

〔三一一〕「遥遥」，當作「摇摇」，《〈維摩詰經講經文〉（S. 4571）補校》據文義校改，「遥」爲「摇」之借字。

〔三一二〕「延」，當作「筵」，據文義改，「延」爲「筵」之借字，《敦煌變文集》《敦煌變文集新書》《敦煌變文校注》《敦煌變文講經文因緣輯校》均逕釋作「筵」。

〔三一三〕「重」，據殘筆劃及文義補，《敦煌變文集》校補作「番」。

〔三一四〕此句當有脱文。

〔三一五〕「已」，《敦煌變文校注》校改作「以」，按「已」通「以」，不煩校改。

〔三一六〕「闌」，《敦煌變文講經文因緣輯校》校改作「攔」，按「闌」有「阻攔」義，不煩校改。

〔三一七〕「[illegible]」，《敦煌變文講經文因緣輯校》校改作「頌」。

〔三一八〕「何」，可用同「河」，《「敦煌變文集」校記補正》校改作「河」。

〔三一九〕「沾」後《敦煌變文校注》認爲當校補「於」字。

〔三二〇〕「遥」，當作「摇」，《敦煌變文講經文因緣輯校》據文義校改，「遥」爲「摇」之借字，《敦煌變文集》《敦煌變文集新書》均逕釋作「摇」。

〔三二一〕「揁」，《敦煌變文講經文因緣輯校》釋作「楨」，校改作「揁」。

〔三二二〕「辟」，《敦煌變文講經文因緣輯校》校改作「譬」，按「辟」通「譬」，不煩校改。

〔三二三〕「坐」，《敦煌變文講經文因緣輯校》校改作「座」，按「坐」有「座」義，不煩校改。

〔三二四〕「弊」，《敦煌變文集》校改作「蔽」，按「弊」通「蔽」，不煩校改。

〔三二五〕「御」，《敦煌變文講經文因緣輯校》校改作「禦」，按「御」通「禦」，不煩校改。

〔三二六〕「主」，《敦煌變文集》據殘筆劃及文義校補。

〔三二七〕『逢』，《『敦煌變文集』校記再補》校改作『遲』。

〔三二八〕『暮』，當作『慕』，《敦煌變文集》據文義校改，『暮』爲『慕』之借字。

〔三二九〕『非』，當作『飛』，《敦煌變文講經文因緣輯校》據文義校改，『非』爲『飛』之借字。

〔三三〇〕『烈』，通『列』，《敦煌變文講經文因緣輯校》校改作『列』。

〔三三一〕『左』，《敦煌變文集》校改作『佐』，按『左』有『佐』義，不煩校改；『助』，《敦煌變文集》《敦煌變文集新書》《敦煌變文校注》《敦煌變文講經文因緣輯校》均釋作『肋』，校改作『助』。

〔三三二〕『徒』，底本原寫作『圖』，右側行間改作『徒』，《敦煌變文校注》認爲『圖』作『企圖』解，按『徒』亦可通。

〔三三三〕『注』，當作『炷』，《敦煌變文講經文因緣輯校》據文義校改，『注』爲『炷』之借字。

〔三三四〕『赴』，《敦煌變文校注》認爲係下文『覆』的音誤字，當刪。

〔三三五〕『烈』，通『列』，《敦煌變文講經文因緣輯校》校改作『列』。

〔三三六〕『啓』，當作『企』，《〈敦煌變文集〉校記再補》據文義校改，『啓』爲『企』之借字。

〔三三七〕『間』，《敦煌變文集新書》《敦煌變文校注》《敦煌變文講經文因緣輯校》均釋作『邊』，誤。

〔三三八〕『振』，《敦煌變文講經文因緣輯校》校改作『震』，按『振』通『震』，不煩校改。

〔三三九〕『唱將來』，《敦煌變文集》據文例校補。

〔三四〇〕『募』，當作『慕』，《敦煌變文集》據文義校改，『募』爲『慕』之借字，《敦煌變文校注》《敦煌變文講經文因緣輯校》均逕釋作『慕』。

〔三四一〕『花』，當作『華』，《敦煌變文講經文因緣輯校》據文義校改，『花』爲『華』之借字。

〔三四二〕『烈』，通『列』，《敦煌變文集》校改作『列』；『姝』，《敦煌變文集新書》《敦煌變文校注》

《敦煌變文講經文因緣輯校》均釋作「綵」，誤。

〔三四三〕「比」，底本原寫作「批」，係涉上文「排」而成之類化俗字，《敦煌變文講經文因緣輯校》釋作「批」，校改作「比」。

〔三四四〕「整」，當作「正」，《敦煌變文集》據文義校改，「整」爲「正」之借字。

〔三四五〕「柘」，《敦煌變文集》釋作「拓」，校改作「柘」。

〔三四六〕「摧」，《敦煌變文集》《敦煌變文集新書》《敦煌變文校注》《敦煌變文講經文因緣輯校》均釋作「催」，誤。

〔三四七〕「整」，當作「正」，《敦煌變文集》據文義校改，「整」爲「正」之借字。

〔三四八〕「媒」，底本原寫作「楳」，係涉上文「梯」而成之類化俗字，《敦煌變文講經文因緣輯校》釋作「楳」，校改作「媒」。

〔三四九〕「弟」，底本原寫作「第」，按寫本中「第」「弟」形近易混，故可據文義逕釋作「弟」。

〔三五〇〕「倍」，《敦煌變文集》校改作「陪」，按「倍」爲「陪」之古字，不煩校改。

〔三五一〕「倍」，《敦煌變文集》校改作「陪」，按「倍」爲「陪」之古字，不煩校改。

〔三五二〕第一箇「眼」，《敦煌文學叢考》校改作「淨」。

〔三五三〕「楳」，當作「媒」，《敦煌變文講經文因緣輯校》據文義校改，「楳」爲「媒」之借字。

〔三五四〕「籠」，當作「礱」，《敦煌文學叢考》據文義校改，「籠」爲「礱」之借字。

〔三五五〕「負」，《〈維摩詰經講經文〉（S. 4571）補校》校改作「孵」，按「負」有「孵育」義，不煩校改；「崔」，當作「摧」，《敦煌文學叢考》據文義校改，「崔」爲「摧」之借字。

〔三五六〕「畢」，當作「必」，《敦煌變文字義通釋》據文義校改，「畢」爲「必」之借字；「期」，當作「其」，《敦煌變文字義通釋》據文義校改，「期」爲「其」之借字。

〔三五七〕『倍』，《敦煌變文集》校改作『陪』，按『倍』爲『陪』之古字，不煩校改。

〔三五八〕『縷』，當作『鏤』，《敦煌變文字義通釋》據文義校改，『縷』爲『鏤』之借字。

〔三五九〕『永抛』，《敦煌變文講經文因緣輯校》校改作『水泡』；『亭』，通『停』，《敦煌變文集》《敦煌變文集新書》《敦煌變文校注》《敦煌變文講經文因緣輯校》均釋作『停』，誤。

〔三六〇〕『呈』，當作『程』，《敦煌變文集》據文義校改，『呈』爲『程』之借字。

〔三六一〕『茵』，當作『園』，據文義改，《敦煌變文集》《敦煌變文集新書》《敦煌變文校注》《敦煌變文講經文因緣輯校》均逕釋作『園』。

〔三六二〕『良』，當作『量』，《敦煌文學叢考》據文義校改，『良』爲『量』之借字。

〔三六三〕『覆』，《敦煌變文講經文因緣輯校》校改作『復』。

〔三六四〕『彫』，《敦煌變文集》校改作『凋』，按『彫』通『凋』，不煩校改。

〔三六五〕『金』，當作『今』，《敦煌變文集》據文義校改，『金』爲『今』之借字。

〔三六六〕『大』，當作『待』，《敦煌變文字義通釋》據文義校改，『大』爲『待』之借字。

〔三六七〕『眠』，當作『綿』，《敦煌變文集》據文義校改，『眠』爲『綿』之借字。以下同，不另出校。

〔三六八〕『鍵』，當作『健』，《敦煌變文校注》據文義校改。

〔三六九〕『工』，當作『功』，《『敦煌變文集』校記再補》據文義校改，『工』爲『功』之借字。

〔三七〇〕『種』，當作『重』，《『敦煌變文集』校記再補》據文義校改，『種』爲『重』之借字。。

〔三七一〕『稜層』，《敦煌變文講經文因緣輯校》校改作『崚嶒』，按『稜層』義即『崚嶒』，不煩校改。

〔三七二〕『婇』，《敦煌變文集》《敦煌變文集新書》《敦煌變文校注》《敦煌變文講經文因緣輯校》均釋作『綵』，誤；『琉』，當作『梳』，據文義改，《敦煌變文集》《敦煌變文集新書》《敦煌變文校注》《敦煌變文講經文因緣輯校》均逕釋作『梳』。

〔三七三〕『倍』，《敦煌變文集》校改作『陪』，按『倍』爲『陪』之古字，不煩校改。

〔三七四〕『旨』，《敦煌變文校注》認爲當讀作『衹』，《敦煌變文講經文因緣輯校》校改作『皆』。

〔三七五〕『仵』，《敦煌變文集》校改作『伍』，按『仵』通『伍』，不煩校改。

〔三七六〕『爲』，《敦煌文學叢考》校改作『謂』，按『爲』通『謂』，不煩校改。

〔三七七〕『莫』，《敦煌變文集》校改作『寞』，按『莫』通『寞』，不煩校改。

〔三七八〕『彫』，《敦煌變文集》《敦煌變文集新書》《敦煌變文校注》《敦煌變文講經文因緣輯校》均釋作『凋』，雖義可通而字誤。

〔三七九〕『牢』，當作『窂』，《敦煌文學叢考》據文義校改。

〔三八〇〕『摩』，當作『磨』，《敦煌變文講經文因緣輯校》據文義校改，『摩』爲『磨』之借字；『瓏』，當作『礱』，《敦煌變文講經文因緣輯校》據文義校改，『瓏』爲『礱』之借字；『虎』，《敦煌變文集》校改作『琥』，按『虎珀』即『琥珀』，不煩校改。

〔三八一〕『彫』，《敦煌變文集》校改作『雕』，按『彫』有『雕』義，不煩校改；『剋』，《敦煌變文集》校改作『刻』，按『剋』通『刻』，不煩校改。

〔三八二〕『由』，《〈維摩詰經講經文〉（S. 4571）補校》校改作『猶』，按『由』通『猶』，不煩校改。

〔三八三〕『上』，《敦煌文學叢考》校改作『尚』，按『上』通『尚』，不煩校改。

〔三八四〕『榭』，當作『謝』，《敦煌文學叢考》據文義校改，『榭』爲『謝』之借字。

〔三八五〕『教』，《敦煌變文講經文因緣輯校》校改作『校』。

〔三八六〕『刮』，當作『聒』，《語詞雜説》據文義校改，『刮』爲『聒』之借字。

〔三八七〕『秋』，《敦煌變文校注》釋作『愁』，校改作『秋』，按底本原寫作『愁』，『心』字底已被塗掉。

〔三八八〕『摩』，當作『磨』，《敦煌變文講經文因緣輯校》據文義校改，『摩』爲『磨』之借字；『瓏』，當作『礱』，《敦煌變文講經文因緣輯校》據文義校改，『瓏』爲『礱』之借字。

〔三八九〕『仕』，《敦煌變文校注》校改作『士』，按『仕』通『士』，不煩校改。

〔三九〇〕『偏』，《敦煌變文校注》校改作『翩』，按『偏』通『翩』，不煩校改。

〔三九一〕『丈』，當作『仗』，《〈維摩詰經講經文〉（S. 4571）補校》據文義校改，『丈』爲『仗』之借字。

〔三九二〕『聒』，當作『刮』，《敦煌變文講經文因緣輯校》據文義校改，『聒』爲『刮』之借字。

參考文獻

Descriptive Catalogue of the Chinese Manuscripts from Tunhuang in the British Museum, London：The Trustees of the British Museum, 1957, p. 185；《敦煌變文集》下集，北京：人民文學出版社，一九五七年，五一七至五六一頁（録）；《華東師大學報》一九五八年一期，三九至四〇頁；《華東師大學報》一九五八年二期，一一八至一一九頁；《中國語文》一九七八年二期，一一五至一一八頁；《敦煌變文字義通釋》，上海古籍出版社，一九八一年，四一六至四一七頁；《敦煌寶藏》三六册，臺北：新文豐出版公司，一九八二年，五八三至六〇九頁（圖）；《敦煌研究》一九八二年試刊二期，一三八至一三九頁（録）；《敦煌變文：石窟裏的老傳説》，臺北：時報文化出版公司，一九八三年，九至一四頁（録）；《講座敦煌7敦煌と中國佛教》，東京：大東出版社，一九八四年，三二六頁（録）；《蘭州大學學報》一九八六年二期，一八頁；《敦煌研究》一九八七年二期，五八至六八頁；《杭州師範學院學報》一九八九年五期，一一七頁；《敦煌研究》一九九〇年二期，九八頁；《敦煌文書學》，臺北：新文豐出版公司，一九九一年，二六九頁（録）；《敦煌文學叢

考》，上海古籍出版社，一九九一年，二七〇至二九一頁；《英藏敦煌文獻》六卷，成都：四川人民出版社，一九九二年，一三八至一五七頁（圖）；《敦煌説唱文學概論》，臺北：新文豐出版公司，一九九三年，一〇六至一〇七、二四六至二四七頁（録）；《敦煌文書校讀研究》，臺北：文津出版社，一九九三年，七〇至七七、一〇四至一〇五、二九九、二〇一、二三六至二三七頁；《敦煌僧詩校輯》，蘭州：甘肅人民出版社，一九九四年，一七至二四頁（録）；《敦煌變文集新書》，臺北：文津出版社，一九九四年，二一七至二六〇頁（録）；《敦煌研究文集·敦煌論稿》，蘭州：甘肅文化出版社，一九九五年，三五一至三六六頁（録）；《敦煌俗字研究導論》，臺北：新文豐出版公司，一九九六年，九九、一一三、一五九、二〇五、二四三頁；《敦煌變文校注》，北京：中華書局，一九九七年，七五一至八〇六頁（録）；《敦煌變文講經文因緣輯校》，南京：江蘇古籍出版社，一九九八年，二七三至三三三頁（録）；《敦煌研究》一九九九年二期，一五二至一五五頁；《英國圖書館藏敦煌遺書目録（斯 06981 號–08400 號）》，北京：宗教文化出版社，二〇〇〇年，三二九頁（録）；《敦煌學輯刊》二〇〇一年二期，一至一三頁；《文史》二〇〇一年四輯，一五一、一五五至一五六頁（録）；《敦煌學輯刊》二〇〇二年二期，三〇至三二頁（録）；《敦煌語言文字學研究》，蘭州：甘肅教育出版社，二〇〇二年，三〇九頁；《敦煌變文集校議》，北京：中華書局，二〇〇二年，二七九頁；《柱馬屋存稿》，北京：商務印書館，二〇〇三年，五九頁；《敦煌研究》二〇〇三年三期，一〇五頁；《敦煌研究》二〇〇三年四期，六四頁；《敦煌文獻研究》，長沙：湖南師範大學出版社，二〇〇五年，一二一至一二三、一三一、一三五至一三七、二二〇至二二二頁；《敦煌研究》二〇〇六年一期，一〇三頁；《敦煌歌辭總編》，上海古籍出版社，二〇〇六年，一八三〇至一八三一頁（録）；《項楚論敦煌學》，上海科學技術文獻出版社，二〇〇八年，四一頁（録）；《文學遺産》二〇一五年五期，一四〇頁；《中國語文》二〇一八年四期，四七七至四七九頁；《敦煌研究》二〇一九年二期，九五、九九至一〇〇頁；《西南民族大學學報》二〇二一年一〇期，五九頁；《唐研究》二七卷，北京大學出版社，二〇二二年，五九至六四頁；《敦煌文學藝術的多維詮釋》，成都：巴蜀書社，二〇二二年，一五至三一頁（録）。

斯四五七一+斯八一六七　二　雜寫（寫了）

釋文

寫了。

説明

以上文字係時人隨手書寫於『維摩詰經講經文』第二斷片第二紙行間。

參考文獻

《敦煌寶藏》三六册，臺北：新文豐出版公司，一九八二年，五九五頁（圖）；《英藏敦煌文獻》六卷，成都：四川人民出版社，一九九二年，一四〇頁（圖）。

斯四五七一背＋斯八一六七背　一　雜寫

釋文

第四

維摩經

説明

以上文字係時人隨手寫於『維摩詰經講經文』第一斷片第二紙、第二斷片第三紙背面。《敦煌寶藏》《英藏敦煌文獻》均未收，現予增收。

斯四五七一背+斯八一六七背　二　某年十月衙内都部署使馮某謝僧狀

釋文

伏蒙
法眷，特垂
訪及，偶闕佇
迎之禮，但增佩荷之誠。所留
盛刺〔一〕，焉敢當克。謹修狀封
納陳
謝。伏惟
照察，謹狀。
　　十月　日衙内都部署使銀青光禄大夫檢校工部尚書兼御史大夫上柱國馮（花押）〔二〕

説明

此件首尾完整，書寫於『維摩詰經講經文』第六斷片第十三紙背面，倒書，筆跡與前件不同，其内容爲歸義軍衙内都部署使馮某的謝僧狀。狀文中的『盛剌』，是某僧人拜謁馮某的門狀，此件是馮某將此門狀封還給僧人的謝狀（參看王使臻《敦煌遺書中的『門狀』》，《尋根》二〇一四年五期，九九至一〇〇頁）。

校記

〔一〕『盛』，《敦煌遺書中的『門狀』》《敦煌所出唐宋書牘整理與研究》均釋作『□』，校補作『盛』，按底本『盛』字清晰。

〔二〕此處的花押，《敦煌社會經濟文獻真蹟釋録》釋作『□狀』，《敦煌遺書中的『門狀』》《敦煌所出唐宋書牘整理與研究》釋作『□□』。

參考文獻

Descriptive Catalogue of the Chinese Manuscripts from Tunhuang in the British Museum, London：The Trustees of the British Museum, 1957, p. 185；《敦煌寶藏》三六册，臺北：新文豐出版公司，一九八二年，六〇九頁（圖）；《古漢語研究》一九八八年一期，七四頁；《敦煌社會經濟文獻真蹟釋録》五輯，北京：全國圖書館文獻縮微複製中心，一九九〇年，三三頁（圖）（録）；《英藏敦煌文獻》六卷，成都：四川人民出版社，一九九二年，一五八頁（圖）；《敦煌書儀語言研究》，北京：商務印書館，二〇〇七年，七九頁；《尋根》二〇一四年五期，九九至一〇〇頁（圖）（録）；《敦煌所出唐宋書牘整理與研究》，成都：西南交通大學出版社，二〇一六年，二四〇頁（録）。

斯四五七一背+斯八一六七背　三　某年三月隨使宅案孔目官孫延滔謝僧吊儀狀

釋文

錢財駝馬壹箱〔一〕、酒壹瓶〔二〕。
右伏蒙
大德眷私〔三〕，以延滔遐聆
訃告，方積哀摧，迴垂
慰問之
緘封，特遺
吊儀之
厚禮。彌增悲感，益認
優隆。已依
仁旨祇留訖。謹修狀陳
謝。伏惟

照察，謹狀。

三月　日隨　使宅案孔目官孫延滔狀

説明

此件首尾完整，書寫於『維摩詰經講經文』第六斷片第十四紙背面，倒書，筆跡與前兩件均不同，其内容爲孔目官孫延滔對某僧的吊儀厚禮表示感謝的書狀。王祥偉認爲寺院在吊孝活動中一般一名吊孝者僅用幾尺布而已，像此件中用錢財、駝馬、酒等『厚禮』者，一般只在助葬的時候纔使用（參《歸義軍時期敦煌寺院的吊孝活動》，《敦煌學輯刊》二〇〇六年二期，一五一頁）。

校記

〔一〕『壹』，《敦煌所出唐宋書牘整理與研究》釋作『一』，雖義可通而字誤。

〔二〕『壹』，《敦煌所出唐宋書牘整理與研究》釋作『一』，雖義可通而字誤。

〔三〕『蒙』，《敦煌所出唐宋書牘整理與研究》釋作『緣』，誤。

參考文獻

Descriptive Catalogue of the Chinese Manuscripts from Tunhuang in the British Museum, London: The Trustees of the British Museum, 1957, p. 185；《敦煌寶藏》三六册，臺北：新文豐出版公司，一九八二年，六一〇頁（圖）；《敦煌社會經濟文

獻真蹟釋録》五輯，北京：全國圖書館文獻縮微複製中心，一九九〇年，三四頁（圖）（録）；《英藏敦煌文獻》六卷，成都：四川人民出版社，一九九二年，一五八頁（圖）；《敦煌學輯刊》，二〇〇六年二期，一五〇至一五一頁；《敦煌所出唐宋書牘整理與研究》，成都：西南交通大學出版社，二〇一六年，二四〇至二四一頁（録）。

斯四五七五　大般若波羅蜜多經卷第一四三勘經題記

釋文

兑。

説明

以上文字大字書寫於《大般若波羅蜜多經》卷第一四三末紙天頭，表示此紙佛經已經作廢。《英藏敦煌文獻》未收，現予增收。

參考文獻

Descriptive Catalogue of the Chinese Manuscripts from Tunhuang in the British Museum, London: The Trustees of the British Museum, 1957, p. 16（録）；《敦煌寶藏》三六册，臺北：新文豐出版公司，一九八二年，六一七頁（圖）。

斯四五七七　癸酉年（公元九七三年）十月五日楊將頭遺書抄

釋文

癸酉年十月五日申時[一]，楊將頭遺留：与小妻富子伯師一口，又鏡架匱子，又舍一院。妻仙子大鍋壹口[二]。定千与驢一頭，白疊襖子一[三]，玉腰帶兩條。定女一斗鍋子一口。定勝鏊子一，又匱壹口[四]。

説明

此件首尾完整，内容爲遺書，但没有當事人及見人簽押，應爲抄件。《敦煌資料》一輯擬名『楊將頭分配遺物憑據』，《敦煌遺書總目索引》擬名『楊將頭遺物分配字據』，《英藏敦煌文獻》擬名『癸酉年十月五日楊將頭留與小妻等遺物書』。按，同類文書斯二一九九，原題『尼靈惠唯（遺）書』，羽五三號是首部稱『故立違（遺）書』者，可知此類文書一般稱作『遺書』，兹據以擬今名。

癸酉年，翟理斯疑爲公元九一三年（*Descriptive Catalogue of the Chinese Manuscripts from Tunhuang in the British Museum*, p. 259），沙知疑爲八五三年（《敦煌契約文書輯校》，五一四頁）。據李正宇研究，楊將頭

之子楊定千開寶八、九年（公元九七五、九七六年）爲學士郎，故此處『癸酉年』應爲九七三年（參見《歸義軍曹氏『表文三件』考釋》，《文獻》一九八八年三期，六至七頁）。

校記

〔一〕『年』，《敦煌遺書總目索引新編》誤認爲底本脱。

〔二〕『壹』，《敦煌遺書總目索引新編》釋作『一』，雖義可通而字誤。

〔三〕『疊』，《敦煌遺書總目索引》校改作『緤』，《歸義軍曹氏『表文三件』考釋》校改作『氎』，按『疊』可通，不煩校改。

〔四〕『壹』，《敦煌遺書總目索引新編》釋作『一』，雖義可通而字誤。

參考文獻

Descriptive Catalogue of the Chinese Manuscripts from Tunhuang in the British Museum, London：The Trustees of the British Museum, 1957, p. 259；《敦煌資料》一輯，北京：中華書局，一九六一年，四二二頁（録）；《敦煌寶藏》三六册，臺北：新文豐出版公司，一九八二年，六一八頁（圖）；《敦煌遺書總目索引》，北京：中華書局，一九八三年，二〇四頁（録）；《文獻》一九八八年三期，六頁（録）；《新疆社會科學》一九八八年三期，九五頁（録）；《敦煌社會經濟文獻真蹟釋録》二輯，北京：全國圖書館文獻縮微複製中心，一九九〇年，一五四頁（圖）（録）；《英藏敦煌文獻》六卷，成都：四川人民出版社，一九九二年，一五九頁（圖）；《中國歷代契約會編考釋》（上），北京大學出版社，一九九五年，四九七至四九八頁（録）；《五—十世紀敦煌的家庭與家族關係》，長沙：岳麓書社，一九九七年，九六頁；《敦煌

契約文書輯校》，南京：江蘇古籍出版社，一九九八年，五一四頁（録）；《中國史研究》一九九九年三期，九〇頁；《敦煌吐魯番法制文書研究》，蘭州：甘肅人民出版社，二〇〇〇年，一七三至一七四頁（録）；《敦煌遺書總目索引新編》，北京：中華書局，二〇〇〇年，一四二至一四三頁（録）；《敦煌歸義軍史專題研究續編》，蘭州大學出版社，二〇〇三年，三七二頁。

斯四五七八　詠月婆羅門曲子四首

釋文

望月婆羅門，青霄現金身〔一〕，面帶黑色□益〔二〕，錫杖鉢（撥）天門〔三〕，雙林禮世尊。

望月隴西生〔四〕，光[明]宮裏落（樂）轟轟〔五〕，兩邊仙人常瞻仰〔六〕，鸞舞鶴彈箏，鳳凰説法聽。

望月曲彎彎，初生似玉環，漸漸團圓在東邊，銀城周迴星流遍，錫杖奪天門（關）〔七〕，明珠四畔懸。

望月在邊州，江東海北頭，自從親向月中遊，隨佛逍遥登上界，端坐寶花樓，千秋以萬秋。

説明

此件首尾完整，首部右下角殘，存曲子四首，無題。任半塘認爲調名帶題名，應以《教坊記》所見

『望月婆羅門』爲題，並據末句推測此四首爲唐玄宗時作品（參見《敦煌歌辭總編》，八二四至八二六頁）。《全唐五代詞》第一首以《婆羅門》爲調，而以『詠月曲子』爲題，後三首分別題『其二』『其三』『其四』（參見《全唐五代詞》，八六三頁）。《全敦煌詩》先總題『婆羅門詠月曲子四首』，又依次在各首前題『其一』『其二』『其三』『其四』（參見《全敦煌詩》，五一五四至五一五八頁）。此件有背題『詠月婆羅門曲子四首』，筆跡相同，《英藏敦煌文獻》據此擬名，兹從之。

除此件外，敦煌文獻中保留的『詠月婆羅門』尚有斯一五八九背、伯二七〇二背兩件。其中斯一五八九背起『望月在邊州』，訖『漸漸團圓在東邊』，存『望月在邊州』全首，及『望月曲彎彎』前半首；伯二七〇二背起『望月婆羅門』，訖『兩邊仙人相苫』，存『望月婆羅門』全首，而『望月隴西生』未抄完。

以上釋文以斯四五七八爲底本，因本書第七卷在對斯一五八九背進行釋録時，曾以此件作爲校本，故後兩首之異同已見於斯一五八九背之校記。前兩首用伯二七〇二背（稱其爲甲本）參校。

校記

〔一〕『霄』，甲本作『簫』，『簫』爲『霄』之借字。

〔二〕『帶』，甲本作『戴』；『益』，甲本作『億』。

〔三〕『杖』，甲本作『丈』，均可通；『鉢』，當作『撥』，據甲本改，『鉢』爲『撥』之借字。

〔四〕『月』後甲本有『婆皿』，係誤寫。

〔五〕『明』，據殘筆劃及甲本補；『裏』，甲本作『李』，『李』爲『裏』之借字；『落』，甲本同，當作『樂』，《敦煌曲校録》據文義校改，『落』爲『樂』之借字。

〔六〕『常』，甲本作『相』；『瞻』，甲本作『苦（？）』，誤。甲本止於此句。

〔七〕『奪』，《敦煌歌辭總編》疑當校改作『撥』；『門』，當作『關』，《敦煌曲校録》據文義校改。

參考文獻

《敦煌曲子詞集》，北京：商務印書館，一九五〇年，二一頁（録）；《敦煌曲校録》，上海文藝聯合出版社，一九五五年，六八至六九頁（録）；《敦煌寶藏》三六册，臺北：新文豐出版公司，一九八二年，六一九頁（圖）；《敦煌歌辭總編》，上海古籍出版社，一九八七年，八二三至八二九頁（録）；《英藏敦煌文獻》三卷，成都：四川人民出版社，一九九〇年，九九頁（圖）；《敦煌歌辭選注》，瀋陽：遼寧人民出版社，一九九一年，一四五至一四七頁（録）；《語言研究》一九九二年一期，五六頁；《英藏敦煌文獻》六卷，成都：四川人民出版社，一九九二年，一五九至一六〇頁（圖）；《敦煌佛學·佛事篇》，蘭州：甘肅民族出版社，一九九五年，二一三頁（録）；《敦煌研究》一九九五年四期，七五頁；《敦煌俗字研究導論》，臺北：新文豐出版公司，一九九六年，二二三頁（録）；《敦煌學大辭典》，上海辭書出版社，一九九八年，五三二頁；《全唐五代詞》，北京：中華書局，一九九九年，八六三至八六五頁（録）；《敦煌歌辭總編匡補》，成都：巴蜀書社，二〇〇〇年，九八頁；《法藏敦煌西域文獻》一七册，上海古籍出版社，二〇〇一年，三〇八頁（圖）；《饒宗頤二十世紀學術文集·敦煌學》，臺北：新文豐出版公司，二〇〇三年，八三六至八三八頁（録）；《敦煌曲子詞地域文化研究》，上海古籍出版社，二〇〇四年，四一、一一〇、一六〇、一九三頁；《全敦煌詩》一一册，北京：作家出版社，二〇〇六年，五一五四至五一五九頁（録）；《英藏敦煌社會歷史文獻釋録》七卷，北京：社會科學文獻出版社，二〇一〇年，二九九至三〇〇頁。

斯四五七八背　一　雜寫（巧女構等）

釋文

流

　　流流流　流（？）

巧　巧女構

説明

以上文字係時人隨手書寫於『詠月婆羅門曲子四首』卷背，其中第二行爲倒書。

參考文獻

《敦煌寶藏》三六册，臺北：新文豐出版公司，一九八二年，六一九頁（圖）；《英藏敦煌文獻》六卷，成都：四川人民出版社，一九九二年，一六〇頁（圖）。

斯四五七八背　二　背題（詠月婆羅門曲子四首）

釋文

詠月婆羅門曲子四首

説明

以上文字墨色和筆跡與正面詩歌相同，應係背題。

參考文獻

Descriptive Catalogue of the Chinese Manuscripts from Tunhuang in the British Museum, London：The Trustees of the British Museum, 1957, p. 240（録）；《敦煌寶藏》三六册，臺北：新文豐出版公司，一九八二年，六一九頁（圖）；《英藏敦煌文獻》六卷，成都：四川人民出版社，一九九二年，一六〇頁（圖）。

斯四五八三　一　唐天寶六載（公元七四七年）敦煌郡敦煌縣效穀鄉□□里籍

釋文

（前缺）

敦煌郡[一]　敦煌縣[二]　效穀鄉[三]　□□里[四]　天寶六載籍[五]

一段□[六]　城東卅里瓜（瓜）渠[七]　東河　西路[八]　□

户主□仁明[九]　載肆拾壹歲　上柱國　開元廿八載五月十五日授[一〇]。曾伽，祖林，父立。下下户。不課户[一一]。

母辛　載陸拾陸歲　老寡　空。

男良輔　載玖歲　小男　空。

女黑子　載叁歲　黄女　天寶四載帳後附，空。

女尚子　載叁歲　黄女　天寶四載帳後附，空。

女足足　載貳歲　黄女　天寶五載帳後附，空。

姊進娘　載肆拾柒歲　中女　空。

姊妃娘　載肆拾肆歲　中女　空。

妹伏介　載叁拾伍歲　中女　空。

合應受田叁拾壹頃叁拾叁畝[一二]　叁拾玖畝已受，廿畝永業，十八畝口分，一畝居住園宅[一三]，卅一頃四畝未受[一四]。

一段叁畝永業　城東卅里兩支渠　東彭瑒[一五]　西渠　南坑　北路

一段拾伍畝永業　城東卅里八尺渠　東索（？）福[一六]　西舍　南自田　北路

一段壹畝永業　城東卅里兩支渠[一七]　東何師子　西井　南澤　北舍

□[一八]　天寶六載籍[一九]

（後缺）

説明

此卷首尾均缺，僅存一紙，正面爲唐代户籍，鈐有官印，係正式文書。户籍行間有雜寫兩行。背面爲『悉曇頌曲子四首』，是時人利用廢棄後官文書的背面抄寫。IDP誤將『悉曇頌』作正面，户籍作背面。

此件鈐有陽文朱印多方，首部紙縫處四方，爲『敦煌縣之印』；中部『上柱國』下及『天寶四載帳後附，空』『天寶五載帳後附，空』各鈐印一方，印文不清；尾部紙縫處五方，上一方爲『敦煌郡之印』，下四方爲『敦煌縣之印』。玉井是博擬題爲『敦煌郡敦煌縣效穀鄉□□里天寶六載籍』（參見《再び敦煌户籍殘卷について》，《東洋學報》二四卷四號，四三七至四三八頁）；《敦煌資料》擬題爲『天寶五載（公元七四六）帳後敦煌郡敦煌縣效穀鄉户籍殘卷』（參見《敦煌資料》一輯，三三頁）；池田温擬題爲『唐天寶六載（七四七）敦煌郡敦煌縣效穀鄉□□里籍』（參見《中國古代籍帳研究》，一九一頁），兹從之。

校記

〔一〕『敦煌郡』，《中國古代籍帳研究》據文義校補，《敦煌社會經濟文獻真蹟釋録》逕釋作『敦煌郡』。

〔二〕『敦』，《中國古代籍帳研究》據文義校補；『煌縣』，《中國古代籍帳研究》據殘筆劃及文義校補，《再び敦煌户籍殘卷について》《敦煌社會經濟文獻真蹟釋録》均逕釋作『煌縣』。

〔三〕『效穀鄉』，《中國古代籍帳研究》據殘筆劃及文義校補，《再び敦煌户籍殘卷について》《敦煌社會經濟文獻真蹟釋録》均逕釋作『效穀鄉』。

〔四〕『里』，《中國古代籍帳研究》據文義校補。

〔五〕『天寶六載籍』，《中國古代籍帳研究》據文義校補。

〔六〕『一段』，《中國古代籍帳研究》據户籍文例校補。

〔七〕『爪』，當作『瓜』，據文義改，《敦煌資料》《中國古代籍帳研究》《敦煌社會經濟文獻真蹟釋録》均逕釋作『瓜』。

〔八〕《中國古代籍帳研究》據文例推測後文係『南』『北』之界。

〔九〕『户主』，《中國古代籍帳研究》據户籍文例校補；『仁』，據殘筆劃及文義補，《中國古代籍帳研究》、《敦煌社會經濟文獻真蹟釋録》、《敦煌吐魯番文書初探》（二編）、《敦煌吐魯番文書論稿》、《敦煌學史事新證》均逕釋作『仁』。

〔一〇〕『授』，《中國古代籍帳研究》據殘筆劃及文義校補，《敦煌社會經濟文獻真蹟釋録》逕釋作『授』；『授』後《中國古代籍帳研究》校補『甲頭』二字，《敦煌社會經濟文獻真蹟釋録》認爲『甲頭』當校補於句末。

〔一一〕『户』，《中國古代籍帳研究》據殘筆劃及文義校補，《敦煌資料》《敦煌社會經濟文獻真蹟釋録》逕釋作『户』。

〔一二〕第二個『叁』，《敦煌學史事新證》釋作『肆』，誤。

〔一三〕『宅』，據殘筆劃及文義補，《再び敦煌户籍殘卷について》《敦煌資料》《中國古代籍帳研究》《敦煌社會經濟文獻真蹟釋録》均逕釋作『宅』。

〔一四〕『一』，《敦煌學史事新證》漏録；『四』，《敦煌學史事新証》釋作『廿二』，誤。

〔一五〕『瑒』，《敦煌社會經濟文獻真蹟釋録》釋作『場』，誤。

〔一六〕『索』，《中國古代籍帳研究》疑作『乎』。

〔一七〕『卅』，《唐五代敦煌畜牧區域研究》釋作『卌』，誤。

〔一八〕此句，《中國古代籍帳研究》校補作『燉煌郡燉煌縣效穀鄉　　里』。

〔一九〕『天寶六載籍』，《中國古代籍帳研究》據殘筆劃及户籍文例校補，《再び敦煌户籍殘卷について》逕釋作『天寶六載籍』。

參考文獻

《東洋學報》二四卷四號，一九三七年，四三七至四三九頁（録）；《敦煌資料》一輯，北京：中華書局，一九六一年，三三至三四頁（録）；《中國古代籍帳研究》，東京大學出版會，一九七九年，一九一頁（録）；《講座敦煌3敦煌の社會》，東京：大東出版社，一九八〇年，二七七頁；《敦煌寶藏》三六册，臺北：新文豐出版公司，一九八二年，六二六頁（圖）；《西北史地》一九八三年四期，八五頁；《1983年全國敦煌學術討論會文集》（文史・遺書編上），蘭州：甘肅人民出版社，一九八七年，二八六、二八九頁（録）；《敦煌社會經濟文獻真蹟釋録》一輯，北京：書目文獻出版社，一九八六年，一六〇頁（圖）（録）；《敦煌吐魯番文書初探》（二編），武漢大學出版社，一九九〇年，三八八頁；《英藏敦煌文獻》六卷，成都：四川人民出版社，一九九二年，一六〇頁（圖）；《唐代人口問題研究》，武漢大學出版社，一九九三年，四三七頁；《敦煌學輯刊》一九九六年二期，一一至二七頁；《敦煌歸義軍史專題研究》，蘭州大學出版社，一九九七年，二一九頁；《敦煌學史事新證》，蘭州：甘肅教育出版社，二〇〇二年，一一二頁。

斯四五八三　二　雜寫

釋文

准條責罪道禮無
尚書郎君男身（？）僧政品

説明

以上文字係時人隨手寫於户籍行間。

參考文獻

《敦煌寶藏》三六册，臺北：新文豐出版公司，一九八二年，六二六頁（圖）；《英藏敦煌文獻》六卷，成都：四川人民出版社，一九九二年，一六〇頁（圖）。

斯四五八三背　悉曇頌曲子四首

釋文

（前缺）

看内外照。眼中有曀須磨燿〔一〕，銅鏡不磨不中照〔二〕。遥遼了〔三〕，若掃〔四〕。薩訶也〔五〕，淨掃〔六〕。

吐嫩岸〔七〕，頞崖畔〔八〕，第六心裹禪門觀〔九〕。不來不去無崖畔，覺上看覺除定亂〔一〇〕。佛与衆生同體斷（段）〔一一〕，本源清淨魔（塵）垢散〔一二〕。歎底禮歎〔一三〕，魯留盧樓頞崖畔〔一四〕。諸佛子，莫慢看〔一五〕，道上大有羅刹喚。愚人來去相繫伴（絆）〔一六〕，染著色塵心遼亂〔一七〕。行住坐卧無體斷（段）〔一八〕，在於衆生壯叫喚〔一九〕。得[他]勸諫即摧難〔二〇〕。耶羅囉〔二一〕，荼觀〔二二〕。薩訶也〔二三〕，鈍漢〔二四〕。

拂魯与〔二五〕，拂魯与〔二六〕，第七圓明大惠悟〔二七〕。四門十八離名數〔二八〕，生死妙有玄通度〔二九〕。三界大師實難遇〔三〇〕，生心動念勿令住〔三一〕。愛河逆順不流住〔三二〕，即心非心魔自去〔三三〕。去底禮去〔三四〕，魯留盧樓拂魯与〔三五〕。諸佛子，常覺悟〔三六〕，淨心住立無染污〔三七〕，一切磨（魔）軍自然去〔三八〕。依閭呂〔三九〕，專住〔四〇〕。薩訶也，待（大）悟〔四一〕。

紇略藥〔四二〕，紇略藥〔四三〕，第八禪門絶斟酌〔四四〕。不高不下無樓閣〔四五〕，不出不入無城廓〔四六〕。視相見聲〔即〕初學〔四七〕，生心動念勿令著〔四八〕。久坐用功作不作〔四九〕，無樂可樂是常樂〔五〇〕。惠燈一照三千廓〔五一〕，定水常清八方（萬）爍〔五二〕。十方諸佛同開覺〔五三〕，覺得裹博〔五四〕，魯留盧樓紇略藥〔五五〕。諸佛子，自在作，莫制約。四維上下不可度，住寂涅盤同開覺〔五六〕。甚可樂〔五七〕，樂無著。薩訶也，等覺。

説明

此件首缺尾全，起『看内外照』，訖『薩訶也，等覺』，所抄内容出自《佛説楞伽經禪門悉談章》的後半部分，所頌爲傳説由菩提達摩和尚帶入、跋陀三藏翻譯的五卷本《楞伽經》（參見張子開《敦煌文獻中的白話禪詩》，《敦煌學輯刊》二〇〇三年一期，八六頁）。『悉曇』是印度人學習梵語的啓蒙教材，隨佛經傳入中土並廣泛流傳。

任半塘考訂此件作者爲晚唐時期的釋寰中（參見《敦煌歌辭總編》，九五二頁）。饒宗頤疑作者爲開天之際的大興善寺沙門定惠（參見《〈禪門悉曇章〉作者辨》，《中印文化關係史論集·語文篇——悉曇學緒論》，一三八至一四〇頁）。周廣榮認爲此歌辭出現的時間不會早於太和四年（公元八三〇年），贊成作者爲釋寰中的説法（參見《敦煌〈悉曇章〉歌辭源流考略》，《敦煌研究》二〇〇一年一期，一四三頁）。

敦煌文獻中保存的相同文本，尚有伯二二〇四、伯二二一二、伯三〇九九、伯三〇八二、BD四一等五件寫本。其中伯二二〇四首尾完整，起首題『佛説楞伽經禪門悉談章并序』，訖尾題『天福陸年辛丑歲十二月十九日淨土寺比丘僧願宗題。迷頭上小，自後再堪，知敦煌懸伯（？）公索』；伯二二一二首尾完整，起首題『佛説楞伽經禪門悉談章并序』，訖『娑訶耶等覺』；伯三〇八二首缺尾全，烏絲欄，起『諸佛子，莫毁傍（謗）』，訖『思訶夜等覺』；伯三〇九九冊頁裝，首全尾缺，起首題『佛説楞伽經禪門悉談章并序』，訖尾題『九月貳日札手劉□記耳』；BD四一首缺尾全，起『名色望呼石如以等色貌』，訖『娑呵也等覺』。

以上釋文以斯四五八三爲底本，用伯二二〇四（稱其爲甲本）、伯二二一二（稱其爲乙本）、伯三〇八二（稱其爲丙本）、伯三〇九九（稱其爲丁本）、BD四一（稱其爲戊本）參校。

校記

〔一〕『曀』，甲、乙、丙、丁本作『翳』，戊本作『㬌』，均可通；『磨』，甲、丙、丁、戊本同，乙本作『摩』，『摩』爲『磨』之借字；『燿』，甲、乙、丁本作『曜』，丙本作『照』，戊本作『耀』。

〔二〕『磨』，甲、乙、丙、丁本同，戊本作『摩』，『摩』爲『磨』之借字。

〔三〕『遥』，甲、乙、丁本同，丙本作『僚』，戊本作『摇』；『遼』，甲、丁本作『燎』，乙、丙本作『僚』，戊本作『寮』；『了』，戊本同，甲、乙、丙、丁本作『料』。

〔四〕『若』，甲、乙、丁本作『作』，丙、戊本作『條』；『掃』，丙、戊本同，甲、乙、丁本作『好』。

〔五〕『薩』，甲、乙、丁、戊本作『娑』，丙本作『斯』；『訶』，甲、乙、丙、丁本同，戊本作『呵』；『也』，戊本同，甲、乙、丙、丁本作『耶』。

〔六〕『淨掃』，丙、戊本同，甲、乙、丁本作『莫惱』。

〔七〕『吐嫩岸』，甲、丁本作『頞崖畔』，乙本作『桉賴畔』，丙本作『案崖畔』，戊本作『按崖畔』。

〔八〕『頞』，甲、丁本同，乙本作『桉』，丙本作『案』，戊本作『按』；『崖』，甲、丙、丁、戊本同，乙本作『賴』。

〔九〕『第』，乙、丙、戊本同，甲、丁本作『弟』，按寫本中『第』『弟』形近易混，故可視作『第』，以下同，不另出校；『裏』，甲、丙、丁本同，乙、戊本作『離』。

〔一〇〕『覺上看覺除』，甲、乙、丁、戊本同，丙本作『不出不入無』；『亂』，乙、丙、戊本同，甲、丁本作『胤』，誤。

〔一一〕『佛』，乙、丙、丁、戊本同，甲本作『佛子』；『斷』，當作『段』，據甲、乙、丙、丁、戊本改，『斷』爲『段』之借字。

〔一二〕『源』，甲、丁、戊本作『元』，乙、丙本作『原』；『魔』，丙、戊本同，甲、丁本作『磨』，乙本作『摩』，當作『塵』，《敦煌歌辭總編匡補》據文義校改；『散』，乙、丙、丁、戊本同，甲本作『歎』，『歎』爲『散』之借字。

〔一三〕第一個『歎』，乙、丁、戊本同，甲、丙本作『散』；『底』，甲、乙、丁、戊本同，丙本作『多』；『禮』，甲、丁本作『領』，乙、丙、戊本作『利』；第二個『歎』，甲、乙、丁本同，丙本作『散』，戊本脱。

〔一四〕『留』，甲、乙、丁本同，丙、戊本作『流』；『頞』，甲、丁本同，乙本作『桉』，丙本作『案』，戊本作『按』；『崖』，甲、丙、丁本同，乙本作『賴』，戊本作『可』。

〔一五〕『慢』，甲、丙、丁、戊本同，乙本作『漫』；『看』，甲、乙、丁、戊本同，丙本作『侃』，『侃』爲『看』之借字。

〔一六〕『去』，甲、乙、丁、戊本同，丙本作『時』；『相』，甲、乙、丙、丁、戊本作『常』；『繫』，甲、乙、丁、戊本同，丙本作『結』；『伴』，丙本同，戊本作『半』，當作『絆』，據甲、乙、丁本改，『伴』『半』均爲『絆』之借字，丙本前後兩字作『結伴』，可通。

〔一七〕『遼』，甲、乙、丁本作『僚』，戊本作『寮』，『僚』『寮』爲『遼』之借字。此句丙本無。

〔一八〕『坐』，乙、戊本同，甲、丁本作『座』，『座』可用同『坐』；『斷』，當作『段』，據甲、乙、丁、戊本改，『斷』爲『段』之借字。此句丙本無。

〔一九〕『生』，甲、乙、丙、丁、戊本作『中』；『壯』，戊本同，甲、丁本作『漫』，乙本作『滂』，丙本作『慢』。

〔二〇〕『他』，據殘筆劃及甲、乙、丙、丁、戊本補；『諫』，甲、乙、丙、丁本同，戊本作『間』，『間』爲『諫』之借字；『即』，甲、乙、丁、戊本同，丙本作『須』；『摧』，甲、乙、丁本作『撅』，丙本作『掘』，戊本作『權』，誤。

〔二一〕『耶』，甲、乙、丁、戊本同，丙本作『夜』；『囉』，戊本同，甲、乙、丙、丁本作『邏』。

〔二二〕『觀』，丙、戊本同，甲、丁本作『灌』，乙本作『濯』。

〔二三〕『薩』，甲、乙、丁、戊本作『娑』，丙本作『思』；『訶』，甲、乙、丙、丁本同，戊本作『呵』；『也』，戊本同，甲、乙、丁本作『耶』，丙本作『夜』。以下同，不另出校。

〔二四〕『鈍』，甲、乙、丁、戊本同，丙本作『屯』。

〔二五〕『拂』，甲、乙、丁本作『普』，丙本作『勃』，戊本作『佛』；『魯』，戊本同，甲、乙、丙、丁本作『路』；『与』，丙本同，甲、乙、丁本作『喻』，戊本作『逾』。

〔二六〕『拂』，甲本無，乙、丁本作『普』，丙本作『勃』，戊本作『佛』；『魯』，戊本同，甲本無，乙、丙、丁本作『路』；『与』，丙本同，甲本無，乙、丁本作『喻』，戊本作『逾』。

〔二七〕「圓」，甲、乙、丁、戊本同，丙本作「無」；「惠」，丙本同，甲、乙、丁本作「慧」，「慧」通「惠」，戊本作「覺」。

〔二八〕此句甲、乙、丁、戊本同，丙本無。

〔二九〕「生」，甲、乙、丁本同，丙、戊本作「四」；「死」，乙本脱，甲、丁本作「滅」，丙、戊本作「生」；「玄」，丙本同，甲、乙、丁、戊本作「懸」。

〔三〇〕「遇」，甲、乙、丁、戊本同，丙本作「愚」，「愚」爲「遇」之借字。

〔三一〕「心動念勿令住」，甲、丁本作「死涅槃不合渡」，乙本作「死涅盤不合渡」，戊本作「死涅盤不合往」。此句丙本無。

〔三二〕「河」，甲、乙、丁本同，戊本作「何」，「何」爲「河」之借字；「逆」，甲、乙、丁本同，戊本作「送」，誤；「順」，甲、乙、丁、戊本作「上」；「流」，戊本同，甲、乙、丁本作「留」，「流」通「留」；「住」，甲、乙、丁本同，戊本作「注」。此句丙本無。

〔三三〕「即」，甲、乙、丁、戊本同，丙本作「則」；「非心」，甲、乙、丙、丁本同，戊本脱。

〔三四〕「底」，甲、乙、丁、戊本同，丙本作「多」；「禮」，丙本無，甲、丁本作「裏」，乙、戊本作「利」。

〔三五〕「留」，甲、乙、丁本同，丙、戊本作「流」；「拂」，甲、乙、丁本作「普」，丙本作「勃」，戊本作「沸」；「魯」，戊本同，甲、乙、丙、丁本作「路」；「与」，丙本同，甲、乙、丁本作「喻」，戊本作「與」。

〔三六〕「覺悟」，甲、乙、丁、戊本同，丙本作「悟覺」。

〔三七〕「淨」，丙本同，甲、乙、丁本作「一念淨」，戊本作「靜」；「住」，丙本同，甲、乙、丁本無，戊本作「往」，誤；「立」，丙、戊本同，甲、乙、丁本無；「污」，甲、乙、丁本同，丙、戊本作「惡」，「惡」爲「污」之借字。

〔三八〕『一』，甲、乙、丁、戊本同，丙本作『切』；『切』，甲、乙、丁、戊本同，丙本作『魔』；『磨』，當作『魔』，據甲、乙、丙、丁、戊本改，『磨』爲『魔』之借字。

〔三九〕『依』，甲、乙、丁本作『間』，丙本作『吕』，戊本作『與』；『間』，甲、乙、丁本同，丙、戊本作『驢』；『吕』，丙本同，甲、乙、丁本作『屢』，戊本作『侣』。

〔四〇〕『住』，乙、丙、戊本同，甲、丁本作『注』。

〔四一〕『待』，當作『大』，據甲、乙、丙、丁、戊本改，『待』爲『大』之借字。

〔四二〕『紇』，甲、丁本作『復』，乙本作『嗄』，丙本作『訶』，戊本作『呵』；『略』，甲、乙、丁本同，丙本作『洛』，戊本作『樂』。

〔四三〕『紇』，甲、丁本作『復』，乙本作『嗄』，丙本作『訶』，戊本作『呵』；『略』，甲、乙、丁本同，丙本作『洛』，戊本作『樂』。

〔四四〕『斟』，甲、乙、丁、戊本作『針』，『針』爲『斟』之借字，丙本作『占』，誤；『酌』，甲、乙、丁本同，丙本作『勺』，戊本作『勾』，均誤。

〔四五〕『樓』，甲、乙、丙、丁本同，戊本作『闐』，係涉下文『閣』字而成之類化俗字。

〔四六〕『廓』，甲、丙、丁、戊本同，乙本作『墎』。

〔四七〕『視』，甲、乙、丙、丁本作『是』，戊本作『示』；『相』，丙本同，甲、乙、丁、戊本作『想』；『見』，甲、丁本作『現』，乙、戊本作『顯』，丙本作『憲』，『現』『顯』『憲』均爲『見』之借字；『即』，底本原有一字空格，據甲、乙、丁本補，丙本作『最』，戊本作『是』。

〔四八〕『心』，甲、乙、丙、丁本同，戊本脱；『勿』，甲、乙、丙、丁本同，戊本作『總』；『著』，甲、乙、丙、丁本同，戊本作『看著』。

〔四九〕「久」，甲、乙、丙、丁本同，戊本作「九」，「九」爲「久」之借字；「不」，丙、戊本同，甲、乙、丁本作「非」。

〔五〇〕「可樂」，乙、丙、丁、戊本同，甲本脱。

〔五一〕「惠」，丙、戊本同，甲、乙、丁本作「慧」，「慧」通「惠」；「廓」，甲、丙、丁、戊本同，乙本作「墎」。

〔五二〕「方」，當作「萬」，據甲、乙、丙、丁、戊本改；「爍」，甲、乙、丁本作「鑠」，丙、戊本作「扚」。

〔五三〕「覺」，甲、乙、丁、戊本同，丙本作「廓」，誤。

〔五四〕「得」，甲、乙、丁、戊本作「底」；「裹」，甲、丁本同，乙、戊本作「利」。此句至「住寂涅盤同開覺」，丙本無。

〔五五〕「留」，甲、乙、丁本作「流」；「紇」，甲、丁本作「復」，乙本作「嗄」，戊本作「呵」；「略」，甲、乙、丁本同，戊本作「樂」。

〔五六〕「盤」，戊本同，甲、乙本作「槃」，寫本時代「涅槃」並未成爲固定搭配，或作「涅槃」，或作「涅盤」，故「盤」「槃」均可通；「開」，戊本同，甲、乙、丁本作「門」；「覺」，甲、乙、丁本作「廓」，戊本作「郭」。

〔五七〕「可」，甲、丙、丁、戊本作「安」。

參考文獻

《敦煌曲校録》，上海文藝聯合出版社，一九五五年，九五至九八頁（録）；《敦煌寶藏》三六册，臺北：新文豐出版公司，一九八二年，六二六頁（圖）；《敦煌歌辭總編》，上海古籍出版社，一九八七年，九四〇至九五六頁（録）；《中印文化關係史論集·語文篇——悉曇學緒論》，香港中文大學中國文化研究所、三聯書店（香港）有限公司，一九九〇年，一三八至一四〇頁；《敦煌歌辭選注》，瀋陽：遼寧人民出版社，一九九一年，一五四至一六一頁（録）；《英藏敦煌文獻》六卷，成都：四川人民出版社，一九九二年，二一三頁（圖）；《法藏敦煌西域文獻》九册，上海古籍出版社，一九九九年，六八至六九、一四一至一四二頁（圖）；《敦煌歌辭總編匡補》，成都：巴蜀書社，二〇〇〇年，一一二至一一三頁（録）；《敦煌研究》二〇〇一年一期，一四一至一五〇頁；《法藏敦煌西域文獻》二一册，上海古籍出版社，二〇〇二年，二六三、三〇五至三〇七頁（圖）；《敦煌學輯刊》二〇〇三年一期，八六至九一頁；《國家圖書館藏敦煌遺書》一册，北京圖書館出版社，二〇〇五年，二三七至二三八頁（圖）；《全敦煌詩》一一册，北京：作家出版社，二〇〇六年，四六九二至四七一四頁（録）。

斯四五八八　大般若波羅蜜多經卷第三〇六題記

釋文

安文得〔一〕。

説明

以上題名寫於《大般若波羅蜜多經》卷第三〇六卷末尾題之後，《英藏敦煌文獻》未收，現予增收。池田温認爲此件年代屬九世紀前期（參見《中國古代寫本識語集録》，三六八頁）。

校記

〔一〕『得』，《敦煌遺書總目索引新編》釋作『德』，誤。

參考文獻

Descriptive Catalogue of the Chinese Manuscripts from Tunhuang in the British Museum, London : The Trustees of the British

Museum, 1957, p. 8（録）；《敦煌寶藏》三六册，臺北：新文豐出版公司，一九八二年，六六二頁（圖）；《中國古代寫本識語集録》，東京大學東洋文化研究所，一九九〇年，三六八頁（録）；《敦煌遺書總目索引新編》，北京：中華書局，二〇〇〇年，一四三頁（録）。

斯四五九七背　雜寫（歲次辛酉大唐等）

釋文

南　普門台（？）多育身（？）
南無普光佛　南無普明佛
歲次辛酉大唐
南方名者合出勝〔一〕
西南方鳴者諸事（？）

説明

以上文字書寫於《藥師琉璃光如來本願功德經》卷背，筆跡不同，應係不同時期不同人隨手所寫。《英藏敦煌文獻》漏收，現予增收。

校記

〔一〕『者合出勝』，《英國收藏敦煌漢藏文獻研究：紀念敦煌文獻發現一百周年》未能釋讀。

參考文獻

Descriptive Catalogue of the Chinese Manuscripts from Tunhuang in the British Museum, London：The Trustees of the British Museum, 1957, p. 99；《敦煌寶藏》三七册，臺北：新文豐出版公司，一九八二年，七頁（圖）；《敦煌遺書總目索引》，北京：中華書局，一九八三年，二〇四頁；《敦煌遺書總目索引新編》，北京：中華書局，二〇〇〇年，一四三頁；《英國收藏敦煌漢藏文獻研究：紀念敦煌文獻發現一百周年》，北京：中國社會科學出版社，二〇〇〇年，三九四頁（録）。

斯四六〇〇　金剛五禮

釋文

一心滿敬禮，清淨真如。無去無來，不生不滅。寂然常住，湛意恆安。千佛共尊，十方同敬。恆沙功德，非色非心。南無法淨法身同名釋迦牟尼佛。

一心滿敬禮，毗盧遮那。千葉蓮華，四致（智）珍寶〔一〕。德山無極，願海無邊。積行三祇，累功十地。廣超法界，體滿虛空。南無圓滿寶（報）身同名釋迦牟尼佛〔二〕。

一心滿敬禮，如來生地。雪山主（之）北〔三〕，香山主（之）東〔四〕，城號迦衛。父名淨飯，母號摩耶。十九出家，三十成道。南無千百化身同名釋迦牟尼佛。

一心滿敬禮，金剛般若。爲（微）妙甚深〔五〕，生諸（佛）身〔六〕，滅凡夫罪。無人無我，虛（聲）空色空〔七〕。苦惱蓋纏，因茲永寂。南無金剛般若波羅密多甚深法藏。

一心滿敬禮，舍衛城南，悉達園中，祇陀林下，如來精舍，衆聖禪房，如來於此，説斯般若。我今恭敬，憶念世尊。南無金剛般若波羅蜜多甚深法藏。了也。

説明

此件首尾完整，起『一心滿敬禮』，訖『南無金剛般若波羅蜜多甚深法藏。了也』，其内容爲『金剛五禮』，是唐五代時期流行於敦煌地區的禮懺文，《英藏敦煌文獻》未收，現予增收。

有關『金剛五禮』及其相關寫本情況的詳細介紹，可參看本書第十八卷斯四一七三『金剛五禮』之『説明』。該卷在釋録斯四一七三時，曾以此件作爲校本，故諸本之異同，均可見斯四一七三之『校記』。

以上釋文以斯四六〇〇爲底本，僅用斯四一七三（稱其爲甲本）校改錯誤和校補缺文，如甲本亦有脱、誤，則據其他相關寫本補、改。

校記

〔一〕『致』，當作『智』，據伯四五九七『金剛五禮文』改，『致』爲『智』之借字。

〔二〕『寶』，當作『報』，據甲本改，『寶』爲『報』之借字。

〔三〕『主』，甲本作『至』，當作『之』，據伯四五九七『金剛五禮文』改，『至』爲『之』之借字。

〔四〕『主』，甲本作『至』，當作『之』，據伯四五九七『金剛五禮文』改，『至』爲『之』之借字。

〔五〕『爲』，當作『微』，據甲本改，『爲』爲『微』之借字。

〔六〕『佛』，據甲本補。

〔七〕『虚』，當作『聲』，據伯四五九七『金剛五禮文』改。

參考文獻

《敦煌寶藏》三四册，臺北：新文豐出版公司，一九八二年，三二六頁（圖）；《敦煌寶藏》三七册，臺北：新文豐出版公司，一九八二年，二四頁（圖）；《英藏敦煌文獻》五卷，成都：四川人民出版社，一九九二年，二六二頁（圖）；《敦煌禮懺文研究》，臺北：法鼓文化事業有限公司，一九九八年，一九、二〇四至二一一頁（録）；《敦煌吐魯番研究》四卷，北京大學出版社，一九九九年，六二〇頁；《法源》二〇〇〇年一八期，二一五頁；《藏外佛教文獻》七輯，北京：宗教文化出版社，二〇〇〇年，五五頁；《法藏敦煌西域文獻》三二册，上海古籍出版社，二〇〇五年，一三四頁（圖）；《英藏敦煌社會歷史文獻釋録》一八卷，北京：社會科學文獻出版社，二〇二二年，四七一至四八一頁。

圖書在版編目(CIP)數據

英藏敦煌社會歷史文獻釋録. 第二十卷 / 郝春文等編著. -- 北京: 社會科學文獻出版社, 2024. 8
(敦煌社會歷史文獻釋録. 第一編)
ISBN 978 - 7 - 5228 - 3663 - 8

Ⅰ. ①英… Ⅱ. ①郝… Ⅲ. ①敦煌學 - 文獻 - 注釋
Ⅳ. ①K870. 6

中國國家版本館 CIP 數據核字 (2024) 第 101910 號

敦煌社會歷史文獻釋録 第一編
英藏敦煌社會歷史文獻釋録 第二十卷

編　　著 / 郝春文 游自勇 王義康 么振華 武紹衛 宋雪春
助　　編 / 聶志軍 劉夏欣 李 博 寇博辰

出 版 人 / 冀祥德
責任編輯 / 李建廷
責任印製 / 王京美

出　　版 / 社會科學文獻出版社
地址: 北京市北三環中路甲 29 號院華龍大厦 郵編: 100029
網址: www. ssap. com. cn
發　　行 / 社會科學文獻出版社 (010) 59367028
印　　裝 / 三河市東方印刷有限公司

規　　格 / 開 本: 889mm × 1194mm 1/32
印 張: 17. 875 字 數: 379 千字
版　　次 / 2024 年 8 月第 1 版 2024 年 8 月第 1 次印刷
書　　號 / ISBN 978 - 7 - 5228 - 3663 - 8
定　　價 / 69. 00 圓

讀者服務電話: 4008918866